만주와 연해주에 있었었던 사군육진과

# 조선 왕조 국경 영역

1. 피아양계지도 - 조선 태조 때 제작 추정

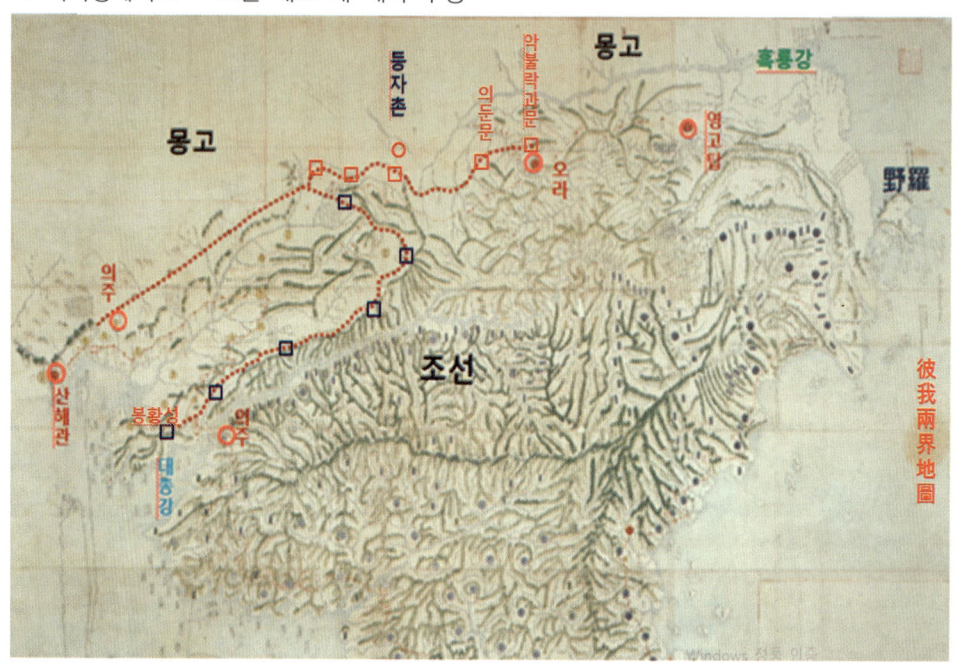

2. 조선여진양국경계도 - 태종 또는 세종초 제작 추정

3. 조선팔도고금총람도 - 1673년 김수홍 제작

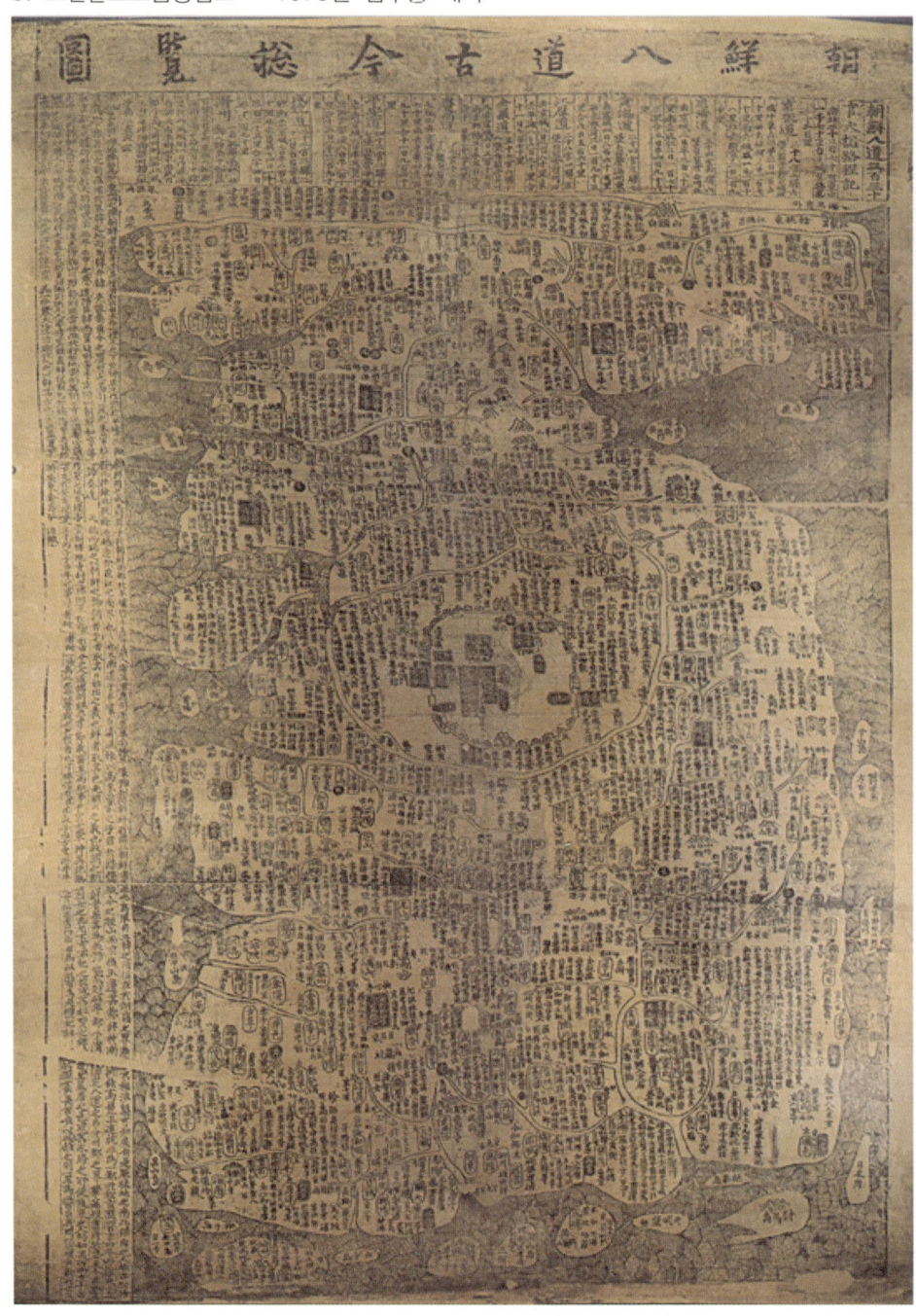

4. 아국총도 - 1860년대 제작

## 조선왕조 북방 영역 흐름의 연구과정을 바라보면서

이 저서의 연구내용은 위상수학을 활용하여 고지도를 분석하고 고지도들이 가리키는 지역들을 정확히 찾아내어 조선 시대 우리의 북방 경계 지역의 변화를 연구한 내용이다. 고지도를 분석하는데 사용한 수학의 도구는 평면 도형의 '동형'이다. 중학교 수학교과 내용의 두 개의 닮은 삼각형은 동형인 도형이다. 평면에서 '동형'은 '닮음'을 좀 더 일반화한 거라 할 수 있다. 가령 아주 부드러운 고무판에 삼각형을 그려놓고 고무판을 늘리고 줄이면서 여러 가지 도형들을 만들 수 있는데 이들은 모두 동형이다.

저자들은 수학자이며 30여년간 수학논문 연구 활동을 활발히 하여 왔다. 두 저자가 고지도 분석 연구를 시작한 것은 7년 정도 된다. 본인은 수학자로서 저자들과 수학 연구 활동 내용들뿐만 아니라 고지도 연구에 대한 대화도 많이 나누었다. 저자들의 경흥부 등 고지도 논문 심사도 하고 논문 발표할 때 여러 차례 토론자로 참여하기도 하여 주었다.

조선의 원래의 두만강은 '수분하(중국령) + 레카라즈돌나야(Recka Razdolnaya; 러시아령)강'이라는 얘기와 피아양계지도에서는 영고탑과 오라성이 조선 땅이라는 얘기들을 저자와 나누고 동만주 지역을 함께 여행 답사했다. 이 때(2018년10월) 인하대 유원희 교수(학부 때 수학전공)와 이우탁 교장(수학 전공)도 함께 답사 여행을 하였다. 우리 북방역사의 주요 지역을 답사한 지역은 다음과 같이 하였다.

연길시 →경박호(옛 백두산 大池) →발해용천부 →목단강시 영고탑 →계서시(鷄西市) →밀산시(密山市) → 흥개호 당벽진 →계동현 계림 →동녕시 라자구진 →연길시 → 백두산(옛 장백산) → 조선 갑산부 비비포(飛非浦) → 오라성 →연길

첫 번째 답사지역은 우리의 영험산 백두산 대지(大池: 길림성 경박호)를 찾았다.

　　임진년(1712년) 목극등이 임진정계비를 세운 실제 장소는 백두산 끝자락 동남쪽 십리(5 Km) 지점인 묘령(廟嶺) 위의 호박바위 옆이다. 우리는 옛 백두산(모공산) 정상과 묘령 중간지대의 호수에서 보트를 타고 경박호(옛 백두산 대지) 수상여행을 하였다. 보트 가이드는 호수 북쪽 산이 모공산(옛 백두산)이라고 설명하였다. 조선의 남이장군도 백두산에 오면 여기 백두산 대지(경박호)에서 뱃놀이를 즐겼으리라 생각하니 감개무량하였다.

**옛 백두산 대지(경박호) 답사후 발해국 상경 용천부 성터를 찾았다.**

발해국 상경 용천부의 옛 건축물들은 없고 성터의 유적지만 있다.

발해상경용천부 답사 후 우리는 온성부에서 6일 걸어서 도달할 수 있는 영고탑(寧古塔: 距穩城府六日程)을 찾아갔다. 옥수수 밭 사이로 난 흙길을 통과하면서 차가 흙길에 빠지기도 하여 내려서 밀기도 하면서 목단강시 영고탑(寧古塔)지역을 찾아갔다. 영고탑은 옛 온성부(현 동녕시)에서 184 Km 떨어진 지역으로 하루 일정 30 Km씩 6일 도보로 갈 수 있는 지역으로 옛 사료와 잘 맞는다.

　영고탑 답사 후 계서시(鷄西市)를 통과하여 밀산(密山)에 도착하여 여기서 하루 숙박하였다. '흠정만주원류고'에 신라가 만주에서 탄생되었었고 고려가 만주에 경주 계림부(鷄林府)를 운영하였다고 기록되어 있는데 계서시는 계림의 서쪽에 있는 도시라는 의미로 보인다. 밀산은 박혁거세가 태어난 지역이 아닌가 하고 의심이 간다. 밀산은 경원에서 북쪽 700리 공험진(쌍압산시) 가는 옛 역참로 중 하이두은과 영가사오리참의 중간 지역이다.

## 세종지리지[1](경원부)에서 공험진 가는 경로는

"경원 소다로 - 북 30리 - 어두하현 - 북 60리 - 동건리 - 북 3리 - 豆滿江灘 - 북 90리 - 오동사오리참 - 북 60리 - 하이두은 - 북 100리 - 영가사오리참 - 선춘령 - 공험진" 이다.

공험진 가는 경로 중 두만강탄(豆滿江灘)은 두만강 쪽에서 흘러내려오는 여울이라 판단된다.

경원부 소속 후춘 부락이 있었던 우수리스크 지역에서 북쪽으로 비교적 곧게 설치된 공험진으로 가는 도로가 있다.

밀산에서 하루 묵고 흥개호 북쪽 호반을 여행하고 당벽진(옛 하이두은)을 여행했다. 여기 옛 하이두은은 윤관 장군이 고려의 대군을 이끌고 여진족을 몰아냈던 역사의 한 장소이다. 척준경도 윤관 장군을 도왔을 것이다.

일산에서 하루 숙박하고 흥개호 답사를 갔다.

---

1) 『세종실록지리지(世宗實錄地理志)』, 1454.

둘레가 천리쯤 되는 흥개호 북쪽에서 바라본 호수의 끝은 보이지 않는다. 흥개호의 가장자리 작은 섬 금해도(琴海島)도 들렸다.

흥개호 북쪽 지역 당벽진(하이두은) 답사를 마치고 다음은 고려의 경주 계림부가 있었던 계림촌(鷄林村)을 찾는 게 목표이나 계림은 찾지 못 할 거라 생각하고 포기 상태로 당벽진에서 3시간 정도 남하하여 계동현(鷄東縣)에 도착하여 계동현조선족중학을 둘러보고 학교 주변의 식당에서 점심식사를 했다.

계동현조선족중학 주변 식당에서 점심을 먹으면서 혹시 이 지역에 계림이라는 지역이 있느냐고 식당 주인한테 물어보니 주인이 태어난 곳이 계림촌이라고 하며 가까운 곳에 계림촌이 있다고 하였다. 식당 주인은 조선족이고 수원에 와서 돈 벌어 식당을 개업했다고 했다. 점심 식사 후 우리는 계림촌을 둘러보았다.

계림촌 답사를 마치고 3시간 정도 남하하여 수분하시에서 하루 밤 숙박하고 옛 온성부 부위 성터(東寧市에 있음)를 둘러보았다. 온성 부위 성터 앞에는 발해 성터라는 엉뚱한 설명이 있었다. 온성부 성터를 답사하고 남하하면서 옛 무산부 성터(羅子溝鎭에 있음) 옆을 지나오면서 무산부 성터는 둘러보지 않고 연길로 돌아왔다.

연길에서 하루 묵고 백두산(옛 장백산)에 올라 천지의 호수를 뚜렷이 바라볼 수 있었다. 10월이라 백두산 호수 날씨가 대체로 청명했다. 유원희 교수한테 대동여지도를 제작한 **김정호가 말과 함께 천지에 올랐을 거라** 믿고 있냐고 하니 불가능한 일이라고 답했다.

　천지의 존재는 1872년 조선의 지방 지도를 그릴 때까지 그 존재가 확인되지 않았다. 현재의 백두산은 조선의 장백산이다.

　백두산 등정을 마치고 조선의 갑산부 비비포(飛非浦)가 있었던 이도촌(二道村)에 가서 하루 숙박을 하였다. 이도촌 가는 도중 갑산촌(甲山村) 마을도 지나쳤다. 이 지역이 조선의 갑산부 지역이라 갑산촌이 있는 것이다. 이도촌에 있는 옛 비비포에는 텃새 오리 등이 많이 노닐고 있었다.

이도촌에서 우리는 길림시 북쪽 60여리에 있는 오라성(烏喇城) 지역에 갔다. 오라성에는 목극등이 오라총관으로 근무했던 오라 청사가 있었던 역사적인 지역이다.

오라성으로 우리는 답사를 마쳤다.

본 저서는 조선의 북방 영토를 지도로 그려놓은 '(1) 피아양계지도 (2) 조선여진양국경계도 (3) 조선팔도총람도 (4) 대동여지도'를 위상수학을 활용하여 분석하여 조선의 북방 영역을 확실히 밝히고 있다. 본인도 기하학자로서 대학에서 위상수학을 여러 학기 강의하였는데 위상수학을 활용한 고지도 분석 연구 내용들이 매우 정확하고 놀란 만하다고 판단할 수밖에 없다.

본인은 저자와 만날 때마다 영토 역사에 대하여 이야기를 많이 한다. 본인은 이 저서가 조선의 영토 역사서 중 최고의 역사서가 될 거로 믿어 매우 기쁘다.

2024년 3월 26일
고관석 박사 (전 인하대 수학과 교수, 미국 USC 수학 박사)

# 들어가기

# 들어가기

만주 지역과 한반도에는 지난 오천년 동안 여러 왕조가 탄생하였다가 사라졌다. 새로운 왕조가 새로이 태어나면 통치 지역의 행정영역 개편과 지명들이 많이 바뀐다. 통일 신라, 고려, 조선왕조가 태어나면서 행정영역과 지명들이 많이 바뀌었다(참고: 신증동국여지승람). 일본도 조선과 만주 지역을 차지하면서 행정영역을 개편하고 조선의 북방지역과 만주 지역의 주요 지명들을 거의 대부분 바꾸어 놓았다.

일본은 1592년 임진년에 조총을 무기로 조선정벌에 나섰다. 이 때 선조는 의주로 도망갔지만 이순신 장군의 수군이 일본 수군을 남해바다에서 연전연승으로 제압하고 의병들이 각지에서 일어나 목숨 바쳐 왜군을 막고 명나라 군사가 조선을 도와 싸워서(抗倭援朝戰爭) 일본의 조선정벌은 실패하게 되었다.

임진왜란을 일으킨 지(1592년) 302년이 지난 1894년 일본군은 온양 지역에서 청나라 군대를 가볍게 물리쳤다. 그리고 일본과 청(淸)은 시모노세키 조약을 맺는다. 이 조약의 제1조는 "조선은 독립국이다"이다. 제1조의 의미를 일본과 조선은 서로 다르게 생각했을 것이다. 일본의 속내는 이제 "조선은 청나라 것이 아니고 내 것이다"라고 생각했을 것이다. 하지만 조선은 순수하게 독립국이 되었다고 생각하고 서대문의 영은문을 독립문으로 바꾸고 조선의 국호를 대한제국으로 바꾸며 황제국을 선포하였다. 일본의 토쿄대학은 1877년 서양의 수학, 물리. 공학 교육을 시작하였는데 사서삼경 공부가 출세의 길이라고 여기에 매달리고 있는 조선 양반들의 황제국 선포를 일본은 어떻게 바라보았는지 모르겠다.

1894년 청일 전쟁에서 승리한 일본은 일청한명료지도(동아시아 지도)를 제작한다. 이 지도에서 현재의 백두산을 장백산(조선의 원래 지명)으로 표기한다. 이 지도를 제작한 일본은 조선뿐만이 아니라 청나라도 장차 내 것으로 만들겠다는 야심찬 속내를 가진 것이 아닌지 모르겠다.

우리는 조선시대 북방 국경이 압록강과 두만강으로 이루어졌다고 배웠는데 피아양계지도에는 만주의 상당 부분과 연해주가 조선의 영토로 그려져 있다.

조선의 북방영토가 그려진 대표적인 고지도는 다음과 같다.

(1) 彼我양계지도(1392~1450년 사이로 추정, 제작자 미상, 규장각 소장)
(2) 朝鮮女眞兩國境界圖(1400~1500년 사이로 추정, 제작자 미상, 규장각 소장)
(3) 조선팔도고금총람도(1673년, 김수홍)
(4) 대동여지도(1861년, 김정호, 규장각 소장)

 일제는 조선의 영토가 가장 작게 그려진 조선말의 대동여지도를 기본으로 조선의 활동 영토로 확정하고 압록강과 두만강 이남에서 조선의 역사가 이루어졌다고 조선사를 왜곡했다. 그리고 조선시대 북방 국경이 그대로 유지되었다고 조선 영토 역사를 설정했다. 그래서 우리는 조선의 북방 국경이 압록강과 두만강으로 이루어지고 두 강 상류 지역에 백두산이 있다고 배워왔다.

**여기서 일제가 설정한 조선의 북방 국경 압록강과 두만강은 실제 조선의 압록강과 두만강이 아니다. 이는 위상수학적 방법으로 차분히 분석하면 이들을 증명하고 확인할 수 있다.**

 조선의 원래의 두만강은 '수분하(중국령) + 레카라즈돌나야(Recka Razdolnaya; 러시아령)강'이다. 조선의 두만강 유역에는 경흥, 경원, 온성, 종성, 회령, 무산 6개의 부위성(城)과 황자파, 의전, 유원, 훈융 등 18개의 작은 성인 보(堡)가 있어 24개의 성이 있었다. 하지만 북한 두만강 유역에는 성이나 성터의 흔적을 찾아볼 수가 없다.

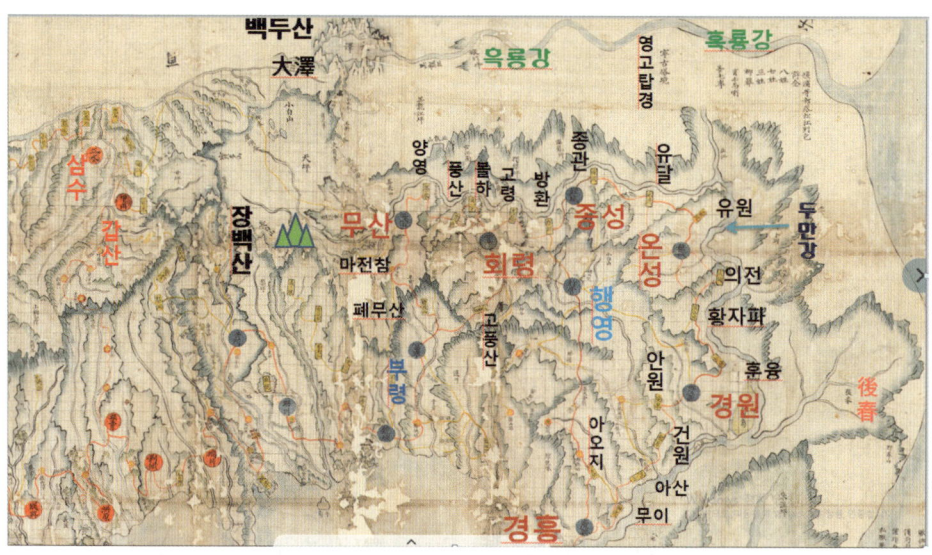

[그림1] 함경도(비변사인방안지도); 백두산은 흑룡강 강변에 있다. 두만강 주변에는 역참이 부위(府衛) 역(驛) 6개와 작은 성 보(堡)가 있는 역은 황자파 역 등 18개 역이 있다. 백두산과 장백산은 서로 다른 산이다.

위 함경도(비변사인방안지도) 지도에는 백두산 대지(大池)는 흑룡강에 연결되어 있다. 사실 백두산 대지(大池)는 경박호이고 경박호는 목단강에 연결되어 있다. 이 지도에서는 흑룡강 상류를 목단강으로 설정한 것이다. 경박호 북쪽 산 모공산이 백두산이다.

**조선의 원래의 압록강은 '압록강 하류 + 혼강'이다.** 일제도 이런 조선말의 북방 국경 사실들을 알고 있었으리라 믿는다. 하지만 1894년 일청한(日淸韓) 지도에서 '압록강 하류+ 독로강'을 새로운 압록강으로 정하고 '석을수(石乙水) + 훈춘강 하류'를 새로운 두만강으로 설정했다.

[그림 2] 대동여지도에 대응되는 조선의 북방 지역: 두만강은 '수분하(중국령) + 레카라즈돌나야강'이고 조선의 원래의 압록강은 '압록강 하류 + 혼강'이다.

위 지도에서 원래의 두만강은 현재의 두만강 동북쪽 200여리에 있고 원래의 압록강은 '압록강 하류 + 혼강'이다. 원래의 백두산은 경박호 북쪽산 모공산이고 백두산 대지(大池)는 경박호이다. 백두산 대지(大池)의 둘레는 80리라 기록되어 있다. 현재의 백두산은 조선의 장백산이고 천지의 둘레는 24 리이다.

조선의 고지도가 나타내는 조선의 영토 영역은 피아양계지도가 나타내는 영역이 가장 넓고 시대가 흘러가면서 영역이 작아지고 있다.

영역의 넓이의 순서는 다음과 같다.

(1) 彼我양계지도 – (2) 朝鮮女眞境界圖 – (3) 조선팔도고금총람도 – (4) 대동여지도

일제는 조선의 반도사관을 만들기 위해 이들 고지도 중 영역의 넓이가 가장 작은 조선말의 김정호의 대동여지도(1861년)를 기본으로 조선의 영토로 설정하고 이 영역 안에서 조선의 역사가 주로 형성되었다고 영토역사를 고정했다. 이 지도가 조선의 영토를 매우 잘 그린 지도라고도 극찬한다. 서울대학교 아시아 연구소 박선영 박사는 일제는 1880년대부터 1910년대까지 42차례에 걸쳐 조선영토 측량을 실시했다고 한다[2].

일제는 조선의 고지도로 **(1) 彼我양계지도 (2) 朝鮮女眞分界圖 (3) 조선팔도고금총람도** 등이 존재함을 알면서도 조선의 고지도들 중 그 영역이 가장 작은 대동여지도를 조선의 영토로 설정하였다고 확신한다.

두만강과 압록강도 바꾸어서 1905년의 조선말의 실제 통치 영역보다도 더 작게 조선의 영토를 만들어 놓았고 조선왕조 500년 동안 영토가 불변인 것처럼 식민사관의 조선 영토를 만들어 교육시켰다.

조선의 원래의 두만강은 수분하(중국 내에 있는 옛 두만강) + 레카라즈돌나야(Recka Razdolnaya) 강(러시아 내에 있는 옛 두만강)이다. 조선의 고지도들을 분석함으로서 일제가 "石乙水 + 훈춘강 하류"를 두만강으로 바꾸었음을 확인할 수 있다. 서북쪽의 원래의 압록강은 압록강 하류 + 혼강이다. 갑산부의 압록강(허천강과 혜산강)은 옛 압록강과 연결되어 있지 않다.

조선팔도고금총람도에서 조선의 동북쪽 국경에 흑룡강이 그려져 있다. 백두산은 흑룡강변에 있다. 장평산은 1800년대 장백산으로 바뀌고 1905년 일제에 의해 백두산으로 바뀐다.

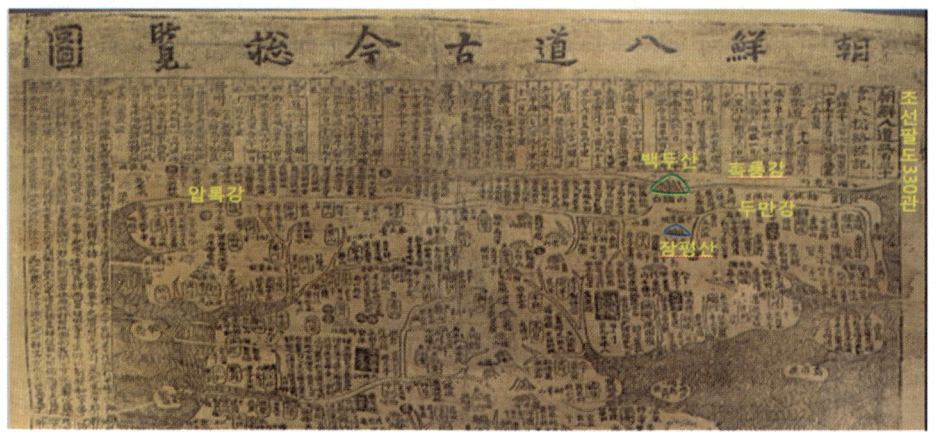

[그림 3] 조선팔도고금총람도(1673년, 김수홍)의 북쪽 부분: 백두산과 장평산은 서로 다른 곳에 있다. 백두산은 흑룡강변에 있고 장평산은 1800년대 장백산으로 바뀌고 1905년 일제에 의해 백두산으로 바뀐다.

---

[2] 박선영, 「근대 지도에 표현된 평양 지역」, 평양 옛 지도 학술 심포지엄, 인천광역시립박물관 1층 석남홀, 2022. 11. 24.

**세종지리지의 공험진 가는 경로를 보고 실제로 있었으리라 판단되는 역참로를 찾는다면 윤관 9성 중 공험진 위치를 찾을 수 있다.**

(1) 세종지리지³⁾(경원부) 기록: 공험진으로 가는 경로는 "경원 소다로 – 북 30리 – 어두하현 – 북 60리 – 동건리 – 북 3리 – 豆滿江灘 – 북 90리 – 오동사오리참 – 북 60리 – 하이두은 – 북 100리 – 영가사오리참 – 선춘령 – 공험진"이다.

이 공험진 가는 경로 상의 豆滿江灘은 두만강 쪽에서 흘러내려오는 여울이라 판단된다.

(2) 고려사⁴⁾(권 제58) 기록: 공험진(公嶮鎭)에는 예종(睿宗) 3년에 성을 쌓았다. 여기에 진을 두어 방어사로 하였으며 6년에는 산성을 쌓았다. 孔州, 匡州 등이라고도 한다. 先春嶺 동남쪽에 있다. 백두산 동북쪽에 있고 蘇下江(소하강) 강변에 있다.

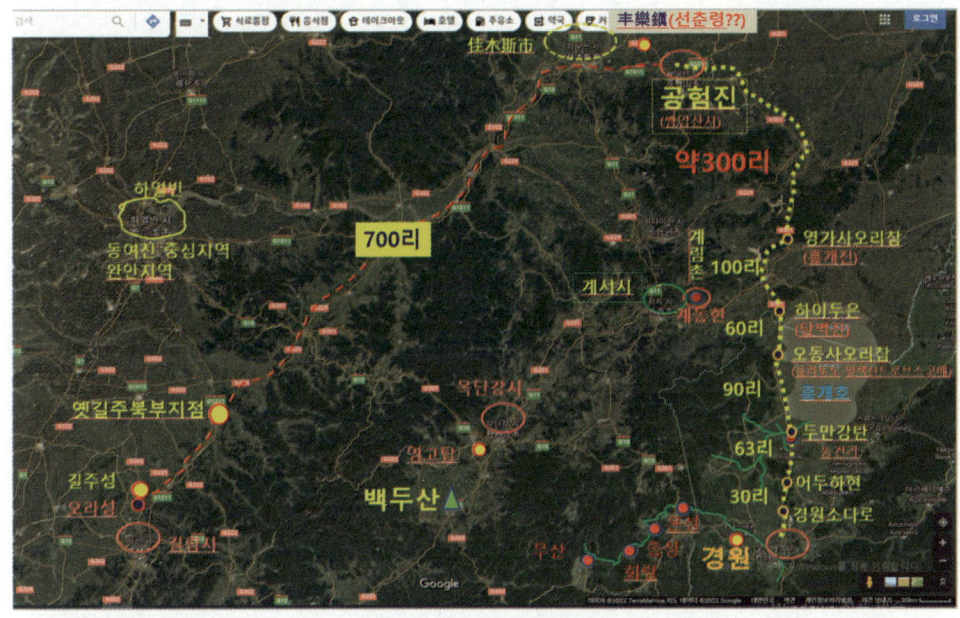

[그림 4] 세종지리지에 경원소다로에서 공험진 가는 경로: 경원 소다로 – 북 30리 – 어두하현 – 북 60리 – 동건리 – 북 3리 – 豆滿江灘 – 북 90리 – 오동사오리참 – 북 60리 – 하이두은 – 북 100리 – 영가사오리참 – 선춘령 – 공험진.

세종지리지의 공험진 가는 경로와 방향 거리가 실제 상황과 매우 정확하게 기록되어 있다. 옛 역참명들이 모두 바뀌어 있지만 진(鎭)이나 마을 교통의 요지 등을 판별하면 공험진 가는 경로의 옛 역참들의 위치를 찾을 수 있다.

---

3) 『세종실록지리지(世宗實錄地理志)』, 1454.
4) 『高麗史』집현전, 정인지 외 29명, 1451년.

경원부위(보리소부카)나 경원 후춘 부락(우수리스크) 지역에서 정북 방향의 700리 역참로는 후춘 부락(우수리스크)에서 쌍압산시로 연결되는 역참로가 유일하다. 역참들을 찾는 일이 어려운 일이지만 豆滿江灘이 두만강 지역에서 출발하여 흘러 내려오는 여울이라는 의미를 이해한다면 두만강탄은 쉽게 찾을 수 있다. 두만강탄 남쪽 3리 지역에 조선초 동건리가 있어 역참이 있었지만 지금은 작은 마을이 있다. 두만강탄 북쪽 90리에 오동사오리참이 있었는데 두만강탄과 오동사오리참 사이에는 거의 마을이 없다. 오동사오리참과 하이두은(당벽진) 사이에도 거의 마을이 없다.

조선팔도고금총람도(1673년, 김수홍)에 대응되는 북방지역은 다음과 같다. 1673년까지 공험진(쌍압산시)은 조선의 영토 안에 있었다.

[그림 5] 조선팔도고금총람도(1673년, 김수홍)에 대응되는 조선의 북방 지역. 조선팔도고금총람도에서 흑룡강 상류는 목단강이다.

조선팔도고금총람도에 대응되는 조선의 동북 국경은 흑룡강이다. 여기서 흑룡강 상류는 목단강이다. 조선의 서북 국경은 압록강이다. 압록강 상류는 혼강이고 갑산부의 혜산강을 압록강에 연결하여 지도로 그려놓았다. 조선팔도고금총람도에서 사할린 섬은 조선의 영토로 그려놓지는 않았다. 피아양계지도에는 사할린 섬을 조선의 영토로 그려놓았다.

彼我양계지도의 북방 국경 지역의 조선과 몽고(북원)와의 사이에 목책이 있고 5개의 책문이 있다. 서북 국경 지역의 조선과 명(明) 사이에 목책이 있고 6개의 책문(柵門)이 있다. 피아양계지도에 몽고(북원)와 명(明) 사이에 목책이 있고 책문(柵門)이 있다.

[그림 6 피아양계지도(해동지도): 영고탑과 오라성이 조선영토에 있다. 흑룡강 하류와 야라(사할린섬)가 조선 영토이다. 압록강 이북 상당 부분이 조선영토이다.

**彼我양계지도의** 북방 국경 지역의 조선과 몽고(북원)와의 사이에 목책이 있고 악불락과문 등 5개의 책문이 있다. 서북 국경 지역의 조선과 명(明) 사이에 목책이 있고 봉황성변문, 영액과문 등 6개의 책문(柵門)이 있다. 영고탑과 오라성이 조선영토에 있다. 흑룡강 하류와 야라(사할린섬)가 조선 영토이다. 압록강 이북 상당 부분이 조선영토이다.

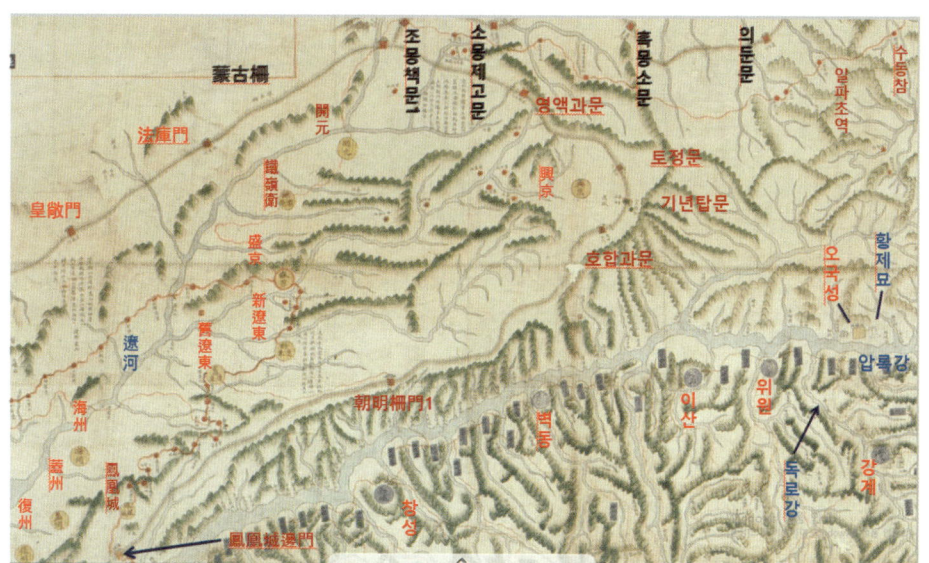

[그림 7] 피아양계지도(해동지도)의 서북 지역: 조선과 명과의 사이에 목책이 있고 6개의 책문이 있다. 조선과 몽고와의 사이에도 목책이 있고 5개의 책문이 있다.

[그림 8] 피아양계지도(해동지도)의 서북 지역에 대응되는 조선과 명과의 국경

피아양계지도의 조선과 명 사이에 국경 목책의 위치를 찾을 수 있고 책문의 위치도 찾을 수 있다.

봉황성변문 →변문진(봉성시 남쪽), 조명책문1(책문의 명칭 없음) → 대흥진, 호합과문 → 감장진, 기년탑문 → 영릉진, 토정문 → 청원진, 영액과문 → 서봉진

봉황성(현 봉성시)은 명나라 영토에 속하고 압록강 북쪽 상당 부분이 조선 땅이다. 현 길림성 대부분이 조선 영토이다. 통화시, 백산시(옛 압록강 유역)는 국경에서 한참 후방인 조선의 영토이다. 개원, 철령위, 성경(심양)이 명나라 영토로 그려져 있다.

[그림 9] 피아양계지도(해동지도)의 북쪽 지역에 대응되는 조선과 몽고와의 국경

피아양계 지도에 몽고(북원)와 조선과의 국경선 목책이 잘 그려져 있고 책문들이 있다: 악불락과문, 의둔문, 흑몽소문, 소몽제고문, 조몽책문(소몽제고문 서쪽에 있는 책문, 피아양계지도에는 책문 명이 없음).

피아양계지도의 조선과 몽고 사이에 국경 목책의 위치를 찾을 수 있고 책문의 위치도 찾을 수 있다: 악불락과문 → 백기진, 의둔문 →카륜진(장춘 북쪽), 흑몽소문 → 손가둔, 소몽제고문 →사평시 중심지, 조몽책문 → 천두진

흑몽소몽과 접해 있는 지역이 등자촌인데 등자촌은 현 공주령시이다. 이 지역에서 원나라가 말안장을 많이 만들었던 지역이다. 악불락과문 동쪽에는 몽고(북원)와 조선 사이에 국경선 목책이 없다. 악불락과문 동쪽 책문이 없는 흑룡강 남쪽은 조선의 영토로 인정된 것이다.

조선 초 장춘시와 길림시 북쪽 지역에 조선과 몽고와의 국경인 목책이 있었다. 길림에서 오라성을 지나 조선에서 몽고로 가는 책문 악불락과문(현 백기진)이 있고 장춘에서 몽고로 가는 책문 의둔문(현 카륜진)이 있었다.

**조선의 오라에서 북쪽 몽고로 들어가는 중심 역참로에는 10개의 역참(악불라과문 포함)들이 그려져 있다.**

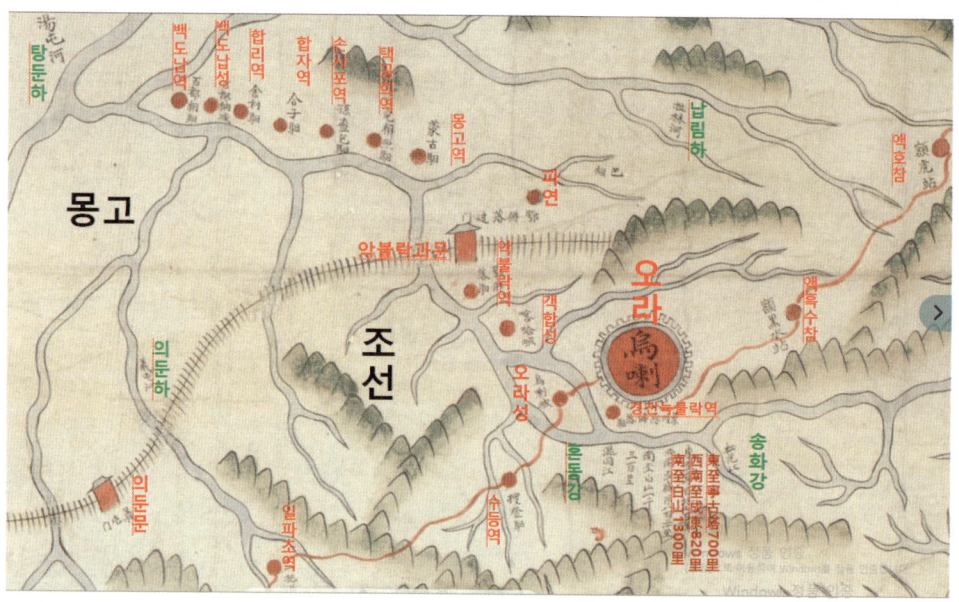

[그림 10] 피아양계지도(해동지도)의 현 길림 오라 지역: 조선과 몽고와의 사이의 목책에는 의둔문, 약불락과문 등 책문을 두고 있고 오라에서 악불락과문을 통과해 탕둔하로 가는 역참로가 있다.

[그림 11] 피아양계지도(해동지도)의 오라 지역에 대응하는 현 길림 오라 지역: 조선과 몽고와의 사이의 목책에는 의둔문(카륜진), 악불락과문(백기진) 등 책문을 두고 있고 오라에서 악불락과문을 통과해 탕둔하(흑룡강)로 가는 역참과 의둔하(4번 지류).

고지도에 있는 역참의 현 위치는 다음과 같이 바뀌어 있다.

객합성 →부둔촌, 악불락역 → 대구흠만족진, 악불락과문 → 백기진, 몽고역 → 법특진, 택공희역 → 대파진.

오라의 서남쪽 수등역의 명칭은 그대로 있다.

### 수등역 – 수등참진(搜登站鎭)

**피아양계지도의 동북쪽에 야라**가 그려져 있다. 야라(野羅) 섬의 설명으로 "도광수삼십사읍설치상유여지(島廣雖三四邑設置尙有餘地)" 라 하여 "섬은 넓으나 34개 읍(邑)만 설치되어 남는 땅이 오히려 많다" 는 의미다. 고을(邑) 이름으로 우지미(友之尾), 강거우자(江居于子), 고고등자(高高登子) 3개 고을만 기록하고 그 위치도 파악하기 어렵게 기록해 놓았다. 나머지 31개의 고을은 무엇인지 알 수가 없다. 섬이 너무 넓고 겨울엔 너무 추워 섬 전체를 측량하거나 파악하기가 매우 어려웠을 것이다. 파수(把守)라는 글자가 기록된 것으로 보아 군대가 있었음을 나타내고 있다.

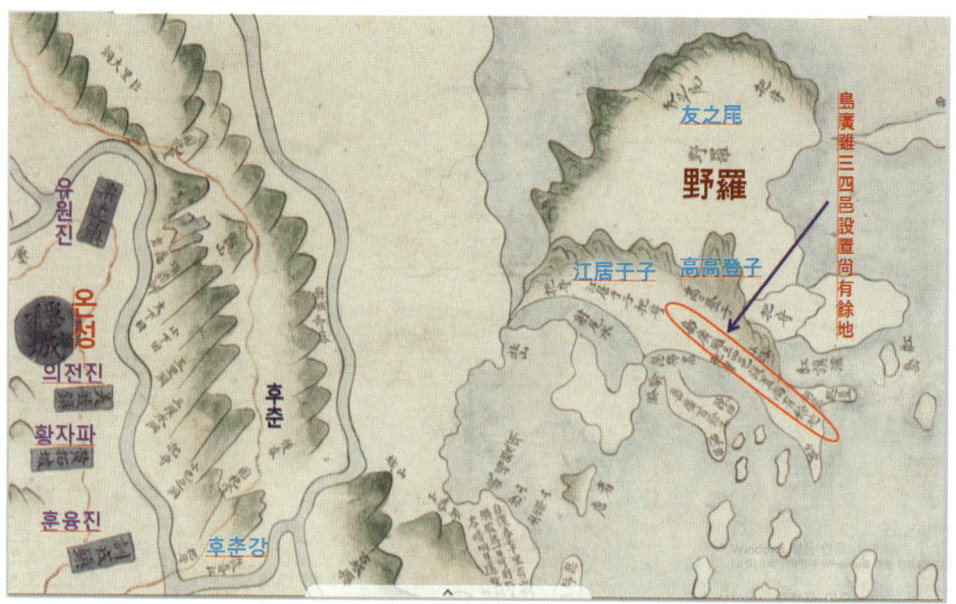

[그림 12] 피아양계지도(해동지도)의 동북 동해바다에 야라섬이 있다: 이 섬에 34개 읍을 설치하고 군대가 있음을 나타내고 있다(把守).

　야라(野羅) 섬의 한쪽 끝 부분을 육지와 연결해서 그려놓았는데 이는 얼음이 어는 동절기에는 이 섬을 걸어서 들어갈 수 있는 섬이라는 표현으로 해석된다. 상당한 크기의 섬으로 겨울에는 걸어서 섬에 들어갈 수 있는 섬은 사할린 섬을 표현한 것이다. 사할린 섬 북쪽 부분은 동절기에 바다가 얼어서 걸어서 섬에 들어갈 수 있다.

　피아양계지도의 북방 지역의 조선과 몽고와의 책문의 위치와 주요 지역을 찾을 수 있다.

[그림 13] 피아양계지도(해동지도)에서 동북 동해바다에 야라섬이 있다. 악불락과문 동쪽은 몽고와 조선 사이에 목책이 없고 공험진과 야라는 조선이 관할한 것이다. 동북쪽의 흑룡강 이북은 북원(몽고)로부터 너무 멀리 있어 조선이 관리한 것으로 보인다.

　우리는 조선의 북방 국경이 현재의 압록강과 두만강으로 이루어졌다고 배워 왔다. 현재의 압록강과 두만강이 조선의 압록강과 두만강이라고 알고 있다. 일제가 바꾸어 놓은 사실도 모르고 있다. 일제는 조선의 장백산을 백두산으로 바꾸어 놓았다. 조선의 백두산은 경박호(예 백두산 大池) 북쪽 모공산(毛公山)이다.

　조선의 원래의 두만강은 '수분하(중국령) + 레카라즈돌나야(Recka Razdolnaya; 러시아령)강'이다. 조선의 원래의 압록강은 '압록강 하류 + 혼강'이다.

　조선의 북방영토가 그려진 고지도 중 조선의 영토를 가장 크게 그린 지도는 彼我양계지도(1392~1450년 사이로 추정, 제작자 미상, 규장각 소장)이다. 彼我양계지도의 서북쪽에는 조선과 明 사이에 목책이 있고 6개의 책문이 있다. 彼我양계지도의 북쪽에는 조선과 몽고 사이에 목책이 있고 5개의 책문이 있다. 彼我양계지도에서 오라성과 영고탑이 조선 영토이고 흑룡강 하류가 조선 영토이다. 공험진은 현 쌍압산시이다. 野羅(현 사할린 섬)에는 34개 읍을 설치하여 관리하였다.

우리 국민들이 이 책을 통해서 조선조 오백년 동안 우리의 북방 국경이 고정되어 있지 않았다는 사실을 알아야 한다. 彼我양계지도가 가리키는 조선의 영토는 현재의 요령성 동쪽 지역, 길림성 70프로 이상, 흑룡강성 50프로 이상, 연해주, 사할린 섬을 포함하고 있다는 사실을 알게 되면 놀라움을 금치 못 할 것이다.

2023년 11월

필자 崔奎興 鄭澤鮮

# 차 례

### 제1장 압록강 유역 부(府)·군(郡)과 세종대왕의 사군(四郡) 위치 탐구   40p
#### I. 서론   40p
#### II. 의주부 고지도 분석   46p
1. 의주부 고지도 분석과 현 의주 근방의 위성지도
2. 결론

#### III. 삭주부 고지도 분석   50p
1. 삭주부 고지도 분석과 삭주 근방의 구글 지도
2. 결론

#### IV. 昌城 고지도 분석   54p
1. 昌城 고지도 분석과 현 창성 근방의 구글 지도 분석
2. 결론

#### V. 벽동군 고지도 분석   58p
1. 벽동군 고지도 분석과 벽동 근방의 구글 지도 비교 분석
2. 결론

#### VI. 이산부 고지도 분석   63p
1. 이산부 고지도 분석과 대응 지역 구글 지도 분석
2. 결론

#### VII. 위원 고지도 분석   71p
1. 위원 고지도 분석과 대응하는 영역 위성지도 분석
2. 독로강(禿魯江)의 의미는 무엇이고 어디인가
3. 결론

#### VIII. 위상수학을 활용한 강계부 고지도 분석과 세종대왕의 사군 위치   79p
1. 강계부 고지도 분석
2. 북한의 강계시와 만포시는 조선의 강계부위 지역과 만포진 지역이 아니다.
3. 세종대왕의 사군의 위치와 압록강
4. 독로강과 장백산에 대한 역사 기록
5. 결론

#### IX. 삼수부 고지도 분석   102p
1. 삼수부 고지도 분석과 대응하는 영역의 구글지도 분석
2. 삼수부 고지도와 북한 삼수지역 비교
3. 결론

### X. 갑산부 고지도 분석    113p
1. 갑산부 고지도 분석과 대응하는 영역의 구글지도 분석
2. 갑산부 고지도 상단 부분과 혜산강
3. 갑산부 고지도 하단 부분과 허천강
4. 결론

### XI. 백두산의 위치 탐구; 간도 협약 때 간도 지역 일본 영사 지국    126p
1. 옛 백두산은 흑룡강(옛 토문강, 현 목단강) 강변에 있다
2. 백두산에서 무산부는 280리이고 갑산부는 350여리 측정 경로

## 제2장 두만강 유역의 세종대왕의 육진 위치    138p

### I. 서론    138p

### II. 위상수학을 활용한 경흥부 고지도 분석    143p
1. 경흥부 고지도와 북한 두만강 하류 경흥 근방 위성지도 비교 분석
2. 조선조 경흥부는 어디에 존재하는가?
3. 경흥부 주기
4. 경흥부 고지도(지승)와 대응되는 구글지도 비교
5. 결론

### III. 위상수학을 활용한 경원부 고지도 분석    160p
1. 조선조 경원부 고지도와 북한 경원군 근방 두만강 유역 위성지도 비교
 2. 조선조  경원부는 어디에 존재하는가?
 3. 결론

### IV. 위상수학을 활용한 온성부 고지도 분석    174p
1. 온성부 고지도와 북한 온성 근방 두만강 유역 위성지도 비교 분석
2. 고지도의 온성부에서 영고탑까지 거리 고찰
3. 조선조 온성부는 어디에 존재하는가?
4. 결론

### V. 위상수학을 활용한  종성부 고지도  분석    185p
1. 종성부 고지도와 북한 종성 근방 두만강 유역 위성지도 비교
2. 조선조 종성부는 어디에 존재하는가?
3. 결론

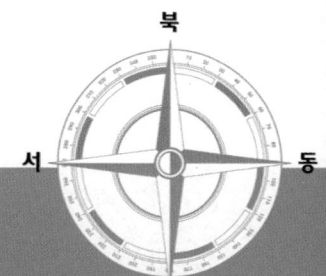

### VI. 위상수학을 활용한 세종대왕의 회령부 고지도 분석    193p
1. 북한의 두만강 유역 회령 근방의 구글 위성도와 회령고지도 비교
2. 조선조 회령부(북부)는 어디에 존재하는가?
3. 회령부 고지도의 남쪽 강들과 북한 두만강 하류
4. 결론

### VII. 위상수학을 활용한 무산부 고지도의 분석    207p
1. 무산부 고지도와 북한 무산 근방 두만강 유역 위성지도 비교 분석
2. 조선조 무산부는 어디에 존재하는가?
3. 결론

### VIII. 조선조 백두산과 장백산 위치 탐구    219p
1. 무산부 고백두산과 장백산 고지도 설명
2. 조선조 고지도의 백두산은 어디인가?

## 제3장 백두산과 장백산 그리고 동해 북부 섬들    232p

### I. 서론    232p

### II. 조선조 백두산과 장백산 위치 탐구    242p
1. 백두산 위치 탐구
2. 임진정계비의 위치와 목극등의 국경 탐사 경로
3. 고지도에 기록된 장백산의 지형자세 기록

### III. 조선조 함경북도 동해바다 주요 섬들    256p

## 제4장 조선왕조 북방 국경 흐름    270p

### Ⅰ. 서론    270p

### Ⅱ. 조선말의 두만강과 압록강 유역의 부군(府郡)    272p
1. 두만강과 육진
2. 조선조 함경북도 동해바다 주요 섬들
3. 부령부 고지도 분석과 함경도 동해안 주요 행정영역에서 서울까지 거리
4. 백두산의 위치
5. 강계부, 삼수부, 갑산부 고지도 분석

III. 조선팔도고금총람도 분석을 통한 조선의 중후기 북방 국경과 공험진 위치   293p
1. 임진(1712년) 정계비 설치와 목극등의 이동경로
2. 공험진 위치 탐구

IV. 피아양계지도(해동지도)   304p
1. 피아양계지도의 북서 지역 분석
2. 조선과 몽고(북원) 사이의 목책과 오라성(烏喇城) 지역 역참
3. 야라(野羅)의 위치
 V. 조선여진양국경계도(광여도)   318p
 VI. 결론   323p

# 제1장

# 제1장 압록강 유역 부(府)·군(郡)과 세종대왕의 사군(四郡) 위치 탐구

## I. 서론

우리는 세종대왕 때 사군육진을 설치하여 외적을 막았고 그 중 육진의 위치가 두만강 유역에 있다고 배웠다. 사군의 위치는 압록강 유역이라고 알고 있지만 정확한 위치를 아무도 모르고 있는 것 같다. 백두산도 세종대왕 때의 백두산인지 아닌지 잘 모르고 현재의 백두산이 세종대왕 때의 백두산인지 아닌지 의심하지 않는다. 대동여지도나 조선조의 함경도 고지도에는 백두산과 장백산이 서로 다른 곳에 있다.

조선시대의 고지도의 압록강에는 **의주, 삭주, 창성, 벽동, 이산(초산), 위원, 강계, 삼수, 갑산** 9개의 부(府)와 군(郡) 만이 있다.

[그림 1] 我國摠圖(규장각)에서 압록강; 압록강 유역에는 **의주, 삭주, 창성, 벽동, 이산(초산), 위원, 강계, 삼수, 갑산** 9개의 부(府)와 군(郡) 만이 있다. 자성, 우예, 여연, 무창은 강계부에 포함됨. 백두산과 장백산은 서로 다른 산이다.

일제는 지금의 반도사관을 만들기 위하여 **이산(초산), 위원, 강계, 삼수, 갑산**의 위치를 바꾸어 놓고 조선의 이산과 위원의 지역을 **우시군으로 하였다**. 우시군은 조선 시대에 압록강 유역에 있는 부(府)나 군(郡)의 명칭이 아니다. 사군은 강계부 안에 있었고 강계부는 남북의 길이가 300리가 넘는 넓은 지역이었는데 강계부를 현 한반도 안으로 축소하여 설정하고 사군의 위치 중 자성 만 하나 정하고 나머지 3개의 군은 정하지 않았다. 후주의 위치도 정하지 않았다.

◆ 강계부(해동지도) 고지도에는 큰 강으로 압록강과 독로강이 그려져 있다. 강계부의 압록강은 현 혼강이고 독로강은 현 압록강 상류이다.

강계부 고지도에 **자성, 우예, 여연, 무창**이 있다. 고지도 **자성**에 대응하는 지역은 마제촌(**馬蹄村**)이다. 마제촌은 말발굽 동네라는 뜻이다. 고지도 **우예**에 대응하는 지역은 후강연(后江沿)이다. 후강연은 임금의 강이 흘러가는 곳이라는 뜻으로 보인다. **여연**에 대응하는 지역은 만만천여유도가촌(灣灣川旅遊度假村)이다. **무창**에 대응하는 지역은 통화시 동북 지역이다.

우리는 조선조 강계부의 고지도가 나타내는 지역이 현재의 강계 근방의 위상도가 아닌 현재의 압록강과 혼강 사이에 강계부의 주요지역이 있었다. 강계부 고지도에서 만포진은 부위에서 240리라고 기록되어 있는데 북한 강계시에서 만포시까지는 80리 정도로 고지도에 기록된 것과는 너무 차이가 난다. 이는 북한 강계시와 만포시는 조선의 강계부위와 만포진이 아니라는 뜻이다.

조선의 강계부위에 대응지역은 집안시 서부지역이고 만포진에 대응되는 지역은 환인만족자치현이다. 놀랍게도 구글지도의 집안시 서부지역(**강계부**)에서 역참로(현재의 국도)를 따라 상토진(현 大路鎭)을 거쳐 환인만족자치현(**만포진**)까지의 거리가 약 240리라는 걸 확인할 수 있어 조선시대 두 지점간의 거리를 매우 정확하게 측정했다는 걸 알 수 있다.

⬡ 옛 강계부에 있었던 역참 중 일제가 현 압록강 이남에 위치를 설정하지 않은 역참과 지류: 우예, 여연, 무창, 벌등진, 고산리진, 상토진, 외괴진, 종포진, 추파진, 마마해보, 평남진, 신광진; 후주강, 죽전천, 호예천, 라신천, 북천, 남천; 오국성(압록강 북쪽에 있음), 황제묘(압록강 북쪽에 있음).

◆ 조선조 삼수부의 고지도를 위상 수학적 방법에 의해 분석하고 그 지도의 내용을 설명하고 삼수부의 고지도와 중국의 현 혼강(옛 압록강) 지역 백산 부근의 구글 지도와 비교하여 삼수부 고지도가 가리키는 곳은 백산시 혼강(옛 압록강) 근방이다. 삼수 부위의 위치는 석인진이고 박홍도는 조선조에 옛 압록강이 두 갈래로 갈라졌다가 다시 합쳐져서 생겨난 섬으로 현재의 백산시에 있다. 삼수부 고지도에 나타난 보(堡)와 진(鎭)으로 인차외보, 라난보, 소농보, 신가을파지, 어면보, 구가을파지, 자작보, 강구보, 신방보, 묘파보, 별해진, 장진책이 있다.

일제는 북한 압록강 유역에 삼수의 위치를 설정했지만 다른 보(堡)나 진(鎭)의 위치는 정하지 않았다.

⬡ 옛 삼수부에 있었으나 일제가 현 압록강 이남에 위치를 설정하지 않은 보(堡)나 진(鎭): 인차외보, 라난보, 소농보, 신가을파지, 어면보, 구가을파지, 자작보, 강구보, 신방보, 묘파보, 별해진, 장진책.

◆ 조선조 갑산부의 고지도를 위상 수학적 방법에 의해 분석하고 그 지도의 내용을 설명한다. 갑산부의 고지도가 위상적으로 가리키는 곳이 현 백두산(옛 장백산) 북쪽에서 출발하는 송화강 상류 지류와 무송진(撫松鎭), 유수진(楡樹鎭), 흥삼진(興參鎭), 抽水鄕, 북강진(北岡鎭), 유수천향(楡樹川鄕), 만량진(萬良鎭), 선인교진(仙人橋鎭), 화수진(樺樹鎭), 만강진(漫江鎭), 동강진(東岡鎭) 등의 근방을 그린 위상도임을 밝힌다.

놀랍게도 갑산부 고지도에 그려진 강들은 옛 압록강(현 혼강)과 연결되어 있지 않다. 갑산부 고지도는 현 백두산(옛 장백산) 북쪽 지역 송화강 상류지역을 그려 놓고 이 갑산부 지역의 강물이 옛 압록강으로 흘러들어간다고 판단한 것이다.

이러한 착각은 몰라서 일어난 것인지 국경을 정하기 위해 편의상 정한 것인지 아는 바가 없다. 이는 국경을 정하기 위해 옛 압록강 상류와 갑산부 강을 연결해서 그린 것으로 판단된다.

일제는 갑산부위와 혜산의 위치를 현재 북한 압록강 이남에 설정했지만 다른 역참이나 강의 지류 이름을 정하거나 설정하지 못 하였다.

⬡ 옛 갑산부에 있었으나 일제가 현 압록강 이남에 위치를 설정하지 않은 보(堡), 진(鎭), 지류, 중요 지명: 운파관, 운룡, 진동, 허린, 동인, 호린, 웅이, 종포, 천봉사, 오씨천, 신대신수, 검천수, 비비포(飛非浦), 서수라덕(西水羅槶), 자개수, 임연수(臨淵水), 치부수, 한덕입지당(갑산부에서 백두산 갈 때 마지막 쉼 터).

대동여지도 등 함경도를 그린 고지도에는 백두산에서 갑산부까지를 350여리라 기록했는데 갑산부의 진동역(만량진)에서 옛 한덕입지당을 거쳐 역참로를 따라 옛 백두산 근방 삼지(경박호 서쪽 끝 지역)까지 350리이다. 또 대동여지도 등 함경도를 그린 고지도에는 백두산에서 무산부까지를 280리라 기록했는데 무산부위(라자구진)에서 대흥구진(조선의 역참 명 모름)을 거쳐 역참로를 따라 옛 백두산 동쪽 끝 지점(경박호 동쪽 끝 지역)까지 280리이다. 대동여지도 등 함경도를 그린 고지도에 백두산 대지의 둘레가 80리라 기록되었는데 경박호(옛 백두산 대지) 둘레는 80리가 넘는다. 경박호 제방을 높여 호수 둘레가 더 길어진 것 같다. 참고로 현 백두산(옛 장백산) 천지의 둘레는 23리 정도이다.

일본은 조선의 영토 역사를 현재의 두만강과 압록강 이남의 반도 역사를 만들기 많은 학자를 동원했다고 인하대 복기대교수와 박지영교수는 말한다. 우리역사 중 국경사를 왜곡하는 데는 일본의 기하학자들이 동원되었을 것으로 본다. 경흥, 경원, 온성, 종성, 회령, 무산의 부위의 위치 설정은 조선조 함경북도에 그려진 부위의 위치와 위상적으로 매우 잘 맞게 위치를 정했다. 이는 일반 인문계 학자는 할 수 없는 일이다. 하지만 행정 영역을 인위적으로 설정하지는 못 했다. 왜냐하면 회령부, 종성부, 온성부의 남북의 길이는 200리(100 Km)가 넘기 때문이다.

일본은 19세기 초부터 수학자를 독일 유학을 시켰다. 이들 수학자들이 조선의 영토역사를 왜곡 변질시키는데 기여했을 것이다. 특히 압록강과 두만강을 바꾸고 두강 유역의 주요 도시 지명들을 바꾸거나 옮기거나 하는데 수학자들의 공로가 매우 컷을 것이다. 우리 역사학계는 고지도 연구 등 국경사 연구에 위상수학 등 수학 지식이 필요하다는 사실을 모르고 있다.

인하대 복기대교수(역사학자)는 유럽에서는 역사 연구에서 국경사가 가장 중요한데 한국에서는 국경사 연구의 중요도가 많이 떨어지고 있다고 한다.

조선의 국경을 연구하는데 대동여지도 연구와 규장각에 있는 조선시대의 여러 종류의 고지도를 연구하면 세종대왕의 사군육진의 위치를 찾아낼 수 있다.

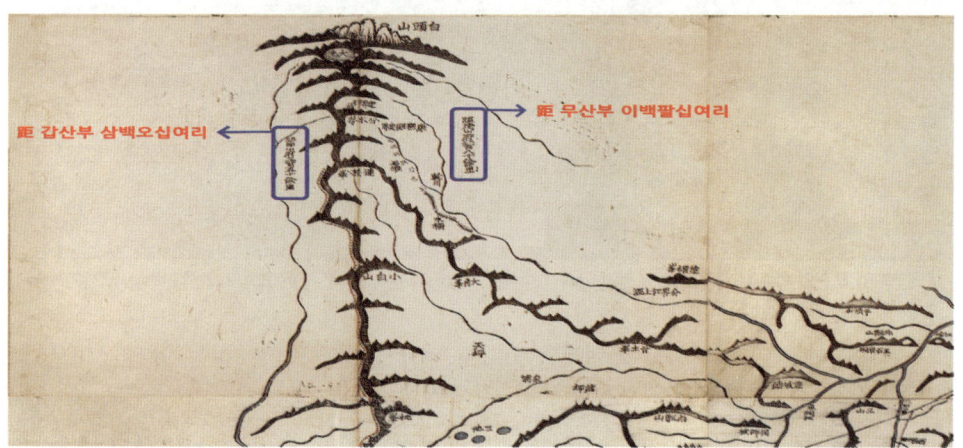

[그림 2] 백두산-대동여지도; 백두산에서 무산부까지 280여리이고 갑산부까지 거리를 350여리라고 기록하고 있다. 백두산은 대지(大池) 북쪽(위 쪽)에 그려져 있다. 이것은 산 정상에 있는 천지는 아니라고 본다.

조선의 압록강 상류는 현재의 혼강이다. 갑산부 혜산강과 허천강은 옛 압록강(혼강)과 연결되어 있지 않다. 현재의 혜산 쪽 압록강 상류는 독로강이다.

[그림 3] 조선의 압록강과 독로강; 조선의 압록강 상류는 혼강이고 현재의 백두산은 조선의 장백산이다. 조선의 백두산은 경박호 북쪽 산이다.

서울대학교 규장각 한국학 연구원 고지도 편에 義州府, 삭주, 창성, 벽동, 이산, 위원, 강계, 삼수, 갑산 고지도들이 있다. 각 지역별로 고지도가 각각 6 종류가 있다.

우리는 義州府, 삭주, 창성, 벽동, 이산, 위원, 강계, 삼수, 갑산 고지도들을 분석하고 각 주요 지역을 북한 두만강 유역의 구글 위성도와 비교하고 대응 지역이 존재하는지를 확인하였다.

(1) 義州, 삭주, 창성, 벽동의 고지도들은 현재의 북한 압록강 유역 義州, 삭주, 창성, 벽동 지역을 그린 것이다.
(2) 이산, 위원, 강계, 삼수, 갑산 고지도들은 북한의 이산, 위원 지역을 그린 것이 아님을 밝히고 고지도에 대응하는 지역을 찾았다.

고지도들을 분석할 때 저자는 오직 수학학적 방법을 사용하고 각 지명이 의미하는 뜻을 분석하고 그 지도가 나타내는 지역을 위성 지도에서 찾아보고 비교 설명하는데 있다. 위상수학은 고지도를 분석하는데 매우 강력한 도구가 된다.

우리는 오직 강, 강의 지류, 부위(府衛), 보(堡), 강 속에 있는 섬들로 이루어진 전체의 위상도를 선입관을 가지지 않고 위상 수학적 방법, 기하학적 방법, 대역 기하학적 방법에 의해 분석하고 그 지도의 내용을 설명하는 데 있다.

**II절**에서는 조선조 의주부 고지도를 분석하고 이 고지도가 현 의주 근방을 그린 위상도임을 설명한다.

**III절**에서는 조선조 삭주부 고지도를 분석하고 이 고지도가 현 삭주 근방을 그린 위상도임을 설명한다.

**IV절**에서는 조선조 창성 고지도를 분석하고 이 고지도가 현 창성 근방을 그린 위상도임을 설명한다.

**V절**에서는 조선조 벽동 고지도를 분석하고 이 고지도가 현 벽동 근방을 그린 위상도임을 설명한다.

**VI절**에서는 조선조 이산의 고지도를 분석하여 조선의 이산이 북한의 이산(초산) 지역이 아님을 밝히고 조선의 이산의 위치를 찾는다.

**VII절**에서는 조선조 위원의 고지도를 분석하여 조선의 위원은 북한의 위원 지역이 아님을 밝히고 조선의 위원의 위치를 찾는다.

**VIII절**에서는 조선조 강계부의 고지도를 분석하여 조선의 강계가 북한의 강계 지역이 아님을 밝히고 조선의 강계의 위치를 찾는다.

**IX절**에서는 조선조 삼수부의 고지도를 분석하여 조선의 삼수가 북한의 삼수 지역이 아님을 밝히고 조선의 삼수부의 위치를 찾는다.

**X절**에서는 조선조 갑산부의 고지도를 분석하여 조선의 갑산부가 북한의 삼수 지역이 아님을 밝히고 조선의 갑산부의 위치를 찾는다.

## II. 義州府 고지도 분석
### 1. 의주부 고지도 분석과 현 의주 근방의 위성지도(참고 [11])

서울대학교 규장각 한국학연구원 고지도편에 의주 근방을 그린 고지도가 여섯 종류가 넘는다. 이들 고지도는 현대식 지도가 아니기 때문에 그리고자 하는 강과 지류, 부위, 창(倉) 등 각 목표물들 간의 거리 방향 등이 정확히 묘사되지 않아 현대식으로 이해하기가 매우 어렵다. 이 고지도들은 묘사하고자 하는 목표물만을 그린 위상수학적으로 묘사한 위상도이다.

의주의 고지도 중에서 구글지도와 비교 조사하기가 가장 좋은 의주부 고지도 중 하나는 [그림 2] (지승 - 의주부)이다.

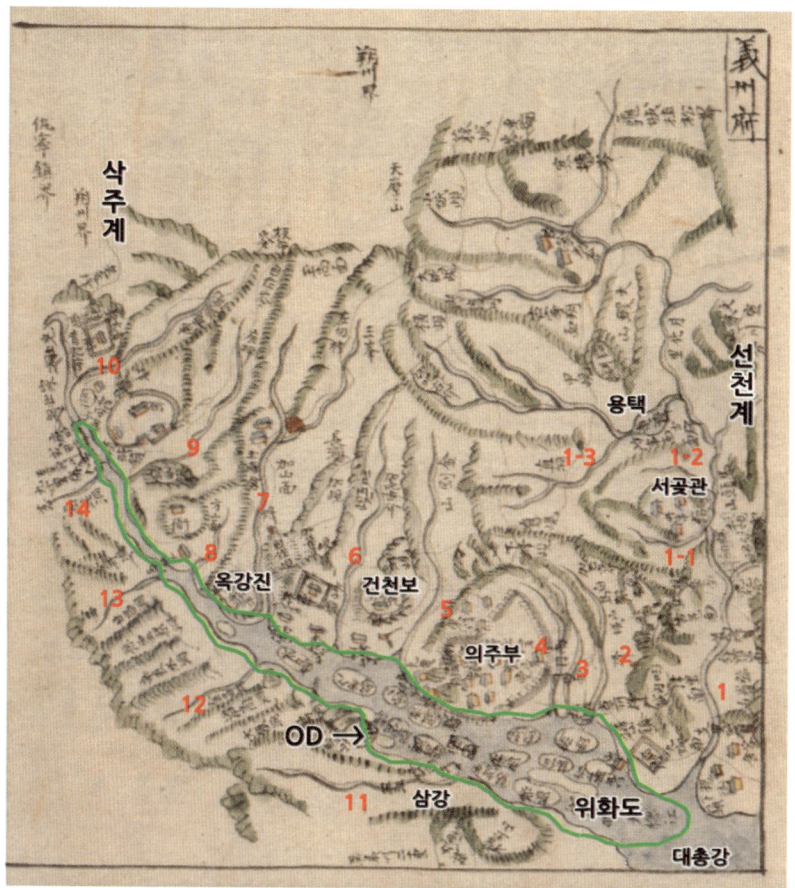

[그림 4] 의주부 고지도(지승): 압록강 하구에 대총강(大總江)이라는 표기가 있다. 대총강(압로강)에 10개 이상의 섬이 있다.

[그림 2]의 의주부 고지도에서 지역(영역)의 형태나 특색, 군사지역의 독특한 지명들을 살펴보자.

[그림 2]의 의주부 고지도에 있는 대총강(현재의 압록강)이 있고 $OD$ 영역 안에 섬이 13개 그려져 있다. 이들 섬 중에서 위화도를 가장 크게 그려놓았다. 대총강의 $OD$내의 강물로 이루어진 영역을 $OD$라 하면 섬 13개가 빠지므로 이 영역의 평면 위상의 종수(genus)는 다음과 같다.

$$g(OD) = 13$$

대총강 위쪽에 작은 지류로 1번, 2번, 3번, 4번, 5번, 6번, 7번, 8번, 9번, 10번 지류로 10개의 지류가 그려져 있고 대총강 아래쪽에 작은 지류로 11번, 12번, 13번, 14번 지류로 4개의 지류가 그려져 있다. 1번 지류의 지류인 1-1지류와 1-2지류 사이에 서곶관(序串館)이 그려져 있고 1-3지류에 용택(龍澤)이 그려져 있다.

4번 지류와 5번 지류 사이에 의주 부위(府衛)가 있다. 5번 지류와 6번 지류 사이에 건천보가 있고 7번 지류와 8번 지류 사이에 옥강진이 있다.

구글지도를 통해서 현재의 의주 근방을 살펴보자.

[그림 5] 북한 의주 근방 현 압록강(옛 대총강) 유역의 구글 지도

[그림 5]의 의주 근방 압록강(옛 대총강) 유역의 구글 지도의 $PD$ 영역 안의 강물로 이루어진 영역을 $PD$라 하면 섬의 개수가 10개 이상이고 이중 여러 개의 섬이 실개천으로 이루어진 강물이 흐르고 있다. 이들 섬을 실개천으로 분리된 섬으로 보느냐에 따라 19개까지도 늘어날 수 있다.

따라서 의주 지역 현 압록강 $PD$ 영역 안의 강물로 이루어진 영역의 평면 위상의 종수(genus)는 다음과 같이 볼 수 있다.

$$10 \leq g(PD) \leq 19$$

[그림 6] 의주 근방 압록강(옛 대총강) 유역의 구글지도; 압록강의 섬의 개수를 18개로 셀 수도 있다.

[그림 4]의 대총강 위쪽에 작은 지류로 1번, 2번, 3번, 4번, 5번, 6번, 7번, 8번, 9번, 10번 지류로 10개의 지류가 그려져 있는데 [그림 5]의 현재의 압록강 남쪽에 1번, 2번, 3번, 4번, 5번, 6번, 7번, 8번, 9번, 10번 지류로 10개의 지류가 잘 대응되고 있다.

[그림 4]의 대총강 아래쪽에 작은 지류로 11번, 12번, 13번, 14번 지류로 4개의 지류가 그려져 있는데 [그림 5]의 현재의 압록강 북쪽에 11번, 12번, 13번, 14번 지류로 4개의 지류가 일대일 대응이 잘 이루어지고 있다.

[그림 4]의 1번 지류의 지류인 1-1지류와 1-2지류 사이에 서곶관(序串館)이 그려져 있고 1-3지류에 용택(龍澤)이 그려져 있는데 [그림 5]의 1-1지류와 1-2지류 사이에 작은 도시가 있고 1-3지류에 용택(龍澤)에 대응되는 상당한 크기의 호수가 있다. 이 호수는 댐을 막아서 예전의 용택(龍澤) 보다 더 큰 호수가 되어 있다.

## 2. 결론

　1절의 조사에 [그림 6]의 의주 근방 압록강(옛 대총강) 유역의 구글 지도의 $PD$ 영역 안의 강물로 이루어진 영역의 섬의 개수가 10개 이상이고 이중 여러 개의 섬이 실개천으로 이루어진 강물이 흐르고 있다. 이들 섬을 실개천으로 분리된 섬으로 보느냐에 따라 19개까지도 늘어날 수 있다. [그림 4]에서 대총강의 $OD$ 영역 안의 13개의 섬이 그려져 있는데 작은 섬들이 실개천에 의해 갈라진 총 개수를 13개로 본 것이다.

　[그림 4]의 대총강 위쪽에 작은 지류로 1번, 2번, 3번, 4번, 5번, 6번, 7번, 8번, 9번, 10번 지류로 10개의 지류와 [그림 5]의 현재의 압록강 남쪽에 1번, 2번, 3번, 4번, 5번, 6번, 7번, 8번, 9번, 10번 지류 10개가 일대일로 잘 대응되고 있다.

　[그림 4]의 대총강 아래쪽에 11번, 12번, 13번, 14번 지류 4개와 [그림 5]의 현재의 압록강 북쪽에 11번, 12번, 13번, 14번 지류 4개가 일대일 대응이 잘 이루어지고 있다.

　따라서 [그림 4]는 현재의 의주 지역 압록강 근방을 매우 잘 그린 의주의 위상도이다.

## III. 삭주부 고지도 분석

### 1. 삭주부 고지도 분석과 삭주 근방의 구글 지도(참고 [11])

서울대학교 규장각에 있는 여섯 종류의 삭주 고지도 중에서 구글지도와 비교 조사하기가 가장 좋은 것은 삭주부 (여지도 - 평안도 - 삭주부)[그림 7]이다.

[그림 7] 삭주부 고지도: 여지도 - 삭주부: 압록강(옛 대총강)에 섬이 없다.

삭주부[그림 7] 고지도에서 지역(영역)의 형태나 특색, 군사지역의 독특한 지명들을 살펴보자.

[그림 7]의 삭주부 고지도에는 압록강(옛 대총강 )이 있고 압록강 영역 안에 섬이 하나도 그려져 있지 않다. 고지도의 압록강(옛 대총강 )으로 이루어진 영역을 $OD$라 하면 섬이 없으므로 이영역의 위상 종수(genus)는 다음과 같다.

$$g(OD) = 0(섬의 개수)$$

압록강(옛 대총강) 위쪽에 1번 지류가 있고 1번 지류는 압록강(옛 대총강)으로 흘러들어오고 있다. 압록강(옛 대총강) 위쪽에 2번 지류가 있고 2번 지류는 압록강(옛 대총강)으로 흘러들어오지 않고 다른 방향으로 흘러가고 있다. 1번 지류의 지류인 1-1지류와 1-2지류 사이에 삭주부위가 있고 1번 지류가 압록강(옛 대총강)과 만나는 지점에서 1번 지류의 오른쪽에 관아(衙)가 있다.

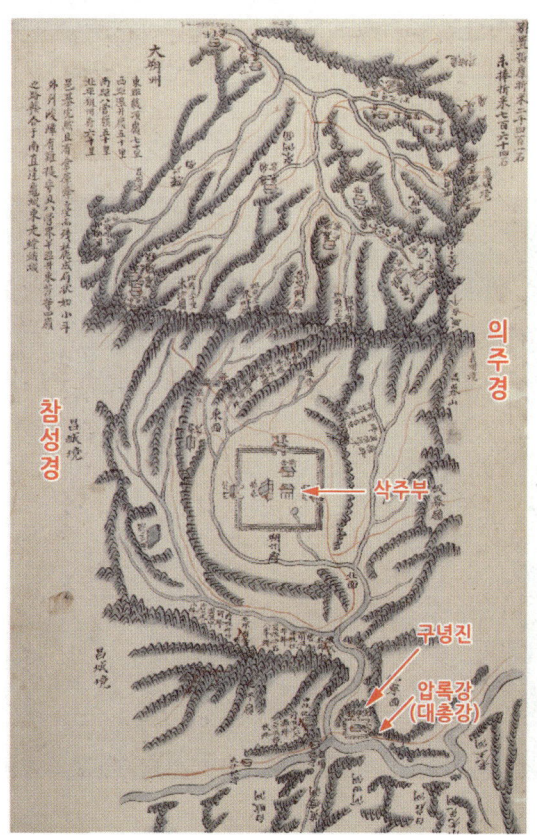

[그림 8] 삭주부: 해동지도 - 삭주부: 압록강(옛 대총강)에 섬이 없다.

[그림 8]의 삭주부 고지도에도 압록강(옛 대총강 )영역 안에 섬이 하나도 그려져 있지 않다. 고지도의 압록강(옛 대총강)으로 이루어진 영역을 $OD$라 하면 섬이 없으므로 이영역의 위상의 종수(genus)는 다음과 같다.

$$g(OD) = 0 \text{ (섬의 개수)}$$

압록강(옛 대총강) 위쪽에 1번 지류가 있고 1번 지류는 압록강(옛 대총강)으로 흘러들어오고 있다. 또 압록강(옛 대총강) 위쪽에 2번 지류가 있고 2번 지류는 압록강(옛 대총강)으로 흘러들어오지 않고 다른 방향으로 흘러가고 있다.

1번 지류의 지류인 1-1지류와 1-2지류 사이에 삭주 부위가 있고 1번 지류가 압록강(옛 대총강)과 만나는 지점에서 1번 지류의 오른쪽에 관아(衙)가 있다.

압록강(옛 대총강) 위쪽에 1번 지류가 있고 1번 지류는 압록강(옛 대총강)으로 흘러들어오고 있다. 압록강(옛 대총강) 위쪽에 2번 지류가 있고 2번 지류는 압록강(옛 대총강)으로 흘러들어오지 않고 다른 방향으로 흘러가고 있다. 1번 지류의 지류인 1-1지류와 1-2지류 사이에 삭주 부위가 있고 1번 지류가 압록강(옛 대총강)과 만나는 지점에서 1번 지류의 오른쪽에 구녕진(仇寧鎭)이 있다. [그림 7]과 [그림 8]은 삭주와 압록강과 그 지류들은 위상적으로 완전히 동형으로 매우 잘 그려진 위상도 이다.

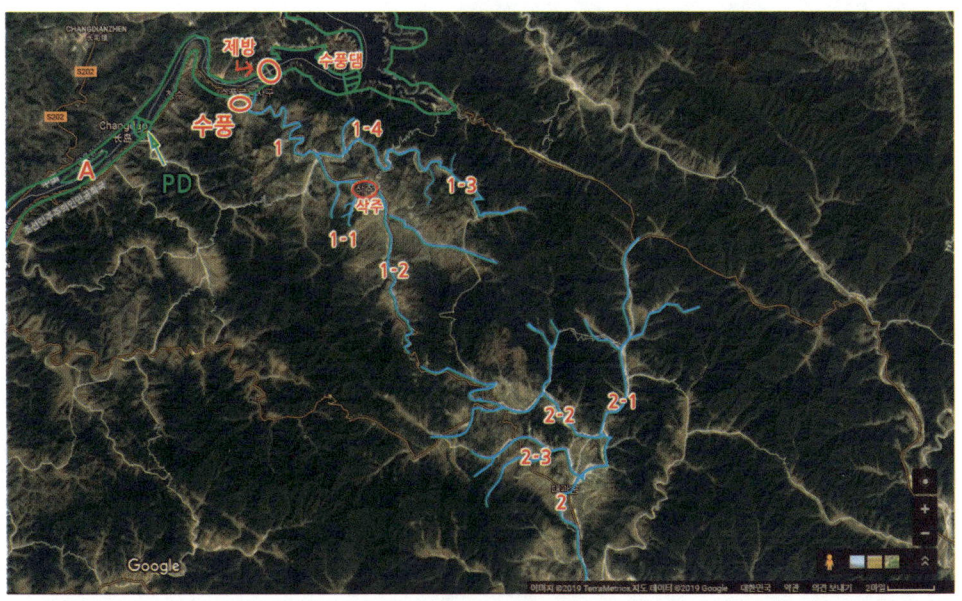

[그림 9] 북한 삭주 근방: 현 압록강(옛 대총강) 유역의 구글 지도

[그림 9]의 삭주 근방 압록강(옛 대총강) 유역의 구글 지도의 $PD$ 영역 안의 강물로 이루어진 영역을 $PD$라 하면 섬의 개수가 0개 이다. [그림 9]의 섬 A는 의주부에 속하는 섬이다.

따라서 $PD$ 영역 안의 강물로 이루어진 영역의 평면 위상의 종수(genus)는 다음과 같다.

$$g(PD) = 0(섬의 개수)$$

한편[그림 7]에서 압록강(옛 대총강) 위쪽에 1번 지류가 있고 1번 지류는 압록강(옛 대총강)으로 흘러들어오고 있다. 또 압록강(옛 대총강) 위쪽에 2번 지류가 있고 2번 지류는 압록강(옛 대총강)으로 흘러들어오지 않고 다른 방향으로 흘러가고 있다. 1번 지류의 지류인 1-1지류와 1-2지류 사이에 삭주 부위가 있고 1번 지류가 압록강(옛 대총강)과 만나는 지점에서 1번 지류의 오른쪽에 관아(衙)가 있다.

[그림 9]의 구글지도에서 1번 지류는 압록강(옛 대총강)으로 흘러들어오고 있다. 2번 지류는 압록강(옛 대총강)으로 흘러들어오지 않고 다른 방향으로 흘러가고 있다. 1번 지류의 지류인 1-1지류와 1-2지류 사이에 삭주 시내가 있고 1번 지류가 압록강(옛 대총강)과 만나는 지점에서 1번 지류의 오른쪽 옛 관아가 있었던 곳에 수풍 도시가(衙)가 있다.

따라서 [그림 7]의 삭주 고지도와 [그린 9]의 삭주 근방의 구글지도의 강들로 이루어진 위상도는 잘 일치하고 있다.

## 2. 결론

1절의 조사에 [그림 9]의 삭주 근방 압록강(옛 대총강) 유역의 구글 지도의 $PD$ 영역 안의 강물로 이루어진 영역을 $PD$라 하면 섬의 개수가 0개 이다. [그림 7]에서 대총강의 $OD$ 영역 안의 섬의 개수도 0개이므로 잘 일치한다.

[그림 7]의 압록강(옛 대총강) 위쪽에 작은 지류로 1번과 2번 지류로 2개의 지류와 [그림 9]의 현재의 압록강 남쪽에 1번과 2번 지류로 2개의 지류 잘 대응되고 있다.

따라서 [그림 7]의 삭주 고지도와 [그림 9]의 삭주 근방의 구글지도의 강들로 이루어진 위상도는 잘 일치하고 있다.

따라서 [그림 7, 8]은 현재의 압록강과 삭주 근방을 매우 잘 그린 위상도이다.

## IV. 창성(昌城) 고지도 분석

### 1. 昌城 고지도 분석과 현 창성 근방의 구글 지도 분석(참고 [11])

서울대학교 규장각의 6종류 창성 고지도 중에서 [그림 10] (조선지도 - 창성)은 창성의 강과 지류를 상세히 그려놓아 구글지도와 비교 조사하기가 가장 좋은 창성 고지도이다.

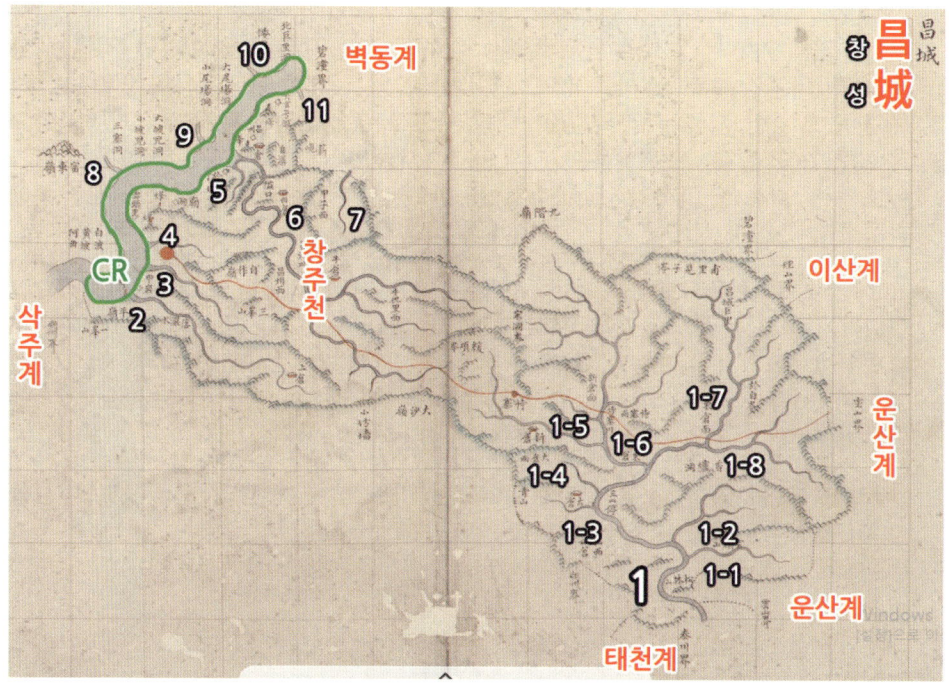

[그림 10] 창성 고지도: 조선지도- 평안도 - 창성

[그림 10]의 창성 고지도에서 지역(영역)의 형태나 특색, 군사지역의 독특한 지명들을 살펴보자.

[그림 10]의 창성 고지도에 있는 대총강(현재의 압록강)이 있고 CR 영역 안에 섬이 그려져 있지 않다. $CR$내의 대총강의 강물로 이루어진 영역을 $CR$이라 하면 섬 0개가 빠지므로 이 영역의 평면 위상의 종수(genus)는 다음과 같다.

$$g(OD) = 0 \,(섬의\ 개수)$$

대총강 위쪽에 작은 지류로 8번, 9번, 10번 지류로 3개의 지류가 그려져 있다. 대총강 아래쪽에 작은 지류로 2번, 3번, 4번, 5번, 6번, 7번, 11번 지류로 7개의 지류가 그려져 있다. 3번 지류와 4번 지류 사이에 부위가 있다.

한편, 이들 지류 아래에 1번 지류와 지류의 지류인 1-1, 1-2, 1-3, 1-4, 1-5, 1-6, 1-7, 1-8 지류들이 그려져 있다.

[그림 11] 창성: 여지도 - 창성: 큰 강이 압록강(옛 대총강)이고 압록강에 섬이 그려져 있지 않다.

[그림 11]의 창성 고지도에서는 압록강(옛 대총강) 북쪽에 지류를 4개

그려놓았는데 [그림 10]의 창성 고지도에서는 압록강(옛 대총강) 북쪽에 지류를 3개만 그리고 한 개는 무시했다. 압록강(옛 대총강) 남쪽에 작은 지류로 1번, 2번, 3번, 4번, 5번, 6번의 6개 지류를 그려놓았다. 지류의 지류 그림은 조금 차이가 난다.

하지만 전체적으로 [그림 10]과 [그림 11]은 위상적으로 동형이다.

구글지도를 통해서 창성과 주변 압록강 근방을 살펴보자.

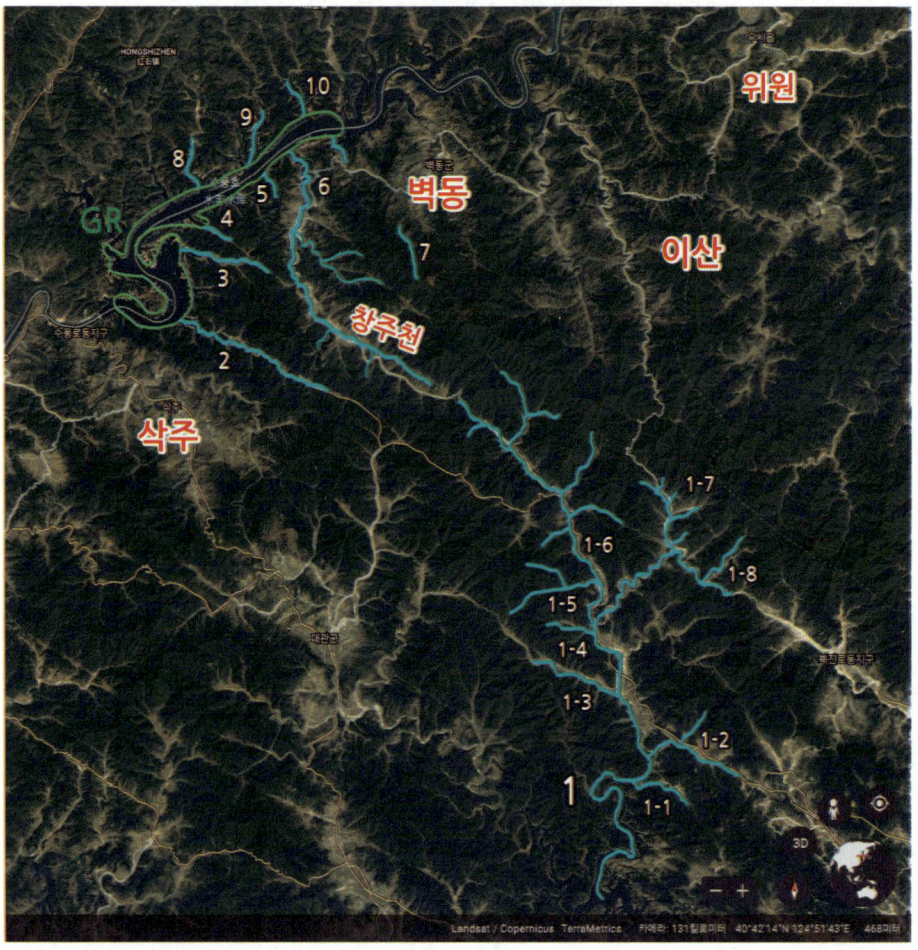

[그림 12] 창주 근방 현 압록강(옛 대총강) 유역의 구글 지도

[그림 12]의 창주 근방 압록강(옛 대총강) 유역의 구글 지도를 살펴보자. $GR$ 영역 안의 강물로 이루어진 영역을 $GR$이라 하면 섬의 개수가 0개이다.

따라서 $GR$ 영역 안의 강물로 이루어진 영역의 평면 위상의 종수(genus)는 다음과 같이 볼 수 있다.

$$g(GR) = 0$$

[그림 10]의 창성 고지도에서 대총강(현 압록강) 위쪽에 작은 지류로 8번, 9번, 10번 지류로 3개의 지류가 그려져 있는데 [그림 12]의 구글 지도에서 대응되는 지류들이 있다.

[그림 10]의 창성 고지도에서 대총강(현 압록강) 아래쪽에 작은 지류로 2번, 3번, 4번, 5번, 6번, 7번, 11번 지류로 7개의 지류가 그려져 있는데 [그림 12]의 구글 지도에서 대응되는 지류들이 있다.

[그림 10]의 1번 지류와 지류의 지류인 1-1, 1-2, 1-3, 1-4, 1-5, 1-6, 1-7, 1-8 지류들이 그려져 있는데 [그림 12]의 구글 지도에서 대응되는 지류가 있다.

## 2. 결론

[그림 10]과 [그림 12]의 압록강(옛 대총강)의 섬의 개수는 0으로 일치한다.

[그림 10]의 대총강(현 압록강) 위쪽에 작은 지류로 8번, 9번, 10번 지류로 3개의 지류가 그려져 있다. 대총강 아래쪽에 작은 지류로 2번, 3번, 4번, 5번, 6번, 7번, 11번 지류로 7개의 지류가 그려져 있다. 이들 지류 아래에 1번 지류와 지류의 지류인 1-1, 1-2, 1-3, 1-4, 1-5, 1-6, 1-7, 1-8 지류들이 그려져 있다. [그림 12]의 구글지도에서 이들에 1-1 대응되는 지류들이 모두 있다.

따라서 [그림 10]은 현재의 압록강 유역 창성근방을 매우 잘 그린 창성 위상도이다.

## V. 벽동군 고지도 분석

### 1. 벽동군 고지도 분석과 벽동 근방의 구글 지도 비교 분석(참고 [11])

서울대학교 규장각 고지도편에 벽동 고지도가 여섯 종류가 있다. 이들 중 [그림 13] (지승 - 벽동)은 벽동(조선조 창성 동쪽)의 고지도 중에서 강과 지류들을 상세히 묘사하여 구글지도와 비교 조사하기가 가장 좋은 벽동 고지도이다.

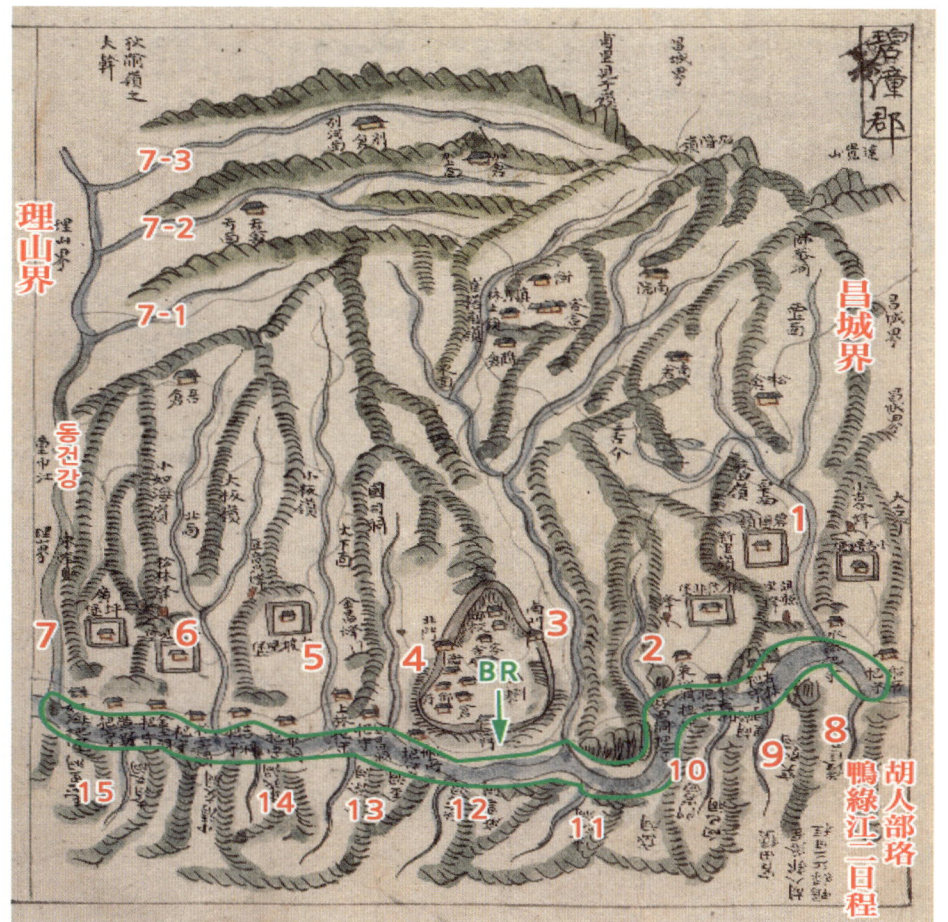

[그림 13] 벽동 고지도(지승- 벽동): **압록강이일정(鴨綠江二日程)**이라는 내용은 벽동에서 도보로 2일가면 압록강에 도달한다는 의미이다. 이 그림의 큰강은 압록강이 아니고 대총강이라는 의미다.

[그림 13]의 벽동 고지도에서 지역(영역)의 형태나 특색, 군사지역의 독특한 지명들을 살펴보자.

벽동 고지도에서 BR 부분의 강이 현재의 압록강인데 지류 8, 9번 지류 아래에 '압록강2일정(鴨綠江二日程; 약 60Km)'이라는 기록이 있다. 이는 지류 8, 9번 지류 근방에서 도보로 2일 걸려 압록강에 도달한다는 의미이다. 이 그림의 큰강은 대총강이고 압록강이 아니라는 의미다. 현재의 혼강이 옛 압록강이라는 의미이다(위원고지도와 강계고지도 참조). 3번 지류와 4번 지류 사이에 부위(府衛)가 있다.

다음 그림에서 벽동에서 옛 압록강(혼강)까지가 2일정임을 알 수 있다.

[그림 14] 벽동 고지도(지승)에 압록강이일정(鴨綠江二日程)이라는 글귀가 있는데 벽동에서 옛 압록강까지 100리 실제 도로 거리는 120리 정도로 도보로 2일가면 벽동에서 압록강에 도달한다.

[그림 13]의 벽동 고지도에 있는 압록강(옛 대총강 )이 있고 $BR$ 영역 안에 섬이 그려져 있지 않다. $BR$내의 압록강(옛 대총강)의 강물로 이루어진 영역을 $BR$이라 하면 섬 0개가 빠지므로 이 영역의 평면 위상의 종수(genus)는 다음과 같다.

$$g(BD) = 0 \,(\text{섬의 개수})$$

압록강 위쪽에 작은 지류로 1번, 2번, 3번, 4번, 5번, 6번, 7번(동건강) 지류로 7개의 지류가 그려져 있다. 압록강 아래쪽에 작은 지류로 8번, 9번, 10번, 11번, 12번, 13번, 14번, 15번 지류로 8개의 지류가 그려져 있다. 이들 지류 중 7번(동건강) 지류는 긴 지류인 것처럼 느껴진다. 7번 지류의 지류인 7-1, 7-2, 7-3 지류들이 그려져 있다.

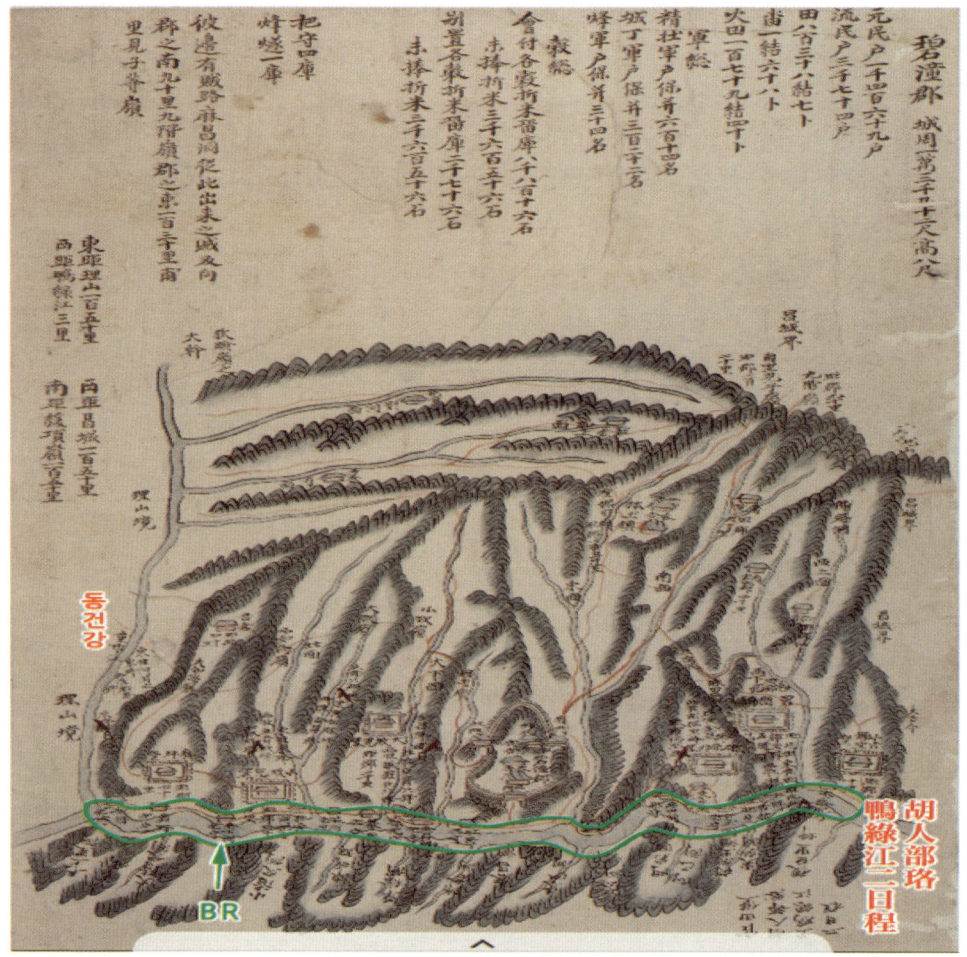

[그림 15]벽동: 해동지도 - 벽동: 큰 강이 압록강(옛 대총강)이고 압록강에  섬이 그려져 있지 않다.

　벽동(해동지도) 고지도에서도 BR 부분의 강이 현재의 압록강인데 BR 부분의 오른쪽 아래에 '압록강2일정(鴨綠江二日程; 약 60Km)'이라는 기록이 있다. 이는 벽동에 있는 현재의 압록강의 이름이 압록강이 아니고 의주부 고지도에 있는 대총강이라는 의미이고 BR 부분의 오른쪽 부분부터 도보로 2일 걸려 압록강에 도달한다는 의미이다.

　[그림 15]의 벽동군 고지도에 있는 압록강(옛 대총강 )이 있고 $BR$ 영역 안에 압록강 안에 섬이 그려져 있지 않다. $BR$내의 압록강(옛 대총강)의  강물로 이루어진 영역을 $BR$이라 하면 섬 0개가 빠지므로 이 영역의 평면 위상의 종수(genus)는 다음과 같다.

$$g(BD) = 0 \, (섬의\ 개수)$$

[그림 15]의 벽동 고지도에서는 압록강(옛 대총강) 북쪽에 지류를 6개가 그려져 있다. [그림 17]의 2번 지류를 생략했다.

동건강의 모습은 [그림 13]과 같은 모습으로 매우 중요하게 강조되어 있다. [그림 15]의 벽동 고지도에서는 압록강(옛 대총강) 남쪽에 작은 지류로 8개의 지류를 그려놓았다. [그림 13]과 같은 개수의 지류를 그려 놓았다.

[그림 15]는 [그림 13]에서 2번 지류를 생략한 같은 지역의 압록강과 그 지류들의 위상도 라고 판정할 수 있다.

구글지도를 통해서 현재의 벽동 근방을 살펴보자.

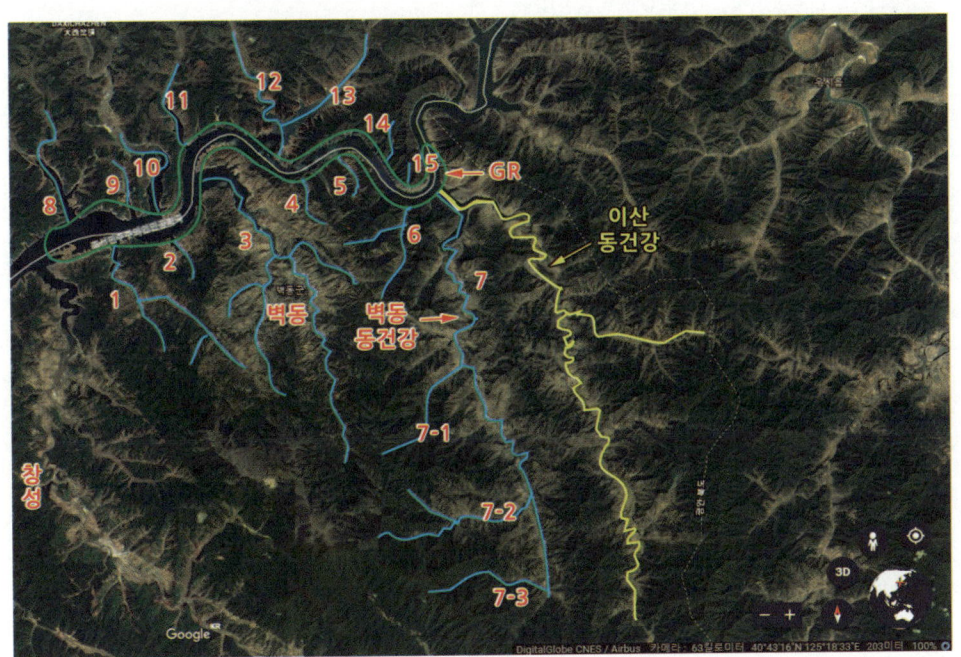

[그림 16] 벽동 근방 현 압록강(옛 대총강) 유역의 구글 지도

[그림 16]의 벽동 근방 압록강(옛 대총강) 유역의 구글 지도를 살펴보자. $GR$ 영역 안의 강물로 이루어진 영역을 $GR$이라 하면 섬의 개수가 0개이다.

따라서 $GR$ 영역 안의 강물로 이루어진 영역의 평면 위상의 종수(genus)는 다음과 같이 볼 수 있다.

$$g(GR) = 0 (섬의 개수)$$

이것은 [그림 13]의 압록강 물로 이루어진 $BR$ 영역과 [그림 16]의 $GR$ 영역은 동형이라는 뜻이다.

[그림 13]의 압록강 위쪽에 작은 지류로 1번, 2번, 3번, 4번, 5번, 6번, 7번(동건강) 지류로 7개의 지류가 그려져 있는데 [그림 16]의 압록강 아래쪽에 작은 지류로 1번, 2번, 3번, 4번, 5번, 6번, 7번(동건강) 지류가 있어 7개의 지류가 1-1로 잘 대응되고 있다.

[그림 13]의 압록강 아래쪽에 작은 지류로 8번, 9번, 10번, 11번, 12번, 13번, 14번, 15번 지류로 8개의 지류가 그려져 있는데 [그림 16]의 압록강 위쪽에 작은 지류로 8번, 9번, 10번, 11번, 12번, 13번, 14번, 15번 지류가 있어 8개의 지류가 일대일 대응이 잘 이루어지고 있다.

따라서 벽동 고지도[그림 13]은 현재의 벽동 지역의 훌륭한 위상도이다.

## 2. 결론

[그림 16]의 벽동 근방 압록강(옛 대총강) 유역의 구글 지도에서 강물로 이루어진 영역 $GR$ 섬의 개수가 0개이므로 $GR$ 의 평면 위상의 종수(genus)는 다음과 같이 볼 수 있다.

$$g(GR) = 0(섬의 개수)$$

이것은 [그림 13]의 압록강 물로 이루어진 $BR$ 영역과 [그림 16]의 $GR$ 영역은 동형이라는 뜻이다.

[그림 16]의 압록강 위쪽에 작은 지류로 1번, 2번, 3번, 4번, 5번, 6번, 7번(동건강) 지류로 7개의 지류가 그려져 있는데 [그림 13]의 압록강 아래쪽에 작은 지류로 1번, 2번, 3번, 4번, 5번, 6번, 7번(동건강) 지류가 있어 7개의 지류가 일대일 대응이 잘되고 있다.

또 [그림 16]의 압록강 아래쪽에 작은 지류로 8번, 9번, 10번, 11번, 12번, 13번, 14번, 15번 지류로 8개의 지류가 그려져 있는데 [그림 13]의 압록강 위쪽에 작은 지류로 8번, 9번, 10번, 11번, 12번, 13번, 14번, 15번 지류가 있어 8개의 지류가 일대일 대응이 잘 이루어지고 있다.

따라서 [그림 13]은 현재의 압록강 유역과 벽동 근방을 매우 잘 그린 위상도이다.

## VI. 理山府 고지도 분석

### 1. 理山府 고지도 분석과 대응 지역 구글 지도 분석(참고 [11])

서울대학교 규장각에 이산부(조선조 벽동 동쪽) 근방을 그린 고지도가 여섯 종류 있다. 이들 중 [그림 17] (해동지도)은 이산(조선조 벽동 동쪽) 고지도 중에서 구글지도와 비교 조사하기가 가장 좋은 이산 고지도이다.

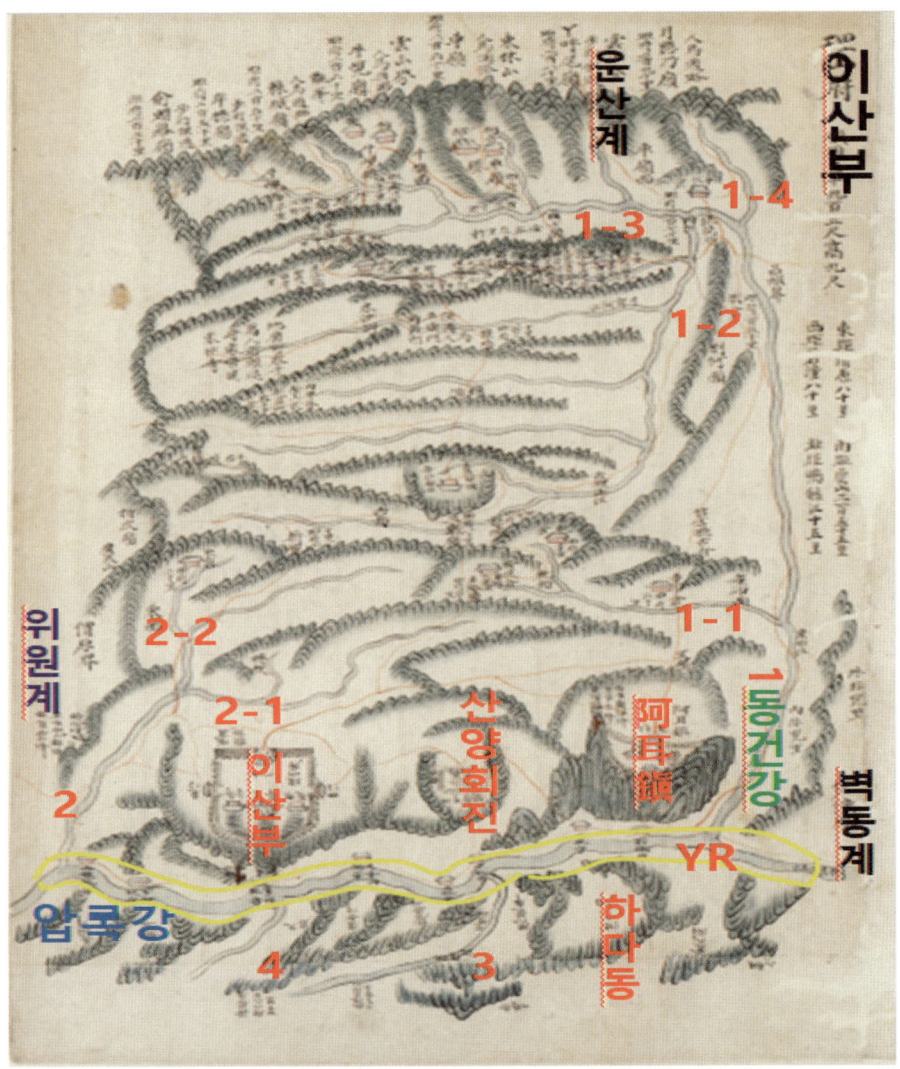

[그림 17] 이산(해동지도): 1 번 지류의 명칭이 동건강인데 벽동에도 동건강이 있다.

[그림 17]의 이산 고지도에서 지역(영역)의 형태나 특색, 군사지역의 독특한 지명들을 살펴보자.

동건강의 큰 지류가 2개인데 동건강의 동쪽 지류는 이산에 속하고 서쪽 지류는 벽동에 속한다(참조 [그림 19]).

[그림 17]의 이산 고지도에 있는 압록강(옛 대총강)이 있고 $YR$ 영역 안에 섬이 그려져 있지 않다. $YR$내의 압록강(옛 대총강)의 강물로 이루어진 영역만을 $YR$이라 하면 섬 0개가 빠지므로 이 영역의 평면 위상의 종수(genus)는 다음과 같다.

$$g(YR) = 0 \,(섬의 개수)$$

압록강 위쪽에 작은 지류로 1번(동건강), 2번 지류로 2개의 지류가 그려져 있다. 압록강 아래쪽에 작은 지류로 3번, 4번 지류로 2개의 지류가 그려져 있다. 이들 지류 중 1번(동건강) 지류는 긴 지류인 것처럼 보여진다. 1번 지류의 지류인 1-1, 1-2, 1-3, 1-4 지류들이 그려져 있다.

[그림 18] 이산 (조선지도)는 이산(조선조 벽동 동쪽)의 고지도 중 하나이다.

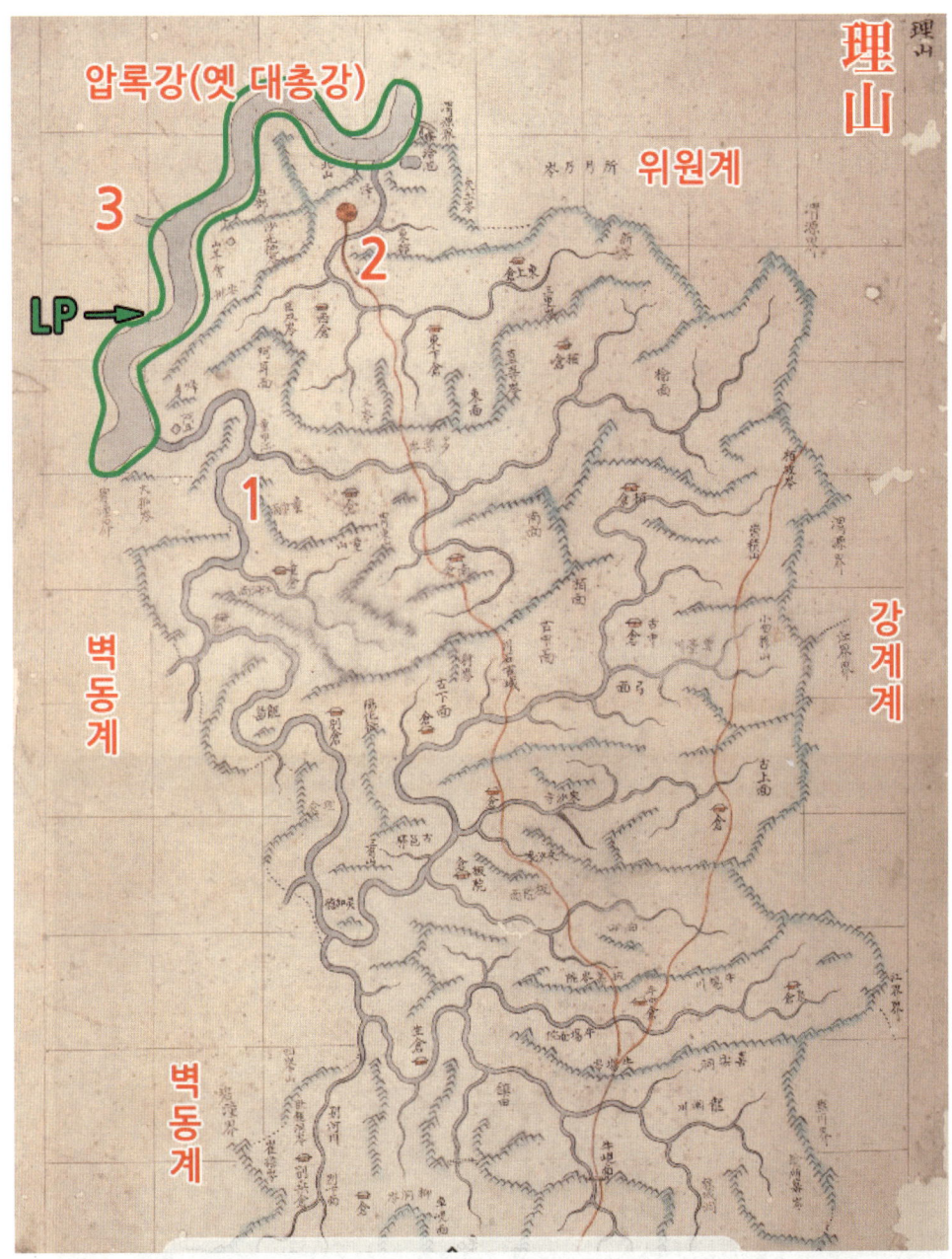

[그림 18] 이산: 조선지도 - 이산: 큰 강이 압록강(옛 대총강)이고 압록강에 섬이 그려져 있지 않다.

동건강(1번 지류)은 벽동에도 그려져 있고 이산에도 그려져 있어 이를 잘 조사해야 한다. 동건강의 동쪽 지류는 이산에 속하고 서쪽 지류는 벽동에 속한다.

[그림 18]의 이산 고지도에 있는 압록강(옛 대총강 )이 있고 $LR$ 영역 안 압록강 안에 섬이 그려져 있지 않다. $LR$내의 압록강(옛 대총강)의 강물로 이루어진 영역을 $LR$이라 하면 섬 0개가 빠지므로 이 영역의 평면 위상의 종수(genus)는 다음과 같다.

$$g(LR) = 0 \,(섬의\ 개수)$$

[그림 18]의 이산 고지도에서는 압록강(옛 대총강) 북쪽에 지류 2개가 그려져 있다. [그림 20]의 2번 지류를 생략했다.

동건강의 모습은 [그림 17]과 같은 모습으로 매우 중요하게 강조되어 있다. [그림 18]의 이산 고지도에서는 압록강(옛 대총강) 남쪽에 지류로 2개의 지류를 그려놓았다. [그림 17]과 같은 개수의 지류를 그려 놓았다.

[그림 18]은 [그림 17]에서 4번 지류를 생략한 같은 지역의 압록강과 그 지류들의 위상도라고 판단할 수 있다.

구글지도를 통해서 현재의 옛 이산(우시읍 서쪽 정거리) 근방을 살펴보자.

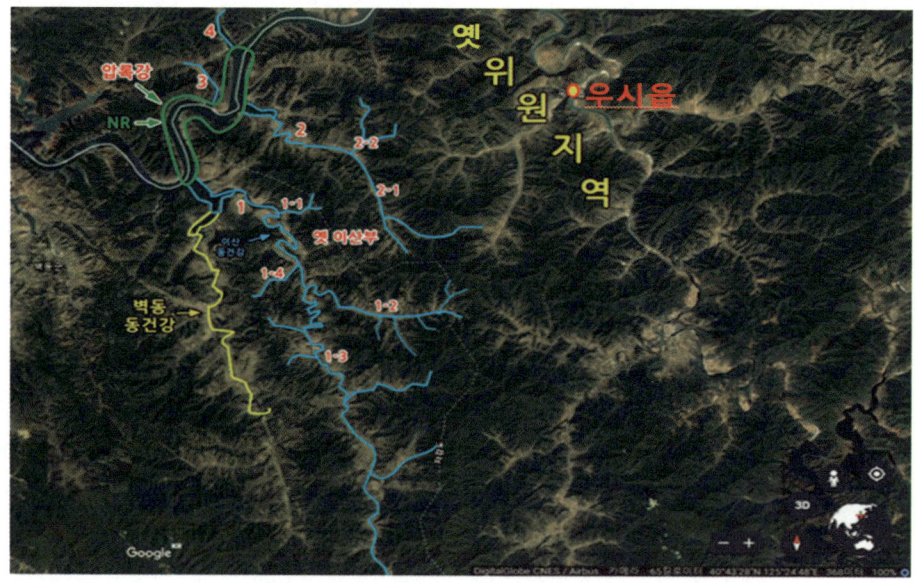

[그림 19] 옛 이산 근방(벽동과 우시(옛 위원))과 현 압록강(옛 대총강) 유역의 구글 지도

[그림 19]의 옛 이산 근방 압록강(옛 대총강) 유역의 구글 지도를 살펴보자. $NR$ 영역 안의 강물로만 이루어진 영역을 $NR$이라 하면 섬의 개수가 0개이다.

따라서 $NR$ 영역 안의 강물로 이루어진 영역의 평면 위상의 종수(genus)는 다음과 같이 볼 수 있다.

$$g(NR) = 0$$

이것은 이산 고지도([그림 17])의 압록강 물로 이루어진 $YR$ 영역과 [그림 19](정거리 근방; 옛 이산 지역)의 압록강 물로 이루어진 $NR$ 영역은 동형이라는 뜻이다.

[그림 17]의 압록강 위쪽에 작은 지류로 1번(이산 동건강), 2번 지류로 2개의 지류가 그려져 있는데 [그림 19]의 압록강 아래쪽에 작은 지류로 1번(동건강), 2번 지류가 있어 2개의 지류가 잘 대응되고 있다.

[그림 17]의 압록강 아래쪽에 작은 지류로 3번, 4번 지류로 2개의 지류가 그려져 있는데 [그림 19]의 압록강 위쪽에 작은 지류로 3번, 4번 지류가 있어 2개의 지류가 일대일 대응이 잘 이루어지고 있다.

벽동, 이산, 위원의 주기를 살펴보자.

## 벽동 주기-광여도

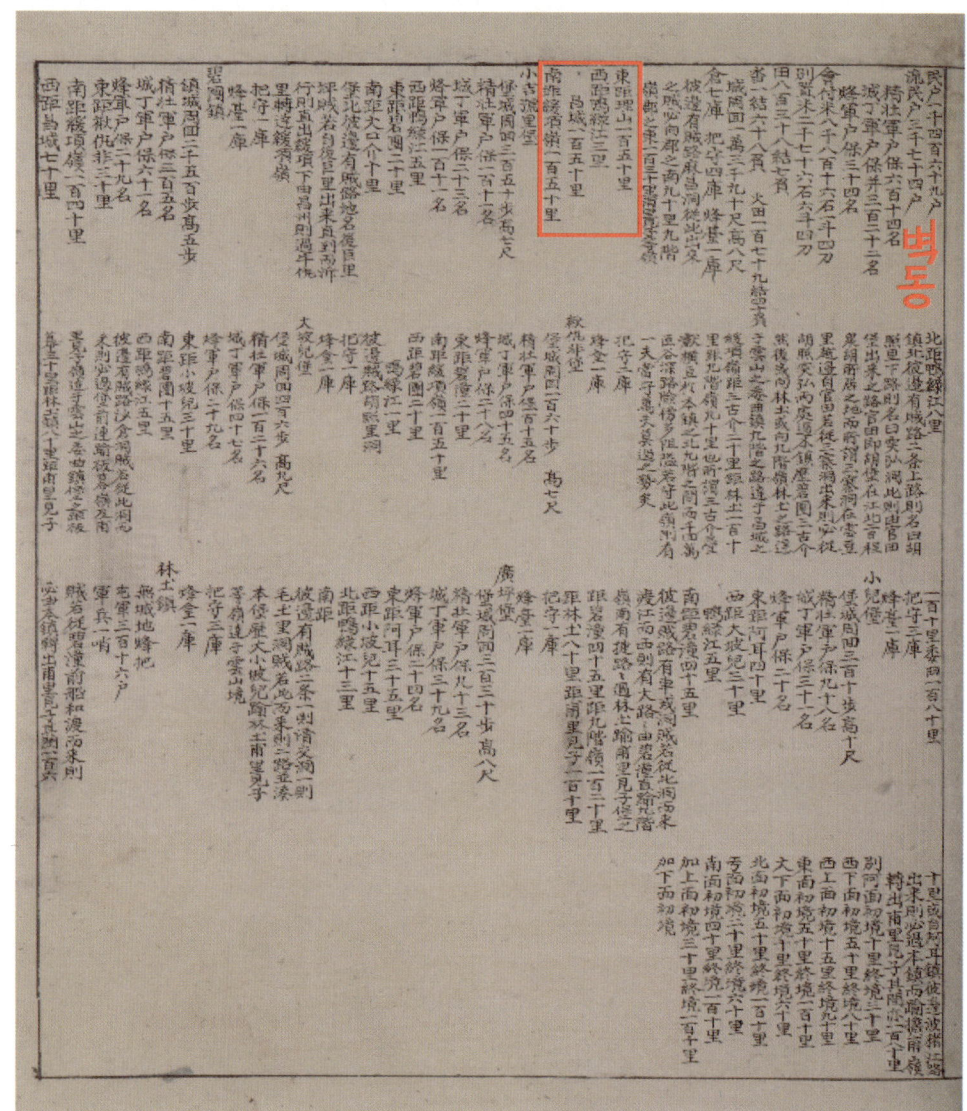

[그림 20] 벽동주기-광여도: 동쪽으로 이산150리(東距理山一百五十里). 이 거리는 잘못 되거나 조작된 것이다.

## 이산 주기-광여도

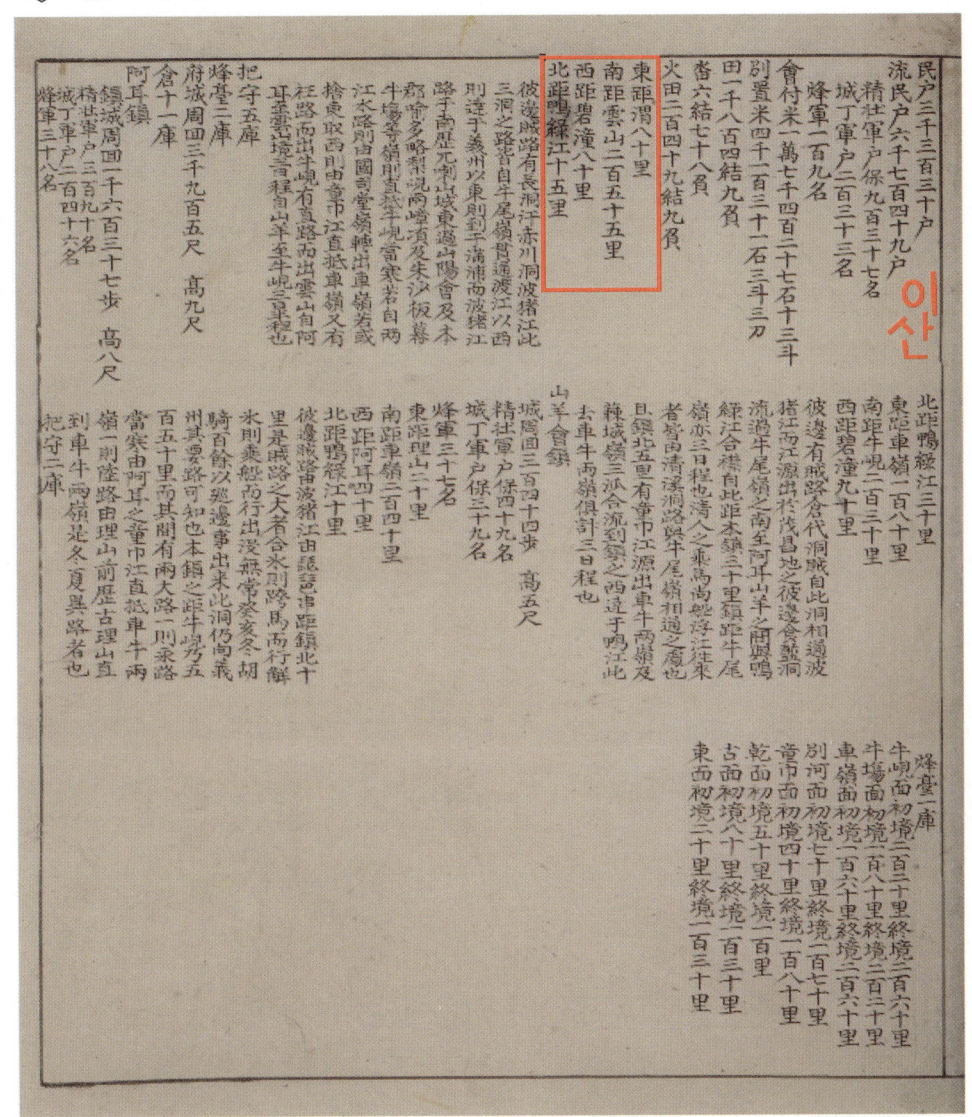

[그림 21] 이산주기-광여도: 동쪽으로 위원 8십리(東距渭八十里). 서쪽으로 벽동 8십리(西距碧潼 八十里).

## 위원 주기-광여도

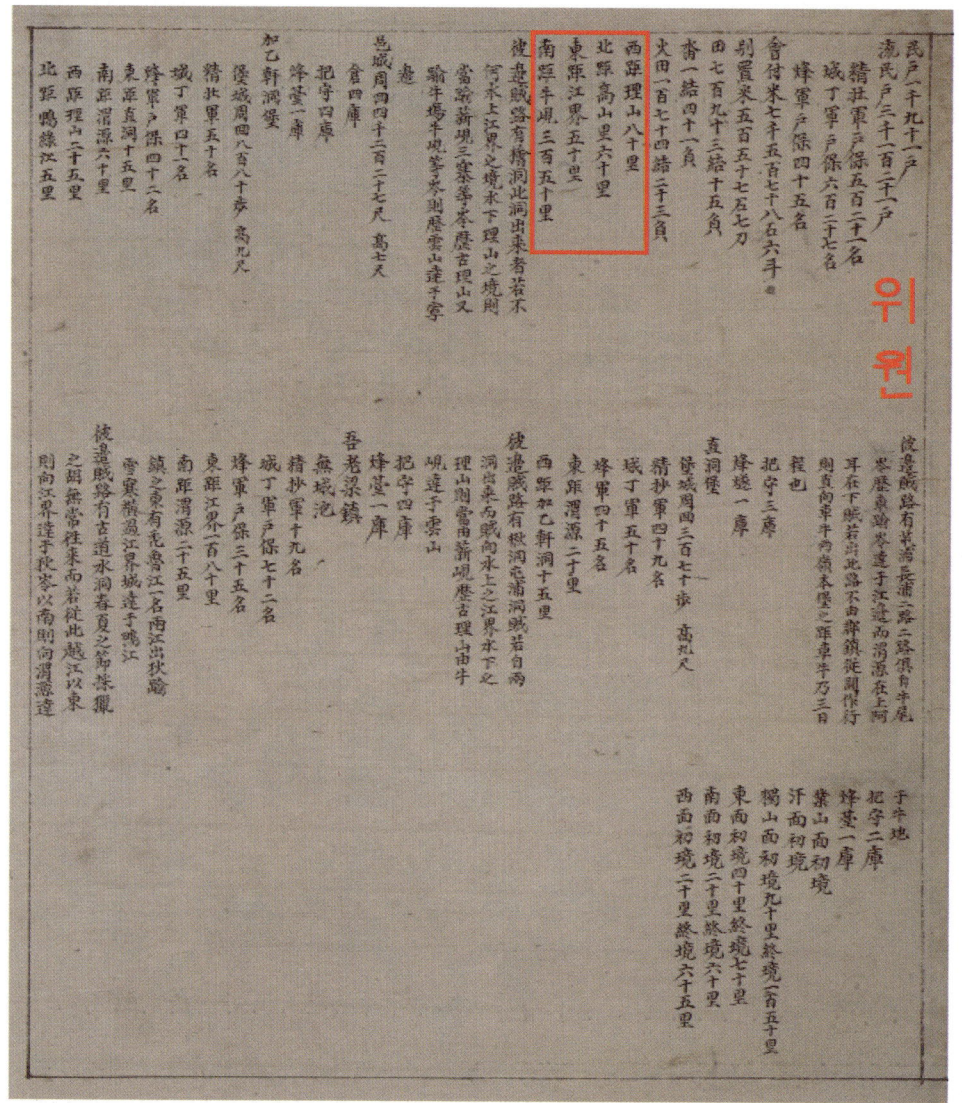

[그림 22] 위원주기-광여도: 동쪽으로 강계 5십리(東距江界五十里). 서쪽으로 이산 8십리(西距理山 八十里).

이산 주기와 위원 주기를 보면 이산 부위에서 위원 부위까지 거리는 160리 (80 Km) 이하이다. 이는 실제 거리와 잘 맞지 않아 이산 주기와 위원 주기는 일제에 의해 변형된 것으로 추정된다.

## 2. 결론

[그림 19]의 옛 이산 근방 압록강(옛 대총강) 유역의 구글 지도에서 $GR$ 영역 안의 강물로 이루어진 영역을 $GR$이라 하면 섬의 개수가 0개이므로 $GR$ 영역의 위상의 종수(genus)는 $g(GR)=0$ 이고 [그림 17]의 YR 영역의 위상 종수(genus)도 $g(YR)=0$이다. 즉, GR과 YR은 위상 동형이다.

[그림 17]의 압록강 위쪽에 작은 지류로 1번(동건강), 2번 지류로 2개의 지류가 그려져 있는데 [그림 19]의 압록강 아래쪽에 작은 지류로 1번(동건강), 2번 지류가 있어 2개의 지류가 일대일 대응이 잘 되고 있다.

[그림 17](이산 고지도)의 압록강 아래쪽에 작은 지류로 3번, 4번 지류로 2개의 지류가 그려져 있는데 [그림 19]의 압록강 위쪽에 작은 지류로 3번, 4번 지류가 있어 2개의 지류가 일대일 대응이 잘 이루어지고 있다.

따라서 [그림 17](이산 고지도)은 현재의 압록강 유역과 우시읍 서쪽 정거리(옛 이산: 벽동과 우시 중간지역)의 근방을 매우 잘 그린 위상도이다. 이 지역이 조선시대 때 이산이다.

연구: 이산(또는 초산)은 우시 동쪽으로 지명을 옮겨 놓았다. 위원도 동쪽으로 지명을 옮겨 놓았다. 현재의 혜산의 압록강은 독로강(禿魯江)이다. 조선의 압록강 유역의 부(府)와 군(郡) 중 우시군은 없는데 옛 이산과 위원 지역은 우시군으로 변경되어 있다. 이는 일제에 의해 새로이 변경 설치된 것이다.

## VII. 위원 고지도 분석
### 1. 위원 고지도 분석과 대응하는 영역 위성지도 분석(참고 [11])

서울대학교 규장각에 위원 고지도가 여섯 장이 있다. [그림 23] (조선지도 - 평안도 - 위원)은 위원 고지도 중에서 구글지도와 비교 조사하기가 가장 좋은 위원 고지도이다.

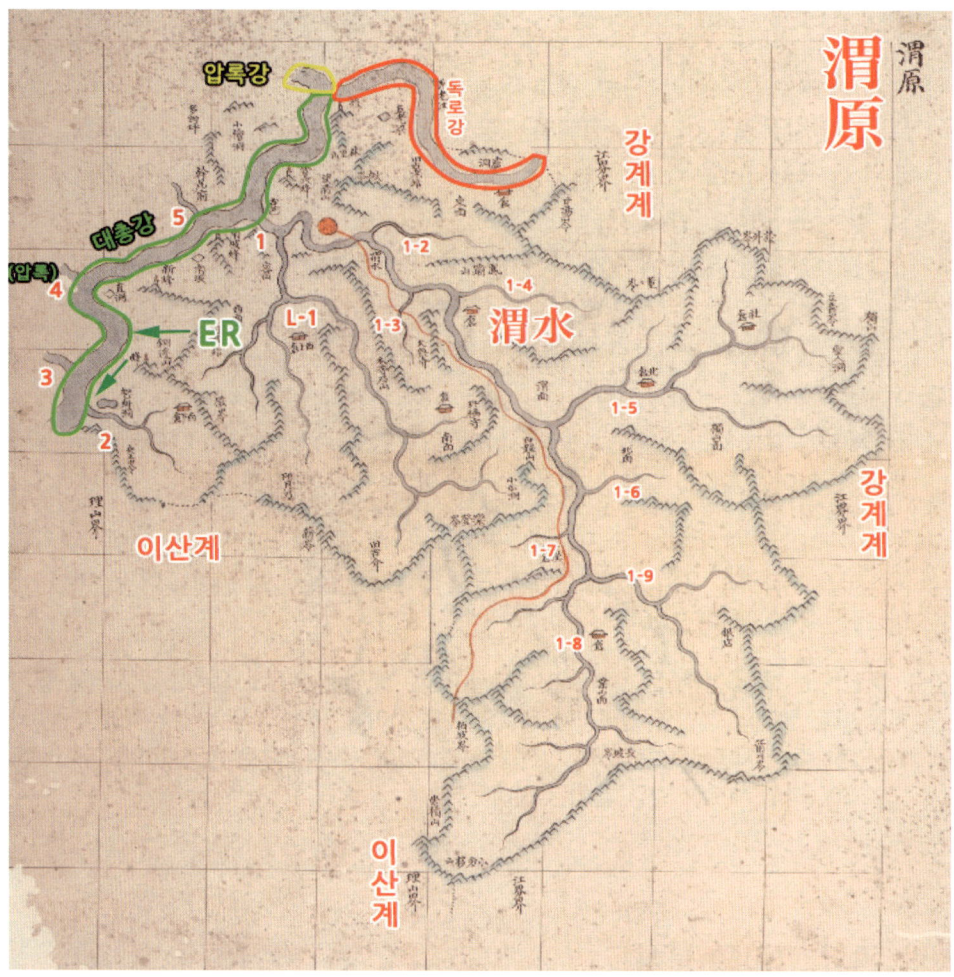

[그림 23] 위원 고지도(조선지도 - 위원): 지도의 오른쪽 상단에 독로강(붉은색)이 있다.

[그림 23]의 위원 고지도에서 지역(영역)의 형태나 특색, 군사지역의 독특한 지명들을 살펴보자.

[그림 23]의 위원 고지도에 있는 압록강(옛 대총강 )이 있고 $ER$ 영역 안에 섬이 그려져 있지 않다. $ER$내의 압록강의 강물로만 이루어진 영역을 $ER$이라 하면 섬 0개가 빠지므로 이 영역의 평면 위상의 종수(genus)는 다음과 같다.

$$g(ER) = 0$$

압록강 위쪽에 작은 지류로 3번, 4번, 5번 지류로 3개의 지류가 그려져 있다. 압록강 아래쪽에 지류로 1번 지류와 2번 지류로 2개의 지류가 그려져 있다.

이들 지류 중 1번 지류(위수)를 매우 상세히 그리고 있어 1번 지류(위수)가 위원 지역의 중심이고 중요 지역임을 나타내고 있음을 알 수 있다. 1번 지류(위수)는 작은 지류의 지류로 1-1, 1-2, 1-3, 1-4, 1-5, 1-6, 1-7, 1-8, 1-9를 가지고 있다.

[그림 23]의 위원 고지도의 상단 오른쪽 부분에 禿魯江(빨간색 부분)이 그려져 있고 상단 부분에 위쪽으로 향하여 압록강(노란색 부분)이 그려져 있다. 다른 위원 고지도에는 禿魯江을 禿老江으로 표기하기도 했다.

禿魯江과 禿老江은 그 의미가 오래된 벌거숭이 산악 지대인 영역을 통과하거나 오래된 벌거숭이 산에서 발원해서 흘러내려오는 강이라는 의미이다. 독로강을 앞의 두 가지 한자로 표현하고 있지만 의미는 같다.

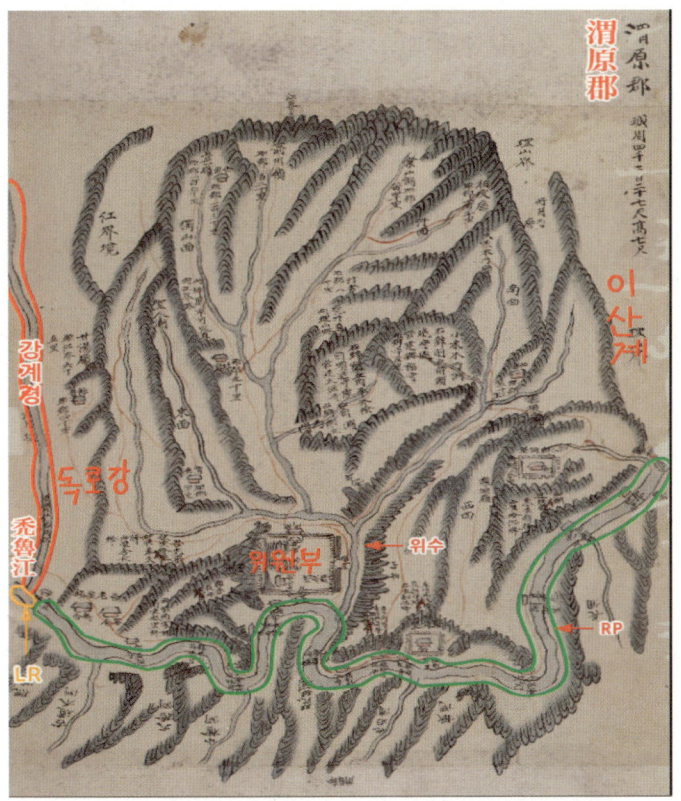

[그림 24] 위원(해동지도 - 위원): 큰 강이 압록강(옛 大總江)이고 압록강에 섬이 그려져 있지 않다. 禿魯江이 왼쪽에 길게 그려져 있다. LR은 압록강이다.

[그림 24]의 위원 고지도에서는 압록강(옛 대총강) 아래쪽에 지류를 3개 그려놓았는데 [그림 26]의 위원 고지도에서는 압록강(옛 대총강) 위쪽에도 지류를 3개 그리고 있다. [그림 27]의 위수의 지류는 [그림 23]의 위수의 지류 보다 덜 상세히 그려져 있다. [그림 23]의 위수의 지류를 여러 개 생략하였다. 하지만 전체적으로 [그림 23]과 [그림 24]는 위상적으로 동형이다.

[그림 24]의 위원 고지도에 있는 압록강(옛 대총강 )이 있고 $RR$ 영역 안에 섬이 그려져 있지 않다. $RR$내의 압록강의 강물로만 이루어진 영역을 $RR$이라 하면 섬 0개가 빠지므로 이 영역의 평면 위상의 종수(genus)는 다음과 같다.

$$g(RR) = 0$$

압록강 아래쪽에 작은 지류 3개가 지류가 그려져 있다. 압록강 위쪽에 지류로 3개의 지류가 그려져 있다. 이들 지류 중 위수를 매우 상세히 그리고 있다.

[그림 24]의 위원 고지도에도 왼쪽 부분에 禿魯江(빨간색 부분)이 그려져 있고 왼쪽 하단 부분에 압록강(노란색 부분)이 그려져 있다.

구글지도를 통해서 조선조의 위원군(현 우시군) 근방을 살펴보자.

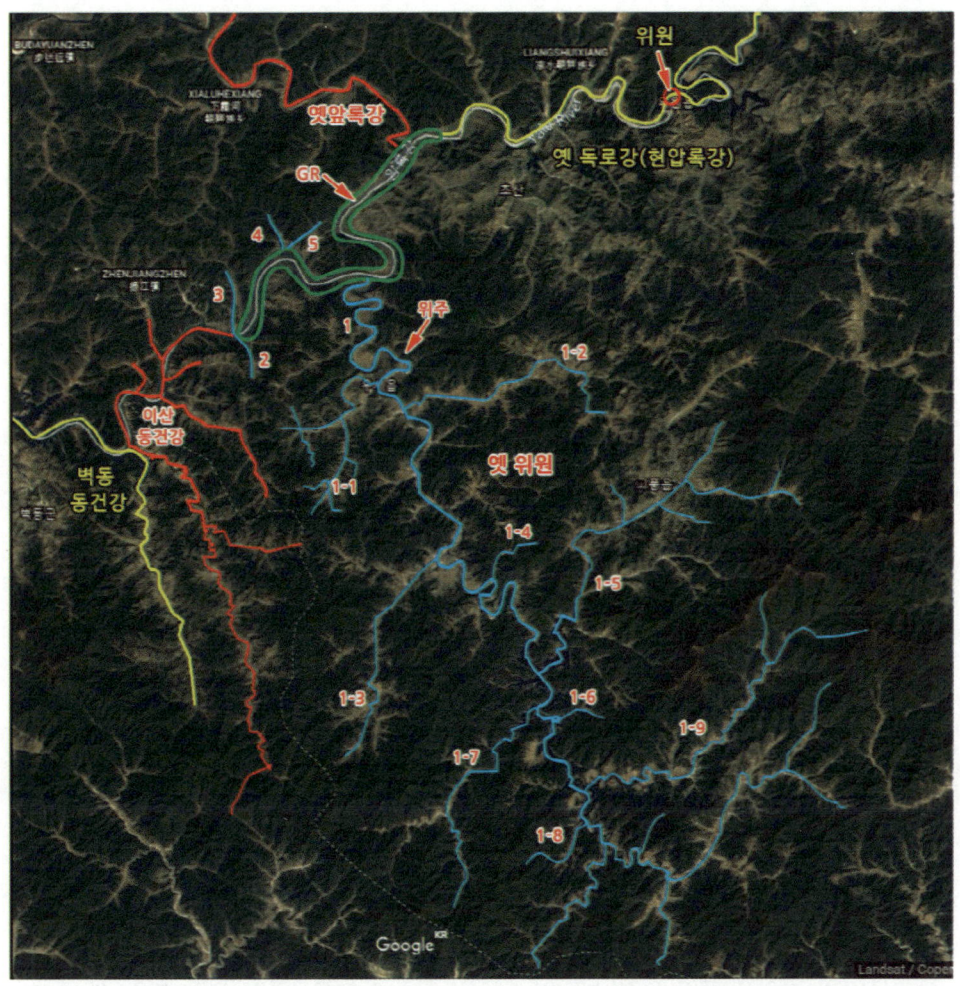

[그림 25] 우시(옛 위원) 근방과 압록강(옛 대총강) 유역의 구글 지도. 조선 시대 압록강 유역에 우시군은 없었다.

[그림 25]의 옛 위원(현 우시군) 근방 압록강(옛 대총강) 유역의 구글지도를 살펴보자. $GR$ 영역 안의 강물로만 이루어진 영역을 $GR$이라 하면 섬의 개수가 0개이다.

따라서 $GR$ 영역 안의 강물로 이루어진 영역의 평면 위상의 종수(genus)는 다음과 같이 볼 수 있다.

$$g(GR) = 0$$

이는 $GR$ 영역 안의 강물로 이루어진 영역의 평면 위상의 종수(genus)와 [그림 26]의 $ER$ 영역 안의 강물로 이루어진 영역의 평면 위상의 종수(genus) 는 같음을 나타내고 있다. 즉,

$$g(GR) = g(ER) = 0$$

[그림 23]의 대총강(현 압록강) 위쪽에 작은 지류로 3번, 4번, 5번 지류로 3 개의 지류가 그려져 있고 압록강(대총강) 아래쪽에 작은 지류로 1번, 2번 지 류로 2개의 지류가 그려져 있다. 1번 지류와 그 지류의 지류인 1-1, 1-2, 1-3, 1-4, 1-5, 1-6, 1-7, 1-8, 1-9 지류들이 그려져 있다. [그림 25]의 구글지도에서 이들에 일대일 대응되는1번 지류와 지류의 지류인 1-1, 1-2, 1-3, 1-4, 1-5, 1-6, 1-7, 1-8, 1-9 지류들이 있다.

따라서 [그림 23]은 구글지도 우시읍 근방([그림 25])의 압록강과 1번 지류, 2번 지류, 3번 지류, 4번 지류, 5번 지류 근방의 위상도이다.

## 2. 禿魯江(독로강)의 의미는 무엇이고 어디인가

[그림 23]의 위원 고지도의 상단 오른쪽 부분에 禿魯江(빨간색 부분, 현 장자강) 이 그려져 있고 상단 부분에 위쪽으로 향하여 압록강(노란색 부분)이 그려져 있 다. 다른 위원 고지도에는 禿魯江(독로강)을 禿老江(수노강)으로 표기하기도 했다.

**세종장헌대왕실록(세종지리지) 강계부 기록의 독로강:**
큰 강으로 독로강이 있다. 강계부의 남쪽에 있다. 근원이 두 갈래로서 한 갈래는 희천 땅 인 적여령(적유령) 밑에서 시작되고 한 갈래는 함길도 땅인 화을헌 역참이 있는 령 밑에 서 시작되어 부의 남쪽인 입석(立石)에 이르러 합류하여 독로강이 되어 부의 성 주변을 감돌아 서쪽으로 흘러 이산의 경계를 지나 압록강으로 흘러들어간다.

위 실록의 기록에 의하면 현재의 혜산에서 내려오는 압록강과 희천쪽에서 강계를 지나는 현재의 장자강이 독로강이라는 뜻이다. 강계부는 독로강 북쪽 에 있다는 것도 의미한다. 현재의 집안 지역에 강계부 부위가 있었다는 의미 이다(강계부 고지도 분석 참조).

위 기록 중에서 '**이산의 경계를 지나 압록강으로 흘러들어간다**(이 기록은 일제가 조작한 듯하다).'는 잘 못 된 것이고 '**위원의 경계를 지나 압록강으로 흘러들어간다**.'로 바꾸어야 상황 설명이 올바른 것이다.

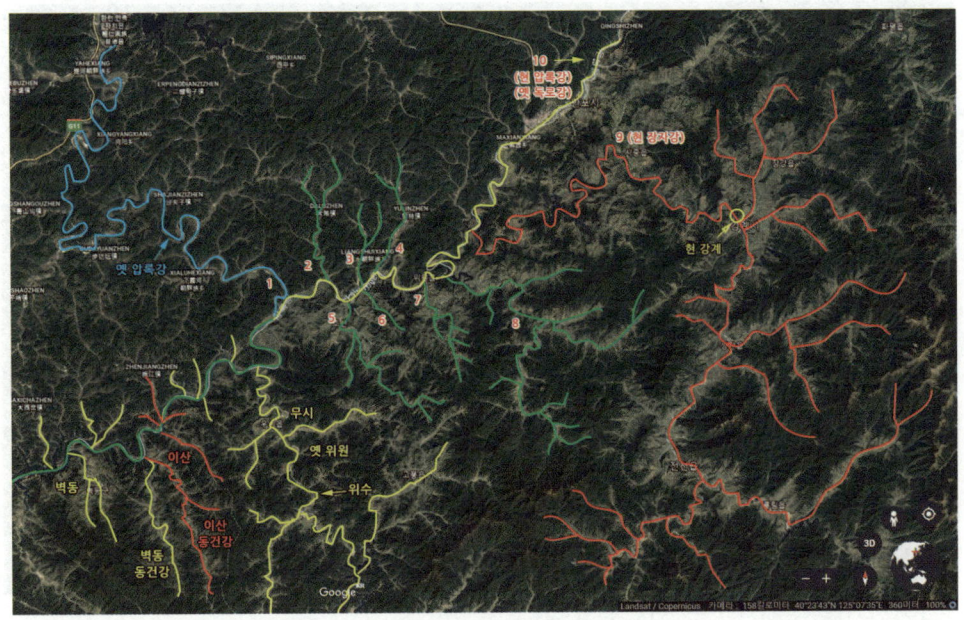

[그림 26] 벽동, 옛 이산, 옛 위원, 현 강계와 압록강 유역의 구글 지도

(1) 禿魯江(독로강)과 禿老江(독로강)은 그 의미가 오래된 벌거숭이 산악 지대인 영역을 통과하거나 오래된 벌거숭이산에서 발원해서 흘러내려오는 강이라는 의미이다. 현재의 백두산(옛 장백산)은 주변이 벌거숭이 산이다. 따라서 백두산(옛 장백산)에서 내려오는 현 압록강은 禿魯江(독로강)으로 명명함이 올바른 작명이다. 북한의 강계를 지나가는 9번 지류(현 장자강)는 오래된 벌거숭이 산악 지대인 영역을 통과하거나 오래된 벌거숭이산에서 발원해서 흘러내려오는 강은 아니다. 위 지도의 9번 지류(현 장자강)의 근방을 아무리 조사해 보아도 넓은 지역의 산악 지대가 보이지 않는다. 세종지리지에 의하면 장자강도 독로강(현 압록강)과 합류하여 독로강이라 이름 붙인 것 같다.

9번 지류(현 장자강) 단독으로 禿魯江(독로강) 또는 禿老江(독로강)이라 명명하는 것은 자연스럽지 않다.

(2) 9번 지류(현 장자강)를 단독으로 禿魯江(독로강)이라 명명하였다면 [그림 26]의 5번 지류, 6번 지류, 7번 지류, 8번 지류 근방 영역이 조선 시대의 위원 지역도 아니고 강계 지역도 아니다.

따라서 9번 지류(현 장자강)만을 禿魯江(독로강)이라 명명한다면 [그림 26]의 5번 지류, 6번 지류, 7번 지류, 8번 지류 근방 영역은 이름 없는 지역으로 남아 있어 9번 지류(현 장자강)만을 禿魯江(독로강)이라 말할 수 없다.

[그림 27] 벌거숭이산으로 된 백두산(옛 장백산) 근방 구글 지도

(3) [그림 26]의 10번 지류(현 압록강)의 근방을 살펴보자. 10번 지류(현 압록강)는 백두산(옛 장백산)에서 발원해서 흘러내려오고 있다. 백두산(옛 장백산) 근방 10Km 안에는 대부분 벌거숭이산([그림 27])으로 이루어져 있고 여기서 발원해서 흘러내려오는 압록강을 禿魯江(독로강)이라 명명하는 것은 매우 자연스러운 일이다.

## 3. 결론

[그림 23]의 대총강(현 압록강) 위쪽에 작은 지류로 3번, 4번, 5번 지류로 3개의 지류가 그려져 있다. 압록강(대총강) 아래쪽에 작은 지류로 1번, 2번 지류로 2개의 지류가 그려져 있다. 이들 지류 아래에 1번 지류와 지류의 지류인 1-1, 1-2, 1-3, 1-4, 1-5, 1-6, 1-7, 1-8, 1-9 지류들이 그려져 있다. [그림 25]의 구글지도에서 이들에 일대일 대응되는 1번 지류와 지류의 지류인 1-1, 1-2, 1-3, 1-4, 1-5, 1-6, 1-7, 1-8, 1-9 지류들이 있다.

따라서 [그림 23]은 [그림 24]의 옛 위수 근방의 위상도이다. 현 우시 근방이다. 현 위원의 위상도가 아니다.

한편, [그림 23]의 독로강은 현재의 압록강을 나타내고 있다.

연구: 이산과 위원은 우시 동쪽으로 지명을 옮겨 놓았다. 현재의 혜산의 압록강은 독로강(禿魯江)이다. 조선의 압록강 유역의 부(府)와 군(郡) 중 우시군은 없는데 옛 이산과 위원 지역은 우시군으로 변경되어 있다. 이는 일제에 의해 새로이 변경 설치된 것이다.

## VIII. 강계부 고지도 분석과 세종대왕의 사군 위치 (참고 [13])

조선시대의 고지도의 압록강에는 의주, 삭주, 창성, 벽동, 이산(초산), 위원, 강계, 삼수, 갑산 9개의 부(府)와 군(郡) 만이 그려져 있다. 일제는 지금의 반도사관을 만들기 위하여 이산(초산), 위원의 위치를 바꾸어 놓고 조선의 이산과 위원을 통합하여 우시군으로 하였다. 강계부위의 위치를 바꾸어 놓았는데 이를 증명하여보자.

### 1. 강계부 고지도 분석

서울대학교 규장각 한국학연구원 고지도편에 강계부(현재의 강계 지역과 다름) 근방을 그린 고지도가 여섯 종류가 있다. 이들 고지도는 현대식 지도가 아니기 때문에 그리고자 하는 강과 지류, 부위, 창(倉) 등 각 목표물들 간의 거리 방향 등이 정확히 묘사되지 않아 현대식으로 이해하기가 매우 어렵다. 이 고지도들은 묘사하고자 하는 목표물만을 위상적으로 묘사한 위상도이다.

[그림 28]은 강계부의 고지도 중에서 이지역의 강과 지류를 그린 위상도 중 구글지도의 강과 지류로 이루어진 지도와 비교 조사하기가 가장 좋은 강계부 고지도는 강계부(해동지도)가 있다.

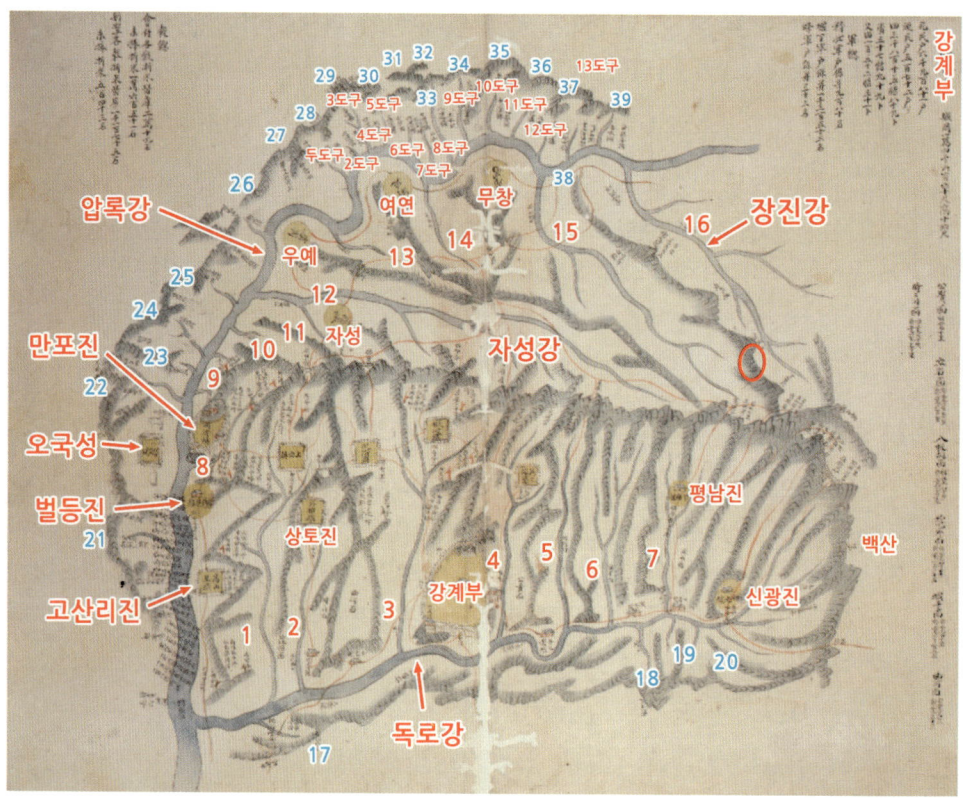

[그림 28] 강계부 고지도(해동지도): 큰 강으로 압록강과 독로강이 그려져 있다. 자성, 우예, 여연, 무창이 있다. 두 도구, 2도구, … , 13도구가 있다. 만포진은 강계부에서 240리라 기록됨.

강계부 고지도(해동지도)[그림 28]에는 큰 강 압록강과 독로강이 있고 39개의 지류가 있다. 고지도에서 지역(영역)의 형태나 특색, 군사지역의 독특한 지명들을 살펴보자.

[그림 28]의 강계부 고지도에 큰 강으로 위쪽에서 왼쪽으로 압록강이 있고 아래쪽에 큰 강 독로강이 그려져 있다.

◯ 독로강의 3번 지류와 4번 지류 사이에 **강계부 부위**가 있다.
◯ 압록강의 8번 지류와 9번 지류 사이에 **만포진**이 있다.
◯ 압록강의 12번 지류(자성강) 강변에 **자성**이 있다.
◯ 압록강의 12번 지류(자성강)와 13번 지류(호예천) 사이에 **우예**가 있다.
◯ 압록강의 13번 지류(호예천)와 14번 지류(죽전천) 사이에 **여연**이 있다.
◯ 압록강의 14번 지류(죽전천)와 15번 지류(후주강) 사이에 **무창**이 있다.

[그림 28]의 강계부 고지도(위상)가 어느 지역의 위상도인지를 확인하기 전에 먼저 [그림 28]의 고지도가 현 강계시와 만포시 주변의 위상도가 아님을 확인하는 것이 필요하다.

## 2. 북한의 강계시와 만포시는 조선의 강계부위 지역과 만포진 지역이 아니다.

### 1) 혼강이 옛 압록강 상류이고 백두산(옛 장백산) 쪽의 압록강 상류는 독로강이다.

정택선과 최규흥([10]: 2021)은 "위상수학을 활용한 의주부, 삭주부, 창성, 벽동, 이산, 위원 고지도 분석"에서 조선의 위원 고지도(조선지도)가 가리키는 지역이 현재의 위원이 아니고 현재의 평안북도 우시군 지역이라고 증명하였다.

위원 고지도[그림 23]에서 독로강과 압록강이 위원의 동북쪽에서 만나고 있고 [그림 23]의 옛 위원(**현 우시군**) 구글 지도의 동북쪽에서 압록강과 혼강이 만나고 있다.

**따라서 혼강이 옛 압록강 상류이고 백두산(옛 장백산) 쪽의 압록강 상류는 독로강이다.**

이는 현 강계시는 조선의 강계부위가 있었던 곳이 아니다.

### 2) 강계부에서 만포진까지는 240리(120Km: 10리는 5.1Km)이다.

강계부 고지도(해동지도)가 가리키는 지역이 현재의 강계시 주변 지역인지 아닌지를 알아보려면 고지도를 확대하여 상세히 살펴보는 게 좋다. 고지도를 확대하여 대응하는 예상지역을 먼저 살펴보고 북한 강계 지역과도 비교하여 본다.

[그림 28]의 강계부 고지도(해동지도)의 하단 좌측 영역을 확대하여 살펴보자.

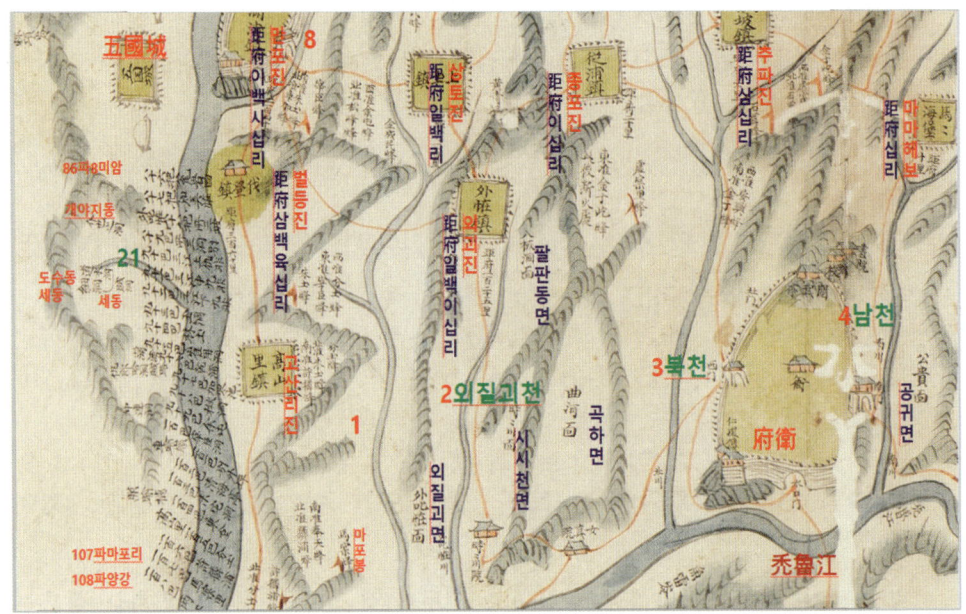

[그림 29] 강계부 고지도(해동지도) 하단 좌측 부분: 만포진은 강계 부위에서 240리. 상토진은 부위에서 100리.

[그림 29]의 강계부 고지도(해동지도) 하단 좌측 부분에 기록된 내용들을 살펴보자.

⬡ **강계 부위**는 독로강의 3번 지류(북천)와 4번 지류(**남천** 또는 **마마해보천** (신증동국여지승람)) 사이에 있다.
⬡ **만포진은 압록강 8번 지류 위쪽에 있고 부위에서 거리는 240리**. 만포진의 압록강 건너 맞은편에 **오국성(五國城)**이 있다.

연구: 하얼빈 지역에 있는 오국성과는 어떤 관련이 있는지 알 수 없음.

⬡ **상토진은 독로강 1번 지류 유역에 있고 부위에서 거리는 100리**.
⬡ **외괴진은 독로강 2번 지류(외질괴천) 유역에 있다.**
⬡ **추파진은 독로강 3번 지류(북천) 유역에 있고 부위에서 거리는 30리**.
⬡ **팔판동면, 시시천면, 곡하면이** 독로강의 2번 지류(외질괴천)와 3번 지류(북천) 사이에 있다.

[그림 29]의 강계부 고지도에 위상적으로 대응되는 지도를 그려보면 다음과 같다. 부위로부터 거리도 참고해야 함.

[그림 30] 강계부 고지도(해동지도)의 남부 지역에 대응되는 환인, 집안시, 대로진, 오리전자진 부근의 구글지도.

그림 29]의 강계부 고지도에 위상적으로 대응되는 보와 지류 그리고 강계 부위로 부터의 거리를 참고하여 구글지도에서 그 영역을 그리면 [그림 30]를 얻을 수 있다.

강계부 고지도와 구글지도를 비교면 강계 부위의 위치는 집안시 서쪽 지역에 있는 거로 해석되고 만포진은 환인만족자치현에 있는 것으로 해석된다.

[그림 30]의 **강계부위(집안시 서쪽 지역)에서 만포진(환인만족자치현)**까지 직선에 가까운 도로망은 보이지 않는다. 이 지역에 산악지대가 많다.

**강계부(집안)에서 만포진(환인만족자치현)**까지 연결되는 국도(노란 실선)가 있다. 조선시대 보(堡), 진(鎭), 성(城)들은 모두가 역참로(驛站路)로 연결되어 있다

◯ **만포진(환인만족자치현)은 강계부위에서 240리**

구글지도 [그림 30]의 오른쪽 하단에 5Km를 나타내는 길이가 있다. 이 길이를 기본 단위로 하여 자로 두 점 간의 거리를 자로 재면 거리를 측정할 수 있다.

강계부위(집안시 서쪽 지역)에서 추파진(현 西溝)까지는 30리, **추파진(西溝)에서 상토진(현 大路鎭)까지**는 70리, **상토진(현 大路鎭)에서 만포진(현 환인만족자치현)**까지는 140 리이다.

따라서 **강계부위(집안시)에서 만포진(환인만족자치현)**까지는 240 리로 고지도의 기록과 일치한다.

**3) 현 강계시에서 현 만포시까지는 80리(하단 10Km 길이를 기본으로 잼)**

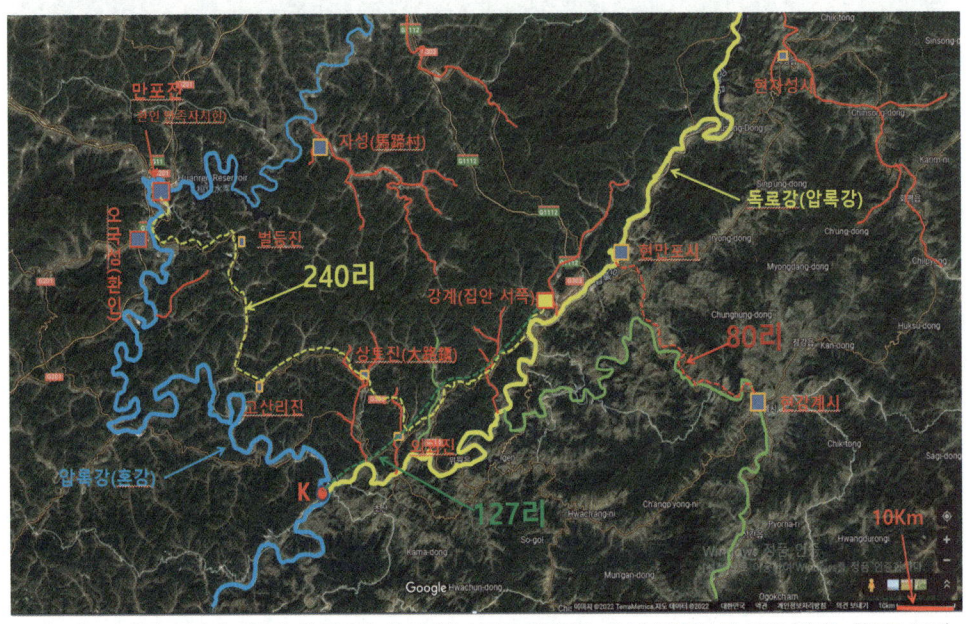

[그림 31] 환인, 집안시, 대로진, 현 만포시, 현 강계시 부근의 구글지도. 현 강계시에서 현 만포시까지는 국도로 80리.

◯ 강계 부위에서 압록강까지 거리는 127리(신증동국여지승람)인데 현 강계시에서 압록강(옛 독로강)까지는 80리이다. 하지만 강계부(집안)에서 압록강(혼강)과 독로강(압록강)이 만나는 K 지점까지는 127리이다. 이는 현 강계시는 조선의 강계 부위 지역이 아니라는 뜻이다.

◯ 강계부에서 만포진까지는 240리(강계부 고지도)인데 강계시에서 만포시까지는 80리이다. 현 강계시는 조선의 강계 부위 지역이 아니다.

◯ 강계부 고지도에서 세 지역 강계부위, 만포진, 압록강과 독로강이 만나는 지점을 포함하며 압록강, 독로강의 내부 영역에는 벌등진, 고산리진, 상토진, 외괴진, 종포진, 추파진이 그려져 있다.

하지만 현재의 세 지역 강계시, 만포시, 압록강(옛 도로강)과 장강(독로강)이 만나는 지점을 포함하며 압록강(옛 독로강), 장강(옛 독로강)의 내부 영역에는 벌등진, 고산리진, 상토진, 외괴진, 종포진, 추파진이 없다.

강계부 고지도에서 독로강 하류 끝 지점부터 강계부위 사이에 세 개의 지류 1번 지류(1번 지류 강변에 있는 상토진은 부위에서 100리), 2번 지류(외질괴천, 2번 지류 강변에는 외괴진이 있음), 3번 지류(북천, 3번 지류 강변에 있는 추파진은 부위에서 30리)가 그려져 있다.

하지만 장강(옛 독로강) 하류 끝 지점부터 강계시 사이에 세 개의 지류 1번 지류(1번 지류 강변에 있는 상토진은 부위에서 100리), 2번 지류(외질괴천, 2번 지류 강변에는 외괴진이 있음), 3번 지류(북천, 추파진은 부위에서 30리)에 대응시킬 지류를 찾을 수가 없다.

**따라서 현재의 강계시와 만포시는 조선의 강계 부위와 만포진이 아니다.**

결론: 1), 2), 3)을 종합하면 현 강계시는 조선의 강계 부위 지역이 아니고 현 만포시는 조선의 만포진이 아니다. 강계부 고지도는 현 강계시와 현 만포시를 중심으로 한 위상도가 아니다.

강계부 고지도[그림 28]에 나타난 압록강과 독로강 그리고 그 지류 39개를 위상적으로 비교하여 대응시키고, 만포진, 오국성, 벌등진, 고산리진, 상토진, 외괴진, 종포진, 추파진등의 부위에서 거리(현재의 국도를 따라 거리를 잼)를 고려하고 세종대왕의 사군의 위상적 위치를 정하여 그 형태를 구글지도에서 찾으면 다음과 같다(참조: [그림 32]).

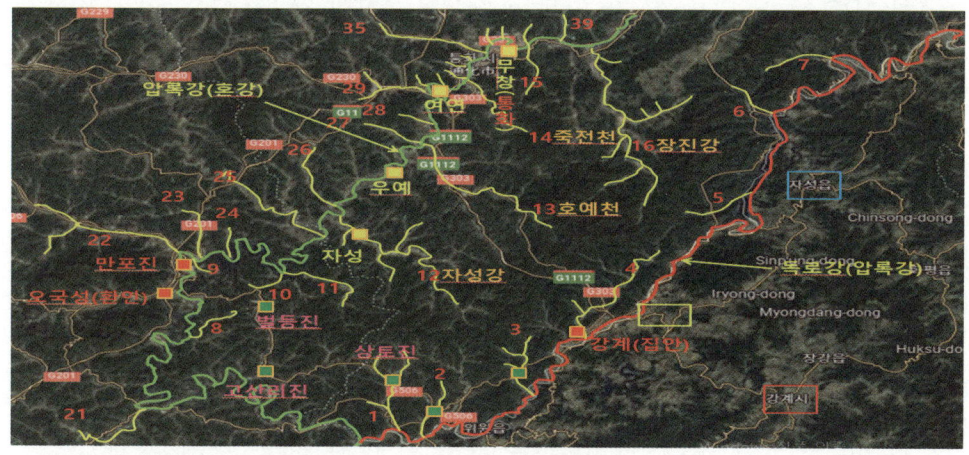

[그림 32] 옛 강계부에 대응되는 집안시, 환인, 통화시 근방 구글지도.

## 3. 세종대왕의 사군의 위치와 압록강(현 혼강)

강계부 고지도(해동지도)[그림 28] 상단 부분을 확대하여 살펴보자. 이 부분에 세종대왕의 사군의 지명의 위치가 위상적으로 잘 표현되어 있다.

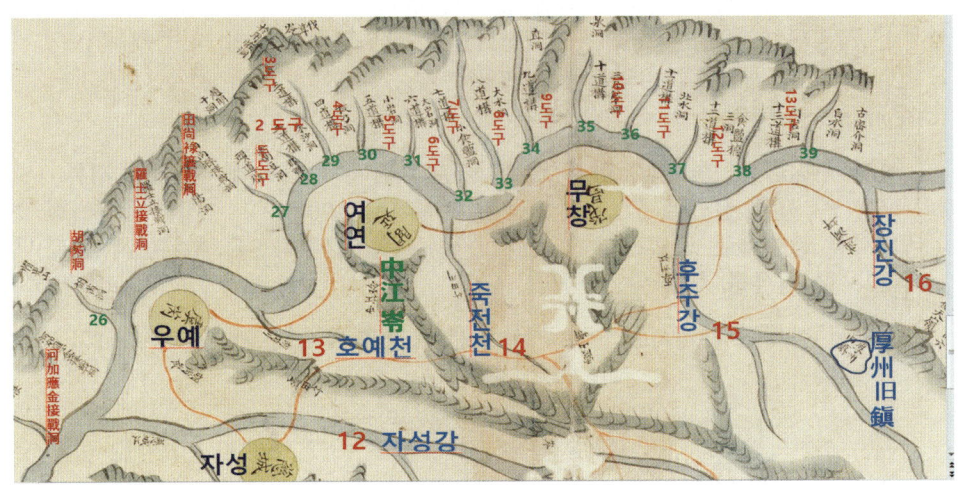

[그림 33] 강계부 고지도(해동지도) 상단 부분: 세종대왕의 사군 자성, 우예, 여연, 무창이 있다. 압록강 북쪽에 27, 28, … , 39까지 13개의 지류가 있고 그 지류 사이에 13개의 도구를 정했다.

**강계부 고지도(해동지도) 상단 부분([그림 33])에 기록된 내용들을 살펴보자.**

압록강 아래(남쪽)에 5개의 지류 12번 지류(자성강), 13번 지류(호예천), 14번 **지류(죽전천), 15번 지류(후주강), 16번 지류(장진강)이 있다.** 압록강 위에 14개의 지류 26번 지류, 27번 지류, … , 39번 지류가 있다.

**27번 지류와 28번 지류 사이를 두도구**, 28번 지류와 29번 지류 사이를 2도구, 29번 지류의 두 지류가 갈라진 지역을 3도구, 28번 지류와 29번 지류 사이를 **2도구, 29번 지류와 30번 지류 사이를 4도구**, … , **38번 지류와 39번 지류 사이를 13도구**로 명명하여 구역을 나누어 놓았다.

⬡ **자성**은 압록강의 12번 지류(자성강)의 첫 번째 지류 근방에 있다.
⬡ **우예**는 압록강 12번 지류(자성강)와 13번 지류(호예천) 사이에 있다.
⬡ **여연**은 압록강 13번 지류(호예천)와 14번 지류(죽전천) 사이에 있다.
⬡ **무창**은 압록강 14번 지류(죽전천)와 15번 지류(후주강) 사이에 있다.

**강계부 고지도(해동지도) 상단부분에 대응되는 지역을 통화시 근방에서 찾을 수 있다.**

(주의: 사군의 위치, 지류들을 대응시켜 찾을 때 거리, 현재 지명, 위상적 위치 등을 고려하여야 한다. 원래 **자성, 여연, 우예, 무창**은 세종대왕 때 군(郡)이었으나 후에 군을 폐쇄하고 강계부에 소속시킨 것이다.)

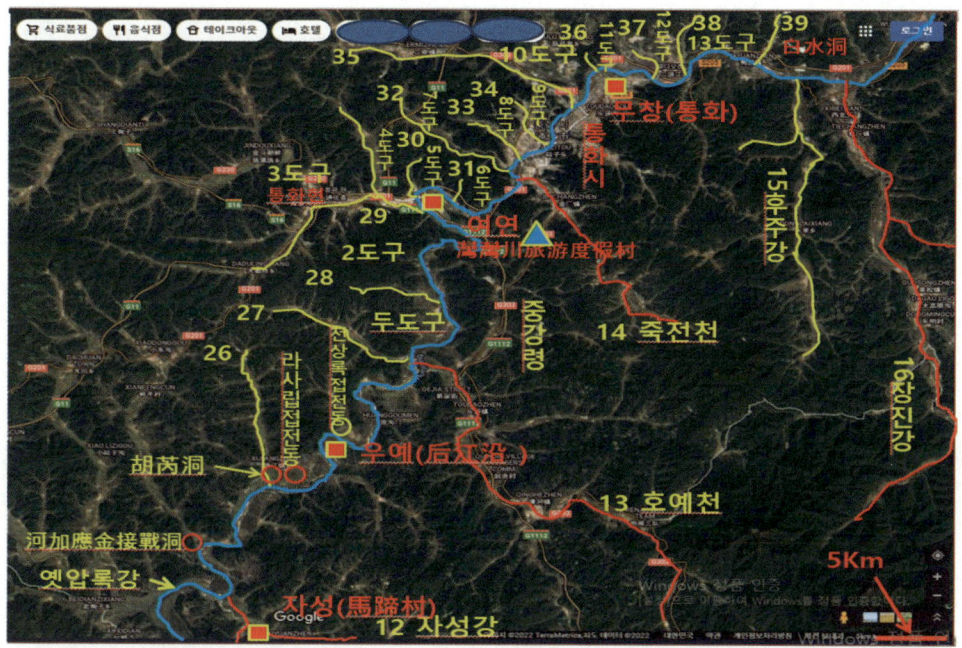

[그림 34] 강계부 고지도(해동지도) 상단 부분에 대응하는 통화, 灣灣川旅遊度假村, 后江沿, 馬蹄村 근방 구글지도
: 강계부 고지도에 대응되는 세종대왕의 사군 자성, 우예, 여연, 무창을 찾을 수가 있다. 압록강 북쪽에 27, 28, … , 39까지 13개의 지류와 그 지류 사이에 13개의 도구를 정했다.

　[그림 33]에서 강계부 고지도(해동지도) 상단 부분에 기록된 5개의 지류 12번 지류(자성강), 13번 지류(호예천), 14번 **지류(죽전천), 15번 지류(후주강), 16번 지류(장진강)을 대을시킬 수 있다. 옛 압록강 위에 14개의 지류 26 번 지류, 27 번 지류, … , 39 번 지류도 대응시켜 찾았다.**

　고지도에서 27 번 지류와 28 번 지류 사이를 두도구, 28 번 지류와 29 번 지류 사이를 2도구, 29 번 지류의 두 지류가 갈라진 지역을 3도구, 29 번 지류와 30 번 지류 사이를 4도구, **…** , 38 번 지류와 39 번 지류 사이를 13도구로 하였는데 고지도에 대응되는 13도구들의 위치를 찾을 수 있다.

　강계부 고지도(해동지도)만 보고 15번 지류(후주강)을 대응시켜 찾는 것은 매우 어려운 일이다. 왜냐하면 무창(통화 동부)과 16번 지류(장진강) 사이에 2 개의 지류가 있어 어느 것이 후주강인지를 결정하는 것이 매우 어려운 일이다. 하지만 또 다른 강계부 고지도(광여도)를 보면 무창(통화 동부)과 장진강 사이에 2개의 지류 라신천과 후주강이 있어 후주강을 쉽게 찾을 수 있다(참조: [그림 34, 35, 36]).

- ◯ **자성**은 **압록강**의 12번 지류(자성강)의 첫 번째 지류 근방인데 현재의 지명은 馬蹄村이 있다. 마제촌은 말발굽 동네라는 뜻이다. 군대가 주둔하였던 곳이라 말발굽 소리가 늘 나던 곳이다.
- ◯ **우예**는 **압록강** 12번 지류(자성강)와 13번 지류(호예천) 사이에 있었는데 대응되는 지역은 后江沿이다. 后江沿은 임금의 강이 흘러가는 곳이라는 뜻으로 보인다.
- ◯ **여연**은 압록강 13번 지류(호예천)와 14번 지류(죽전천) 사이에 있는데 대응하는 지역은 灣灣川旅遊度假村인데 굽이쳐 흘러가는 개울가에 여행객(군사)들이 놀던 마을이라는 뜻이다.
- ◯ **무창**은 **압록강** 14번 지류(죽전천)와 15번 지류(후주강) 사이에 있는데 대응하는 지역은 통화시 동북 지역이다.
- ◯◯ 조선 시대 지명들이 연상되는 통화 지역 작은 구역의 지명들을 살펴보자.

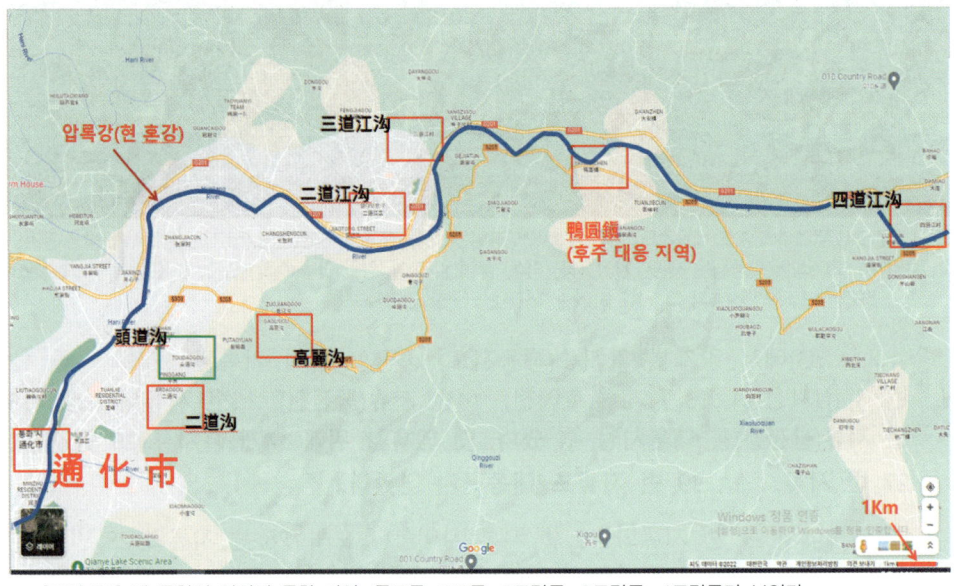

[그림 35] 옛 무창이 있었던 통화 지역: 두도구, 2도구, 2도강구, 3도강구, 4도강구가 보인다.

통화시에 두도구, 2도구, 2도강구, 3도강구, 4도강구가 있다. 고려구도 있다. 여기서 頭道沟의 '沟'는 조선 시대 頭道構의 '構'와 다르다. 하지만 강계부 고지도에서 28번 지류부터 39번 지류사이를 13도구로 나누었던 지명을 연상하게 한다.

◯여기서 頭道沟에는 1909년 간도 협약 당시 일본 영사부 지부가 있었던 곳이다.
위 그림에 있는 鴨圓鎭은 압록강변에 있는 군사 지역 마을이라는 의미로 보이고 이지역이 군사 지역이라면 **후주진** 지역에 위상적으로 대응되는 지역이다 (후주강과 라신천 사이에 있다(참고:[그림 34, 35, 36]).

현재 통화시 지역과 백산시 지역에 **두도구, 2도구, 3도구**, ..., **35도구** 등 35개의 도구 지명들이 관찰된다.

강계부 고지도(해동지도) 중간 부분 자성, 만포진, 오국성 근방을 확대하여 살펴보자.

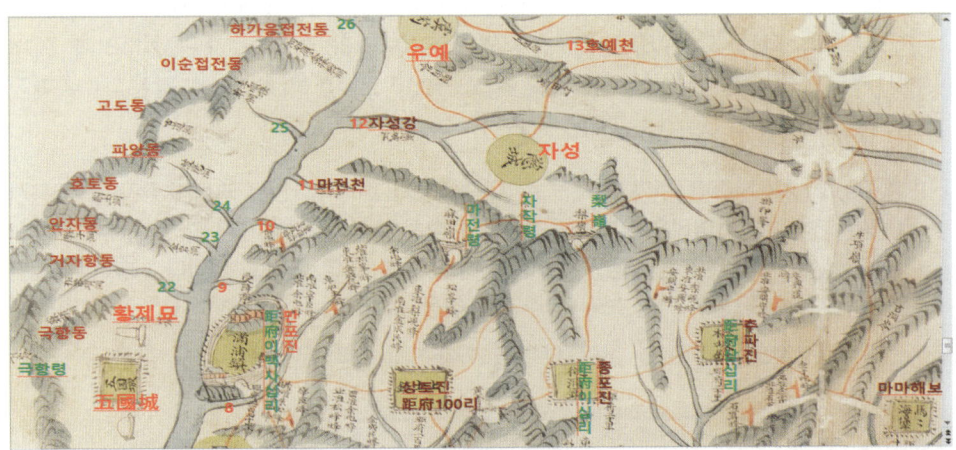

[그림 36] 강계부 고지도(해동지도) 중간 부분: 세종대왕의 사군 **자성**이 있다. 만포진, 오국성, 상토진, 종포진, 추파진이 있다.

위 강계부 고지도의 중간 부분에 호예천, 우예, 자성강, 자성, 만포진, 오국성, 상토진, 종포진, 추파진, 마마해보 등이 있다.

여기서 오국성은 하얼빈 지역에도 있다. 만포진은 부위에서 240리라 기록되어 있다. 상토진은 100리, 추파진은 30리라 기록되었다.

위 강계부 고지도의 중간 부분에 대응하는 지역을 구글 지도에서 찾으면 다음과 같다

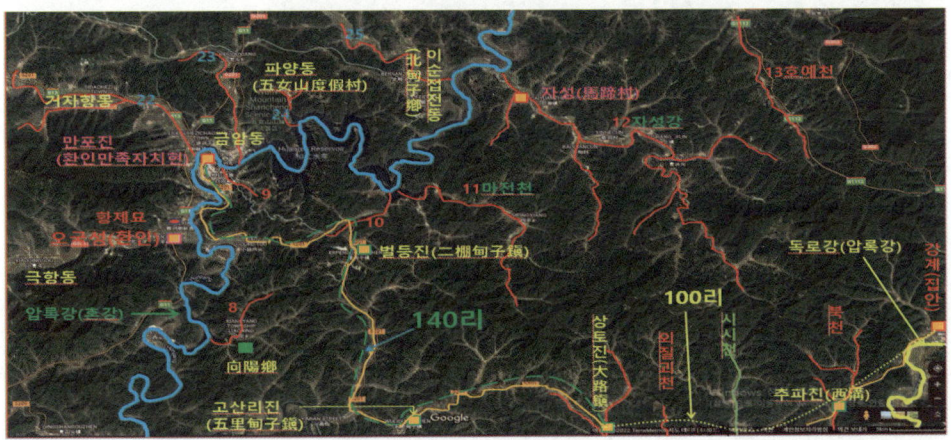

[그림 37] 강계부 고지도(해동지도) 중간 부분에 대응되는 지역: 세종대왕의 사군 자성이 있다. 만포진, 오국성, 상토진, 종포진, 추파진이 있다.

위 구글지도는 강계부 고지도의 중간 부분에 대응되는 환인, 집안시, 대로진, 오리전자진 주변 구글지도이다. 호예천, 우예, 자성강, 자성, 만포진, 오국성, 상토진, 종포진, 추파진, 마마해보 등에 대응되는 지역이 있다.

만포진은 부위에서 240리라 기록되어 있다. 실제로 집안시 서부 지역(옛 강게 부위에 대응 지역)에서 국도(옛 역참로)를 따라 거리를 재면 240리가 되어 옛 기록과 잘 맞는다. 상토진(大路鎭)도 100리로 옛 기록과 잘 맞는다. 추파진(西溝)도 30리로 옛 기록과 잘 맞는다.

⬡ 후주강과 후주는 어디인가 강계부 고지도(해동지도)에서 15번 지류(후주강)을 대응시켜 찾는 것은 매우 어려운 일이다. 왜냐하면 무창(통화 동부)과 장진강 사이에 2개의 지류가 있어 어느 것이 후주강인지를 결정하는 것이 매우 어려운 일이다. 하지만 또 다른 강계부 고지도(광여도)를 보면 후주강을 찾을 수 있다.

강계부 고지도(광여도)의 상단 부분을 확대하여 살펴보면 후주강을 찾을 수 있다.

[그림 38] 강계부(광여도): 왼쪽의 큰 강이 압록강(현 혼강)이고 오른쪽 큰강독로강(현 압록강)이 그려져 있다.

다음은 강계부(광여도) 고지도의 위 부분을 확대하여 그린 것이다.

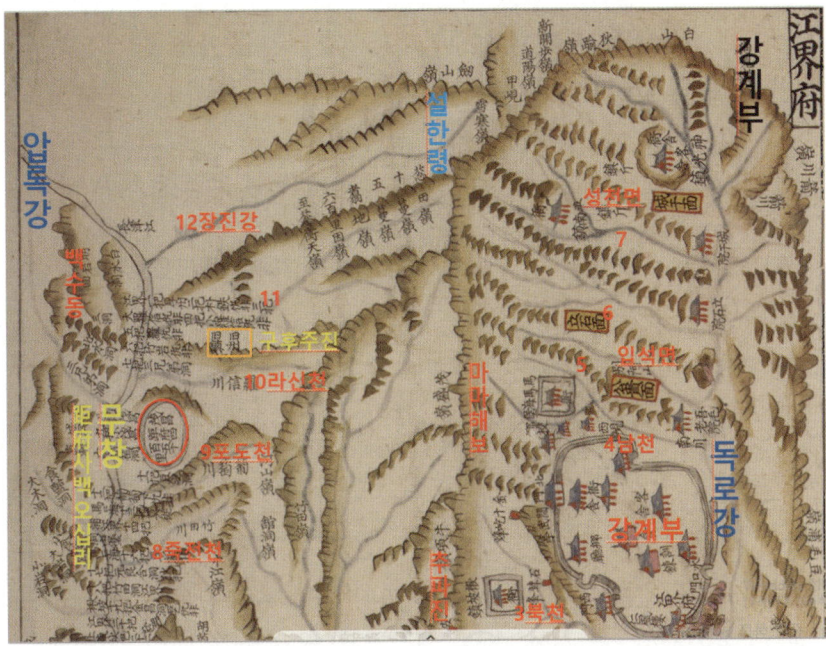

[그림 39] 강계부(광여도) 위 부분: 왼쪽의 큰 강이 압록강(현 혼강)이고 오른쪽 큰강 독로강(현 압록강)이 있고 무창이 강계부에서 450리라 기록됨. 무창과 장진강 사이에 10번 지류(라신천)과 11번 지류가 있다.

강계부(광여도)[그림 39]에서 무창과 장진강 사이에 2개의 지류가 있어 구글 지도에서 라신천과 후주강을 찾기가 쉽다.

[그림 40] 강계부(광여도) 위 부분에 대응되는 지역과 나머지 강계부: 무창과 장진강 사이에 10번 지류(라신천)과 11번 지류가 있다.

강계부 고지도(광여도)에서 '무창은 **강계부에서 450리**라 기록되었다. 구글지도 [그림 40]의 강계부(집안시 서쪽 구역)에서 무창(통화 동부)으로 가는 짧은 국도 길은 강계부(집안시)에서 북쪽으로 무창(통화 동부) 가는 길이 있다. 이 길로 가면 **무창은 강계부에서 450리**가 안되고 250리도 안 된다.

하지만 강계부(집안시)에서 만포진(환인만족자치현)까지 국도(노란색 점선)를 따라 가면 240리이고 다시 만포진(환인만족자치현)에서 옛 국도(빨간색 점선)를 따라 가면 210리 정도 된다. 아마도 강계부 고지도(광여도)를 그릴 당시에는 이 경로를 가는 거리로 '**무창은 강계부에서 450리**'라 기록 한 것으로 추정된다.

◯ 후주강 하류 지역에서 가장 큰 도시 지역은 압원진(鴨圓鎭: 압록강 주변의 군사 지역이라는 의미로 보임)이 있어 이곳을 후주진이라고 판단된다.


## 4. 독로강과 장백산에 대한 역사 기록

광여도, 해동지도 등 규장각에 있는 여러 가지 강계부 고지도에는 압록강과 독로강이 그려져 있다. 위원 고지도에도 압록강과 독로강이 그려져 있다.

세종장헌대왕실록(세종지리지[6])의 강계부 기록에 독로강의 한줄기는 함길도에서 시작한다고 하고 다른 한 줄기는 강계부와 희천의 경계인 적유령에서 출발하여 나온다고 하였다.

참고 : 신증동국여지승람에서 강계부 개요 동으로 고성자군 경계와 130 리이고, 남으로 희천군 경계와 270 리이고, 함경도 함흥부 경계와 360 리이고, 서로는 위원군 경계와 36 리이고, 북으로 압록강과 130리이고 서울과의 거리는 1361리이다.

참고 1 : 세종장헌대왕실록(세종지리지)] 강계부 기록은 독로강을 다음과 같이 설명하고 있다:
큰 강으로 독로강이 있다. 강계부의 남쪽에 있다. 근원이 두 갈래로서 한갈래는 희천 땅인 적여령(적유령) 밑에서 시작되고 한 갈래는 함길도 땅인 화을헌(和乙憲) 역참이 있는 령 밑에서 시작되어 부의 남쪽인 입석(立石)에 이르러 합류하여 독로강이 되어 부의 성 주변을 감돌아 서쪽으로 흘러 이산의 경계를 지나 압록강으로 흘러들어간다.

위 지리지 내용과 강계부 고지도 분석 내용을 바탕으로 다음과 같이 독로강이 현 압록강 상류와 장자강임을 알 수 있다.

[그림 41] 옛 강계부 독로강: 독로강은 옛 장백산에서 나온 한 줄기와 희천과의 경계인 적유령에서 출발하는 또 한 줄기가 있다.

　독로강의 한 출발점은 함경도의 화을헌 역참인데 독로강(현 압록강)의 최상류 역참이 있었던 곳으로 혜산시에서 상류로 20여리에 있는 마록구진(馬鹿溝鎭)이다. 혜산의 조선 시대 지명은 알 수 없다. 적유령은 송원읍(옛 희천 지역)에서 진전읍으로 넘어가는 고개(嶺)이다.

⬡ 1914년 이전 장백산(현 백두산) 지명 표기에 대한 일제의 지도들을 살펴보자.

　일청한삼국명료지도(日淸韓三國明瞭地圖, 明治27年(1894년) 제작)의 장백산 주변 지역의 지명 표기를 살펴보자.

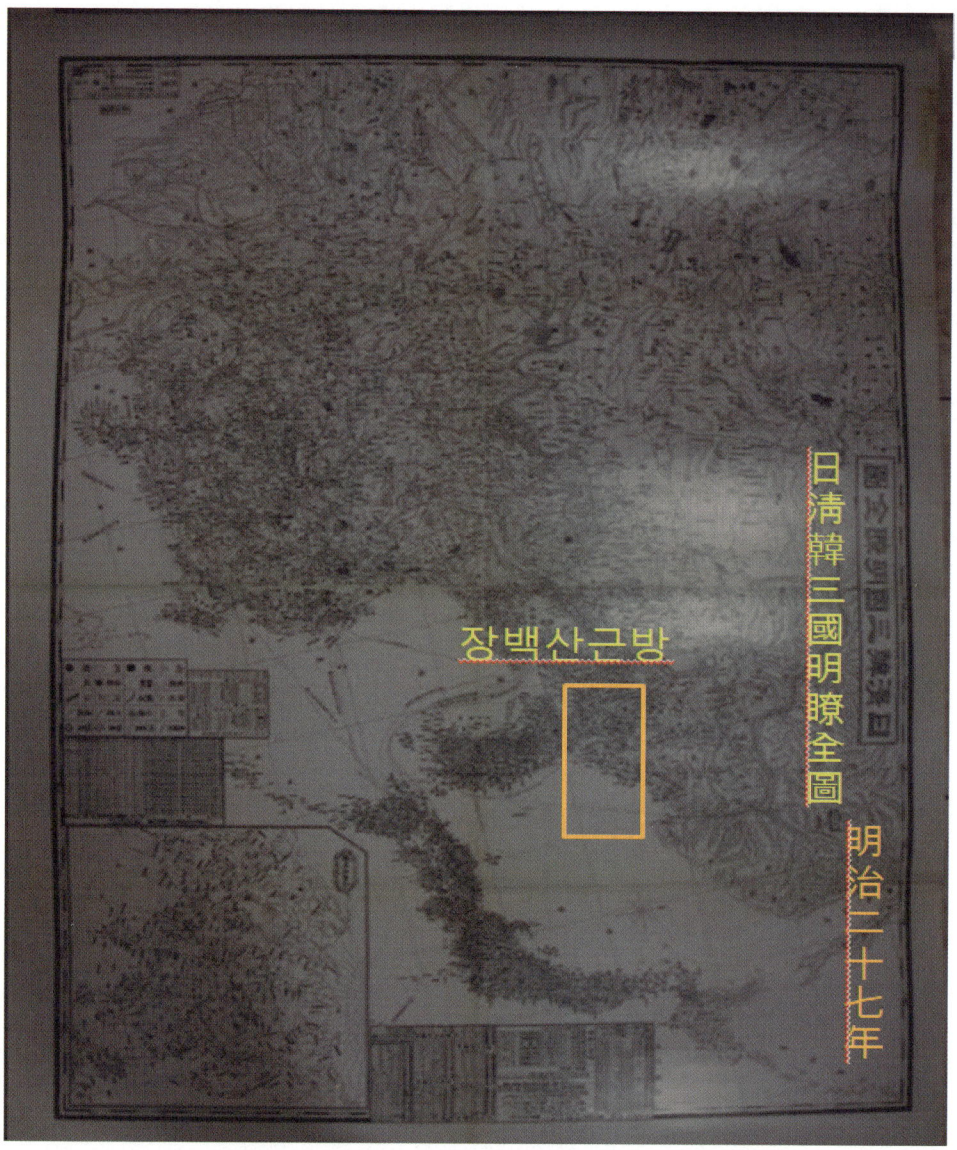

[그림 42] 일청한삼국명료지도(日淸韓三國明瞭地圖): 明治27年(1894년) 제작.

일제는 明治27年(1894년) 조선의 온양 지역의 청일전쟁을 가볍게 승리로 이끌고 청과 시모노세키조약을 맺는다. 이 조약의 제1조는 "조선은 독립국이다." 이는 조선은 청나라의 것이 아니고 일본의 것이라는 일본 속내의 뜻을 품은 항목으로 의심된다. 청일전쟁 후 일청한삼국명료지도(日淸韓三國明瞭地圖)를 제작한다.

일본은 1592년 임진란 때 조선과 명나라를 정복하지 못 했지만 이제 능히 조선과 청나라를 정복할 수 있다는 자신감으로 이 지도를 제작한 것 같다.

이지도의 장백산 주변 지역을 확대하여 살펴보자.

[그림 43] 일청한삼국명료지도(日清韓三國明瞭地圖)의 장백산(현 백두산) 근방, 明治27年(1894년) 제작: 현 백두산을 장백산(長白山)으로 표기하고 작은 글씨로 평정산(平頂山)이라 병기해 놓고 있다.

明治27年(1894년) 일청한삼국명료지도(日清韓三國明瞭地圖)를 제작할 당시에는 조선의 장백산을 백두산으로 바꾸어 조선의 반도사관을 만드는 계획이 확정되지 않은 것 같다. 조선의 대동여지도, 함경도 지도 등을 보고 장백산의 원 지명을 그대로 사용한 것 같다.

평정산은 어디에서 채택한 지명인지 알 수 없다. 김수홍의 조선팔도(1673년) 지도([그림 71])에서는 장백산(현 백두산)을 장평산(長平山)으로 표기하고 있어 이를 개명한 것 같다.

일청한삼국명료지도 제작 19년 후의 명치지위적(明治之偉跡, 명치38년(1905년)) 지도를 살펴보자.

[그림 44] 명치38년(1905년) 명치지위적(明治之偉跡)

명치지위적(明治之偉跡, 명치38년(1905년))의 옛 장백산(현 백두산) 부근을 확대하여 살펴보자.

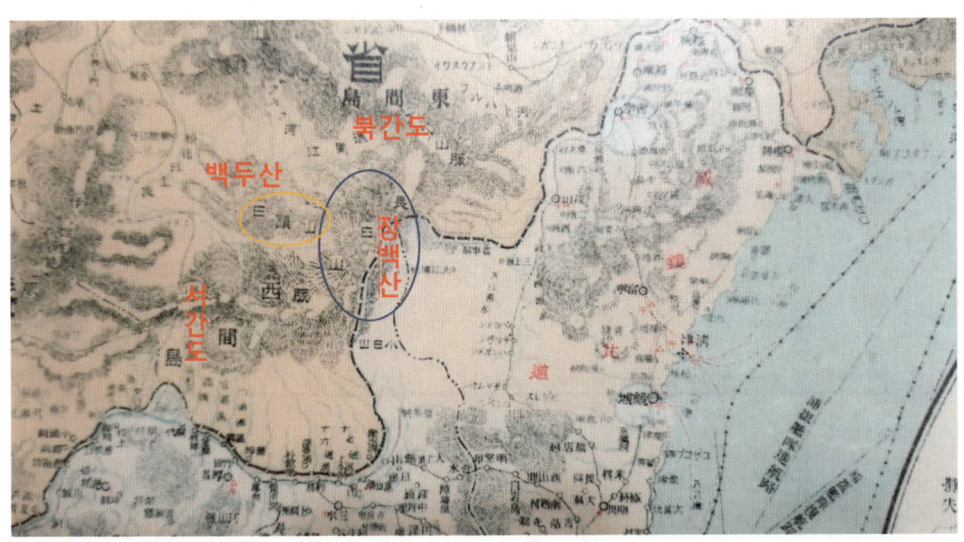

[그림 45] 명치38년(1905년) 명치지위적(明治之偉跡)에서 백두산을 장백산으로 표시하고 백두산도 함께 표시.

明治27年(1894년)에는 장백산 명칭을 백두산으로 바꿀 계획이 지도에 표현되지 않았으나 11년이 지난 명치38년(1905년)의 명치지위적(明治之偉跡)에서 백두산을 장백산으로 표시하고 백두산도 함께 표기한 것을 보아 장차 장백산을 백두산으로 개명할 계획을 표현한 것으로 의심할 수 있다.

다시 조선명세지도(명치44년(1911년))를 살펴보자.

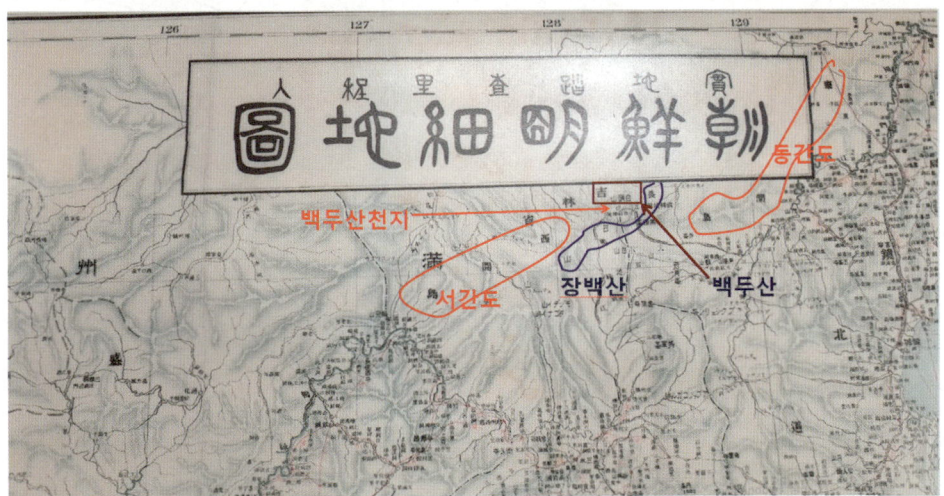

[그림 46] 명치44년(1911년) 조선명세지도: 옛 장백산을 장백산과 백두산 두 가지로 병기. 현 백두산 동쪽 지역을 동간도 서쪽 지역을 서간도 표기. 백두산 천지도 그려 넣었다.

1905년까지 백두산(옛 장백산)에 천지 존재가 발견되지 않은 듯하다. 조선시대 고지도를 보면 1872년 지방 지도를 정비할 때까지 **"백두산 주변 지세가 험악하여 그 주변을 측량하지 못 하였다 "**라고 기록하고 있다.

백두산(옛 장백산)의 천지의 존재를 지도에 나타낸 것은 조선명세지도(명치 44년(1911년))가 최초인 듯하다. 대동여지도에서 장백산(현 백두산) 주변에 기록된 내용들을 살펴보면 장백산 주변은 "동서로 수 백리 끊어지고 산은 험하고 길도 끊어져 거리를 상술할 수 없다**(橫截數百里山險路截程里不能詳)**"라 기록되어 대동여지도를 제작할 때도 장백산(현 백두산)의 천지가 발견되지 않은 것으로 판단된다.

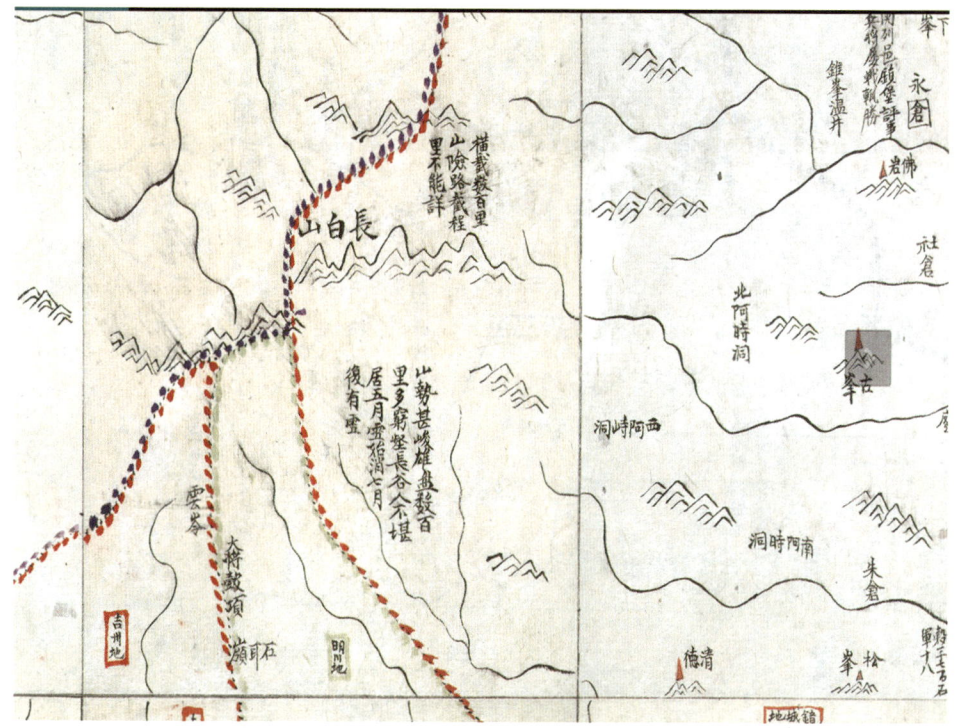

[그림 47] 장백산-청구요람: 장백산에 대하여 橫截數百里山險路截程里不能詳이라고 적고 있다. 백두산 주변이 험란하여 그 주변을 측량하지 못 하였다.

◯ 강계부 주기를 살펴보자.

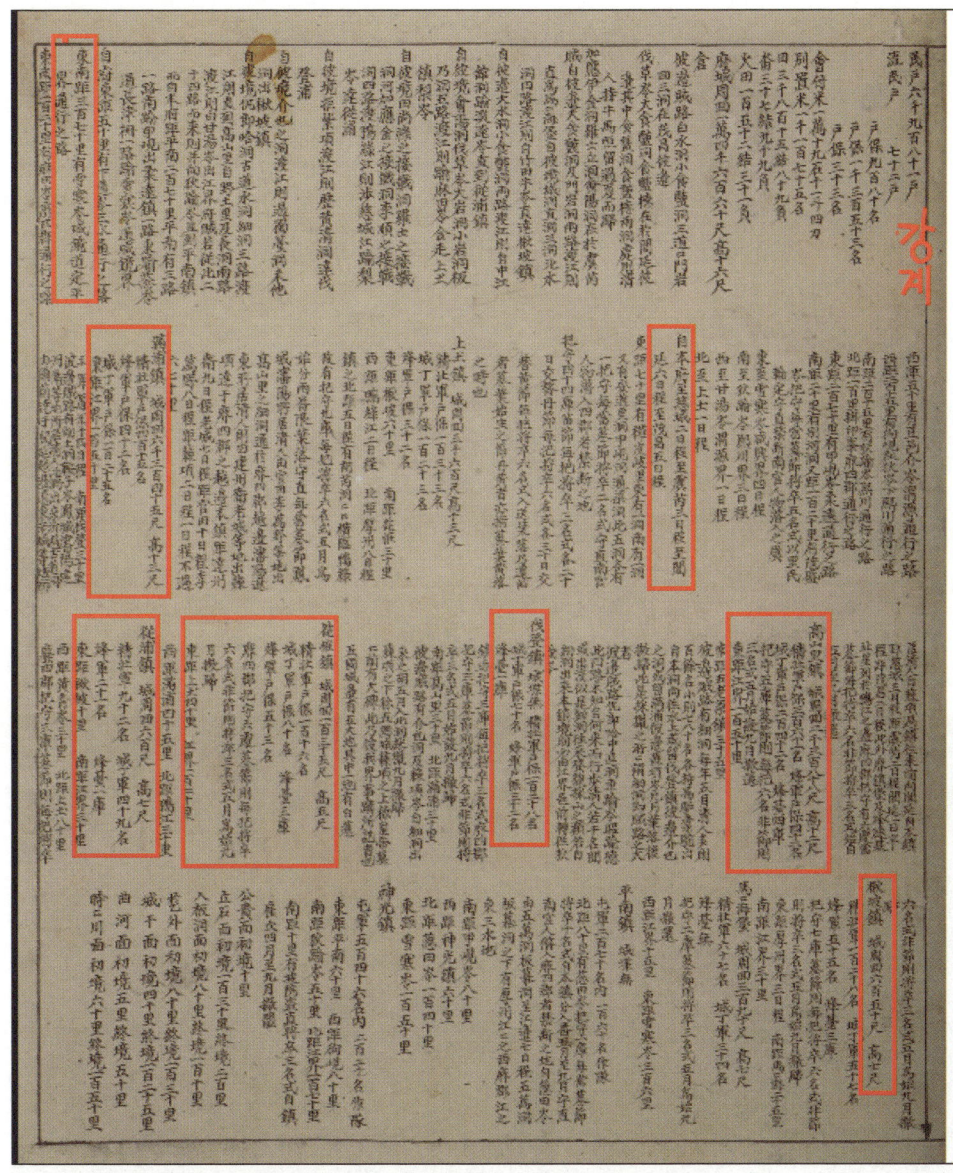

[그림 48] 강계부주기(광여도): 강계부 부위 성 둘레는 14660척(4398 m).

강계부 주기는 강계부 부위 성 둘레는 14660척(4398 m)이라고 기록되었다. 동남쪽에 설한령이 있다. 부위에서 자성까지 2일정, 우예까지 3일정, 여연까지

6일정, 무창까지 5일정이다. 만포진의 성둘레는 6640척(1992m)이고 강계부위에서 150리이다. 고산리진 성의 둘레는 8688척이고 강계부위에서 150리이다. 벌등진의 보도 있다. 화포진의 보도 있다. 종포진의 보도 있다. 추성진의 보도 있다. 평남진의 보도 있다. 신광진의 보도 있다.

◯ **강계부 주기에 기록된 두 지점간의 거리가 강계부 고지도에 기록된 거리와 다른 경우가 여러 개 보인다. 아마 이는 옮겨 기록하며 오기 하거나 역참로 변경으로 거리가 달라진 경우도 있을 것이다. 고지도를 위상적으로 분석하고 대응하는 지역을 찾으면 어느 기록이 현실에 가까운 것인지를 판단할 수 있다.**

◯ 독로강(禿魯江 또는 禿老江)은 그 의미가 오래된 벌거숭이 산악 지대인 영역을 통과하거나 오래된 벌거숭이산에서 발원해서 흘러내려오는 강이라는 의미이다. 현재의 백두산(옛 장백산)은 주변이 벌거숭이 산이다. 따라서 백두산(옛 장백산)에서 내려오는 현 압록강은 禿魯江(독로강)으로 명명함이 올바른 작명이다. 북한의 강계를 지나가는 9번 지류(현 장자강)는 오래된 벌거숭이 산악지대인 영역을 통과하거나 오래된 벌거숭이산에서 발원해서 흘러내려오는 강은 아니다. 세종지리지에 의하면 장자강도 독로강(현 압록강)과 합류하여 독로강이라 이름 붙인 것 같다.

[그림 49] 벌거숭이산(禿山)으로 된 백두산(옛 장백산) 근방 구글 지도

## 5. 결론

1) 조선의 의주, 삭주, 창성, 벽동의 위치는 일제에 의하여 위치가 변경되지 않았다
   가) 의주 고지도들은 현재의 의주 지역을 그린 위상도이다.
   나) 삭주 고지도들은 현재의 삭주 지역을 그린 위상도이다.
   다) 창성 고지도들은 현재의 창성 지역을 그린 위상도이다.
   라) 벽동 고지도들은 현재의 벽동 지역을 그린 위상도이다.

2) 조선의 이산(초산), 위원의 위치는 일제에 의하여 위치가 변경되었다.
   가) 이산(초산) 고지도들은 현재의 초산 지역의 위상도가 아니고 우시군 서부 지역 정거리 근방 지역을 그린 위상도이다.
   나) 위원 고지도들은 현재의 위원 지역의 위상도가 아니고 우시군 지역을 그린 위상도이다.

   일본의 기하학자들은 혜산쪽으로 올라가는 독로강 상류를 압록강으로 변경하고 초산과 위원을 동쪽으로 옮기고 조선의 이산(초산)과 위원 지역을 통합하여 우시군을 새로이 만들었다. 이는 조선팔도 고지도 등과 대역적 위상이 잘 어울리게 만들기 위하여 위치들을 조정한 것이다. 이러한 작업은 일본의 최고의 기하학자들이 상당 기간 연구하여 만든 작업이다.

3) 일제는 지금의 반도사관을 만들기 위하여 강계, 삼수, 갑산의 위치는 조선의 고지도와 대역적 위상이 매우 잘 맞게 바꾸어 놓았다(삼수, 갑산 지역은 최규흥 교수 논문에 나옴). 그리고 압록강의 상류를 혼강(옛 압록강)에서 혜산에서 내려오는 독로강(현 압록강)으로 바꾸어 놓았다.

4) 강계부(해동지도) 고지도에는 큰 강으로 압록강과 독로강이 그려져 있다. 강계부의 압록강은 현 혼강이고 독로강은 현 압록강이다.

   고지도에 자성, 우예, 여연, 무창이 있다. 고지도 자성에 대응하는 지역은 마제촌(馬蹄村)이다. 마제촌은 말발굽 동네라는 뜻이다. 고지도 우예에 대응하는 지역은 후강연(后江沿)이다. 후강연은 임금의 강이 흘러가는 곳이라는 뜻으로 보인다. 여연에 대응하는 지역은 만만천여유도가촌(灣灣川旅遊度假村)이다. 무창에 대응하는 지역은 통화시 동북 지역이다.

   우리는 조선조 강계부의 고지도가 나타내는 지역이 현재의 강계 근방의 위상도가 아닌 현재의 압록강과 혼강 사이에 강계부가 있었음을 증명하였다. 강계부 고지도에서 만포진은 부위에서 240리라고 기록되어 있는데 북한 강계시에서 만포시까지는 80리 정도로 고지도에 기록된 것과는 너무 차이가 난다. 이는 북한 강계시와 만포시는 조선의 강계부위와 만포진이 아니라는 뜻이다.

조선의 강계부위에 대응지역은 집안시 서부지역이고 만포진에 대응되는 지역은 환인만족자치현이다. 놀랍게도 구글지도의 집안시 서부지역(**강계부**)에서 역참로 (현재의 국도)를 따라 상토진(현 大路鎭)을 거쳐 환인만족자치현(**만포진**)까지의 거리가 약 240리라는 걸 확인할 수 있어 조선시대 두 지점간의 거리를 매우 정확하게 측정했다는 걸 알 수 있다.

## IX. 삼수부 고지도 분석(참고 [12])

### 1. 삼수부 고지도 분석과 대응하는 영역의 구글지도 분석

삼수 고지도 분석하기 전에 삼수의 어원에 대한 기록을 살펴보자.

[참고: 신증동국여지승람에서 삼수군 삼수 명칭 유래 설명] 세 개의 큰물이 있는데, 하나는 백두산 아래의 마죽동(馬竹洞)에서 나와 혜산진과 인차외(仁遮外)를 거쳐 최천이동(崔天已洞)의 물과 합류하여 군계(郡界)로 들어오고, 하나는 길성현 북쪽 장백산 서북보(西北堡)에서 나와 운총보(雲寵堡)를 거쳐 허천강과 합류하여 강기(江岐)에 이르러 군계로 들어오고, 또 하나는 함흥부의 황초령·부전령과 평안도 강계부의 오만령(五萬嶺) 등의 물이 어면강(魚面江)과 합하여 군계로 들어오는데, 세 개의 물이 합하여 압록강으로 들어오기 때문에 삼수(三水)라고 부른다. 혹은 말하기를 군이 어면강, 압록강, 삼수동수의 세 가닥 사이에 있기 때문에 삼수라 했다고도 함.

다음은 규장각에 있는 6종류의 삼수부 고지도 중 구글지도와 비교 조사하기가 가장 좋은 삼수부 고지도(해동지도)이다.

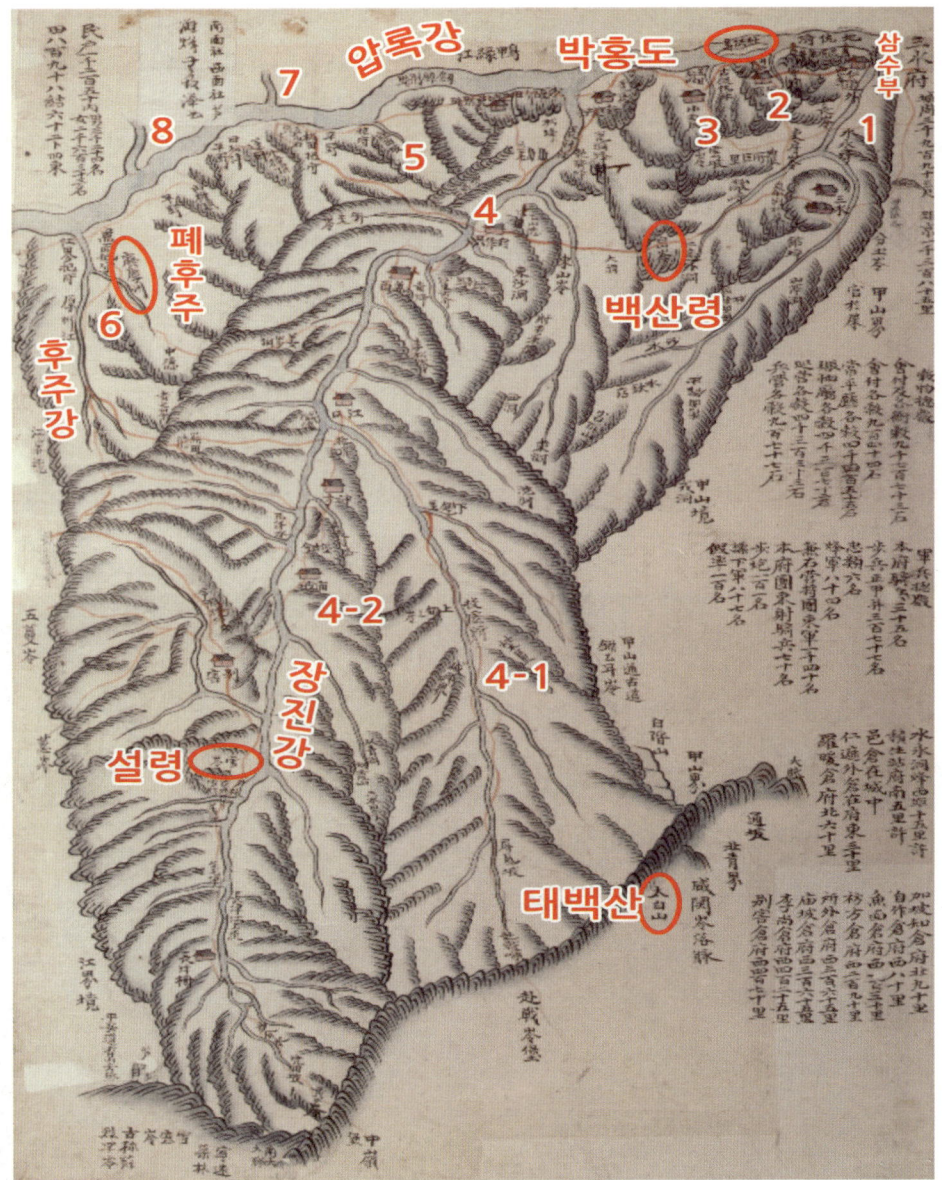

[그림 50] 삼수부(해동지도): 가장 큰 지류는 장진강이다. 1번 지류의 두 지류 사이에 삼수 부위를 그려놓았다. 6번 지류를 후주강이라 하였다.

 삼수부 고지도(해동지도)에서 지역(영역)의 형태나 특색, 군사지역의 독특한 지명들을 살펴보자.

삼수부(해동지도) 고지도에 큰 강으로 위쪽에 압록강이 있고 **1, 2, 3, 4, 5, 6, 7, 8번 지류**를 그려놓았다. 큰 지류로 장진강(2번 지류)이 그려져 있다. 장진강은 강계부 고지도에도 그려져 있다. 압록강에는 박홍도가 있다. 이 지도에 **백산령이** 있다. 백산령은 백산에 있는 령이다. 삼수부위는 1번 지류 근방에 있다. 여기서 압록강은 현재의 압록강이 아니고 현재의 혼강이다.

[그림 50]의 삼수부 고지도의 우측 아래 부분에 태백산이 보인다. 태백산은 장백산(현 백두산)을 말한다.

**후주강**(6번 지류)도 보인다. 강계부(광여도) 고지도에는 압록강 남쪽에 장진강과 무창 사이에 라신천과 후주강을 그려놓아 여기서 6번 지류는 라신천에 대응된다. 5번 지류가 강계부(광여도) 고지도의 후주강에 대응된다.

삼수부(해동지도) 고지도에 위상적으로 대응되는 강과 지류들을 백산시와 6도강진, 5도강진, 서북천, 철광진, 압원진 근방에서 찾을 수 있다.

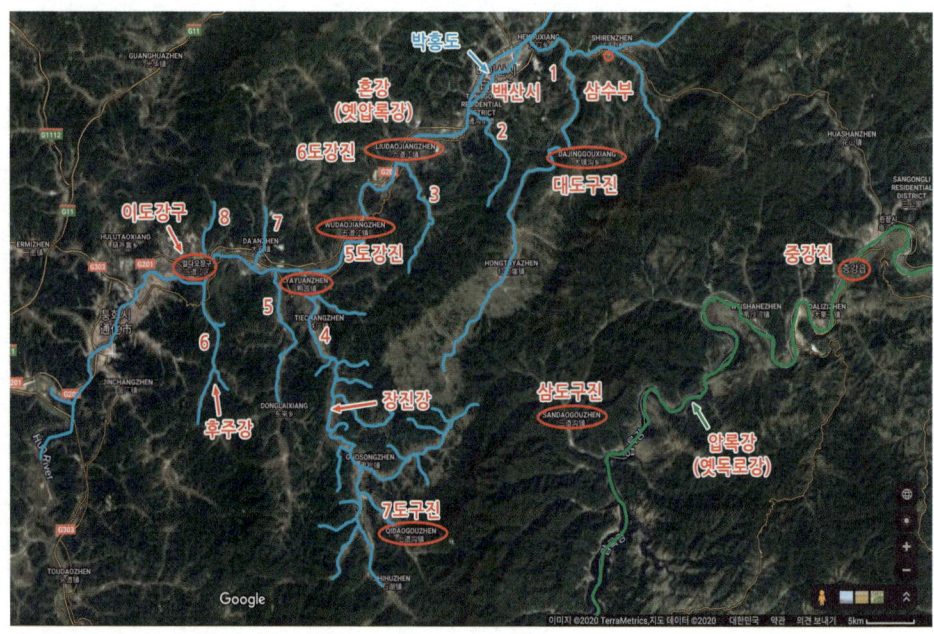

[그림 51] 삼수부 고지도에 대응되는 백산시와 혼강 근방 구글지도.

[그림 50]의 삼수부 고지도에서 1번 지류, 2번 지류, 3번 지류, 4번 지류, 5번 지류, 6번 지류가 있는데 [그림 51]의 백산시 근방 구글지도에서 삼수부 고지도에서의 1번 지류, 2번 지류, 3번 지류, 4번 지류, 5번 지류, 6번 지류에

대응하는 지류들을 찾을 수 있다. 조선시대 강계부 고지도에서 지명들과 유사한 지명들이 이 구글지도에 여러 개 있다. 이도강구, 5도강구, 3도강진, 6도강진, 대도구진 등이다.

현재의 백산시의 지명은 고지도의 백산령의 백산에서 온 듯하다.

삼수부(해동지도)의 고지도의 위 부분을 확대하여 좀 더 자세히 조사해보자.

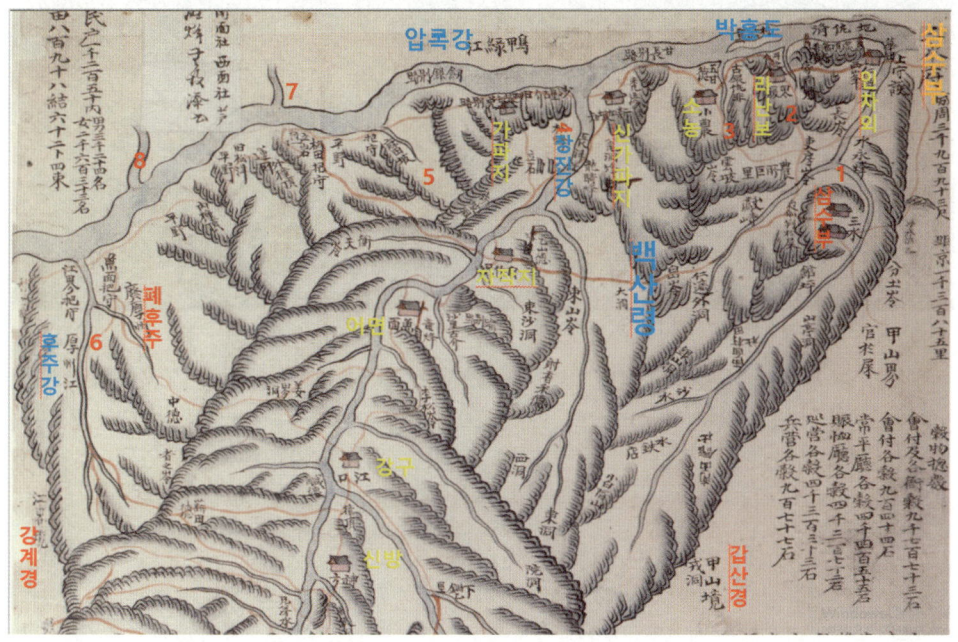

[그림 52] 삼수부(해동지도) 고지도의 위 부분: 1번 지류의 두 지류 사이에 삼수 부위를 그려놓았다. 6번 지류를 후주강이라 하였는데 강계부(광여도) 고지도에는 6번지류가 라신천이다.

삼수부(해동지도) 고지도의 위 부분의 압록강 강변을 살펴보자.

1번 지류와 2번 지류 사이 압록강에는 박홍도가 있고, 또 1번 지류와 2번 지류 사이에 인차외(仁遮外)가 있다. 2번 지류와 3번 지류 사이에 라난보가 있고, 3번 지류와 4번 지류 사이에 소농, 신가파지가 있다. 4번 지류(장진강)와 5번 지류 사이에 가파지가 있다. 4번 지류(장진강) 강변에는 자작지, 어면, 강구, 신방이 있다.

4번 지류(장진강)에서 1번 지류 상류 쪽으로 넘어가는 산 고개는 **백산령**이다. 이 령이 있는 산은 **백산**이다. 삼수부(해동지도) 고지도의 위 부분에 위상적으로 대응되는 구글지도의 현상황을 보자.

[그림 53] 삼수부(해동지도) 고지도의 위 부분에 위상적으로 대응되는 백산시와 통화시 동쪽 지역.

삼수부위는 석인진 지역에 있었다. 인차외는 백산시 동쪽에, 라난보는 배산시 서쪽 2번 지류 하구에, 소농은 6도강진에, 신가파지는 5도강진에, 가파지는 서북천에, 자작지는 철광진에, 후주진은 압원진(鴨圓鎭)에 있었던 것을 위상적으로 대응시킬 수 있다.

소농(六道江鎭)에서 6번 지류를 따라 상류로 가다 산을 넘어 1번 지류의 서쪽 지류의 상류 한 지역을 지나 지류 하류로 내려가면 옛 삼수부(石人鎭)에 갈 수 있다. 이렇게 西北天(옛 가파지)이나 五道江鎭(옛 신가파지) 쪽에서 산을 넘어 삼수부(현 石人鎭) 쪽으로 가는 도로는 이 도로가 유일하다. 따라서 백산령의 후보지는 이도로의 고개가 유일하다. 이 백산령이 있는 주변 산이 백산이다.

다음은 옛 박홍도가 있었던 백산시 주변 구글지도이다.

[그림 54] 옛 삼수부부 고지도에 대응되는 삼수부 상단 부분: 삼수부(해동지도) 고지도에서 박홍도가 압록강(현 혼강)에 있는데 현재는 박홍도의 남쪽 샛강이 복개되어 있어 옛 박홍도는 현재 섬이 아니다. 혼강 대로가 복개천 도로이다.

삼수부(해동지도)의 고지도의 아래 장진강 부분을 확대하여 좀 더 자세히 조사해 보자.

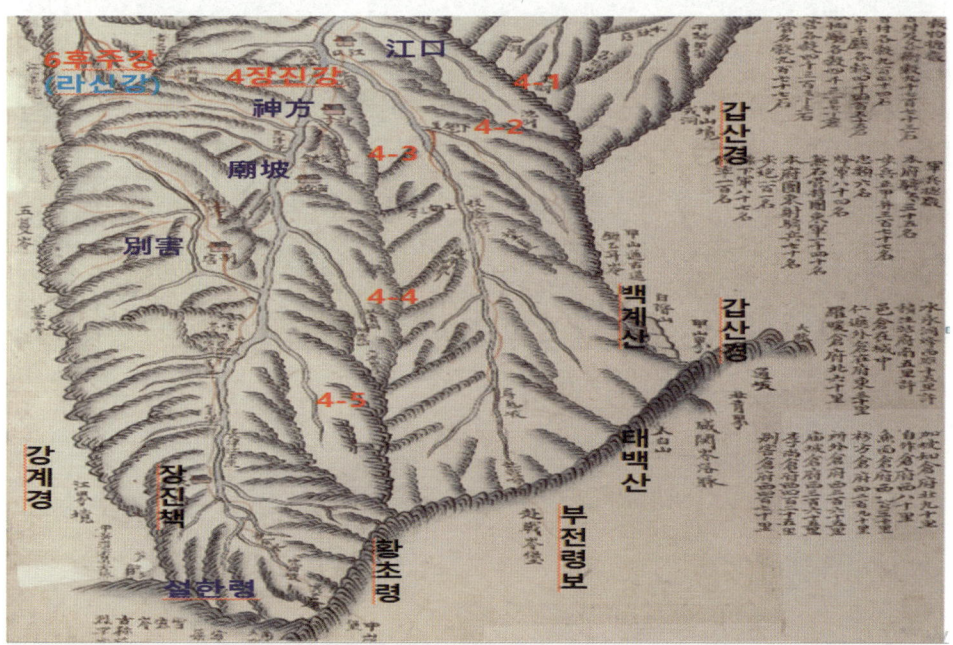

[그림 55] 삼수부(해동지도) 고지도의 아래 부분: 장진강 상류 외부에 黃草嶺과 雪寒嶺이라는 글자가 있다.

황초령(黃草嶺)은 함흥부에서 110리 거리(함흥부 고지도 참고[4], 세종지리지 [6])에 있는 큰 령(嶺)이다. 삼수부 고지도에 黃草嶺 글자가 있는 것은 황초령은 삼수부 외곽 가까이 있거나 적어도 삼수부에서의 도로망과 연결된 곳에 있다고 볼 수 있다. 설한령도 삼수부 외곽 가까이 있거나 적어도 삼수부에서의 도로망과 연결된 곳에 있다고 볼 수 있다. 삼수부(해동지도) 고지도의 아래 부분에 대응되는 지역을 중국 백산시 남쪽 대로천(옛 장진강) 상류 지역에서 찾을 수 있다.

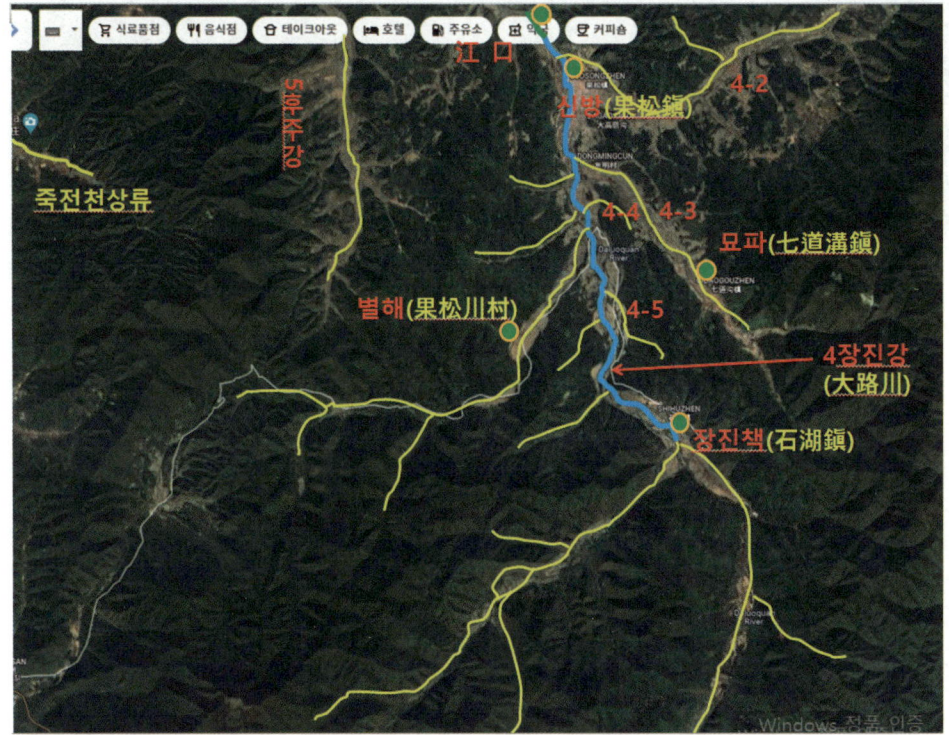

[그림 56] 삼수부(해동지도) 고지도의 아래 부분에 대응되는 지역: 대로천(옛 장진강) 상류 지역. 조선 삼수부의 신방, 묘파, 별해, 장진책이 있었던 지역이다.

다음의 삼수부(광여도) 고지도에도 장진강을 자세히 그려놓고 강변에 강구, 신방 등 작은 성인 보(堡)의 위치들을 묘사해 놓았다.

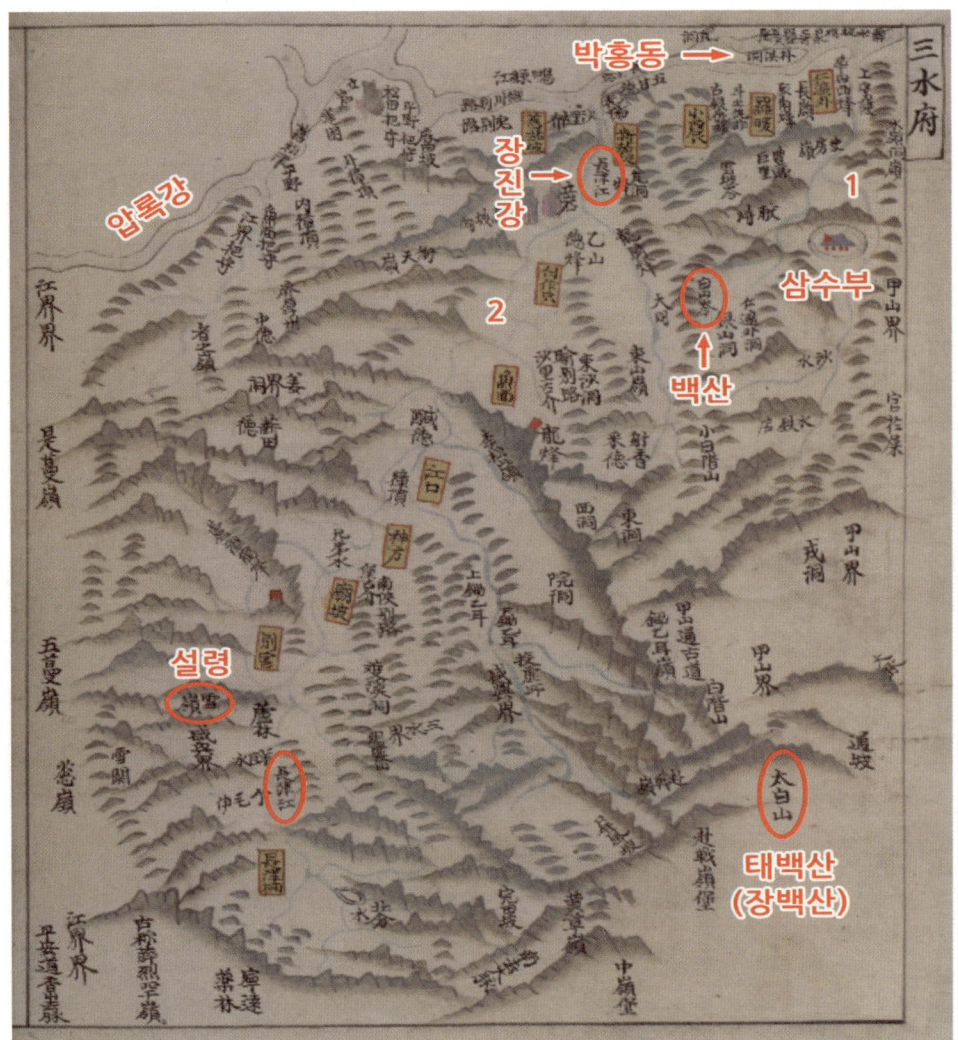

[그림 57] 삼수부(광여도): 위쪽의 큰 강이 압록강(현 혼강)이고 2번 지류는 장진강이다. 아래에 황초령 글자가 있다. 황초령은 삼수 가는 역참로에 있는 령이라는 의미로 보아야 한다.

[그림 57]의 삼수부 고지도의 상단 부분에 압록강이 그려져 있고 압록강 오른쪽에 박홍동이 있다. 큰 지류로 장진강(2번 지류)이 있다. 1 번 지류 근방에 삼수부위가 있다. 오른쪽 아래 부분에 태백산(장백산을 가리킴)이 있다.

[그림 57]의 삼수부(광여도) 고지도에도 큰 강으로 압록강이 있다. 큰 지류로 장진강이 그려져 있다. [그림 57]의 삼수부(광여도) 고지도는 [그림 50]의 삼수부(해동지도)와 대역적으로 위상 동형이라 볼 수 있다.

## 2. 삼수부 고지도와 북한 삼수지역 비교

먼저 삼수부(광여도) 주기를 살펴보자.

● 삼수부 주기(광여도)

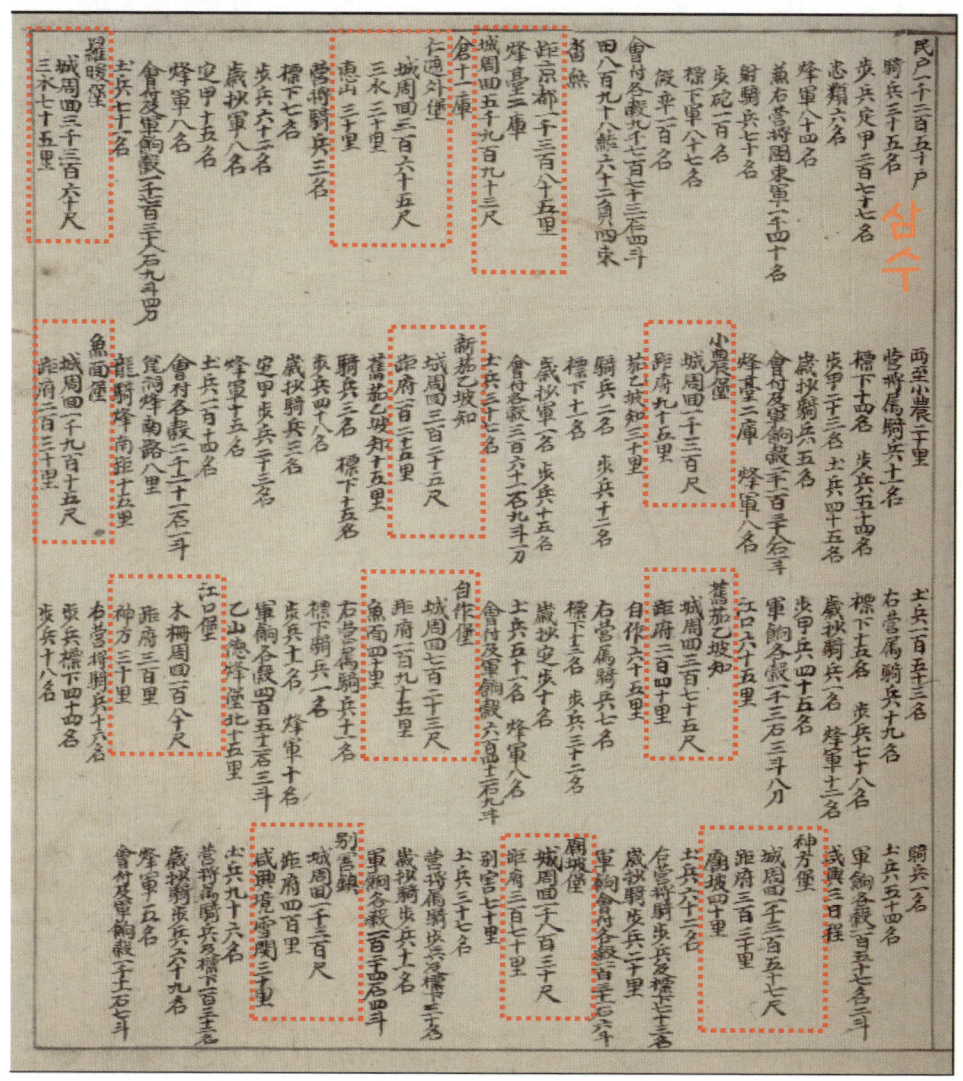

[그림 58] 삼수부 주기(광여도): 삼수부에서 서울까지 거리는 1385 리이고 삼수부 부위 성 둘레는 5993척(1997.9 m)이다. 인차외보, 라난보, 소농보, 신가을파지, 어면보, 구가을파지, 자작보, 강구보, 신방보, 묘파보, 별해진 등 11개의 보가 있다.

● 삼수부 주기와 고지도에 나타난 보(堡)와 진(鎭)의 삼수부에서 거리.

⬡ 인차외보: 삼수부위에서 30리  ⬡ 라난보: 삼수부위에서 75리  ⬡ 소농보: 삼수부위에서 95리
⬡ 신미을파자: 삼수부위에서 125리  ⬡ 어면보: 삼수부위에서 230리  ⬡ 구기을파자: 삼수부위에서 240리
⬡ 자작보: 삼수부위에서 195리  ⬡ 강구보: 삼수부위에서 300리  ⬡ 신방보: 삼수부위에서 330리
⬡ 묘파보: 삼수부위에서 370리  ⬡ 별해진: 삼수부위에서 400리  ⬡ 장진책(주기에는 없음)

● 삼수부 고지도에 나타난 지류와 주요지명.

⬡ **지류: 장진강, 후주강**, 羅信川(강계부(광여도) 고지도에 표기)
북한 삼수 지역과 비교: 북한 삼수읍, 장진강, 김정숙읍 주변에는 후주강과 라신천이 없다(북한 삼수 지역 구글 지도 참조 [그림 59]).

⬡ 압록강 섬과 강 구역 명: **박홍도**, 地仇濟, 甘長別路, 劒銀別路.
북한 삼수 지역과 비교: 북한 삼수읍, 장진강, 김정숙읍 주변에는 박홍도, 地仇濟, 甘長別路, 劒銀別路가 없다(북한 삼수 지역 구글 지도 참조 [그림 59]).

⬡ 주요 산과 령(嶺): **백산령(白山嶺)**, 설령(雪嶺), 백계산(白階山), 검을이령, 속산령(束山嶺), 시만령(是蔓嶺). 오만령(五蔓嶺), 자지령(者之嶺), 소백계산, 인령(荵嶺), 사방령, 설파령, 장령, 사리고개, 상검을령, 장정.

북한 삼수 지역과 비교: 북한 삼수읍, 장진강, 김정숙읍 주변에는 이들이 없다(북한 삼수 지역 구글 지도 참조 [그림 59]).

⬡ 주요 지명과 동(洞): 폐후주, 을산덕, 감덕, 신전덕, 중덕(中德),속사동, 서동, 동동, 융동(戎洞), 산정동, 강계동, 쌍청동, 하검을리, 비목거리(枇木巨里), 수허소. 북한 삼수 지역과 비교: 북한 삼수읍, 장진강, 김정숙읍 주변에는 이들이 없다(북한 삼수 지역 구글 지도 참조 [그림 59]).

북한 삼수읍, 김정숙읍, 장진강, 압록강 주변 지도를 살펴보자.

[그림 59] 삼수읍, 장진강, 김정숙읍 주변. 위 삼수읍, 장진강, 김정숙읍 주변 지도에서 혜산과 김정숙읍 사이의 A 구역에는 인차외보, 라난보, 소농보, 신가을파지가 있어야 하는데 이들 보가 하나도 존재하지 않는다.

B 구역에는 어면보, 구가을파지, 자작보, 강구보, 신방보, 묘파보, 별해진이 있어야 하는데 이들 보가 하나도 존재하지 않는다.

C 구역에는 폐후주, 후주강이 있어야 하는데 이들이 하나도 존재하지 않는다.

**고지도에서 삼수 부위에서 신가을파지까지 125리라 기록되어 있어 북한 삼수읍에서 김정숙읍까지 125리 보다는 더 멀어야 하는데 겨우 60리 정도밖에 안되어 북한의 삼수읍과 김정숙읍 주변은 조선의 삼수부 지역이 아니다.**

**따라서 북한의 삼수읍과 김정숙읍 주변은 조선의 삼수부 지역이 아니다.**

3. 결론

[그림 50]의 압록강은 현재의 혼강이고 **박홍도는 옛 압록강과 샛강으로 둘러싸인 섬이다. 백산의 남쪽 샛강이 복개(혼강대로)되어 있어 옛 박홍도는 현재 섬이 아니다.**

[그림 50]의 삼수부 고지도에서 1번 지류, 2번 지류, 3번 지류, 4번 지류, 5번 지류, 6번 지류가 있는데 [그림 52]의 백산시 근방 구글지도에서 삼수부 고

지도에서의 1번 지류, 2번 지류, 3번 지류, 4번 지류, 5번 지류, 6번 지류에 대응하는 지류를 찾을 수 있다. [그림 50]의 삼수부 고지도는 [그림 51]의 백산시와 혼강, 6도강진, 大路川(옛 장진강) 근방의 위상도이다.

위상적 분석에 의하여 삼수부위는 북한 삼수가 아니고 현재 **백산시(白山市)** 동북쪽 30리쯤 **석인진(石人鎭)**에 있었던 것으로 분석된다. 백산시의 명칭은 백산령이 있는 백산의 이름을 사용하여 백산시 명칭을 만든 것이다.

삼수부 고지도에 나타난 주요 지명의 현재의 위치는 다음과 같다.

**후주:** 鴨圓鎭, 장진강: 大路川,

**인차외보:** 백산시 동쪽 외곽, **라난보:** 백산시 서쪽 외곽,

**소농:** 육도강진, **신가파지:** 오도강진, **가파지:** 서북천,

**자작지:** 大路川(옛 장진강) 강변 鐵鑛鎭,

漁面: 鐵鑛鎭 남쪽 大路川(옛 장진강) 강변,

江口: 鐵鑛鎭 남쪽 大路川(옛 장진강) 강변,

신방: 大路川(옛 장진강) 강변 果松鎭,

묘파: 大路川(옛 장진강) 강변 七道江鎭,

별해: 大路川(옛 장진강) 강변 果松川鎭村,

장진책: 大路川(옛 장진강) 강변 石湖鎭.

## X. 갑산부 고지도 분석(참고 [13])
### 1. 갑산부 고지도 분석과 대응하는 영역의 구글지도 분석

규장각에는 갑산부 고지도가 6 종류가 있다. 이들 갑산부 고지도 중에서 갑산부(해동지도) 고지도는 강과 지류들이 가장 잘 그려져 구글지도와 비교 조사하기가 가장 좋은 갑산부의 위상 도이다.

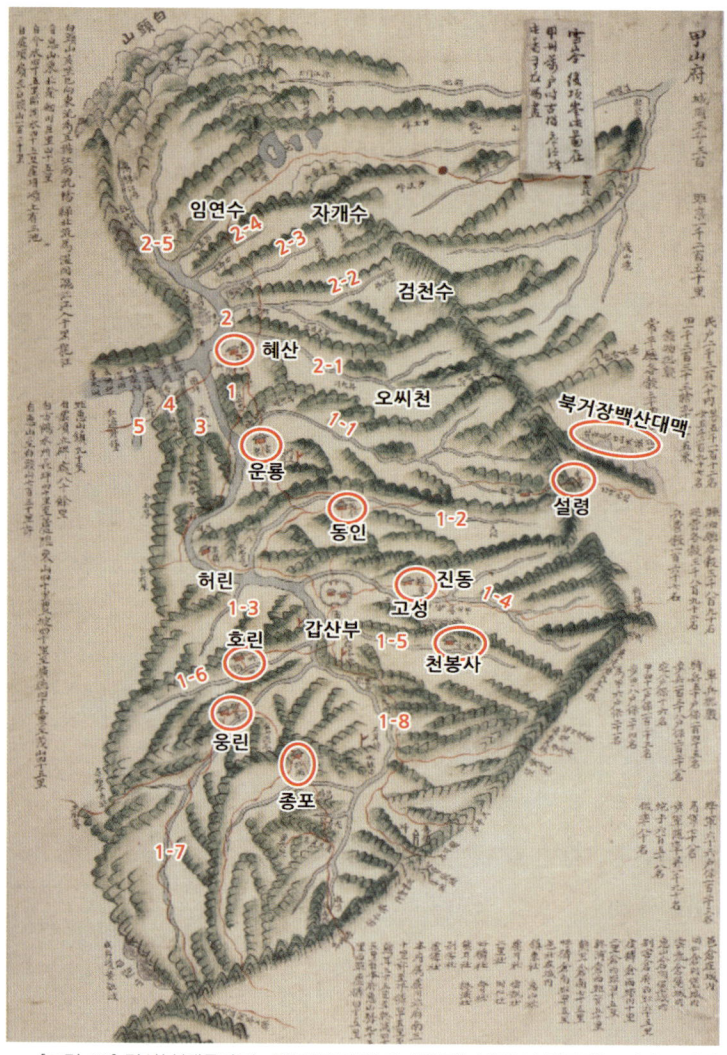

[그림 60] 갑산부(해동지도): 혜산강(2번강)과 허천강(1번강)이 합류하는 지점 근방에 혜산진이 있고 허천강과 1-4 지류가 만나는 지점 근방에 갑산부 부위가 있다. 동인, 호린 등 9개의 堡(보)가 있다.

　[그림 60]의 갑산부 고지도에서 지역(영역)의 형태나 특색, 군사지역의 독특한 지명들을 살펴보자.

　[그림 60]의 갑산부 고지도에 큰 강으로 위쪽 좌측에 압록강(이 강은 현재의 압록강도 혼강도 아닐 수 있다)이 그려져 있다. [그림 60]의 위쪽(북쪽)에 백두산이 있고 오른쪽에 북거장백산대맥(北距長白山大脈)이라는 글귀가 있다. 백두산과 장백산은 서로 다른 곳이다. [그림 60]의 오른쪽에는 무산부가 그려

져 있어 백두산이 가장 위쪽에 있고 그 아래(남쪽)에 좌우에 갑산부와 무산부가 있고 그 아래에 장백산대맥이 그려져 있다.

장백산대맥 글자 아래에 **설령**이 있다.

**갑산부위는** 지류 1-4와 허천강(1번 강)이 만나는 지점 근방에 있다.

큰 지류로 1번 강(허천강)과 2번 강(혜산강)이 있고 두강이 합류하는 지점 근방에 **혜산진**이 있다. 중요 堡(보)로 운룡, 동인, 호린, 천봉사, 웅린, 종포 등이 보인다.

2번 강(혜산강)의 지류들로 2-1(오씨천), 2-2(검천수), 2-3, 2-4(자개수), 2-5(임천수)가 있다. 1 번 강(허천강)의 지류들로 1-1, 1-2, 1-3, 1-4, 1-5, 1-6, 1-7, 1-8이 있다.

혜산에서 갑산부위까지는 90리(약 45 Km)로 기록되어 있다.

다음은 또 다른 갑산부 고지도(지승)이다.

[그림 61] 갑산부(지승): 위 쪽에 백두산이 있고 오른쪽에 북거장백산대맥이라는 글자가 보인다. 대역적으로 [그림 62]과 위상동형이라 볼 수 있다.

갑산부 고지도(해동지도)가 가리키고 있는 지역은 백두산(옛 장백산) 북쪽 지역이다. 갑산부위는 무송현 무송진에 있었다. 다음은 갑산부 고지도(해동지도)에 대응되는 지역이다.

[그림 62] 갑산부 고지도에 대응되는 백두산(옛 장백산) 북쪽 지역: 갑산부위는 무송현 무송진에 있었다. 허천강은 유수천으로 바뀌었다.

갑산부(해동지도) 고지도에 위상적으로 대응되는 지역을 찾게 되면 놀랍게도 옛 압록강(현 혼강)의 상류 지역을 그린 것이 아니고 현재의 백두산(조선 시대의 장백산)에서 길림시로 흘러가는 송화강의 상류 지역을 위상적으로 그린 것이다.

조선 시대의 갑산부 중요 지명으로 운룡, 동인, 호린, 천봉사, 웅린, 종포 등이 [그림 60]에서 보이는데 아직도 옛 이름을 그대로 사용하는 지명이 남아 있는 곳이 있는지 확인해 보았지만 모두 바뀌었다. 갑산부위와 진(鎭), 보(堡)의 지명에는 진(鎭)이 많이 남아 있다.

| | | | | |
|---|---|---|---|---|
| 갑산부위 | → 무송진(撫松鎭), | 혜산진 | → | 유수진(楡樹鎭), |
| 운파관 | → 흥삼진(興參鎭), | 운룡 | → | 抽水鄕, |
| 진동 | → 북강진(北岡鎭), | 허린 | → | 유수천향(楡樹川鄕), |
| 동인 | → 만량진(萬良鎭), | 호린 | → | 선인교진(仙人橋鎭), |
| 웅이 | → 화수진(樺樹鎭), | 종포 | → | 만강진(漫江鎭) |
| 천불사 | → 동강진(東岡鎭). | | | |

장백산(현 백두산)에서 이도촌을 가기 전에 갑산촌을 만난다. 이는 이곳이 갑산부의 한 마을을 의미한다고 볼 수 있다. [그림 64] 지역에 갑산촌이라는 마을을 더 찾을 수 있으리라 생각된다. 飛非浦는 이도촌(二道村)에 있다. 이 비비포에는 아직도 옛날처럼 텃새 오리들이 호수에서 놀고 있다(필자는 2019년 9월 이도촌 여행).

2번 강(혜산강)의 지류들로 2-1(오씨천), 2-2(검천수), 2-3, 2-4(자개수), 2-5(임연수)가 있는데 아직도 옛 이름을 그대로 사용하는 지명이 남아 있는 곳이 있는지 확인했지만 옛 지명이 남아 있는 곳을 발견하기가 쉽지 않다. 오씨천 상류에는 오씨들이 살고 있었던 마을이 있었으리라고 본다.

[그림 62]의 큰 지류로 1번 강(허천강)과 2번 강(혜산강) 합류하는 지점에 **혜산**이 있다. **갑산부위**는 지류 1-4와 1-5 사이에 있다.

## 2. 갑산부 고지도 상단 부분과 혜산강

갑산부(해동지도)의 고지도의 위 부분을 확대하여 좀 더 자세히 조사해 보자.

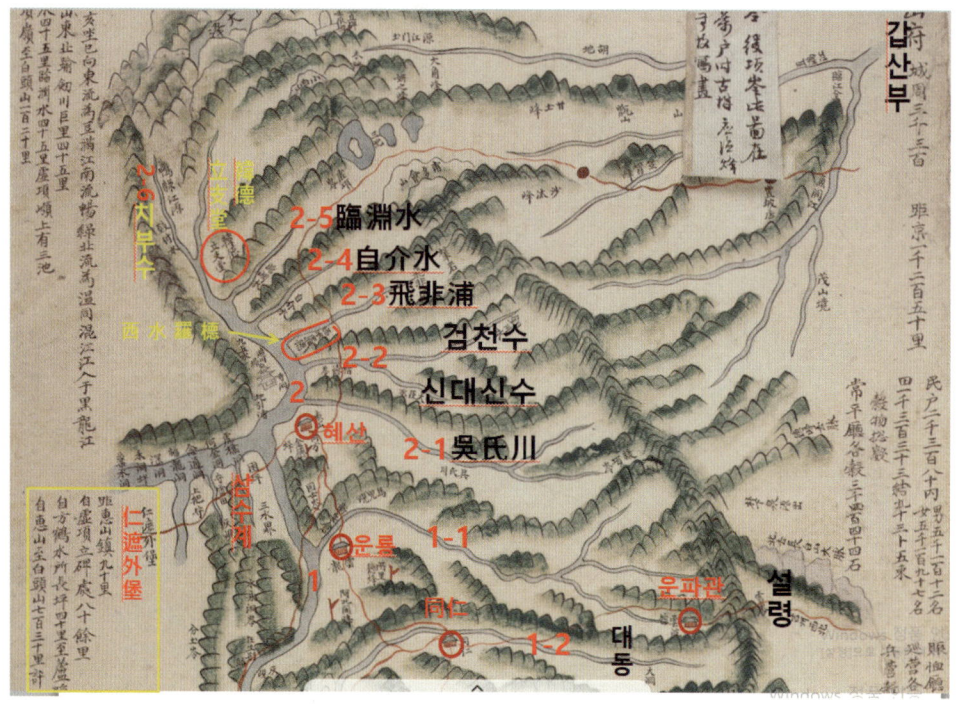

[그림 63] 갑산부(해동지도) 고지도의 위 부분: 1번 강과 2번 강이 합류하는 지점 근방에 혜산진이 있다.

갑산부(해동지도) 고지도의 위 부분의 지류들을 살펴보자.

1번 강(허천강)과 2번 강(혜산강)이 합류하는 지점 근방에 혜산진이 있다.

2번 강(혜산강)의 지류로 2-1 지류(오씨천), 2-2 지류(신대신수, 검천수), 2-3 지류(지류 옆에 飛非浦와 西水羅橻이 있다), 2-4 지류(자개수), 2-5 지류(臨川水), 2-6 지류(치부수)가 있다.

1번 강(허천강)의 지류로 1-1 지류(이 지류에 운파관이 있다), 1-2 지류(이 지류에 동인이 있다)가 있다. 1-1 지류와 1번 강의 합류 지점 근방에 운룡이 있다(세종지리지에는 雲寵으로 나옴).

갑산부(해동지도) 고지도의 위 부분에 위상적으로 대응되는 구글지도의 현 상황을 보자.

[그림 64] 갑산부(해동지도) 고지도의 위 부분에 위상적으로 대응되는 지역: 혜산진은 유수진에 대응되고 운파관은 홍삼진에 대응된다.

**2번 강(혜산강)의 지류** 2-1 지류(오씨천), 2-2 지류(신대신수, 검천수), 2-3 지류(지류 옆에 飛非浦와 西水羅德이 있다), 2-4 지류(자개수), 2-5 지류(臨川水), 2-6 지류(치부수)를 찾아서 고지도와 위상적으로 1-1대응시키는 일이 쉽지 않다.

여기서 2-3 지류에 비비포가 있고 서수라덕이 있다는 의미다. **飛非浦**는 날지 않는 포(浦)라는 뜻이라 해석된다. 즉, 날지 않는 텃새가 살고 있는 포구나 웅덩이라는 의미로 해석된다. **서수라덕(西水羅德)**은 서쪽에 있는 물에서 물고기 잡던 곳이라는 의미로 해석된다.

위 구글지도에서 2-3 지류에서 **비비포와 서수라덕**이 있는 것을 보고 놀라지 않을 수 없다. 이 비비포는 백두산(옛 장백산)에서 북쪽길을 따라 연길을 갈 때 이도촌(二道村)을 만나는데 여기에 비비포가 있다. 이비비포에는 지금도 큰 텃새 오리들이 옛날처럼 한가롭게 놀고 있다. 백두산(옛 장백산)에서 이도촌 가기 10Km 전 근방에서 **갑산촌(甲山村)**도 만난다.

**치부수(2-6 지류)**가 다른 지류와 합류하는 지점에 **韓德立支堂**이라는 글자가 있다. **立支堂**의 의미는 위치(장소)가 갈라지는 곳에 있는 집이라는 뜻이다. [그림 64]의 구글지도의 **韓德立支堂** 지점은 두 도로가 교차하는 지점이고 혜산 강의 한 지류의 합류 지점으로 갑산부(해동지도) 고지도의 표기와 잘 일치한다.

[그림 64]의 혜산과 갑산부위의 위치 간의 거리는 약 90리(약 45Km)로 고지도 설명과 잘 맞는다.

**다음은 백두산(옛 장백산)에서 북쪽으로 연길 가는 길에 있는 이도촌 마을이다. 여기에 조선 시대의 비비포라 불리었던 작은 호수가 있다.**

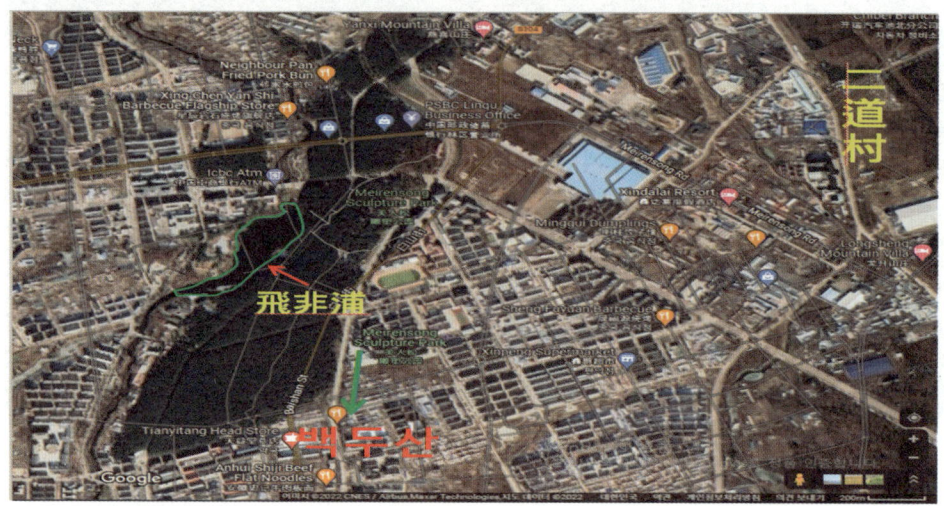

[그림 65] 조선 시대 갑산부(해동지도)의 비비포가 있는 이도촌 마을

아래 구글지도는 서수라덕과 비비포의 모습이다.

[그림 66] 갑산부(해동지도)의 飛非浦(이도촌)와 西水羅德.

## 3. 갑산부 고지도 하단 부분과 허천강

갑산부(해동지도)의 고지도의 아래 부분의 허천강 주변을 확대하여 좀 더 자세히 조사해 보자.

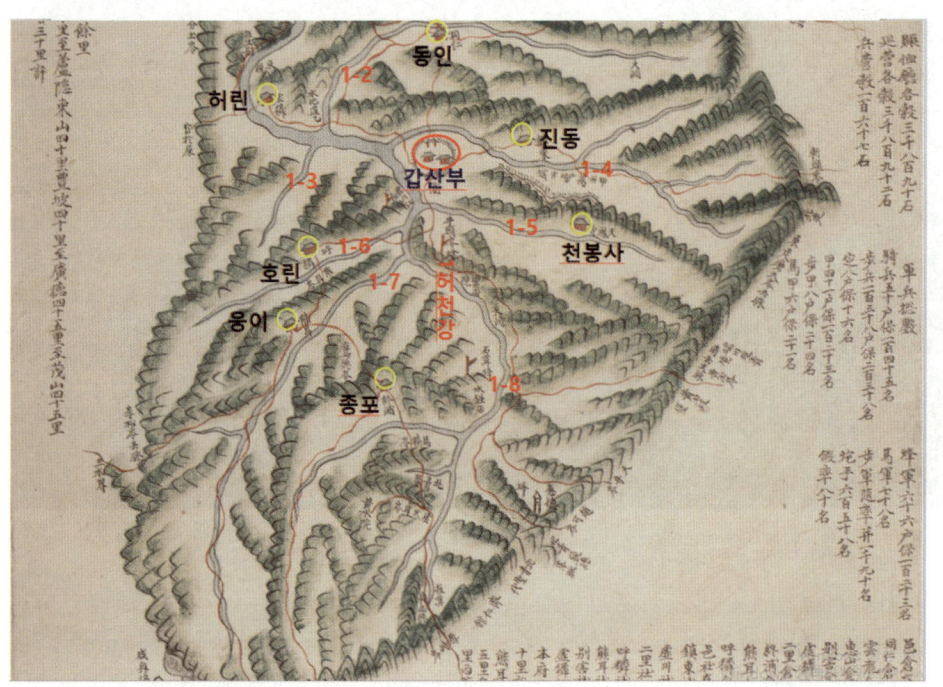

[그림 67] 갑산부(해동지도) 고지도의 아래 부분: 1-4 지류와 허천강이 만나는 지점 근방에 갑산 부위가 있다. 허린, 진동, 호린, 천봉사, 웅이, 종포가 있다.

1-5 지류에 천봉사, 1-6 지류에 호린, 1-7 지류에 웅이, 1-8에 종포가 있다.

다음은 갑산부(해동지도) 고지도의 아래 부분에 위상적으로 대응되는 지역이다.

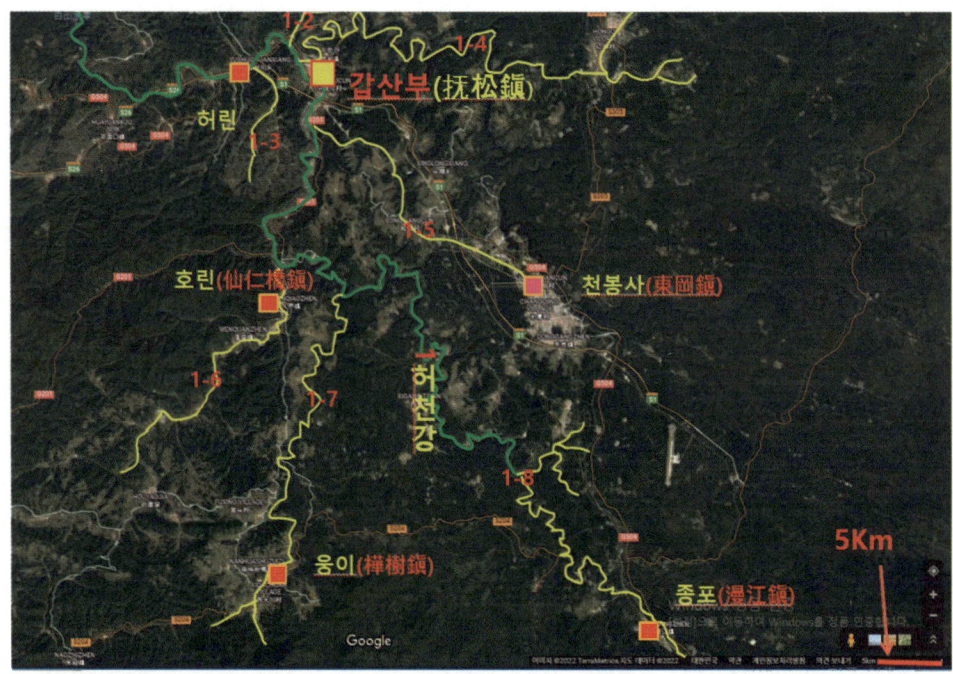

[그림 68] 갑산부(해동지도) 고지도의 아래 부분에 대응되는 지역: 현 백두산의 서북 지역 무송진, 선인교진, 동강진, 화수진, 만강진 주변 구글 지도.

1-4 지류와 1번강(허천강)이 만나는 지점 근방에 무송진이 있고 여기가 바로 옛 무산 부위가 있었던 곳이다. 1-5 지류 끝 부분에 천봉사진에 대응되는 동강진이 있다. 1-6 지류에는 호린(선인교진)이, 1-7 지류에 웅이 (화수진)이, 1-8 지류에 종포(만강진)이 있다.

## ⬡ 북한 갑산시 주변 위치와 갑산부 고지도들에서 거리 및 위치 비교

조선 시대 갑산부(해동지도) 고지도의 중요 지명으로 갑산부위와 작은 성 보(堡)가 있었던 혜산진, 운파관, 운룡, 진동, 허린, 동인, 호린, 웅이, 종포, 천봉사가 있다.

갑산부(해동지도) 고지도의 **2번 강(혜산강)의 지류**로 2-1 지류(오씨천), 2-2 지류(신대신수, 검천수), 2-3 지류(지류 옆에 飛非浦와 西水羅橞이 있다), 2-4 지류(자개수), 2-5 지류(臨川水), 2-6 지류(치부수)가 있다. 2-6 지류(치부수) 韓德立支堂이 있다.

다음은 북한 백두산 근방이다.

[그림 69] 북한 혜산, 갑산, 무산, 백두산(옛 장백산) 주변 지역.

갑산부(해동지도) 고지도에 **갑산부위**와 작은 성인 보(堡) **혜산, 운파관, 운룡, 진동, 허린, 동인, 호린, 웅이, 종포, 천불사**가 있다. 하지만 위 구글지도의 혜산 이남에서 이들 지명을 찾을 수가 없다.

갑산부(해동지도) **고지도의 2번 강(혜산강)의 지류**로 2-1 지류(오씨천), 2-2 지류(신대신수, 검천수), 2-3 지류(지류 옆에 飛非浦와 西水羅樔이 있다), 2-4 지류(자개수), 2-5 지류(臨川水), 2-6 지류(치부수)가 있다. 2-6 지류(치부수) 韓德立支堂이 있다. 하지만 위 구글지도에서 이들 지류에 어떤 지류를 대응시켜야 할지 알 수가 없다. 한덕입지당에 대응되는 위치도 없다.

일제는 위 지역에 혜산과 갑산만 정하고 나머지 10개의 보(堡)의 지명도 정하지 않았다. 飛非浦와 西水羅樔도 없다.

⬡ 대동여지도의 백두산에서 갑산부까지 350여리, 무산까지 280리라 기록([그림 75])

현 백두산에서 갑산까지 거리는 210 리인데, 거리를 잴 수 있는 도로가 없어 조선시대에도 차마도로는 없었다. 무산까지 220 리 정도이다. 여기에도 조선시대에 **차마도로(車馬道路)**는 없었다. 조선시대에 현 백두산에서 현 갑산과 무산까지 거리를 잴 수 있는 차마도로(車馬道路)는 없다.

**이는 현재의 백두산, 갑산, 무산이 조선의 백두산이 아니라는 의미이다.**

일제는 1909년 간도협약 직전에 긴급히 백두산정계비를 급조하여 현재의 백두산 남쪽에 설치했다고 복기대교수는 말하고 있다. 일제가 1909년 청과 간도협약을 체결할 때 두 번째 조항으로 "용정촌· 국자가(局子街) (연길)· 두도구(頭道溝)· 면초구(面草溝) 등 네 곳에 영사관이나 영사관 분관을 설치한다."라 했는데 이들 네 지역이 조선 영토 안에 있는 것을 일제도 파악한 것이다. 용정촌· 국자가(局子街) (연길)· 두도구(頭道溝)의 위치는 정확히 알 수 있지만 면초구의 위치를 정확히 알아내는 게 쉽지 않다. 두도구는 강계부 안에 있었고 현재는 통화시 동남쪽 혼강 남쪽에 있다.

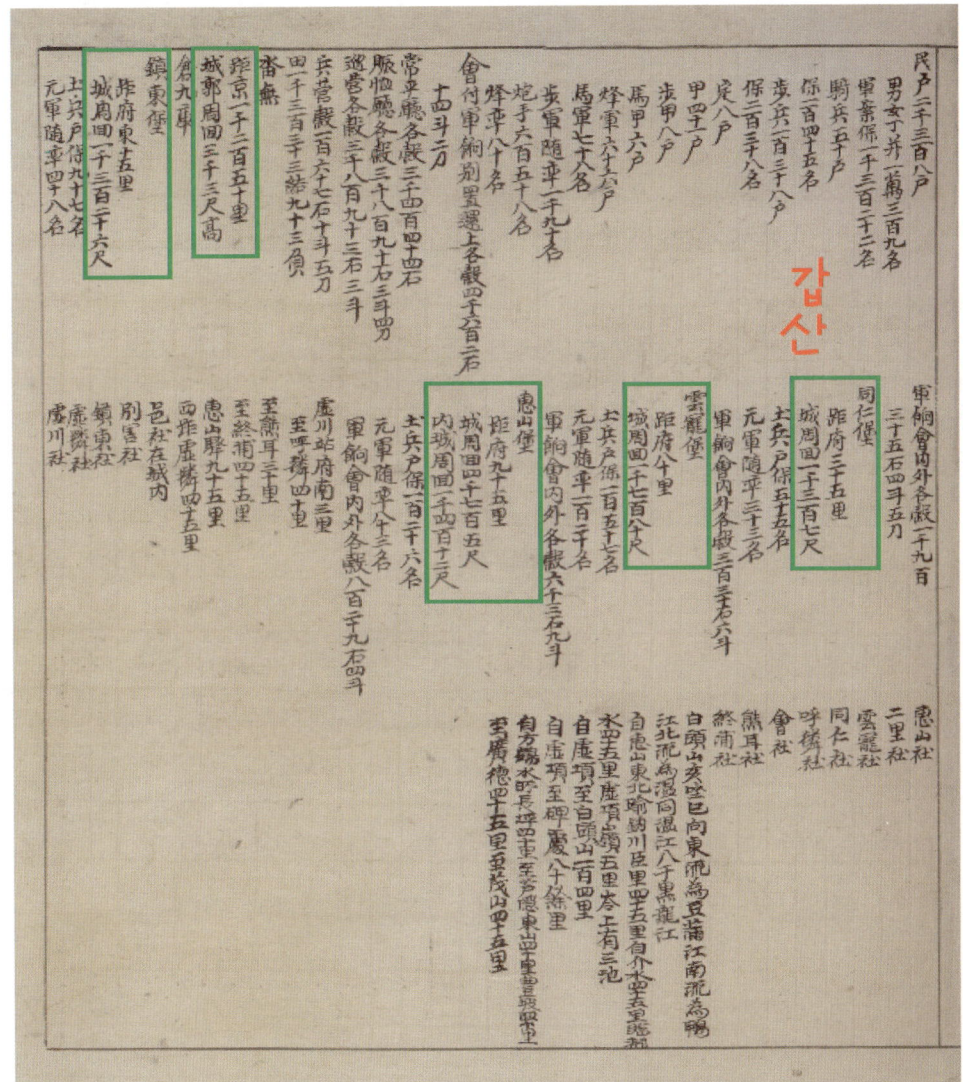

[그림 70] 갑산부 주기-광여도: 갑산 부위의 성 둘레는 3003척(900.9m)이다. 진동보, 동인보, 운총보, 혜산보가 있다.

갑산부 주기에서 혜산보는 갑산 부위에서 북쪽 95리에 있고 혜산보 성의 둘레는 4705척(1411.5m)이고 내성이 있다. 혜산보의 성의 둘레는 갑산부위의 성 둘레 보다 길다. 이는 혜산보가 군사적으로 갑산부위보다 중요한 위치에 있다는 뜻이다.

## 4. 결론

[그림 62]의 갑산부 고지도는 현재의 압록강 이남에 있는 혜산과 갑산시 주변의 위상도가 아니다.

갑산부의 고지도가 위상적으로 가리키는 곳이 현 백두산(옛 장백산) 북쪽에서 출발하는 송화강 상류 지류와 무송진(撫松鎭), 유수진(榆樹鎭), 흥삼진(興參鎭), 추수향(抽水鄕), 북강진(北岡鎭), 유수천향(榆樹川鄕), 만량진(萬良鎭), 선인교진(仙人橋鎭), 화수진(樺樹鎭), 만강진(漫江鎭), 동강진(東岡鎭) 등의 근방을 그린 위상도이다.

놀랍게도 갑산부 고지도에 그려진 강들은 옛 압록강(현 혼강)과 연결되어 있지 않다. 갑산부 고지도는 현 백두산(옛 장백산) 북쪽 지역 송화강 상류지역을 그려놓고 이 갑산부 지역의 강물이 옛 압록강으로 흘러들어간다고 판단한 것이다.

이러한 착각은 몰라서 일어난 것인지 국경을 정하기 위해 편의상 정한 것인지 아는 바가 없다. 19세기 프랑스가 그린 동북아 지도에는 압록강의 상류와 목단강(옛 토문강)의 상류를 맞닿게 그려놓았다. 이는 국경을 정하기 위해 옛 압록강 상류와 갑산부 강을 연결해서 그린 것으로 판단된다.

옛 갑산부 지역은 돈화, 화룡, 무송현 지역을 포함하는 경기도 만한 넓은 지역이다.

## XI. 백두산의 위치 탐구; 간도 협약 때 간도 지역 일본 영사 지국

### 1. 옛 백두산은 흑룡강(옛 토문강, 현 목단강) 강변에 있다

1) 아래의 1673년 김수홍 조선팔도고금총람도에서 백두산이 흑룡강 중간에 그려져 있고 장백산은 그 아래 그려져 있다.

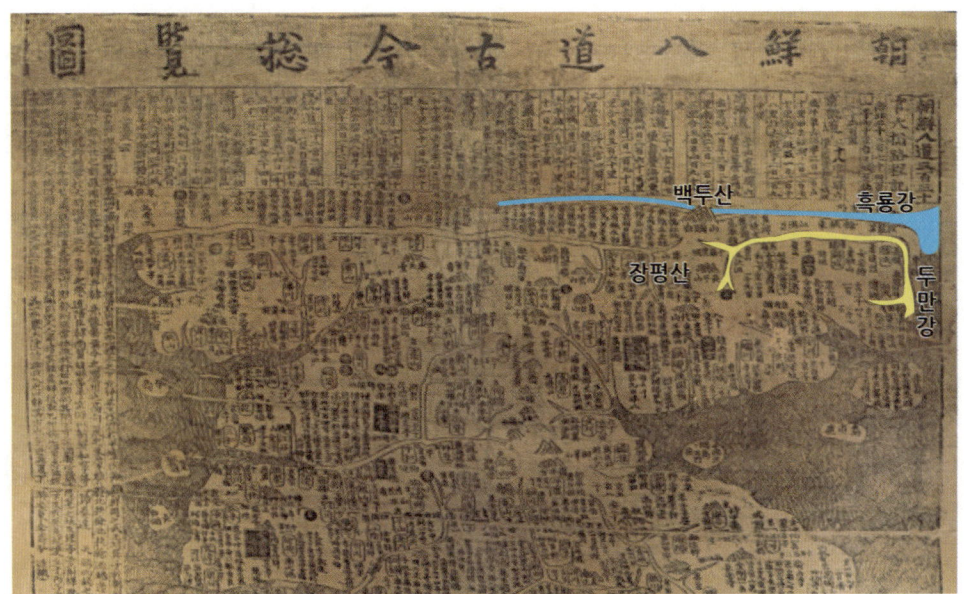

[그림 71] 1673년 김수홍 조선팔도고금총람도: 백두산이 흑룡강 중간에 그려져 있고 장백산은 그 아래 그려져 있다. 백두산은 경박호 북쪽산(현 모공산)으로 판단된다.

조선팔도고금총람도에 대응되는 흑룡강은 흑룡강 하류와 목단강이다.

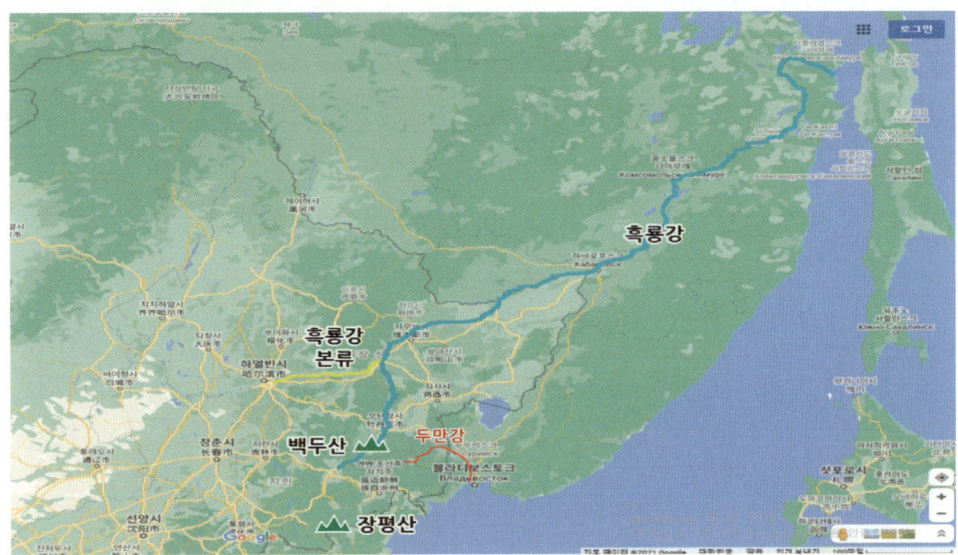

[그림 72] 김수홍의 조선팔도고금총람도에 위상적으로 대응되는 흑룡강과 두만강: 고지도에서 흑룡강의 상류는 목단강을 그린 것이다. 고지도의 두만강은 현재의 중국내 강명 수분하(러시아 내 강명: 레카라즈돌나야강)이다. 현재의 목단강을 흑룡강 상류로 그렸다.

2) 함경도 지도(비변사인방안지도)에서 백두산은 흑룡강 강변에 있다.

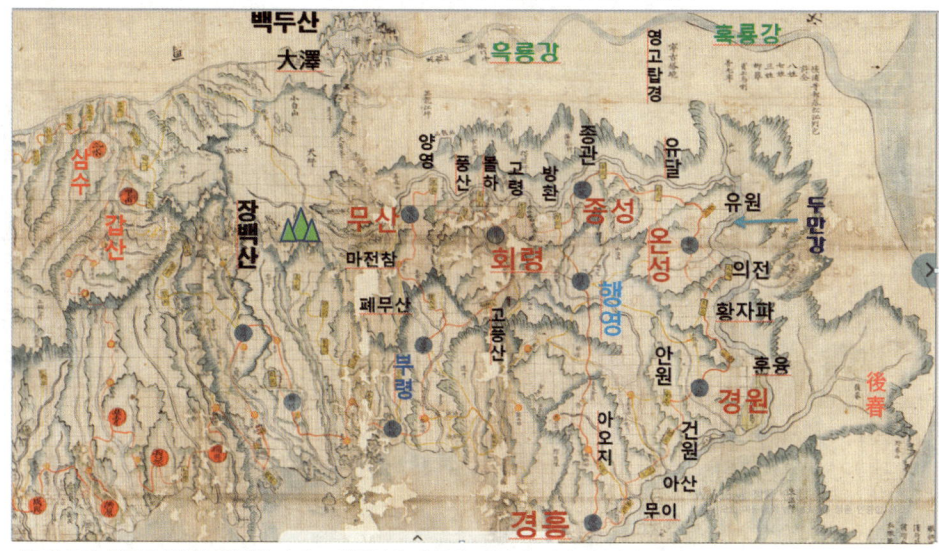

[그림 73] 함경도(비변사인방안지도); 백두산은 흑룡강 강변에 있다. 두만강 주변에는 역참이 부위(府衛) 역(驛) 6개와 작은 성 보(堡)가 있는 역은 황자파 역 등 18개 역이 있다. 백두산과 장백산은 다른 곳이다. 이 비변사인방안지도는 임진년(1712년) 이전에 그려진 것으로 판단된다.

3) 두만강과 토문강은 다르다.

[그림 74] 무산부(비변사인방안지도): 이 지도에도 백두산은 토문강과 연결되어 있다. 두만강과 토문강은 다르다. '비변사인방안지도-무산부'는 임진년(1712년) 이후에 그려진 것으로 판단된다.

김수홍 조선팔도고금총람도에서 흑룡강과 두만강은 다르고 백두산은 흑룡강 중간에 그려져 있고 장백산은 그 아래 그려져 있다. 함경도 지도(비변사인방안지도)에서도 흑룡강과 두만강은 다르고 백두산은 흑룡강 강변에 있다.

무산부(비변사인방안지도)에서 토문강과 두만강은 다르고 백두산은 토문강 강변에 있다. 여기서 토문강은 목단강을 그린 것으로 판단해야 한다.

## 2. 백두산에서 무산부는 280리이고 갑산부는 350여리 측정 경로

1) 「세종대왕의 육진과 일제가 인위적으로 정해 놓은 육진」(참고: [12])에서 무산부는 현 라자구진(羅子溝鎭)에 있었다.
2) 백두산에서 무산부는 280리이고 갑산부는 350여리

갑산부 고지도에서 白頭山과 長白山은 분명히 다른 곳에 있다. 白頭山과 長白山이 그려진 조선 시대 고지도에는 白頭山과 長白山은 서로 다른 산이다. 두 산은 상당히 멀리 떨어져 있는 것 같다. 이 경우 白頭山에는 大池 또는 大澤이라는 큰 호수와 함께 항상 그려 놓았다. 고지도의 長白山에는 大池 또는 大澤이라는 호수가 그려져 있지 않고 天池라는 이름도 없다.

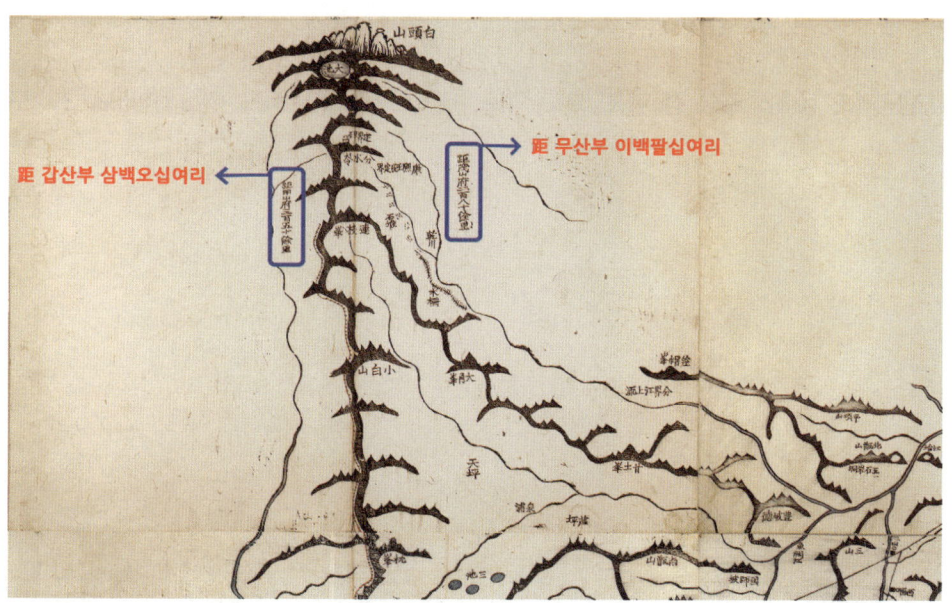

[그림 75] 백두산-대동여지도; 이 지도에서는 백두산에서 무산부까지 280여리이고 갑산부까지 거리를 350여리라고 기록하고 있다.

3) 장백산에는 束石浦와 三池가 표시되어 있지 않다. 천지도 그려져 있지 않다.

아래 지도 설명으로는 답사하지도 측량하지도 않았다는 설명이다. **아래 지도가 그려질 때(1872년 지방지도 그릴 때)까지 장백산(현 백두산) 답사 기록은 없다는 의미다.** 사실 조선시대에 등반 훈련을 하지 않고 짚신이나 가죽신 신고 수 백리 일정의 백두산(중국명 장백산) 등반은 거의 불가능한 일이다.

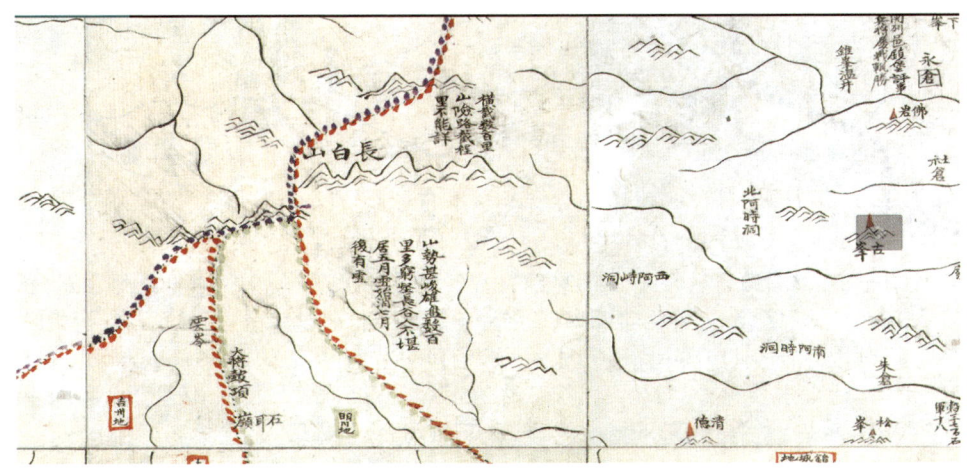

[그림 76] 장백산-청구요람: 장백산에 대하여 橫截數百里山險路載程里不能詳이라고 적고 있다. 백두산 주변이 험란하여 그 주변을 측량하지 못 하였다.

4) 함경북도 동해의 주요 섬 명칭: 묘도, 적도, 대초도, 소초도, 작도, 가도, 대비도. 소비도

◆ 조선조 육진의 개형과 동해의 섬들 그리고 백두산 위치:

(가) 조선조의 두만강은 현재의 수분하(중국 내 옛 두만강 강명) + 레카라즈돌나야강(러시아 내 옛 두만강 강명)이다.

(나) 백두산의 위치:

($\lambda$1) 백두산의 위치는 무산부에서 280리이고 갑산부(현재의 갑산이 아님)에서 350 리이다.

($\lambda$2) 백두산은 흑룡강변에 있다.
참조: 김수홍의 조선팔도고금총람도(1674년)
함경도(비변사인방안지도) 지도

($\lambda$3) 백두산은 토문강변에 있다(참조: 무산부(해동지도) 고지도). 토문강은 목단강임.

($\lambda$4) 백두산 앞에 둘레가 80 리인 대지(大池)가 있고 주변에 삼지와 속석포가 있다.
(속석포는 경박호이다)

◆ 목단강의 명칭 변경 연구:

흑룡강(1712년 이전) ⟹ 토문강(1712년 ~ 1910년?) ⟹목단강(1910년 이후)

4) 백두산과 무산부, 갑산부 거리 측정 경로 백두산은 경박호 북쪽산 모공산이고 대지는 경박호이다.

[그림 78] 경박호(옛 백두산 대지) 주변: 삼지가 보이고 경박호 동북쪽에 속석포(경박폭포)가 있다. 경박호의 본 호수 지역은 둘레가 80여리이다. 경박호 상류에 삼지가 있다.

대동여지도에서 백두산에서 무산부까지 280여리이고 갑산부까지 거리를 350여리라고 기록하고 있는데 이는 차마도로(車馬道路)를 따라 잰 거리라고 생각할 수 있다.

백두산에서 무산부까지 거리는 경박호(옛 백두산 대지) 동북쪽 끝 지점부터 대흥구진(大興溝鎭)을 경유하여 라자구진(羅子溝鎭, 옛 무산부)까지 차마도로(車馬道路)를 따라 재면 280 리이다. 백두산에서 갑산부까지 거리는 경박호(옛 백두산 대지) 서쪽 삼지부터 옛 한덕입지당(韓德立支堂)을 경유하여 동인(萬良鎭)까지 차마도로(車馬道路)를 따라 재면 350 리이다. 동인은 갑산 부위와 갑산부 지역 보(堡) 중에서 삼지에서 가장 가까운 곳 이다.

[그림 79] 경박호, 라자구진, 만량진, 연길 주변: 삼지가 보이고 경박호 동북쪽에 속석포(경박폭포)가 있다. 옛 삼지에서 동인(만량진)까지 350 여리이다. 경박호 상류에 삼지가 있다.

옛 압로강 상류는 혼강이고 조선조의 두만강은 현재의 수분하(중국 내 옛 두만강 강명) + 레카라즈돌나야강(러시아 내 옛 두만강 강명)이다.

[그림 80] 옛 압록강과 옛 두만강: 현 두만강은 石乙水+훈춘강이었다.

<참고문헌>

[1] 구글지도(2021).

[2] 김수홍, 「조선팔도고금총람도(朝鮮八道古今總攬圖)」(1673).

[3] 명치지위적(明治之偉跡), 일본, 1914년(대정 3년).

[4] 『서울대학교 규장각』- 고지도(2020).

[5] 『신증동국여지승람』 1~6, 규장각 소장, 1530.

[6] 『세종실록지리지(世宗實錄地理志)』, 1454.

[7] 일청한3국명료전도(日淸韓三國明瞭全圖), 저작자 松下鐵之助, 인쇄발행자 依田治右衛, 1894년(명치 27년).

[8] 정택선, 최규흥(2020),「위상수학을 활용한 慶興府 고지도 분석」, Vol. 7 (1), 167-192, 세계환단학회.

[9] 정택선, 최규흥(2020),「위상수학을 활용한 慶源府 고지도 분석」, Vol. 7 (2), 93-116, 세계환단학회.

[10] 정택선, 최규흥(2021),「위상수학을 활용한 온성부와 종성부 고지도 분석」, Vol. 8 (1), 157-186, 세계환단학회.

[11] 정택선, 최규흥(2021),「위상수학을 활용한 의주부, 삭주부, 창성, 벽동, 이산, 위원 고지도 분석」, Vol. 8 (2),98-140, 세계환단학회.

[12] 정택선, 최규흥(2022),「위상수학을 활용한 온성부와 삼수부 고지도 분석」, Vol. 9 (1), 194-214, 세계환단학회.

[13] 정택선, 최규흥(2023),「위상수학을 활용한 온성부와 갑산부 고지도 분석」, Vol. 10 (1), 126-155, 세계환단학회.

[14]   정택선(2021),「위상수학을 활용한 세종대왕의 회령부 고지도 분석」, 351-392, 대한사랑 학술지1 국토영토사(1).

[15]   정택선(2022),「강계부 고지도 분석과 세종대왕의 사군 위치 연구」, Preprint, 2022년 논문대회, 대한사랑

[16]   조선명세지도(朝鮮明細地圖, 實地踏查里程人), 인쇄자 日本陸軍省印刷御用, 小林石版印刷所, 1911년(명치 44년).

[17]   최규흥(2022),「세종대왕의 육진과 일제가 인위적으로 정해 놓은 육진」, 287-350, 대한사랑 학술지1, 『한국 북방 국경의 흐름』.

# 제 2 장

## 제2장 두만강 유역의 세종대왕의 육진 위치

### I. 서론

우리는 세종대왕 때 사군육진을 설치하여 외적을 막았고 그 중 육진의 위치가 두만강 유역에 있다고 배웠다. 그 두만강이 조선의 두만강인지 아닌지 의심도 하지 않는다. 백두산도 세종대왕 때의 백두산인지 아닌지 의심하지 않는다. 대동여지도나 조선조의 함경도 고지도에는 백두산과 장백산이 서로 다른 곳에 있다.

세종대왕 때 사군육진은 현재 한반도에 하나도 없다. 백두산도 한반도에 없다. 1894년(명치 27년)일본이 제작한 동아시아지도 일청한3국명료전도(日淸韓三國明瞭全圖)(참고[7])에서 현 백두산을 장백산과 평정산으로 병기해 놓았다. 1911년 조선지도에서는 조선의 장백산을 백두산으로 바꾸어 놓았다. 우리는 조선의 장백산을 백두산으로 알고 해방이 되어서도 그대로 알고 그대로 배우고 있다.

세종대왕 때 육진이 있었던 두만강은 **수분하(중국 내 옛 두만강 명)+레카라즈돌나야(Recka Razdolnaya) 강(러시아 내 옛 두만강 명)**으로 강이름이 바뀌어 있다. 이 강변에 육진이 있었고 황자파, 안원, 의전 등 18개의 역참(驛站; 보(堡)와 함께 있음)이 있었다. 일제는 현 두만강(옛 石乙水+훈춘강 하류) 유역에 육진의 부위의 위치를 설정해 놓고 18개의 역참 중 아오지, 훈융, 서수라 3개의 역참의 지명을 설정하고 나머지 15개의 역참 위치는 정하지 못 했다.

**조선의 육진의 고지도들은 현재의 두만강 유역의 육진을 그린 것이 아니다.** 1894년(명치 27년)일본이 제작한 동아시아지도 일청한3국명료전도(日淸韓三國明瞭全圖)(참고[7])에서 경흥, 경원, 온성, 종성, 회령, 무산의 위치를 **현 두만강(옛 石乙水 + 훈춘강)에 위치를 설정하여** 대역적 위상관계는 조선의 고지도와 잘 맞게 인위적으로 매우 잘 배치하여 놓았다. 이러한 인위적 조작이 언제 누구에 의해서 이루어졌는지를 정확하게 아는 학자는 한국에는 없다.

현 두만강(**옛 石乙水 + 훈춘강 하류**)과 육진의 위치는 조선의 고지도와 대역적 위상으로 매우 잘 맞지만 경흥, 경원, 온성, 종성, 회령, 무산의 고지도를 각 지역별로 위상적 분석을 하면 북한의 경흥, 경원, 온성, 종성, 회령, 무산의 위상도와는 맞지 않는다.

신증동국여지승람에 서울에서 경흥까지 거리를 2205리(십리는 17000척)라 기록하고 있다. 서울에서 부령까지는 1815리라하고 있어 이를 바탕으로 서울에서 경원 지역 두만강까지는 대략 1970리이어서 여기서부터 230리를 더 가야 경흥부 초경이 나오는 것이다.

신증동국여지승람에 기록된 함경도 동해안 지역의 서울에서 초경거리는 다음과 같다(**거리 측정은 기리모차가 역참로를 따라 측정한 것이다**).

함흥: 868리, 홍원: 975리, 북청: 1032리,

**단천: 1278리, 길주: 1464리, 명천: 1556리, 경성: 1704리, 부령: 1815리. 회령: 1921리,**

종성: 2038리, 온성: 2101리, 경원: 2144리, 경흥: 2205리.

신증동국여지승람에 기록된 함경도 동해안 지역 주요 행정지역의 서울에서부터 초경거리를 실제 구글지도에서 확인할 수 있다.

[그림 1] 종성부와 회령부의 동해바다 접속 지역: 현재의 나진항 지역은 무산 해창지역이고 무산해창을 지나 회령부 초경에 이른다. 서울에서 회령 초경은 1921리이다. 회령부 소속 대비도(大杻島)와 소비도(小杻島) 섬이 보인다.

육진의 고지도의 각 주기나 **함경도(비변사인방안지도)** 고지도를 보면 각 육진에는 6개의 부위 성과 18개의 작은 성인 보(堡)가 있다. 하지만 북한의 경흥, 경원, 온성, 종성, 회령, 무산 지역에는 크고 작은 성터가 위성지도에서 전혀 보이지 않는다. 북한에서 옛 성터들이 이들 지역에서 발견되었다는 기록도 본 적이 없다.

많은 사람들은 조선 시대 고지도에 나타난 경흥, 경원, 온성, 종성, 회령, 무산이 현재 북한 두만강 유역에 위치한 것이라고 믿고 있고 의심조차 하고 있지 않는다.

함경도(비변사인방안지도) 지도([그림 2]), 김수홍의 조선팔도고금총람도(1673년), 대동여지도 연구와 규장각에 있는 조선시대 육진의 여러 종류의 고지도를 연구하면 세종대왕의 육진의 위치를 찾아낼 수 있다([그림 3]). 함경도(비변사인방안지도) 지도에는 육진과 18개의 역참이 있는 보(堡)의 위치가 잘 그려져 있다.

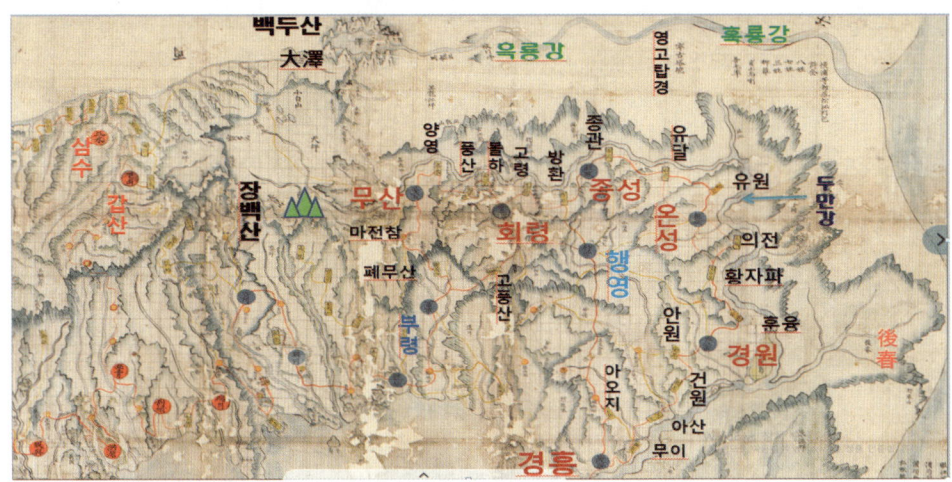

[그림 2] 함경도(비변사인방안지도); 백두산은 흑룡강 강변에 있다. 두만강 주변에는 역참이 부위(府衛) 역(驛) 6개와 작은 성 보(堡)가 있는 역은 황자파 역 등 18개 역이 있다.

다음 지도에 옛 두만강과 현 두만강을 그려놓았다. 백두산 대지에서 대흥구진(폐 무산)을 지나 무산까지 역참로를 따라 280리이다.

[그림 3] 수분하(중국 내 옛 두만강 명)+레카라즈돌나야(Recka Razdolnaya) 강(러시아 내 옛 두만강 명) 근방과 현 두만강(옛 石乙水+훈춘강 하류) 주변 구글지도

경흥부 부위는 베네비티노보, 경원부 부위는 보리소부카, 온성부 부위는 동녕, 종성부 부위는 분루두촌 동쪽 30리 무명 지역(성이 파괴되어 밭 만 보임), 회령부 부위는 이도구촌, 무산부 부위는 라자구에 있다. 분루두촌에는 종성부의 방환보가 있었던 지역으로 분석된다.

◆ 대동여지도의 동북부 관찰

역사 교육을 받은 사람이라면 사군육진의 명칭을 잘 알고 있다. 하지만 조선의 시군의 위치가 어디인지 아는 사람이나 역사학자는 없다.

많은 사람들은 대동여지도의 대략적인 모습도 보았다. 육진의 위치는 일제가 조선 고지도와 위상적으로 매우 잘 조작해 놓은 위치를 열심히 공부해서 잘 알고 있는 형편이다. 이곳들이 세종대왕이 설치해 놓은 경흥, 경원, 온성, 종성, 회령, 무산의 위치인지 일제가 조작해 놓은 위치인지 아는 역사학자는 없다.

대동여지도에 경흥부, 경원부, 온성부, 종성부, 회령부, 무산부가 어떤 모습으로 그려졌는지 상세히 관찰한 역사학자도 있는지 알 수가 없다. 경원 해창은 경흥부 서남쪽 바닷가에 있다. 온성부는 남북으로 있지만 2개의 영역으로 쪼개져 있고 남쪽 영역은 바다에 접해 있다. 온성의 남쪽 해창에서 온성 부위까지는 260리로 기록됨(온성부 고지도 참조). 종성부는 남북으로 길게 있고 남쪽은 바다에서 종성 북쪽 지역까지는 230 리이다. 회령부도 남북으로 길게 있고 남쪽은 바다에서 회령 북쪽까지는 180리가 넘는다. 무산부의 큰 영역은 장백산 북쪽에 있고 무산 해창은 회령과 부령의 경계인 바닷가에 작은 영역으로 그려져 있다.

백두산과 장백산은 서로 다른 곳이다. 현재의 백두산은 장백산을 일제가 백두산으로 바꾸어 놓은 곳이다. 중국은 조선시대 원 명칭인 장백산을 사용하고 있다. 우리는 아직도 조선시대 원 명칭을 모르고 있다(무산부와 갑산부 논문 참조). 갑산부는 반 정도를 장백산 북쪽에 그리고 무산부는 전체를 장백산 북쪽에 그려놓았다.

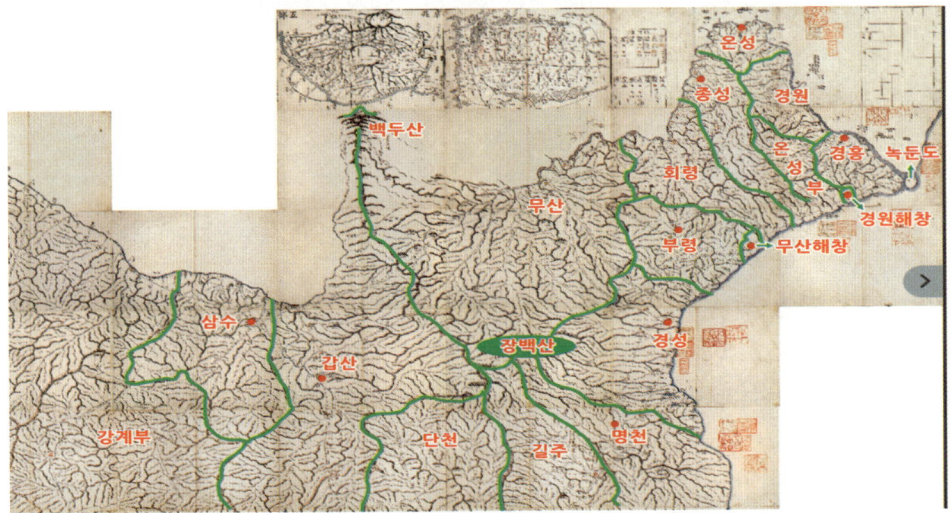

[그림 4] 대동여지도: 백두산과 장백산은 다른 곳. 온성은 두 조각으로 남북의 길이가 260리이다.

대동여지도 등 함경도를 그린 고지도에는 백두산에서 갑산부까지를 350여리라 기록했는데 갑산부(무송진)에서 옛 한덕입지당을 거쳐 역참로를 따라 옛 백두산 근방 삼지(경박호 서쪽 끝 지역)까지 350리이다. 또 대동여지도 등 함경도를 그린 고지도에는 백두산에서 무산부까지를 280리라 기록했는데 무산부(라자구진)에서 대흥구진(조선의 폐무산)을 거쳐 역참로를 따라 옛 백두산 동쪽 끝 지점(경박호 동쪽 끝 지역)까지 280리이다. 대동여지도 등 함경도를 그린 고지도에 백두산 대지의 둘레가 80리라 기록되었는데 경박호(옛 백두산 대지) 둘레는 80리가 넘는다. 경박호 제방을 높여 호수 둘레가 더 길어진 것 같다. 참고로 현 백두산(옛 장백산) 천지의 둘레는 24리 정도이다.

조선의 두만강과 육진 지역의 개형은 아래와 같다.

[그림 5] 조선의 두만강과 육진: 조선의 두만강은 수분하(중구 영토 내)+레카나즈돌라야 강(러시아 영토 내)으로 변해 있다. 현재의 연길시는 조선의 무산부에 속하고 조선의 백두산은 경박호 북쪽 산 모공산이다. 현재의 온성, 종성, 무산은 조선의 부령부 소속이다.

고지도들을 분석할 때 수학학적 방법을 사용하고 각 지명이 의미하는 뜻을 분석하고 그 지도가 나타내는 지역을 위성 지도에서 찾아보고 비교 설명하는 데 있다. 위상수학은 고지도를 분석하는데 매우 강력한 도구가 된다.

우리는 오직 강, 강의 지류, 부위(府衛), 보(堡), 강 속에 있는 섬들로 이루어진 전체의 위상도를 선입관을 가지지 않고 위상 수학적 방법, 기하학적 방법, 대역 기하학적 방법에 의해 분석하고 그 지도의 내용을 설명하는 데 있다.

I절에서는 조선조 경흥부의 고지도를 분석한다. III절에서는 조선조 경원부의 고지도를 분석한다. IV절에서는 조선조 온성부의 고지도를 분석한다. V절에서는 조선조 종성부의 고지도를 분석한다. VI절에서는 조선조 회령부의 고지도를 분석한다. VII절에서는 조선조 무산부의 고지도를 분석한다. VIII절에서는 조선조 백두산과 장백산의 위치를 찾는다.

## II. 위상수학을 활용한 慶興府 고지도 분석(참고 [8], [12])

### 1. 경흥부 고지도와 북한 두만강 하류 경흥 근방 위성지도 비교 분석

서울대학교 규장각 한국학연구원 고지도편에 조선 시대 경흥 근방을 그린 고지도가 6 종류가 있다. 이들 고지도는 현대식 지도가 아니기 때문에 그리고자 하는 각 목표물들 간의 거리 방향 등이 정확히 묘사되지 않아 현대식으로 이해하기가 매우 어렵다. 이 고지도들은 묘사하고자 하는 목표물만을 그린 수학적인 위상도이다.

경흥의 고지도 중에서 구글지도와 비교 조사하기가 가장 좋은 경흥부 고지도는 [그림 4] (필사본(회화식) - 1872년 지방지도 - 함경도 - 경흥부)이다.

백두산 고지도집(참고문헌[9])에는 두만강과 압록강 근방을 그린 고지도들을 방대하게 수집하여 놓았다. 아울러 두만강과 압록강 이북의 만주 지역 고지도들도 매우 많이 수집하였다. 관련 지도의 주기도 상당히 번역해 놓았다. 하지만 이들 고지도와 주기를 사용하여 백두산과 장백산의 위치를 밝히는 과정과 결과들은 보이지 않는다. 여기에는 수학자가 없어서 위상수학을 활용해서 백두산과 장백산의 위치를 밝히는 일은 어려워 보인다.

위상수학을 활용해서 경흥부 고지도를 분석해 보자.

[그림 6] 경흥부 고지도: 필사본(회화식) -1872년 지방지도 - 경흥부

[그림 6]의 경흥부 고지도에서 지역(영역)의 형태나 색깔의 독특한 특색, 또는 생태계의 특색을 나타내는 지명들이 있다. 이런 특색을 나타내는 지역(영역)으로 赤池, 서수라(西水羅), 묘도(卯島), 적도(赤島), 녹둔도(鹿屯島), 슬해(瑟海)가 보여진다.

◆ 적지(赤池)는 '적지주십여리(赤池; 周十餘里)'라 하고 있어 둘레가 십 여리이고 한자명의 뜻은 붉은 연못이라는 설명이다.
◆ 서수라(西水羅)의 한자 뜻은 어느 바다(또는 호수)의 서쪽 물가에 있는 새그물 모양의 지역이라는 뜻이다.
◆ 묘도(卯島)는 '묘도: 주사십삼리 자서수라동남거수로삼십리(卯島; 周四三里, 自西水羅東南距水路三十里)'라 하고 있어 둘레가 43리이고 서수라로부터 동남쪽으로 수로 삼십리에 있는 동쪽 섬(卯島)이라는 뜻이다. [그림 7]에서는 묘도에 대한 상황 설명이 없어 이 지도로 묘도의 위치나 섬의 크기를 판정할 수 없다. 다른 경흥부 지도에는 묘도의 둘레가 다르게 되어 있다.
◆ 적도(赤島)는 '적도비각; 주십리상여복구사면암석개적 자노구산남거수로십리(赤島碑閣; 周十里 狀如伏龜 四面巖石蓋赤, 自蘆邱山南距水路十里)'라 하고 있어 둘레가 10리이고 섬 모양은 업드려 있는 거북 모양이고, 노구산으로부터 남쪽으로 수로 십리에 있는 붉은 섬(赤島)이라는 뜻이다.

[그림 7] 필사본(회화식) - 광여도(古4790-58) - 경흥부 고지도

◆ 녹둔도(鹿屯島)는 [그림 7]의 지도에서 그려진 것으로 판단하여 강 하구에 있고 한자 지명의 뜻은 사슴이나 순록들이 서식하여 명명된 섬 이름이라고 해석할 수 있다. 녹둔도(鹿屯島)가 육지로부터 멀리 떨어져 있으면 사슴이나 순록들이 쉽게 이동하여 서식하는 것은 그리 흔한 광경이 아니라고 판단할 수 있다. 따라서 녹둔도는 [그림 5]의 지도에서 묘사된 것처럼 강 하구에 있는 섬이라고 판단하는 것이 옳은 일이다.

◆ 슬해(瑟海)의 한자지명의 뜻은 큰 거문고 모양의 바다라고 해석할 수 있다. 슬해(膝海)로 표기된 경흥부 고지도도 있어 이는 굽혀진 무릎 모양의 바다라는 뜻으로 끈 거문고나 굽혀진 무릎의 모습은 비슷한 모습이다.
◆ 악양곶(岳羊串)의 한자 지명의 뜻은 산양 뿔 모양의 반도(곶)이라는 뜻이다.
◆ 호수 2개: [그림 7]의 경흥부 고지도에 바닷물과 연결된 호수 2개가 그려져 있다.

[그림 5]는 경흥부의 또 다른 고지도 (필사본(회화식) - 광여도(고4790-58) - 경흥부)이다. 규장각에는 이외의 또 다른 여러 장(6 장 이상)의 경흥부 고지도가 있다. 하지만 이들은 모두 위상적으로 동형이다(표현된 목표물 만 비교).

[그림 7]의 경흥부 고지도에도 [그림 6]의 형태나 색깔의 독특한 특색, 또는 생태계의 특색을 나타내는 지명들인 적지(赤池), 묘도(卯島), 적도(赤島), 녹둔도(鹿屯島), 슬해(膝海)가 보인다. 하지만 적지(赤池), 묘도(卯島), 적도(赤島)의 형태나 색깔의 독특한 특색, 이들 지역의 둘레의 길이가 상세하게 묘사되어 있지 않아 단순히 이 지도의 지명들만 가지고 그에 대응하는 지역을 찾는 것은 현대에 와서는 불가능한 일이다. 왜냐하면 이들 고지도의 지명들이 현재까지 그대로 유지되고 있지 않기 때문이다.

[그림 7]의 슬해(膝海)의 한자 지명은 [그림 6]의 슬해(瑟海)와 다르게 표기되어 있지만 두 단어의 뜻으로부터 알 수 있는 바다의 모습은 큰 거문고 또는 굽혀진 무릎의 모습으로 비슷한 모습을 묘사한 것이다. [그림 7]에 온성초도(穩城草島)라는 지명이 있지만 이 섬의 둘레의 길이 등을 설명하는 것이 없어서 이에 대응되는 섬을 찾아 대응시키는 일은 어려운 일이다.

[그림 6]은 북한의 두만강 하류(큰섬) 경흥 근방의 구글 위성도이다.

[그림 8] 북한 두만강 하류의 경흥 근방의 구글 지도

1872년 지방도를 정리하고 완성했을 당시의 지명을 현재까지 유지하고 있는 것을 찾기도 어렵고 혹시 그 이름이 존재하더라도 조선말의 지명이 그대로 유지되었는지 확신할 수가 없어 다만 그 지형지세의 특색이나 그 지형지세의 특색의 설명이 있는 지명들만 선정해서 현재의 북한의 두만강 하류(큰섬) 경흥 근방의 위성도와 비교해 보자.

◆ 적지(赤池)는 경흥부 고지도에서 두만강이 거의 끝나가는 하류 가까이 있는 둘레가 10여리인 붉은 연못(큰 저수지)이라고 설명하고 있다. 후보지로 동번포를 비교해 볼 수 있지만 물의 색깔이 붉지 않다. 북한의 두만강 하류 근방의 위성도를 아무리 확대하였다 축소했다 하며 적지(赤池)를 찾으려 해도 고지도의 적지(赤池)는 북한의 두만강 하류 지역에 존재하지 않는다.

◆ 서수라(西水羅)는 어느 바다 또는 곶(串)의 서쪽 물가에 있는 새그물 모양의 땅이라 해석할 수 있는데 북한의 두만강 하류의 큰 섬으로부터 80리 이내에서 대응하는 지역을 찾을 수가 없다.

◆ 卯島는 경흥부 고지도에서 둘레가 43리이고 서수라로부터 동남쪽으로 수로 삼십리에 있는 동쪽 섬(卯島)이라고 하고 있다. 북한의 두만강 하류의 큰 섬으로부터 80리 이내의 바다 지역에서 둘레가 40리 이상인 섬은 찾을 수가 없다.

　　북한의 두만강 하류 근방의 위성도를 아무리 확대하였다 축소했다 하며 卯島를 찾으려 해도 고지도의 卯島는 북한의 두만강 하류의 큰 섬으로부터 80리 근방 안 영역의 해역에는 존재하지 않는다.

◆ 적도(赤島)는 경흥부 고지도에서 둘레가 10리이고 섬 모양은 업드려 있는 거북 모양이고, 노구산으로부터 남쪽으로 수로 십리에 있는 붉은 섬(赤島)이라는 뜻이다. 북한의 두만강 하류의 큰 섬으로부터 80리 이내의 바다 지역에서 둘레가 10리이고 섬 모양은 업드려 있는 거북 모양이고 붉은 섬은 찾을 수가 없다.

　　북한의 두만강 하류의 큰 섬으로부터 80리 근방 안 영역의 해역에 적도(赤島)는 존재하지 않는다.

◆ 녹둔도(鹿屯島)는 고지도의 두만강 하류에 있는 섬으로 북한 두만강 하구의 큰 섬을 모양 상으로 대응시킬 수가 있다. 하지만 북한 두만강 하구의 큰 섬에서 순록이나 사슴들의 무리가 많이 살았다는 기록이나 현상은 희박하여 고지도의 녹둔도는 북한 두만강 하구의 큰 섬을 대응시키는 것은 곤란하다.

◆ 슬해(瑟海)의 한자 지명의 뜻이 큰 거문고 모양의 바다라고 해석할 수 있다. 북한의 두만강 하류의 큰 섬으로부터 80리 근방 안 영역의 해역에 큰 거문고 모양의 슬해(瑟海)는 존재하지 않는다.

◆ 경흥부 고지도의 두만강과 북한 경흥의 두만강 비교

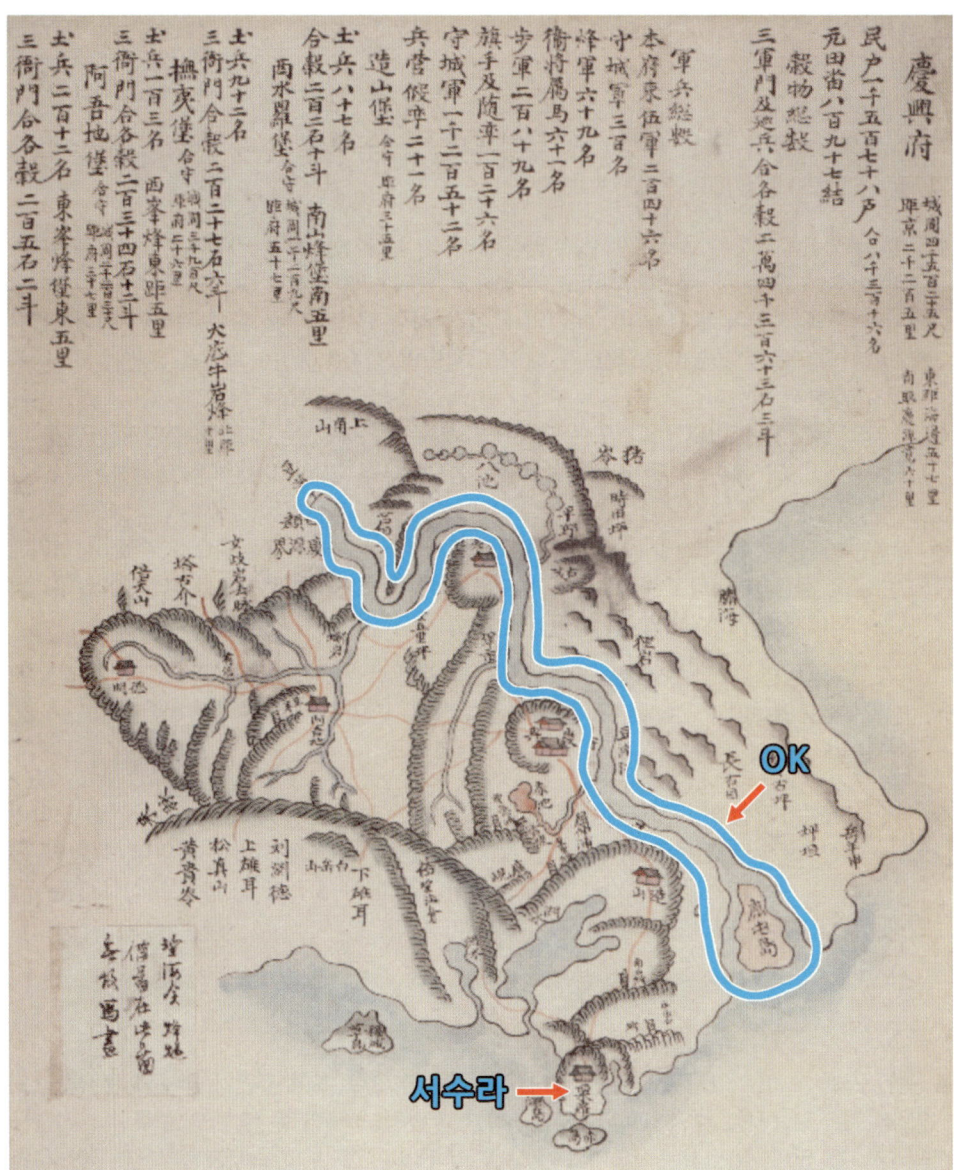

[그림 9] 경흥부 주기·해동지도: 경흥부 고지도의 두만강에 섬이 하나.

[그림 9]에 OK 안에 두만강 물로 이루어진 평면 영역 내부에 섬이 하나 그려져 있어 이 영역의 위상 종수는 $g(OK) = 1$ 이다.

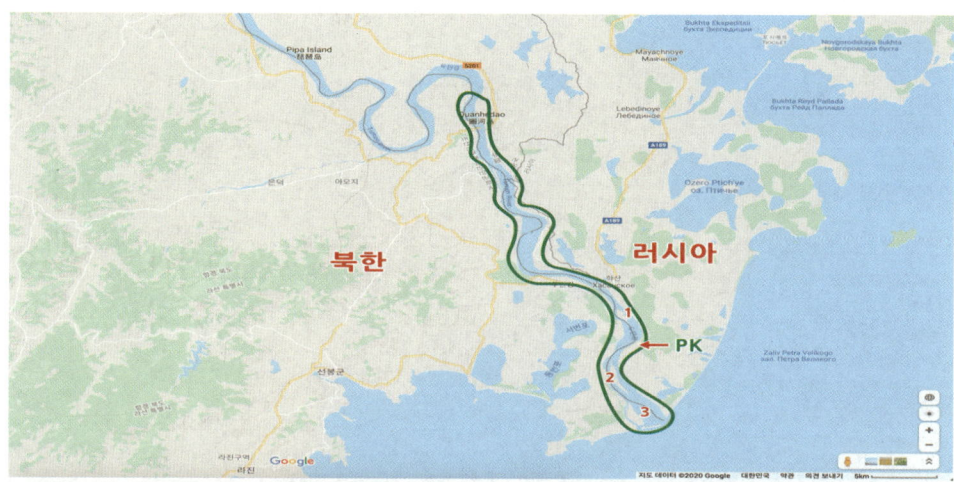

[그림 10] 북한 두만강 하류 경흥 근방

[그림 10]에 PK 안에 두만강 물로 이루어진 평면 영역 내부에 섬이 세개 그려져 있어 이 영역의 위상 종수는 $g(PK) = 3$ 이다.

$g(PK) = 3 \neq g(OK) = 1$이므로 [그림 9]의 두만강은 [그림 10]의 북한 두만강과 동형이 아니다. 이는 [그림 9]의 두만강은 북한 두만강을 그린 것이라 할 수 없다.

◆ 경흥부의 여러 성터에 대한 주기

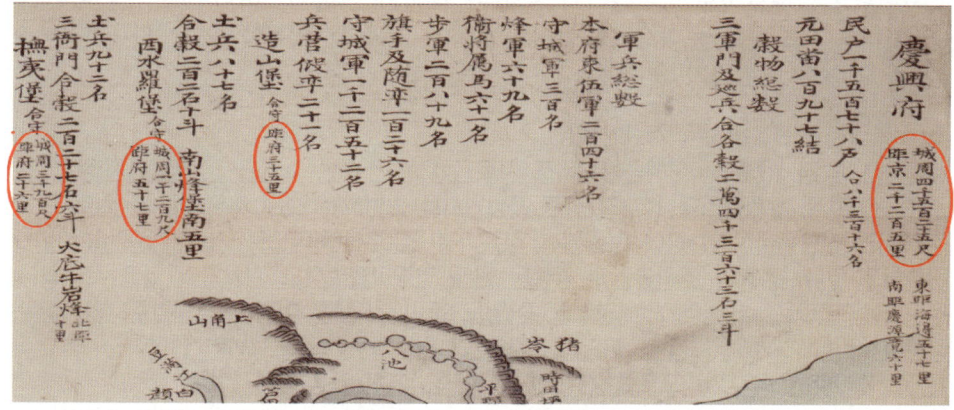

[그림 11] 경흥부 주기-해동지도: 경흥부 주기에 경흥 부위의 성의 둘레가 **4525척(1371m)**이다. 한양에서 거리는 **2205리(1102.5Km)**이다. 작은 성으로 조산보, 서수라보, 무이보, 아오지보(위에는 안보임)가 있다.

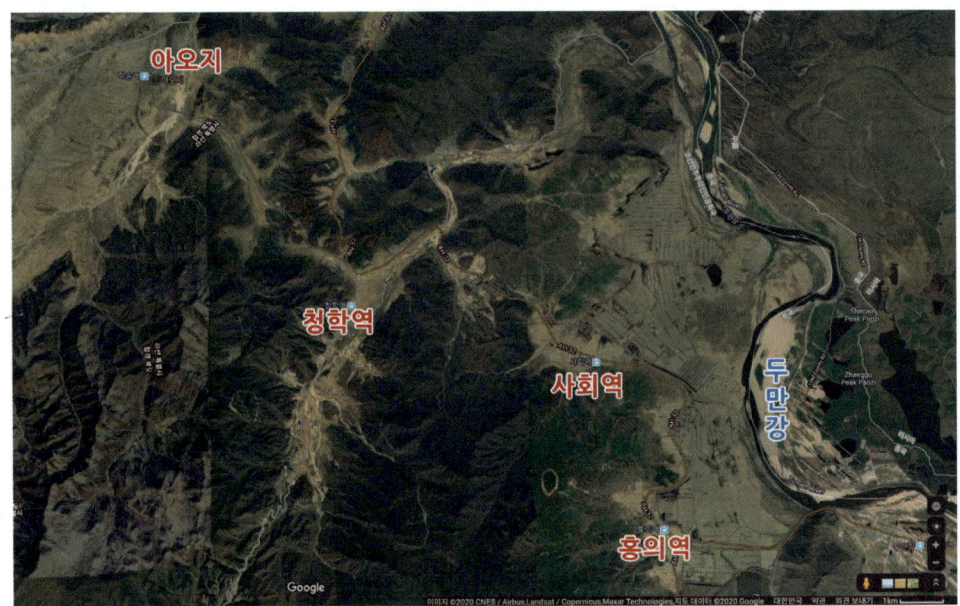

[그림 12] 북한 경흥 근방 구글지도

　[그림 11]의 경흥부 고지도주기에 경흥 부위의 성의 둘레가 **525척(1371m)**이다. 작은 성으로 조산보, 서수라보, 무이보, 아오지보가 있다.

　하지만 [그림 12]의 경흥 근방인 아오지, 청학역, 사회역, 홍의역 등을 확대하여 관찰해보아도 옛 성터의 모습은 보이지 않는다. 이 지역의 남쪽지역을 확대하여 조사해 보아도 옛 성터의 모습은 보이지 않는다. 옛 성터에 대한 조사 기록도 아는바가 없다.

◆ 서울에서 경흥부까지의 거리에 대한 기록
세종장헌지리지, 신증동국여지승람 등 고 사료 등으로 경흥부 고지도가 나타낸 지역이 북한 경흥 근방인지, 레카라즈돌나야 강 하구 근방인지를 판별하는 것은 매우 어려운 일이다.
　하지만 신증동국여지승람에 서울에서 경흥까지 2205리(차마도로 거리 1102.5Km)라고 기록하고 있다. 경흥의 건치연원에 경흥은 원래 명주이었었다고 기록되어 있고 고려의 행정구역을 10도로 나눌 때 연해명주도, 삭방도 등이 있는데, 여기서 연해명주도의 명주는 강릉이 아니고 고지도의 경흥(레카라즈돌나야 강 하구 근방)으로 보아야 한다.
현재 서울역에서 경부고속도로를 거쳐 부산역까지 420Km이다. 하지만
　신증동국여지승람에 서울에서 동래까지 962리(차마도로 거리 481Km)라고 기록하고 있고, 서울에서 기장까지 971리(차마도로 거리 485.5Km)라고 기록하고 있다. 여기서 10리는 5.1Km(17000척), 약 5Km이다.

서울에서 북한 경흥까지 거리는 서울에서 부산까지 거리의 약 2.0배이다(가능한 한 최단거리의 국도로 연결하는 경로를 사용). 서울에서 북한 경흥까지 거리는 1970리(차마도로 거리 985Km) 정도이다. 여기서 다시 265리(차마도로 거리 132.5Km)를 더 가면 레카라즈돌나야 강 하구 근방의 옛 경흥부 초입에 도착한다는 설명이다. 이는 실제 상황과 잘 맞는다.

이상의 조사에 의해 북한의 두만강 하류의 큰 섬 근방(알섬 근방 80리 안)에는 경흥부 고지도의 赤池, 西水羅, 묘도(卯島), 적도(赤島), 녹둔도(鹿屯島), 슬해(瑟海)에 대응시킬 수 있는 지역이 전혀 존재하지 않는다. 북한 두만강 하류의 큰 섬 근방(알섬 근방 80리 안)에 있는 A섬, B섬, 대초도는 고지도에서 설명한 묘도, 적도와는 전혀 무관하다. 북한 두만강 하류의 큰 섬(알섬)을 고지도의 녹둔도(鹿屯島)에 대응시킬 수는 있지만 순록이나 사슴들이 알섬까지 남하하여 서식하였는지는 의심스럽다. 옛 성터들의 모습도 보이지 않는다. **신증동국여지승람에 서울에서 경흥까지 2205리라고 기록한 내용을 보아도 고지도의 경흥은 북한 경흥이 아니다. 북한 경흥까지는 1970리 정도이다.**

**따라서 경흥부 고지도는 북한의 두만강 하류의 큰 섬 근방의 위상도가 아니다.**

## 2. 조선조 경흥부는 어디에 존재하는가?

본 연구는 경흥부 고지도의 특이한 특성을 가진 지역을 위상수학적, 기하학적으로 분석하고 이에 대응되는 지역을 구글 위성도에서 일대일 대응시켜 찾는 것이다. 규장각 고지도편에서는 여러 종류의 경흥의 고지도가 있다. 하지만 특이지역의 특이 사항을 상세하게 설명하지 않은 것이 대부분이다.

경흥부 고지도에서 특이한 특성을 가진 지역으로 적지(赤池), 묘도(卯島), 적도(赤島), 녹둔도(鹿屯島), 슬해(瑟海)를 가지고 이들의 특성이나 지역에 대한 묘사를 활용하여 대응시킬 수 있는 지역을 조사하는 것이다.

[그림 13] 수분하 하류 근방의 구글 위성도

[그림 13]은 수분하 하류 근방의 해역과 육지의 위성도이다.

고지도에서 위쪽을 북쪽, 아래쪽을 남쪽, 오른쪽을 동쪽, 왼쪽을 서쪽이라고 가정하고 고지도를 이해하려면 올바르지 않은 경우가 많다. [그림 6]의 경흥부 고지도에서는 위쪽이 남쪽이고 아래쪽이 북쪽이다.

◆ 적지(赤池)는 경흥부 고지도에서 두만강이 거의 끝나가는 하류 가까이 있는 둘레가 10리인 붉은 연못(큰 저수지)이라고 [그림 6]의 고지도에서 설명하고 있다. 북한의 두만강 하류 근방의 위성도를 아무리 확대하였다 축소했다 하며 붉은 색의 적지(赤池)를 찾지 못 했는데 수분하 하류 근방에 둘레가 10리인 붉은 연못(큰 저수지)이 있다. [그림 15]의 적지(赤池)는 항상 붉은 황토물에 의해서 항상 검붉은 모습의 상태로 있는 것이다.

[그림 14] 구글 위성도에서 수분하 하류의 적지와 녹둔도 모습. 이순신 장군이 초급 장교 시절 여진족을 지키던 곳은 옛 두만강(레카라즈돌라야강) 하류의 진펄 섬이다.

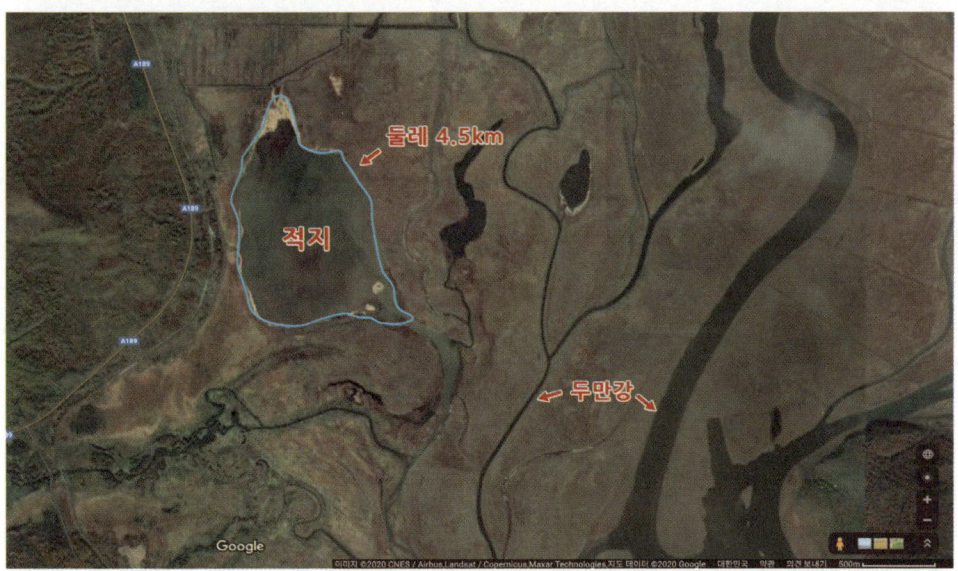

[그림 15] 구글 위성도에서 수분하(옛 두만강) 하류의 적지 모습. 적지 주변은 황토로 둘러싸인 지역이라 붉은 물이 적지로 유입되어 호수물이 항상 붉은 모습이다. 호수의 둘레는 4.5Km 로 약 10리(10리는 5Km)이다.

◆ 서수라(西水羅)는 악양곶(岳羊串: 블라디보스톡 반도인 양뿔 모양 반도)의 서쪽 물가에 있는 새그물 모양의 땅이라는 뜻으로 그 지역의 모습이 완전 새그물 모양새이다. 고지도 [그림 6]에서 서수라(西水羅)에 대응되는 지역은 페스취아니 지역([그림 13] 참조)이다.

◆ 묘도(卯島)는 경흥부 고지도[그림 6]에서 둘레가 43리이고 서수라로부터 동남쪽으로 수로 삼십리에 있는 동쪽 섬(卯島)이라고 하고 있다. 북한의 두만강 하류의 큰 섬으로부터 80리 이내의 바다 지역에서 둘레가 40리 이상인 섬은 찾을 수가 없다. (다른 경흥부 주기에는 묘도의 둘레를 13리 등 다르게 기록되어 있어 이 경우는 달리 조사해야 한다.)

하지만 [그림 13]의 수분하 하구에서 경흥부([그림 7])의 고지도의 녹둔도에 대응되는 하구의 섬으로부터 40여리에 둘레가 40리 이상인 섬은 찾을 수가 있다. 고지도[그림 6]에서 서수라(西水羅)에 대응되는 지역은 페스취아니 지역([그림 13] 참조)이다.

[그림 13]의 수분하 하구의 근방인 구글 위성도의 해역에 쉽게 관찰되는 섬들이 10여개 있는데 이들 섬중에서 둘레가 30리 이상인 섬은 오직 루스키섬(고지도[그림 6]의 묘도에 대응되는 섬) 뿐이다. 고지도에서 묘도에 대한 서술로 '서수라(페스추아니)로부터 동남쪽 30리에 있다'는 내용과도 매우 잘 맞고 있다.

묘도는 다른 관북지역 고지도에서 낭라이(浪羅耳)라는 지명에도 대응되는 섬이라고도 판단된다. 이 루스키섬(고지도[그림 6]의 묘도에 대응되는 섬)은 섬 안쪽으로 물결 모양의 귀 구멍 모양이 있어 그 모습으로 낭라이(浪羅耳)라는 지명이 붙여진 것으로 판단된다. 사실 이 섬의 수로 내부까지를 섬 둘레의 길이로 합산하면 43리가 훨씬 넘어선다.

묘도(卯島)는 우리 선조들이 오랜 동안 매우 중요하게 생각했던 동북 지역의 중요 섬이라고 생각한다.

◆ 적도(赤島)는 경흥부 고지도에서 둘레가 10리이고 섬 모양은 엎드려 있는 거북 모양이고, 노구산으로부터 남쪽으로 수로 십리에 있는 붉은 섬(赤島)이라고 했는데 북한의 두만강 하류의 큰 섬으로부터 50리 이내의 바다 지역에서 둘레가 10리이고 섬 모양은 엎드려 있는 거북 모양인 붉은 섬은 찾을 수가 없다.

하지만 [그림 13]의 수분하 하구의 큰 섬은 고지도의 녹둔도([그림 7])에 대응되는 섬이고 여기로부터 40여리 안에 둘레가 10리이고 섬 모양은 업드려 있는 거북 모양의 섬(赤島)이 존재한다.

◆ 녹둔도(鹿屯島)는 고지도의 두만강 하류에 있는 섬으로 북한 두만강 하구의 큰 섬을 모양상으로 대응시킬 수가 있다. 하지만 북한 두만강 하구의 큰 섬에서 순록이나 사슴들의 무리가 많이 살았다는 기록도 없다.

수분하 하구의 섬(일명 녹둔도)은 북한 두만강 하구의 큰 섬으로부러 북쪽으로 200 여리에 있어 겨울철 시베리아 순록이 남하해서 서식하기에는 북한 두만강 알섬보다는 훨씬 그 가능성이 높은 지역이다.

◆ 슬해(瑟海)의 한자 지명의 뜻이 큰 거문고 모양의 바다라고 해석할 수 있다. 고지도의 또 다른 표기로 슬해(膝海)가 있는데 이는 굽혀진 무릎의 모양이라고 해석할 수 있다. 북한의 두만강 하류의 큰 섬으로부터 50리 안 영역의 해역에 큰 거문고 모양의 슬해(瑟海)나 굽혀진 무릎의 모양 슬해(膝海)가 존재하지 않지만 [그림 13]의 블라디보스톡 동쪽 해역이 이런 모습을 하고 있다.

이상의 조사에 의해 러시아 지역의 레카라즈돌라야(Reka Razdolnaya) 강(옛 지명 두만강) 하구이고 녹둔도 50리 안에 경흥부 고지도의 적지(赤池), 서수라(西水羅), 묘도(卯島), 적도(赤島), 녹둔도(鹿屯島), 슬해(瑟海), 악양곶에 대응시킬 수 있는 지역이 모두 존재한다.

따라서 경흥부 고지도는 러시아의 레카라즈돌라야(Reka Razdolnaya) 강(중국명: 수분하) 하구이며고 녹둔도 근방이다.

## 3. 경흥부 주기

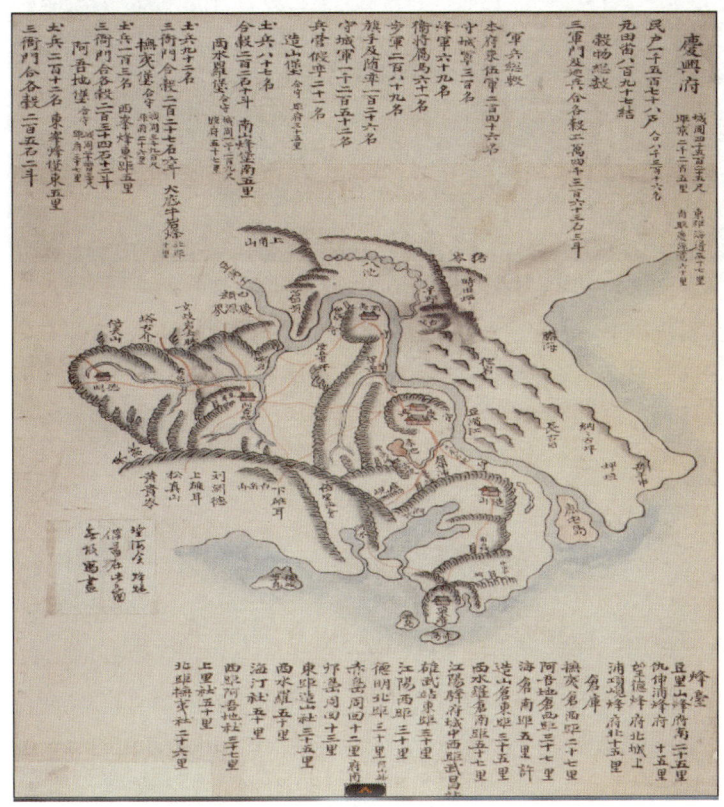

[그림 16] 해동지도(고대4709-41)경흥부와주기

[그림 16]에서 묘도는 둘레가 13리로 되어 있어서 [그림 13]에서 루스키 섬의 상황과는 맞지 않는다. [그림 16]의 주기에서는 경흥부는 서수라(西水羅)로부터 50리(25Km)라고 설명하고 있다. 이 설명대로라면(서수라로부터 약 25Km로 계산하면) 경흥 부위(행정소재지)는 구글 지도상에서 베네비티노보 (Venevitinovo)에 대응된다([그림 17]).

[그림 17] 경흥부와 악양곶에 대응되는 수분하 하구. 경원부 부위가 있었던 곳은 베네비티노보로 분석된다.

본 연구의 결론은 [그림 6]의 상황 설명으로 결론을 내린다. 왜냐하면 [그림 6]의 적지(赤池), 서수라(西水羅), 묘도(卯島), 적도(赤島), 녹둔도(鹿屯島), 슬해(瑟海)의 현상을 종합적으로 가장 잘 설명하고 있다.

## 4. 경흥부 고지도(지승)와 대응되는 구글지도 비교

경흥부(지승) 고지도의 특징적인 지명을 먼저 찾고 부가적으로 경흥부 주기를 사용하여 다른 지명들을 찾아보자. 슬해, 악양곶, 녹둔도, 서수라, 2개의 호수, 묘도, 적도, 온성초도, 백악산 등은 지명의 특징과 주기를 참고하면 찾을 수 있다.

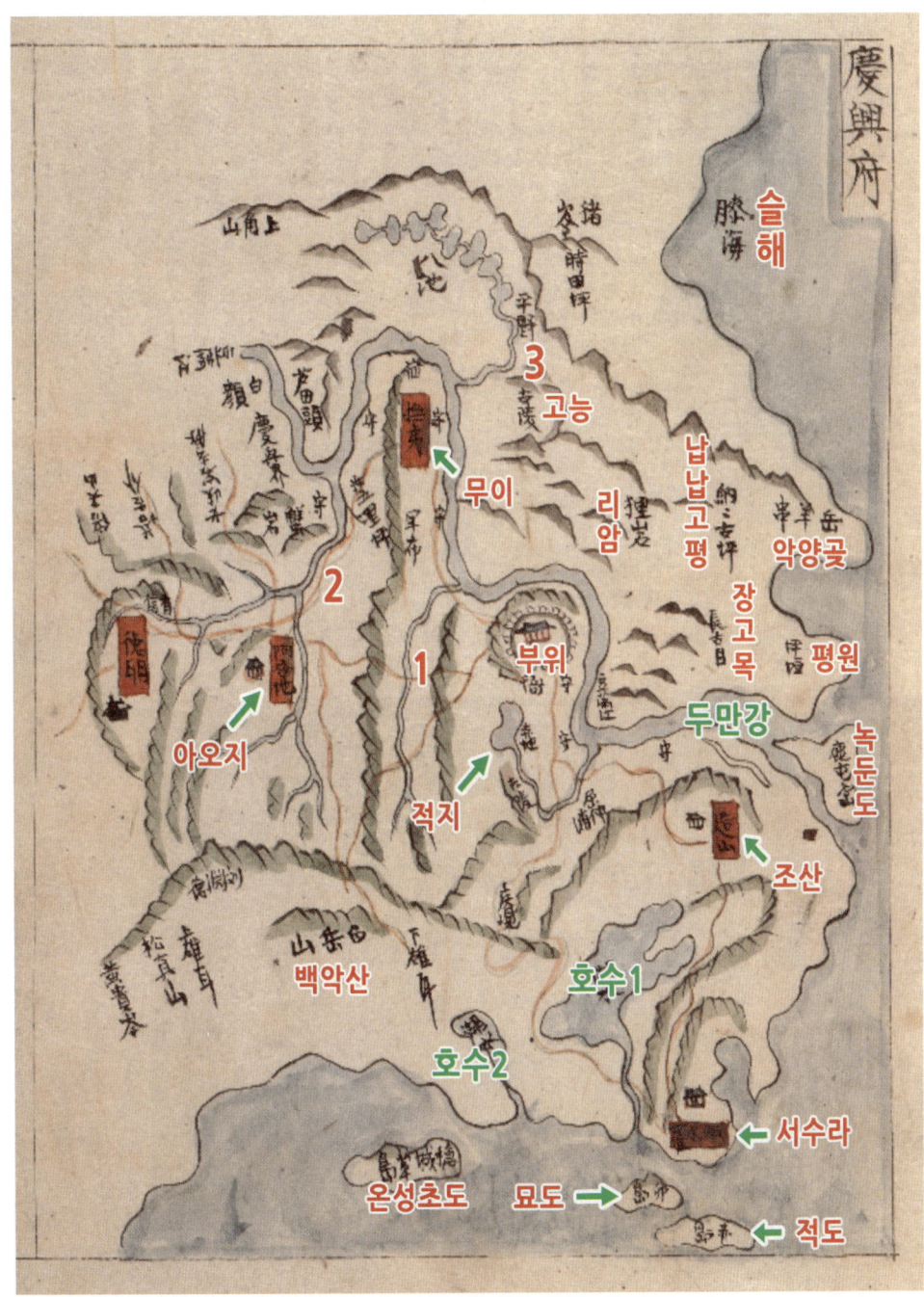

[그림 18] 경흥부-지승: 슬해, 악양곶, 녹둔도, 서수라, 2개의 호수, 묘도, 적도, 온성초도, 백악산이 보인다.

두만강 위쪽(동쪽)에 악양곶, 평원, 장고목, 리암, 고능, 시전평(時田平) 등이 그려져 있다.

[그림 19] 경흥부-지승에 묘사된 슬해, 악양곶, 녹둔도, 서수라, 2개의 호수, 묘도, 적도, 온성초도, 백악산의 위치. A는 온성 해창 추정 지역. 호수 2와 B는 경원 해창 추정 지역.

[그림 20] 경흥부(지승)의 북쪽에 대응되는 구글지도. 우스리스크(후춘부락) 남부지역. 경흥부위는 베네비티노보에 있었던 것으로 위상 분석이 된다.

[그림 18] 경흥부(지승) 고지도에 슬해, 악양곶, 녹둔도, 서수라, 2개의 호수, 묘도, 적도, 온성초도, 백악산, 악양곶, 납납고평, 평원, 리암, 고능 등의 명소가 표기되어 있다. 여기서 납납고평(納納古坪)은 물건을 바치던 넓은 평원이라는 뜻으로 해석된다. 따라서 납납고평(納納古坪)은 악양곶의 항구도시인 현재의 블라디보스톡을 의미하는 것 같다. 평원(坪垣)은 평야 지대에 있는 관청으로 해석되어 평원에서 납납고평 지역, 리암 지역, 고능 지역 등 이 지역을 관할 했던 것으로 보아진다. 장고목(長古目)은 오래된 길목이라는 뜻으로 해석된다.

[그림 19]는 경흥부(지승)에 대응되는 슬해, 악양곶, 녹둔도, 서수라, 2개의 호수, 묘도, 적도, 온성초도, 백악산의 위치를 찾은 것이다. A는 경원 해창이 있었던 곳으로 추정되는 곳이다(대동여지도의 함경도 지도 참조). 대동여지도의 함경도 지도를 보면 경원부 해창은 경흥부 서남부에 작게 붙어 있다. 경원부 해창은 경원부 부위가 있는 지역과 연결되어 있지 않다. 대동여지도의 함경도에서 온성부는 북부와 남부가 연결되어 있지 않다. [그림 17]에서 호수2 온성부 남부 지역이다. 온성초도는 온성부 남부 지역 소속이다.

## 5. 결론

1절의 조사에 의해 북한의 두만강 하류의 큰 섬(알섬 근방 80리 안) 근방에는 경흥부 고지도의 적지(赤池), 서수라(西水羅), 묘도(卯島), 적도(赤島), 녹둔도(鹿屯島), 슬해(瑟海)에 대응시킬 수 있는 지역이 존재하지 않는다. 신증동국여지승람에 서울에서 경흥까지 2205리라 기록되었는데, 서울에서 북한 경흥까지 거리는 1970리(십리는 5KM) 정도로 이는 신증동국여지승람의 기록과 맞지 않는다.

2절의 조사에 의해 러시아 지역의 수분하 하구 고 녹둔도 80리 안에 경흥부 고지도의 赤池, 서수라(西水羅), 묘도(卯島), 적도(赤島), 녹둔도(鹿屯島), 슬해(瑟海)에 대응시킬 수 있는 지역이 모두 존재한다. 악양곶도 있다. 4절에서 러시아 지역의 레카라즈돌라야강(수분하) 하구 고 녹둔도 80리 안에 경흥부 고지도와 위상적으로 대응되는 지역들을 모두 찾을 수 있다.

따라서 경흥부 고지도는 북한의 두만강 하류의 큰 섬 근방의 위상도가 아니고 경흥부 고지도는 러시아 레카라즈돌나야(Recka Razdolnaya) 강(중국명: 수분하) 하구의 옛날 녹둔도와 블라디보스톡 근방의 위상도이다(참조 [그림 17, 19]).

## III. 위상수학을 활용한 慶源府 고지도 분석(참고 [9, 12])

### 1. 조선조 경원부 고지도와 북한 경원군 근방 두만강 유역 위성지도 비교

서울대학교 규장각 한국학연구원 고지도편에 조선조 경원부를 그린 고지도가 6 종류가 있다.

경원부의 고지도의 두만강 중에 귀 모양의 섬이라는 귀섬(耳島, 古耳島, 古慾耳島, 珥島)이 하나씩 그려져 있다(참조: 경원부의 고지도들).

여기서 이도(耳島)는 매끈하게 잘 생긴 귀 모양의 섬이라고 해석된다. 이도(珥島)는 귀 모양에 귀고리가 매달린 모양의 섬이라고 해석된다. 古耳島나 古慾耳島는 동일한 섬으로서 귀 모양에 흠집이 생긴 귀 모양의 섬이라고 해석된다.

조선조 경원부의 고지도들을 살펴보고 .위상수학을 활용해서 경흥부 고지도를 분석해 보자.

[그림 21] 광여도-경원부 고지도: 두만강에 고욕이도(古慾耳島)가 있고 고욕이도 아래 왼쪽에 부위(府衛)가 있다. 오른쪽에 후춘강(厚春江)이 있고 후춘부락도 있다.

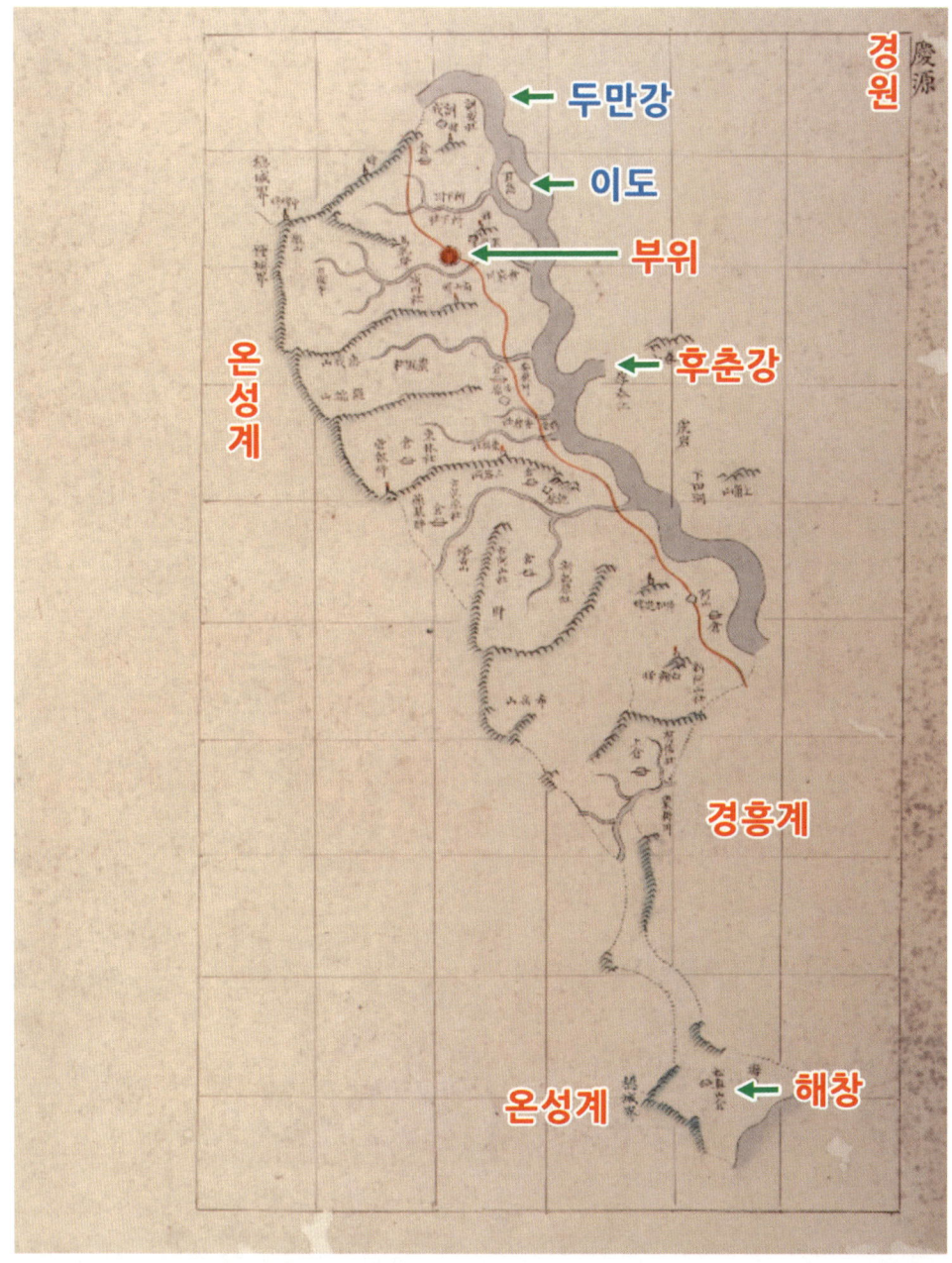

[그림 22] 조선지도 - 경원: 두만강에 이도(耳島)가 있고 이도 아래 왼쪽에 부위(府衛)가 있다. 오른쪽에 후춘강(厚春江)이 있다. 오른쪽 아래 바닷가에 해창(海倉)이 있는데 경원부 해창은 부위로부터 165리 거리에 있고 해창 지역과 경원부 부위가 있는 지역과는 연결되어 있지 않다.

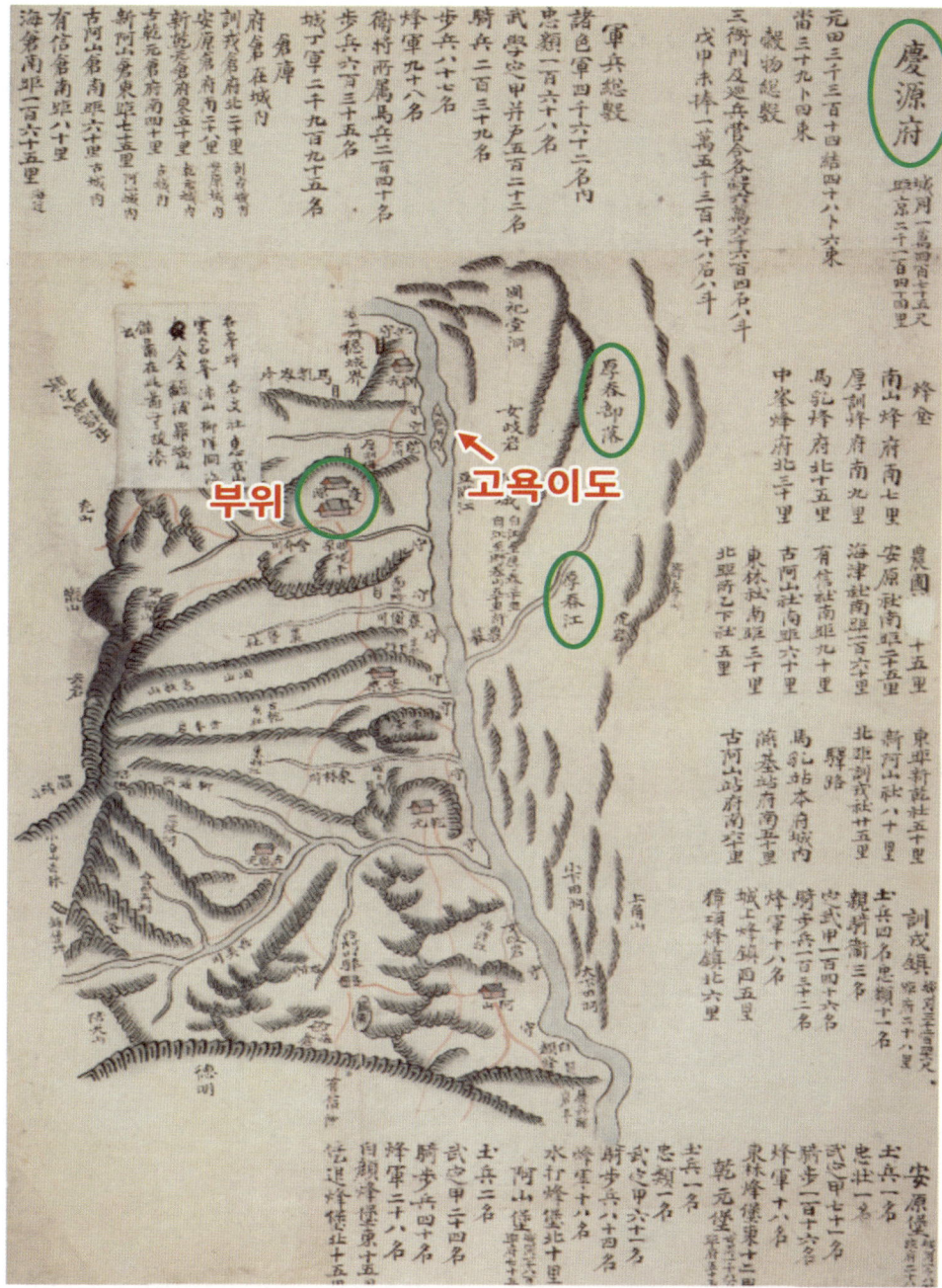

[그림 23] 해동지도-경원부: 두만강에 고욕이도가 있다. 주기 기록의 맨 위쪽 왼쪽에 **해창남거165리(海倉南距一百六十五里)**라 기록되어 있다.

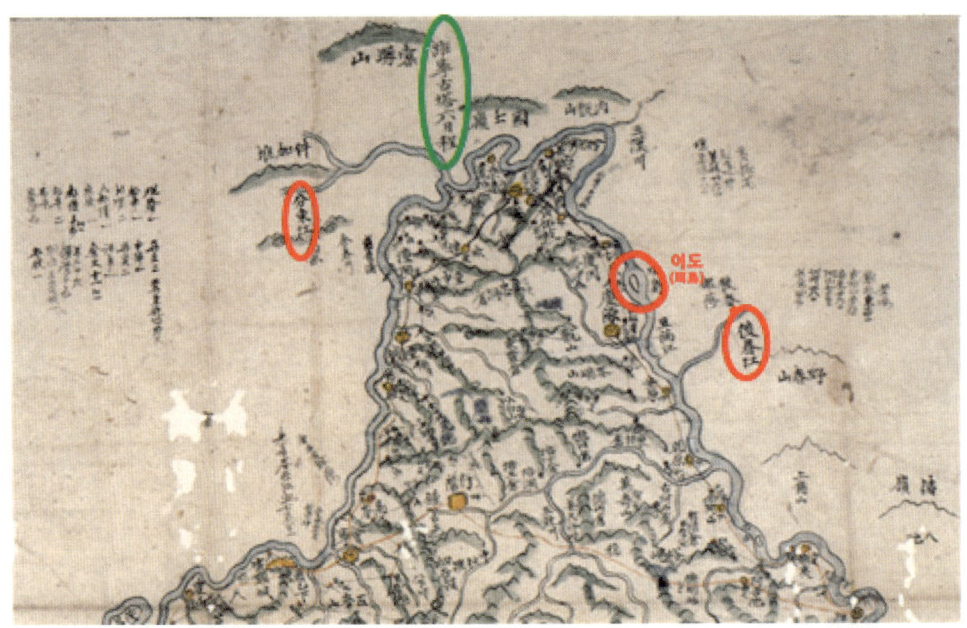

[그림 24] 동역도-함경북도: 두만강에 이도(珥島: 귀모양의 섬에 귀고리가 달린 섬)가 있고 이도 아래 왼쪽에 부위(府衛)가 있다. 오른쪽에 후춘강(厚春江)과 후춘부락이 있다. 왼쪽 상단에 분계강이 있다. 중앙 상단 온성 위에 거녕고탑육일정(距寧古塔六日程: 온성에서 녕고탑까지 도보 6일정)이라 기록.

[그림 21], [그림 22], [그림 23], [그림 24] 외에 여러 종류의 경원부 고지도가 있다. 그리고 각 고지도에 대응되는 주기들도 있다. [그림 21], [그림 22], [그림 23], [그림 24]에는 귀 모양의 섬들 중 이도(珥島), 이도(耳島), 고욕이도(古慾耳島)가 그려져 있다.

광여도에 있는 경원부 고지도를 살펴보자. 이 고지도에는 두만강에 古慾耳島가 있고 고욕이도 아래 왼쪽에 府衛가 있다. 오른쪽에 厚春江이 있고 후춘부락도 있다. 두만강 지류로 7개가 그려져 있다.

[그림 25] 광여도-경원부 고지도: 두만강에 고욕이도(古慾耳島)가 있고 고욕이도 아래 왼쪽에 부위가 있다. 오른쪽에 후춘강(厚春江)이 있고 후춘부락도 있다.

[그림 26] 북한 경원군 지역 두만강 유역 구글 지도

북한 경원군 지역 두만강유역 구글 지도를 살펴보자. 이 지역 두만강에는 4개의 큰 섬 A, B, C, D와 작은 섬 E가 있다. 여기서 섬 A, B, C, D는 그 크기가 상당하여 무시할 만한 강은 아니라고 판단된다. 이 중 어느 것도 귀 모양의 섬은 없다.

[그림 26]의 북한 경원 지역 두만강 물로 이루어진 평면 영역을 NK라 하면 NK 안쪽에 5개의 섬이 있으므로 NK의 위상 종수(genus)는 $g(NK) = 5$이다.

[그림 25]의 경원부 두만강 물로 이루어진 평면 영역을 OK라 하면 NK 안쪽에 1개의 섬이 있으므로 OK의 위상 종수(genus)는 $g(OK) = 1$이다.

$$g(OK) = 1 \neq g(NK) = 5$$

이므로 두 영역 OK와 NK는 위상동형이 아니다. 따라서 [그림 25]의 경원부 두만강은 북한 경원 근방의 두만강을 그린 것이라고 확인할 수 없다.

[그림 25]의 고지도의 7개의 지류 중 7번 지류는 [그림 26]의 7번 지류와 일대일 대응을 시킬 수 있지만 나머지 6개 지류는 어떻게 대응시킬 지 알 수가 없다. 기준을 정할 수 있는 지역이 도저히 판단이 안 된다.

이상의 조사에 의해 조선조 경원부 고지도는 북한의 경원군 근방의 두만강 유역의 위상도가 아닙니다.

◆ 경원부의 여러 성터에 대한 주기(여지도 주기)

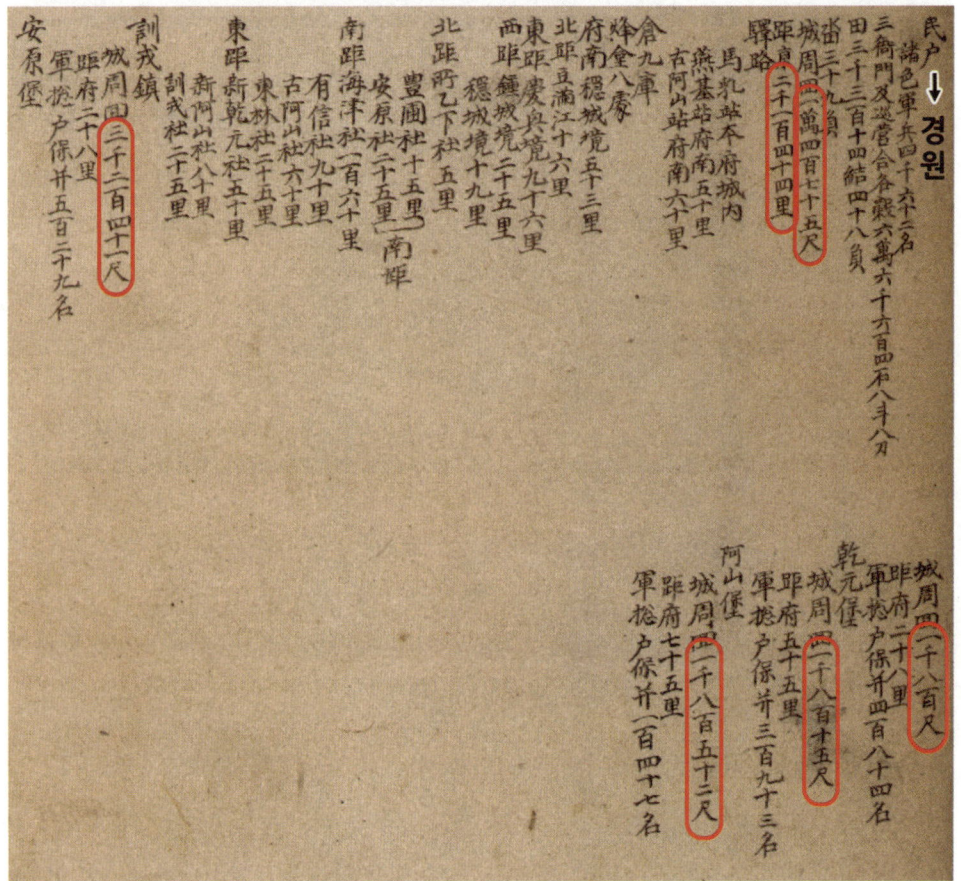

[그림 27] 경원부 주기-여지도: 경원부 주기에 경원 부위의 성의 둘레가 10475척(3143m)이다. 한양에서 거리는 2140리(1070Km)이다. 작은 성으로 훈융진, 안원보, 건원보, 아산보가 있다.

경원부에는 경원 부위의 성의 둘레가 10475척(3143m)으로 상당히 큰 성이 있다. 한양에서 경원까지 거리는 2140리(1070Km, 조선시대 십리는 5.12Km)인데 현재의 십리는 4Km이므로 현재의 기준으로 계산하면 약 2800리이다. 하지만 현재 기준으로 서울에서 북한 경원까지는 2300리 이내이다. 작은 성으로 훈융진(성 둘레 3241척), 안원보(성 둘레 1800척), 건원보(성 둘레 1815척), 아산보(성 둘레 1852척)가 있다.

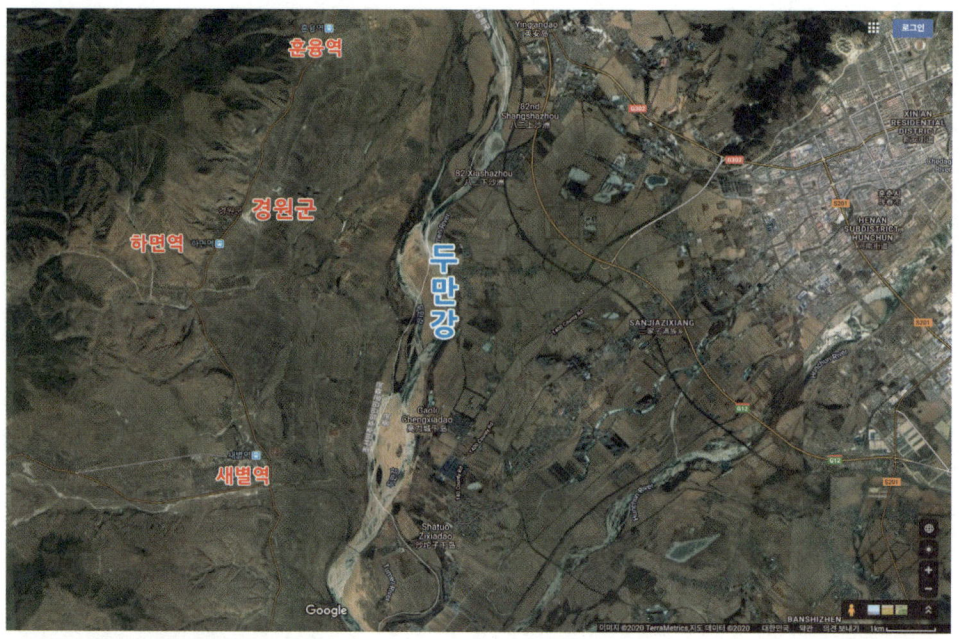

[그림 28] 북한 경원 근방 구글지도

[그림 27]의 경원부 고지도 주기에 경원 부위의 성의 둘레가 10475척(3143m)이다. 작은 성으로 훈융진, 안원보, 건원보, 아산보가 있다.

하지만 [그림 28]의 경원 근방인 훈융역, 하면역, 새별역 등의 영역을 확대하여 관찰해보아도 옛 성터의 모습은 보이지 않는다. 이 지역의 남쪽지역을 확대하여 조사해 보아도 옛 성터의 모습은 보이지 않는다. 북한에서 경원 지역에서 옛 고성터를 발견하여 발굴했다는 보고가 있었다는 이야기도 들어본 적이 없다.

[그림 25] 고지도에 나타난 두만강과 북한의 두만강은 위상 동형이 아니고, 고지도의 두만강 지류도 북한 두만강 지류와 일대일 대응이 잘 안 된다. [그림 27]의 고지도 주기에 나타난 성터들이 북한 경원 근방에서 발견되지 않는다.

이상의 조사에 의해 조선조 경원부 고지도[그림 25]는 북한의 경원군 근방의 두만강 유역의 위상도가 아니다.

## 2. 조선조 경원부는 어디에 존재하는가?

본 연구는 경원부 고지도의 특이한 특성을 가진 지역을 위상수학적, 기하학적으로 분석하고 이에 대응되는 지역을 구글 위성도에서 일대일 대응시켜 찾는 것이다. 규장각 고지도편에서는 여러 종류의 경원의 고지도가 있다. 하지만 특이지역의 특이 사항을 상세하게 설명하지 않은 것이 대부분이다.

경원부 각 고지도에서 특이한 특성을 가진 지역으로 귀 모양의 섬이 존재한다는 것이다. 경원부 각 고지도에는 귀 모양의 섬을 나타내는 섬으로 이도(耳島), 고이도(古耳島), 고욕이도(古慾耳島), 이도(珥島) 중의 하나가 그려져 있다. 이들 귀 모양의 섬들이 우스리스크 서쪽 레카라즈돌라야 강에 있다.

[그림 29] 조선시대 경원부 두만강에 있는 이도(耳島), 고이도(古耳島 또는 고욕이도(古慾耳島)), 이도(珥島): 현재 러시아에서는 이 강을 레카라즈돌라야(Reka Razdolnaya) 강(조선의 두만강)이라 하고 중국 영토 내에 있는 강은 수분하라고 하고 있다. 조선의 두만강이 두 나라에서 강명이 다르게 변해 있다.

조선조 우리 선조들은 섬의 모습을 보고 이도(耳島: 귀 모양의 모습), 고이도(古耳島; 古慾耳島: 상처난 귀 모습), 이도(珥島: 귀고리 달린 귀 모습)라고 명명하였다. 선조들의 작명은 기술에는 감탄할 수밖에 없다(그림 참조).

[그림 30] 조선시대 경원부 두만강에 있는 이도(珥島): 귀에 귀고리 달린 모습

[그림 31] 조선시대 경원부 두만강에 있는 고이도(古耳島) 또는 고욕이도(古慾耳島): 상처난 귀 모습

[그림 32] 조선시대 경원부 두만강에 있는 이도(耳島): 귀 모습의 섬

　우리 선조들은 지형의 특징을 가지고 그 지역의 지명을 매우 잘 명명하였다. 평양부 고지도에서 합지면(큰 대합이 입을 크게 벌리고 있는 듯한 연못이 있는 면), 합도(큰 대합이 입을 다물고 있는 모습의 섬), 석다산면(돌이 끝없이 펼쳐져 있는 산이 있는 면), 석전산(벽돌 모양의 돌이 많은 산), 대양각도(큰 양 뿔 모양의 섬), 소양각도(작은 양 뿔 모양의 섬) 등 그 한자 단어 만 보아도 그 지명의 위치를 파악할 수 있다.

　이도(珥島), 고이도(古耳島; 고욕이도(古慾耳島)), 이도(耳島)라는 한자 단어의 뜻으로도 귀 모양의 섬 모습을 알 수 있다. 이도(珥島)는 [그림 30]의 귀고리가 달린 귀 모습이라는 것을 섬 이름이 작명된 것이다. 고이도(古耳島 또는 古慾耳島)는 [그림 31]의 귀가 상처가 난 듯한 모습이라는 것을 유추할 수 있다. 이에 비해 이도(耳島)는 [그림 32]의 귀가 상처가 없는 모습이라는 것을 유추할 수 있다.

　경원부 고지도에 그려진 두만강과 그 지류들을 우스리스크(옛 후춘 부락) 서쪽 지역에서 찾아보자.

[그림 33] 조선시대 경원부 두만강 유역의 구글 지도: 경원부 두만강 유역에 고이도(古耳島 또는 古慾耳島), 이도(耳島)가 있다. 경원부 고지도의 후춘 부락에 대응하는 지역은 우스리스크이다. 두만강 양쪽의 평야 지대에 밭이 많이 보인다. 이 밭에서 조선 시대에는 콩을 많이 재배하였을 것이다.

북한 경원군 지방 두만강 유역에서는 경원부 고지도([그림 26])에서의 두만강 지류 1, 2, 3, 4, 5, 6에 대응되는 지류를 찾기가 곤란하였다.

러시아 레카라즈돌라야(Reka Razdolnaya) 강 근방 우스리스크(옛 후춘 부락) 근방에서 조선조 경원부 고지도의 두만강 지류 1(솔하천), 2(회개천), 3(농보천), 4, 5(동림천), 6(오룡천)에 대응되는 지류 1, 2, 3, 4, 5, 6을 찾을 수 있다. 고지도에서 1번 지류는 솔하천인데 [그림 33]에서 1번 지류는 솔 나무 숲 옆을 지나고 있다. 7번 지류는 후춘 부락(우스리스크)에서 내려와서 후춘강이다.

경원부 고지도에서 1번 지류와 2번 지류 사이에 경원부 부위(府衛)가 있었는데 [그림 33]의 구글 지도에서 1번 지류와 2번 지류 사이에 보리소브카라는 도시가 있다. 이 도시가 고지도의 경원부 부위(府衛)가 있었던 도시가 발전된 곳이라고 판단할 수 있다. 여기에 경원부 성터가 있는 것으로 알려져 있다. 저자가 답사를 가지는 않았다.

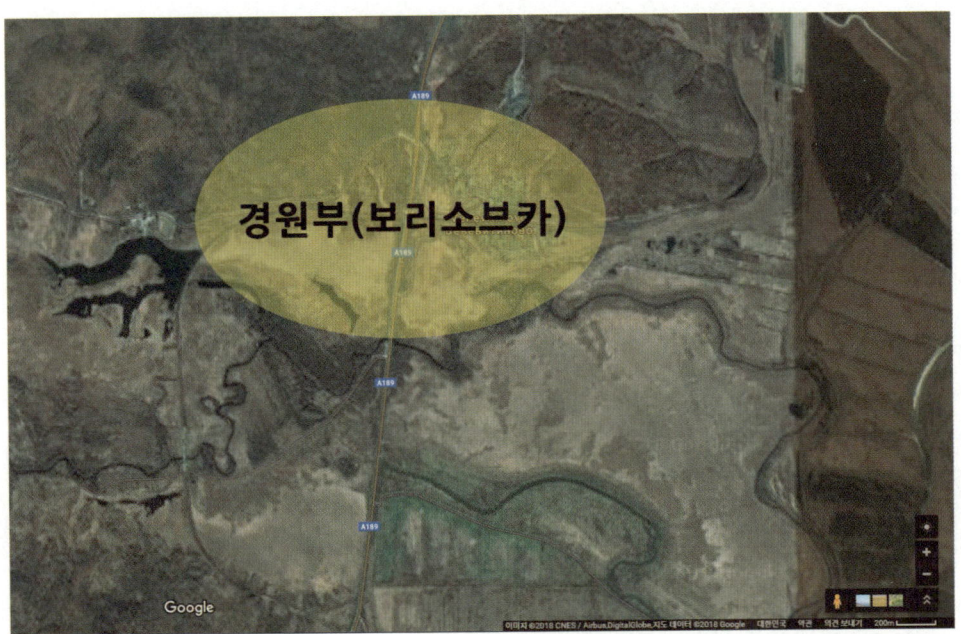

[그림 34] 조선시대 경원부 부위가 있었던 도시에 대응하는 지역인 보리소브카

이상의 결과로 조선조 경원부는 북한 경원 근방이 아니고 러시아 보리소브카와 우스리스크 근방의 위상도이다.

## 3. 결론

1절의 조사에 의해 북한의 경원 근방에 있는 두만강 가운데에 귀 모양의 섬들(耳島, 古耳島, 古慾耳島, 珥島)이 보이지 않는다. 경원부 고지도의 두만강 지류들과도 일대일 대응도 잘 이루어지지 않는다. 경원부 고지도 주기에 기록된 성터들도 발견되지 않는다.

2절의 조사에 의해 러시아 지역의 보리소부카와 이 지역의

레카라즈돌라야(Reka Razdolnaya) 강에 귀 모양의 섬들(耳島, 古耳島, 古慾耳島, 珥島)이 매우 뚜렷이 보인다. 이 지역에 고지도에 그려진 지류들과 일대일 대응되는 강들이 모두 있다. 옛 성터들은 답사를 통해서 일부라도 찾을 수 있을 것이다. 러시아 학자들이 이 지역에서 발해 성터라고 하는 성터를 여러 곳 조사했다는 연구 기록이 있다.

따라서 경원부 고지도는 북한의 경원 근방의 위상도가 아니고 경원부 고지도는 러시아 보리소부카와 우스리스크 근방의 위상도이다(참조 [그림 33]).

[참고] 신증동국여지승람에 서울에서 경흥까지 2205리(차마도로 거리 1102.5Km)라고 기록하고 있다. 서울에서 북한 경원 지역 두만강까지 거리는 1980리(차마도로 거리 970Km) 정도이다. 여기서 다시 245리(차마도로 거리 132.5Km)를 더 가면 레카라즈돌나야 강 하구 근방의 옛 경흥부 초입에 도착한다는 설명이다. 이는 실제 상황과 잘 맞는다.

## IV. 위상수학을 활용한 穩城府 고지도 분석(참고 [10, 12])

### 1. 온성부 고지도와 북한 온성 근방 두만강 유역 위성지도 비교

서울대학교 규장각 한국학연구원 고지도편에 온성 근방을 그린 고지도가 6종류가 있다.

온성의 고지도 중에서 구글지도와 비교 조사하기가 가장 좋은 온성부 고지도 중 하나는 [그림 35] (해동지도 - 온성부)이다.

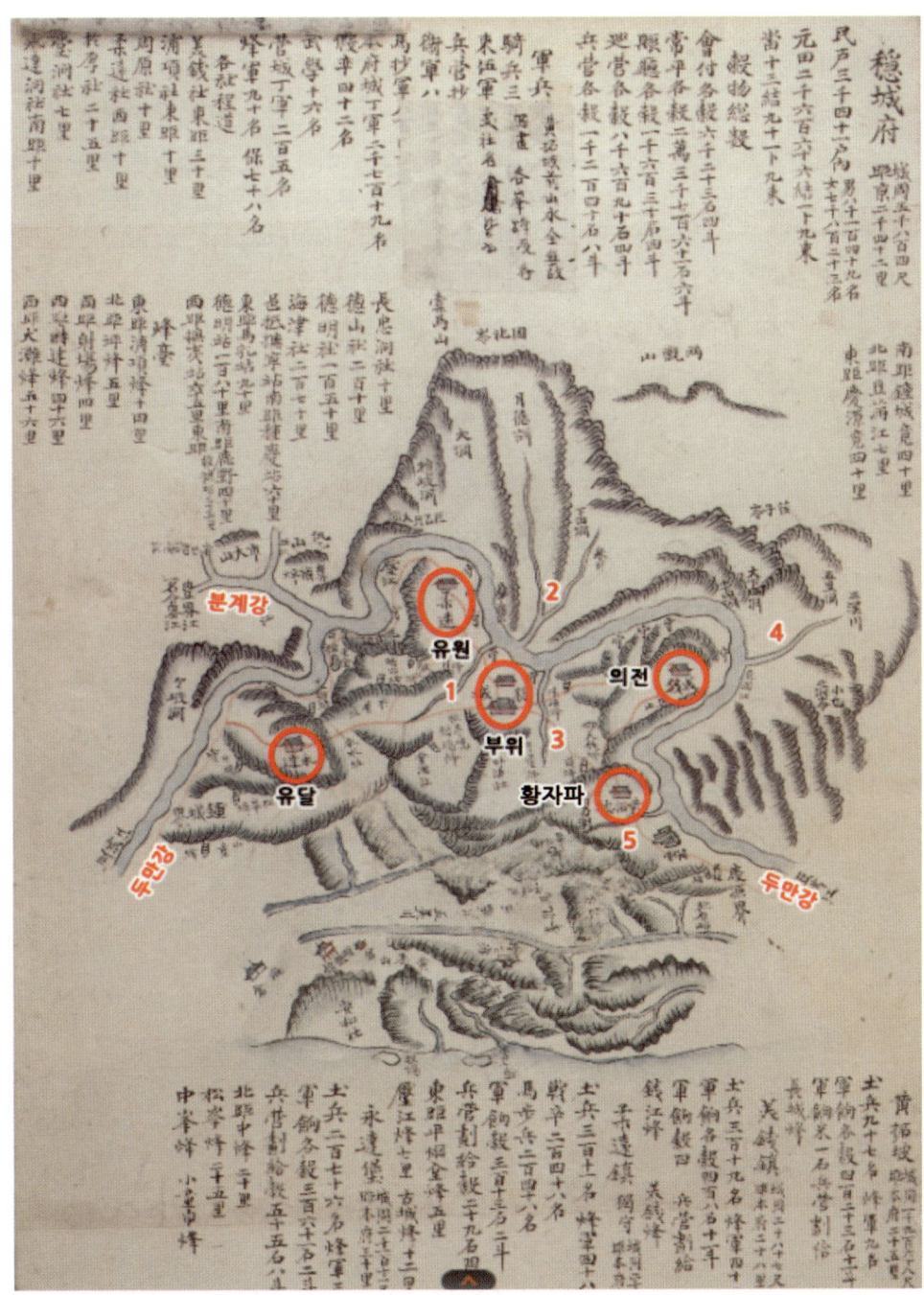

[그림 35] 해동지도 - 함경도 - 온성부: 온성부 부위와 황자파, 의전, 유원, 유달(영달)이 그려져 있다.

[그림 35]의 온성부 고지도에서 지역(영역)의 형태나 특색, 군사지역의 독특한 지명들을 살펴보자.

[그림 35]의 온성부 고지도에 있는 두만강에는 섬이 하나도 그려져 있지 않다. 두만강의 큰 지류로는 분계강이 있고, 작은 지류로 1번, 2번(泉川), 3번, 4번(三漢川), 5번의 5개의 지류가 그려져 있다. 온성부 부위(府衛) 성은 1번 지류와 3번 지류 사이에 있고, 의전(義錢), 황자파(黃柘坡), 유원(柔遠), 영달(永達)이 그려져 있다.

[그림 36] 온성부(조선지도 - 온성부): 온성 해창 영역은 온성부위가 있는 영역과 연결되어 있지 않다. 온성 남쪽 해창에서 부위까지 260리(참고: 신증동국여지승람)

[그림 35]의 온성부 고지도의 두만강에도 섬이 그려져 있지 않다. 그밖에 온성부 고지도가 여러 장 있는데 이들 온성부 고지도 모두의 두만강에 섬이 하나도 그려져 있지 않다. 이는 조선조 온성부에 있는 두만강에는 상당히 크다고 간주되는 섬이 하나도 없다는 뜻이다. 온성부는 상단부 영역과 하단부 영역으로 나누어져 있다(참조 [그림 36]).

[그림 35]에서 두만강의 강물로 이루어진 평면 영역을 $OO$라 하면, 이 영역 안에는 섬이 하나도 그려져 있지 않다. 따라서 영역 $OO$의 위상 종수(genus)는

$$g(OO) = 0.$$

북한 온성 지역 두만강 유역을 살펴보자.

[그림 37] 북한 온성 근방 두만강 유역의 구글 지도: 북한 온성 지역 두만강에는 큰 섬들이 여러 개 있다.

[그림 37]은 북한 온성 근방 두만강 유역의 구글지도이다. 북한 온성 근방 두만강 유역의 구글 지도에서 두만강 안에는 A, B, C, D, E, F, G, H의 8개의 섬이 있다. 이들 섬들은 상당히 크다. 지도 제작할 때 무시하고 그릴 정도의 작은 섬들이 아니다. 6진은 중요한 군사 지역들이다. 6진 중의 하나인 온성도 매우 중요한 군사 지역이다. 지도 제작에서 강에 있는 섬을 그려 넣는 것은 필수 사항이라 판단한다.

[그림 37]의 북한 온성 근방 두만강 유역의 두만강 물로 이루어진 평면을 PO라 하면 PO 내부에 8개의 섬이 있으므로 PO의 종수(genus)는

$$g(PO) = 8.$$

여기서 PO 영역과 $OO$ 영역의 종수를 비교하면 우리는 다음을 얻는다.

$$g(OO) = 0 \neq g(PO) = 8.$$

따라서 고지도 온성부 고지도에 있는 두만강 평면 영역 $OO$와 북한 온수의 구글 지도에 있는 두만강 물로 이루어진 평면 영역 PO는 동형이 아니다.

[그림 37]의 북한 온성 근방 두만강 유역의 구글 지도에서 두만강의 지류가 10개 있는데 고지도의 6개 지류와 어떻게 일대일 대응을 시켜야 할 지 모르겠다.

따라서 [그림 36]의 온성부 고지도의 두만강은 북한 온성 지역의 두만강이 아닙니다.

◆ 온성부의 여러 성터에 대한 주기

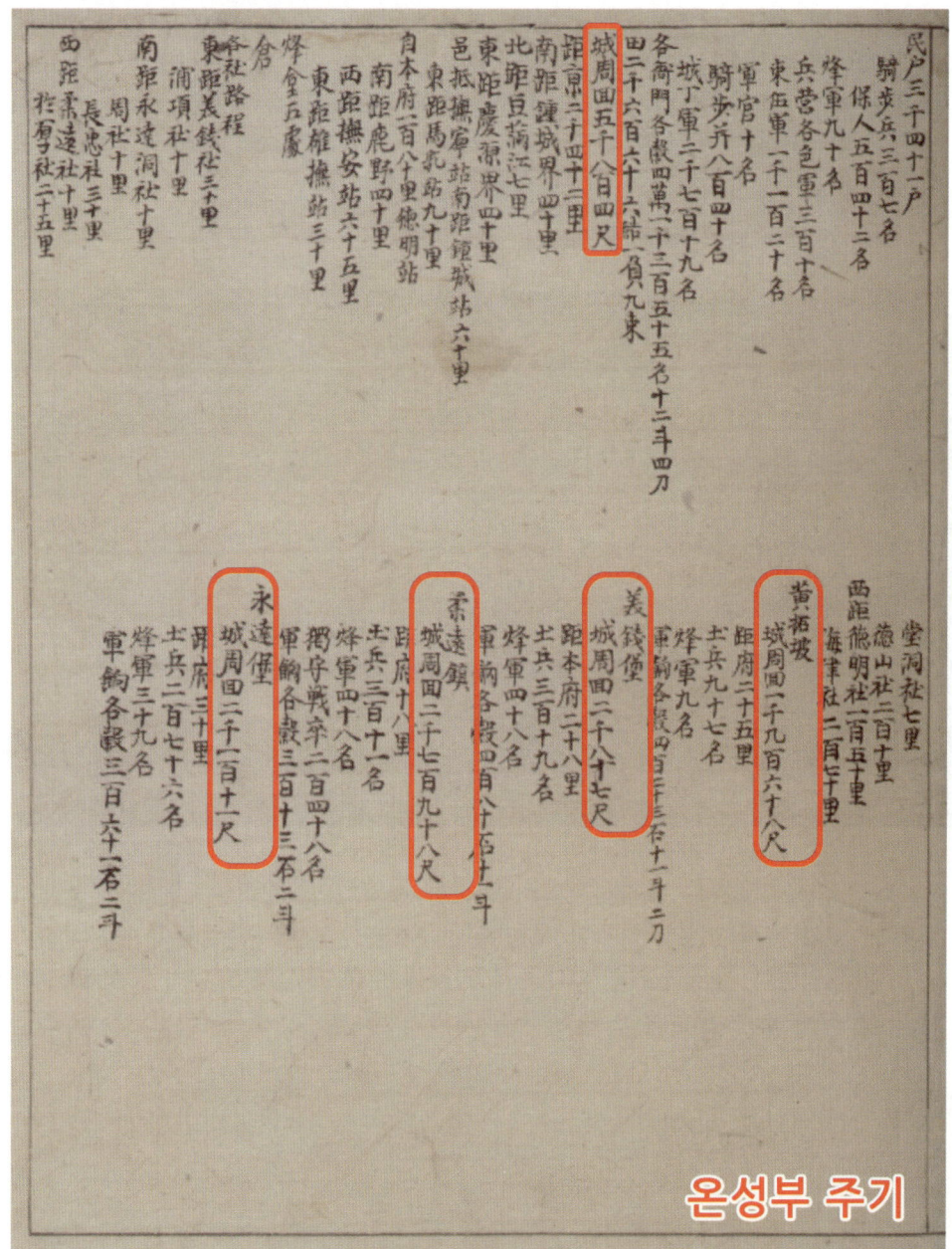

[그림 38] 온성부 주기- 광여도: 온성부에는 부위 성의 둘레는 5804척(1741m), 황자파의 보의 둘레는 1968척, 의전보의 둘레는 2087척, 유원진의 보 둘레는 2798척, 영원보의 둘레는 2111척이다.

[그림 38]의 온성부 주기에는 온성 부위 성과 황척파, 의전보, 유원진, 영달보 4개의 보의 기록이 있다. 온성 부위의 성의 둘레는 5804척(1741m)인데 현재의 대성자촌의 성곽의 둘레가 5804척(1741m)로 파악된다(답사 다녀옴). 황척파, 의전보, 유원진, 유달보 4개의 보의 성터는 답사하지 못 함. [그림 43]의 동녕 구글지도에 성동우체국과 성동촌이 보인다. 이는 이들이 유원진(성 둘레 2798척) 성터의 동쪽에 있다는 의미이다.

북한 온성 지역 성터를 살펴보자.

[그림 39] 현 두만강 남쪽 지역 온성 시내: 북한 온성 시내에 잔존하는 성곽이나 성터가 보이지 않는다.

북한 온성이 조선조 국경 지역의 중요한 군사지역이었다면 하나의 성과 4개의 보가 존재했었다. 하지만 북한 온성 시내에는 잔존하는 성곽이나 성터가 보이지 않는다. 구글지도를 확대해서 조사해 보아도 성터의 흔적을 찾을 수가 없다. 이는 북한 온성이 조선조 국경 지역의 중요한 군사지역이었다는 입증을 할 수 없는 것이다.

이상의 결과에 의하면 [그림 8]의 온성부 고지도는 북한 온성 근방의 위상도가 아니다.

## 2. 고지도의 穩城府에서 寧古塔까지 거리 고찰

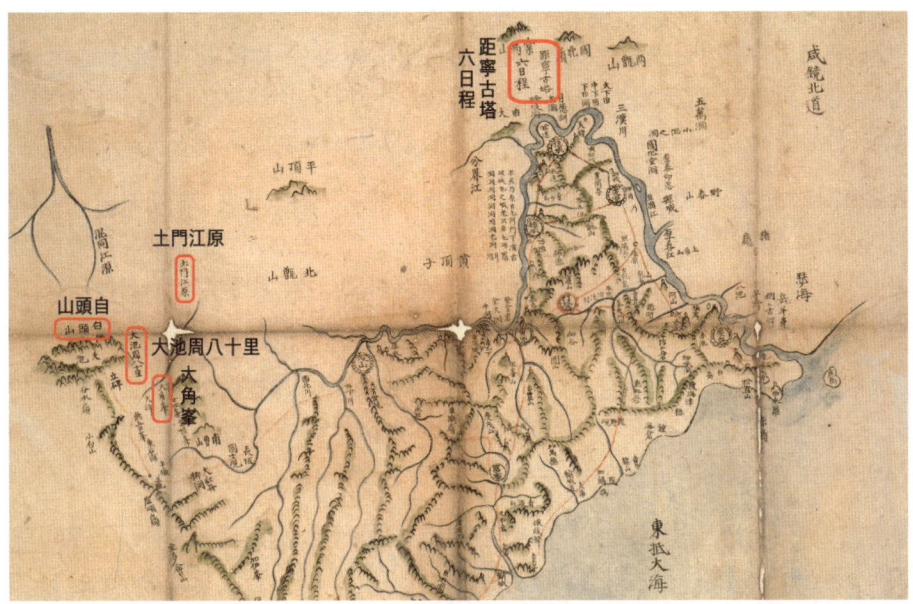

[그림 40] 팔도지도-함경북도: 이 지도에서 온성부에 '距寧古塔 六日程'이라고 적혀 있다. 대각봉(大角峯)은 무산 근방에 있다. 백두산 대지(大池)의 둘레를 80리라고 하고 있고 삼지(三池)는 대지(大池) 근방에 있는 것을 묘사하고 있다.

[그림 40]의 함경북도 지도의 온성부에서 영고탑까지 도보로 6일정(距寧古塔 六日程)이라고 기록하고 있다. 북한 온성에서 영고탑까지 가는 경로를 살펴보자.

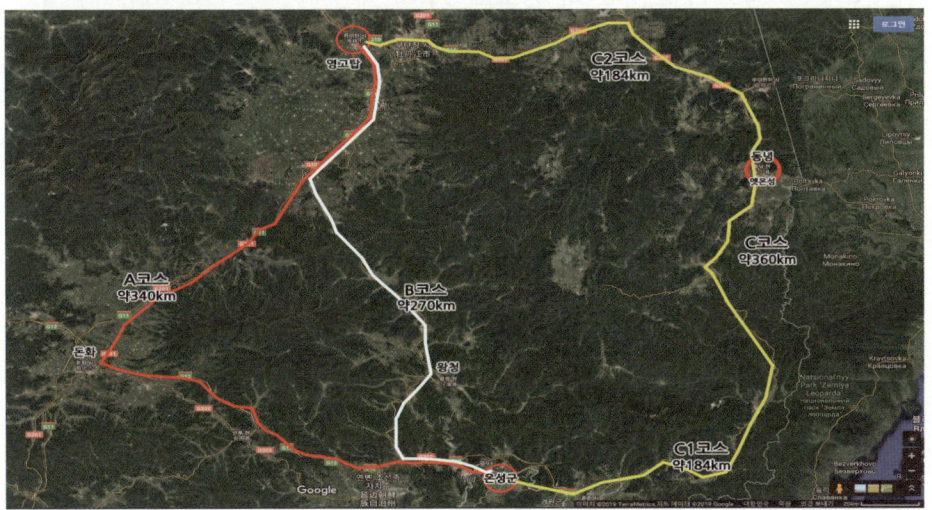

[그림 41] 북한 온성에서 영고탑까지 가는 경로: 북한 온성에서 해림시 영고탑(海林市 寧古塔)까지 가는 3가지 경로.

북한 온성에서 중국 해림시 영고탑(海林市 寧古塔)까지 가는 경로는 여러 가지가 있다. [그림 41]의 구글 지도에서 보는바와 같이 북한 온성에서 중국 해림시 영고탑 사이에는 높은 산악지대가 많다. 따라서 북한 온성에서 중국 해림시 영고탑까지 연결되는 차마 도로는 많지 않다. 산악 지대가 많아 현재도 북한 온성에서 중국 해림시 영고탑까지 연결되는 직선에 가까운 도로는 없다.

[그림 41]의 구글 지도에서는 북한 온성에서 중국 해림시 영고탑까지 가는 3가지 경로를 생각해 보았다. [그림 40]의 함경북도 고지도에서 온성에서 해림시 영고탑까지 도보로 가는 데 6일 소요된다고 기록하고 있다(距寧古塔 六日程). 3가지 각 경로에 대하여 살펴보자.

A 코스는 돈화를 경유하는 경로로 비교적 평탄한 경로이며 420Km 정도이다. 하루 평균 30Km씩 걷는다면 온성에서 海林市 寧古塔까지 도보로 가는 데 14일 정도 소요된다. 6일에는 갈수 없는 거리이다.

B 코스는 왕청을 경유하는 경로로 산악지대가 많은 경로로 270Km 정도이다. 하루 평균 30Km씩 걷는다면 온성에서 해림시 영고탑까지 도보로 가는 데 9일 정도 소요된다. 이 경로도 6일에는 갈수 없는 거리이다.

C 코스는 동녕(東寧)을 경유하는 경로로 산악지대가 많은 경로로 460Km 이상이다. 하루 평균 30Km씩 걷는다면 온성에서 해림시 영고탑까지 도보로 가는 데 15일 정도 소요된다. 이 경로도 6일에는 갈수 없는 거리이다.

그밖에 온성에서 해림시 영고탑(海林市 寧古塔)까지 최단 경로를 택한다 해도 온성과 해림시 영고탑 사이에는 산악 지대가 많기 때문에 북한 온성에서 해림시 영고탑까지 도보로 가는 데는 평균적인 도보 속도로 최소 9일이 넘게 소요된다.

한편 동녕(東寧)에서 해림시 영고탑까지 184Km이다. 하루 평균 속도 30Km로 걷는다면 6일이 소요된다.

따라서 "영고탑에서 6일정" 거리에 있는 온성부는 북한 온성이 아니고 동녕이다.

## 3. 조선조 온성부는 어디에 존재하는가?

본 연구는 온성부 고지도의 특이한 특성을 가진 지역을 위상수학적, 기하학적으로 분석하고 이에 대응되는 지역을 구글 위성도에서 일대일 대응시켜 찾는 것이다. 규장각 고지도편에서는 여러 종류의 온성부의 고지도가 있다. 하지만 특이지역의 특이 사항을 상세하게 설명하지 않은 것이 대부분이다.

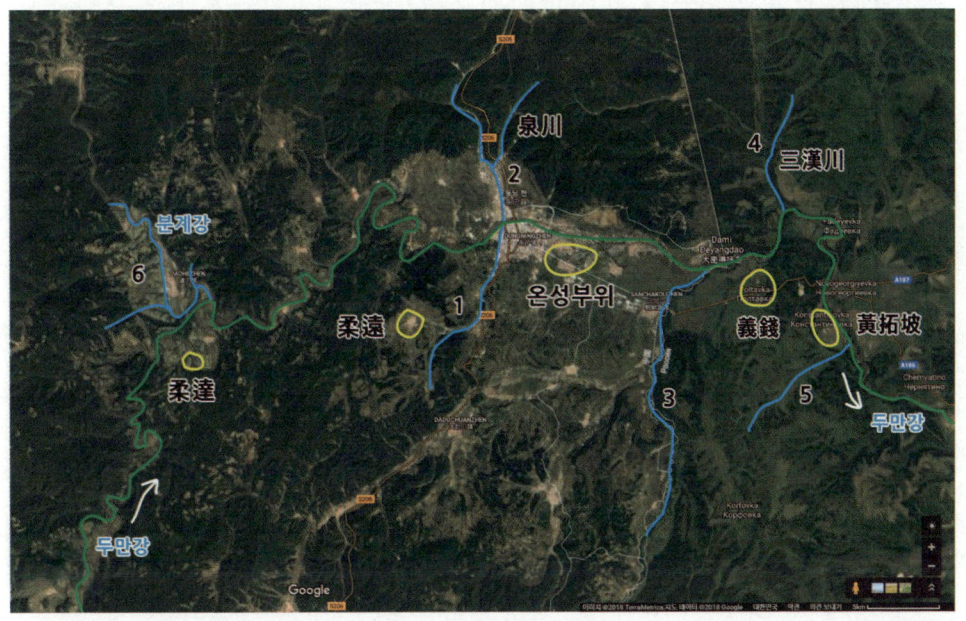

[그림 42] 동녕의 수분하 근방: 조선조 온성부가 있던 곳. 3번 오른쪽은 러시아 영토로 되어 있는데 인구밀도가 낮아 황자파와 의전이 있었던 곳 만 소도시가 있고 주변에 도시가 없다.

[그림 35]의 온성부 고지도에 있는 두만강에는 섬이 하나도 그려져 있지 않다. 두만강의 큰 지류로는 분계강이 있고, 작은 지류로 1번, 2번(泉川), 3번, 4번(三漢川), 5번의 5개의 지류가 그려져 있다. 온성부 부위(府衛)는 1번 지류와 3번 지류 사이에 있고, 의전(義錢), 황자파(黃柘坡), 유원(柔遠), 영달(永達)이 그려져 있다.

[그림 43]의 동녕 근방의 구글 지도에서 수분하(두만강)에는 상당한 크기의 섬이 하나도 없어 [그림 35]의 온성부 고지도와 잘 일치한다. 분계강(分界江)에 대응되는 강도 고지도 위상도 위치에 잘 일치되게 대응된다. 고지도의 5개의 지류 1번, 2번(泉川), 3번, 4번(三漢川), 5번의 지류가 고지도의 위상도와 이 영역에 잘 대응되고 있다.

1번 지류와 3번 지류가 사이에 온성 부위(府衛)가 있었던 자리에는 동녕 시내가 자리 잡고 있고 여기에 대성자촌([그림 43])이라는 고성이 있다. 1번 지류 왼쪽에는 유원과 유달이 있었던 곳이라고 추정되는 곳도 보인다. 3번 지류와 5번 지류 사이에 의전진(현재 러시아 Poltavka 가 있음)과 황자파(黃柘坡)(현재 러시아 Konstantinovka 가 있음)가 있었던 곳도 보인다. 황자파는 황색갈의 산뽕나무 언덕이라는 뜻이다. 아직도 황색 산뽕나무 언덕이 있는지 확인해 보고 싶다. 러시아 쪽에는 의전진(현재 Poltavka)과 황자파(현재 Konstantinovka) 가까운 근방에 다른 도시가 보이지 않는다.

[그림 43] 동녕의 수분하(옛 두만강) 남쪽 지역: 조선조 온성의 성터가 있다. 성동촌이 있어 성동촌은 옛 유원진 보의 동쪽에 있는 지역이라는 뜻이다. 대성자촌은 옛 온성 부위 성터이다. 온성부 주기[그림 11]에 부위의 성의 둘레가 5804척(1741m)이라고 기록되어 있는데 옛 온성 부위의 성터인 대성자촌 성의 둘레가 5804척이다.

[그림 43]의 동녕의 수분하(옛 두만강) 남쪽 지역 성터가 있어 옛 두만강을 적을 방어하는 하나의 해자로 활용하고 있다. 옛 온성 부위의 성터인 대성자촌 성의 둘레가 5804척이고 성 가장자리에 20m 정도의 도랑을 파 놓아 성벽에 사다리를 놓아 성벽을 넘어오지 못 하게 만들어 놓았다. 온성부 주기[그림 38]에 부위의 성의 둘레가 5804척(1741m)이라고 기록되어 있는데 옛 온성 부위의 성터인 대성자촌 성의 둘레가 5804척(1741m)이다.

## 4. 결론

1절의 조사에 의해 북한의 온성 근방 두만강 내부에는 섬이 9개 있고 고지도에는 이들 섬에 대응시키는 섬이 하나도 그려져 있지 않다. 따라서 온성부 고지도는 북한 온성 근방 두만강 유역의 위상도가 아니다.

2절의 고지도에서 온성에서 영고탑까지 6일정에 알맞은 지역은 북한 온성이 아니고 동녕이 합당한 거리에 있음을 설명하고 있다.

3절의 조사에 [그림 43]의 동녕 근방의 구글 지도에서 수분하(두만강)에는 상당한 크기의 섬이 하나도 없어 [그림 35]의 온성부 고지도와 잘 일치한다. 분계강(分界江)에 대응되는 강도 고지도 위상도 위치에 잘 일치되게 대응된다. 고지도의 5개의 지류 1번, 2번(천천(泉川)), 3번, 4번(삼한천(三漢川)), 5번의 지류는 [그림 42]의 5개의 지류와 잘 대응되고 있다.

온성 부위(府衛), 유원, 영달(또는 유달), 의전진(현재 러시아 Poltavka), 황자파(黃柘坡)(현재 러시아 Konstantinovka)가 있었던 곳도 보인다.

따라서 1절, 2절, 3절의 결과에 의해 온성부 고지도는 북한 온성의 지도가 아니고 동녕 근방의 위상도이다.

## V. 위상수학을 활용한 종성부 고지도 분석(참고 [10, 15])

### 1. 종성부 고지도와 북한 종성 근방 두만강 유역 위성지도 비교

서울대학교 규장각 한국학연구원 고지도편에 종성 근방과 두만강을 그린 고지도가 6 종류가 있다.

종성의 고지도 중에서 구글지도와 비교 조사하기가 가장 좋은 종성부 고지도 중 하나는 [그림 44] (필사본(방안식)-조선지도 - 함경도 - 종성부)이다.

[그림 44] 종성부 고지도: 필사본(회화식) - 조선지도 - 종성부

[그림 44]의 종성부 고지도에서 지역(영역)의 형태나 특색, 군사지역의 독특한 지명들을 살펴보자.

[그림 44]의 종성부 고지도에 있는 두만강에는 섬이 하나도 그려져 있지 않다. 다른 종성부 고지도에 있는 두만강에도 섬은 하나도 없다. 종성부는 군사 지역이기 때문에 의미 있는 섬이 존재하면 반드시 그려 넣어야 한다. 고지도 모두에 섬이 없다는 것은 유의미한 섬이 존재하지 않는 것이다.

두만강의 작은 지류로 1번, 2번, 3번의 3개의 지류가 그려져 있고 더 작은 지류가 조그맣게 그려져 있다. 종성부 부위(府衛)는 1번 지류와 2번 지류 사이에 있고, 북행영(北行營), 녹야사(鹿野社) 등이 그려져 있다.

다음은 또 다른 종성부(필사본) 고지도이다.

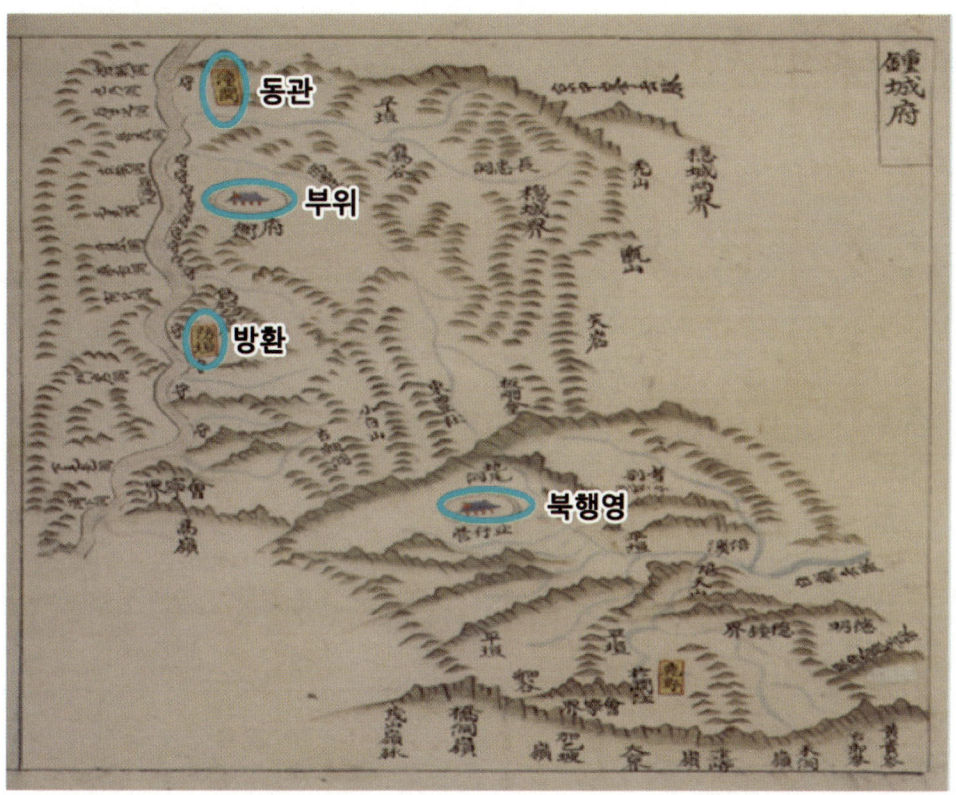

[그림 45] 종성부: 필사본(회화식)-광여도 - 종성부. 두만강에 섬이 없다. 부위, 동관, 방환, 북행영이 보인다.

[그림 44]의 종성부 고지도의 두만강에도 섬이 그려져 있지 않다. 그밖에 종성부 고지도가 여러 장 있는데 이들 종성부 고지도 모두의 두만강에 섬이 하나도 그려져 있지 않다. 이는 조선조 종성부에 있는 두만강에는 상당히 크다고 간주되는 섬이 하나도 없다는 뜻이다.

[그림 44]에서 두만강의 강물로 이루어진 영역을 평면 영역을 $OO$라 하면, 이 영역 안에는 섬이 하나도 그려져 있지 않다. 따라서 $OO$의 위상 종수(genus)는

$$g(OO) = 0.$$

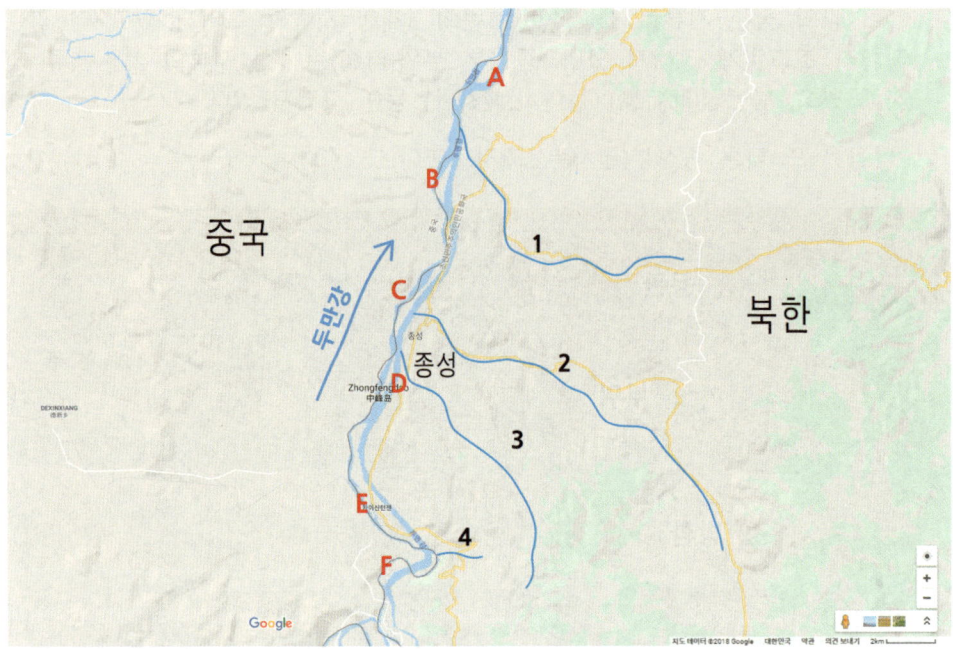

[그림 46] 북한 종성 근방 두만강 유역의 구글 지도

[그림 46]은 북한 종성 근방 두만강 유역의 구글 지도이다. 북한 종성 근방 두만강 유역의 구글 지도에서 두만강 안에는 A, B, C, D, E, F의 6개의 섬이 있다. 이들 섬들은 상당히 크다. 지도 제작할 때 무시하고 안 그릴 정도의 작은 섬들이 아니다. 육진은 중요한 군사 지역들이다. 육진 중의 하나인 종성은 매우 중요한 군사 지역이다. 지도 제작에서 강에 있는 섬을 그려 넣는 것은 필수 사항이라 판단한다.

[그림 46]의 북한 종성 근방 두만강 유역의 두만강 물로 이루어진 평면을 NO라 하면 NO 내부에 6개의 섬이 있으므로 영역 NO의 종수(genus)는

$$g(NO) = 6.$$

여기서 두 영역 NO와 $OO$의 종수를 비교하면 우리는 다음을 얻는다.

$$g(OO) = 0 \neq g(NO) = 6.$$

따라서 고지도 종성부 고지도에 있는 두만강 평면 영역 $OO$와 북한 온수의 구글 지도에 있는 두만강 평면 영역 NO는 동형이 아니다.

[그림 46]의 북한 종성 근방 두만강 유역의 구글 지도에서 두만강의 지류와 종성부 고지도의 두만강의 지류와 어떻게 일대일 대응을 시켜야 할 지 모르겠다.

◆ 종성부의 여러 성터에 대한 주기(광여도 주기)

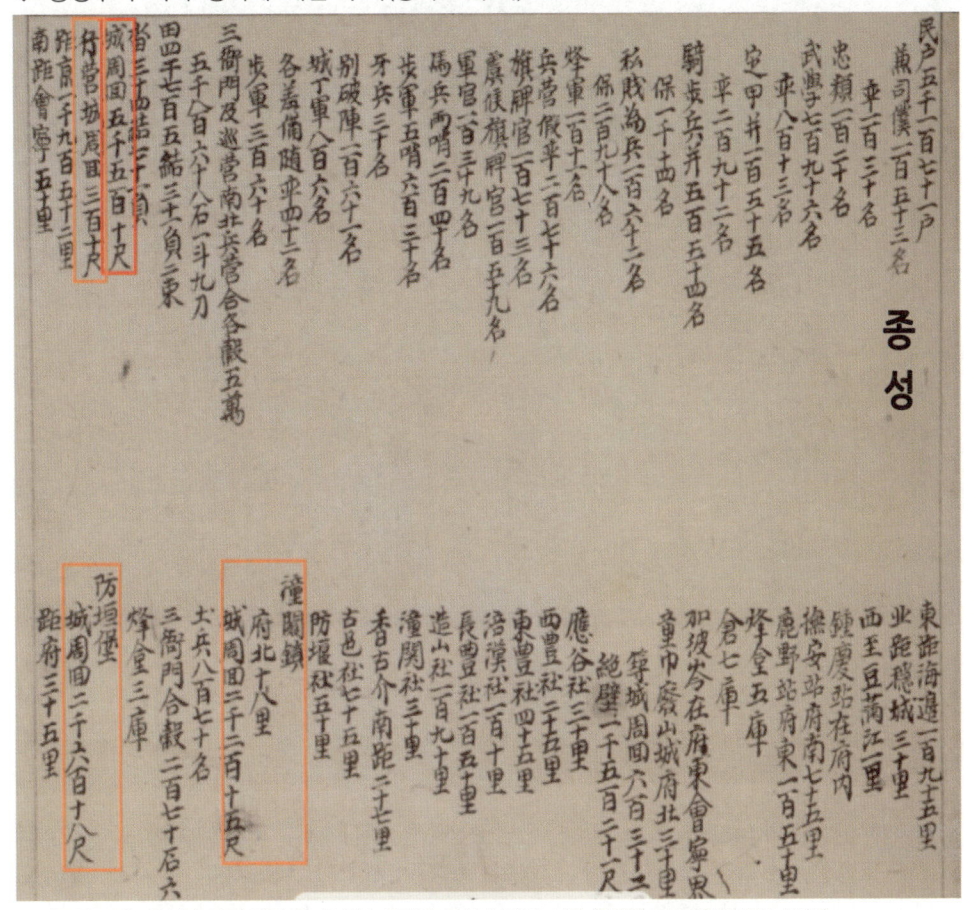

[그림 47] 종성부 주기-광여도: 종성부 주기에 종성 부위의 성의 둘레가 5510척(1653m)이다.

종성부에는 종성 부위의 성의 둘레가 5510척(1653m)으로 성이 있다. 작은 성으로 행영성(성 둘레 310척), 동관보(성 둘레 2215척), 방환보(성 둘레 2618척)가 있다. 동관보는 부위 북쪽 18리에 있고 방환보는 부위에서 30리 거리에 있다.

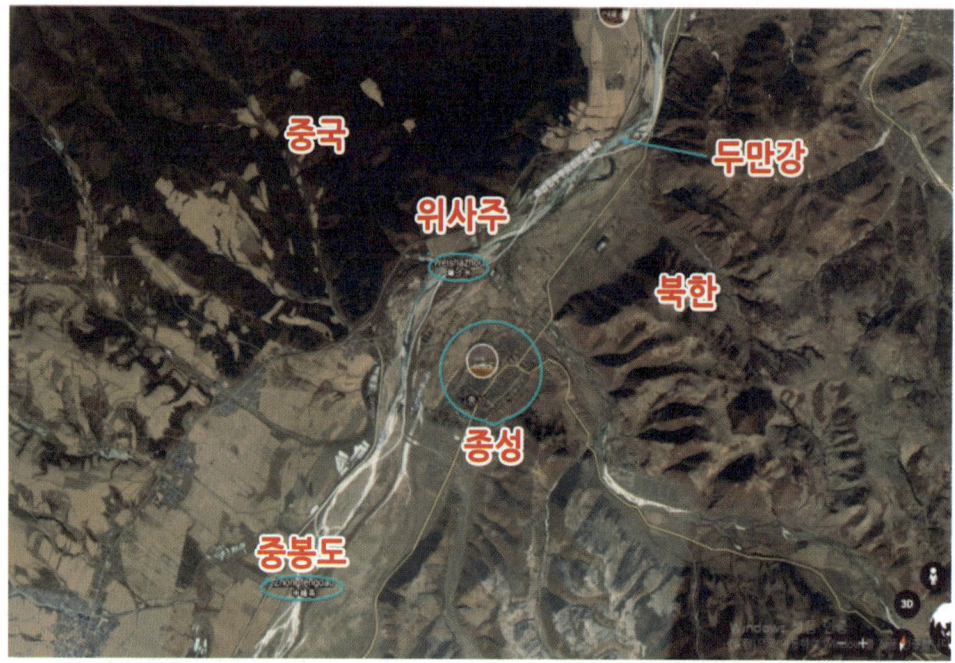

[그림 48] 북한 종성 근방 구글지도

[그림 47]의 조선조 종성 고지도 주기에 종성 부위의 성의 둘레가 5510척 (1653m)이다. 작은 성으로 행영성(성 둘레 310척), 동관보(성 둘레 2215척), 방환보(성 둘레 2618척)가 있다.

하지만 [그림 48]의 북한 종성 근방 영역을 확대하여 관찰해보아도 옛 성터의 모습은 보이지 않는다. 이 지역의 동남쪽 지역을 확대하여 조사해 보아도 옛 성터의 모습은 보이지 않는다. 북한에서 종성 지역에서 옛 고성터를 발견하여 발굴했다는 보고가 있었다는 이야기도 들어본 적이 없다. 북한 종성이 세종대왕 때의 종성이라고 할 수 없다.

조선조 종성 고지도에 나타난 두만강[그림 44]과 북한의 종성 근방 두만강 [그림 46]은 위상 동형이 아니고, 고지도의 두만강 지류도 북한 두만강 지류와 일대일 대응이 잘 안 된다. [그림 47]의 고지도 주기에 나타난 성터들이 북한 경원 근방에서 발견되지 않아 북한 종성이 세종대왕 때의 종성이라는 입증 증거가 없다.

이상의 조사 결과에 의하면 [그림 44, 45]의 종성부 고지도는 북한 종성 근방의 위상도가 아니다.

## 2. 조선조 종성부는 어디에 존재하는가?

　본 연구는 종성부 고지도의 특이한 특성을 가진 지역을 위상수학적, 기하학적으로 분석하고 이에 대응되는 지역을 구글 위성도에서 일대일 대응시켜 찾는 것이다. 규장각 고지도편에서는 여러 종류의 종성부의 고지도가 있다. 하지만 특이지역의 특이 사항을 상세하게 설명하지 않은 것이 대부분이다.

　[그림 44]의 종성부 고지도에 있는 두만강에는 섬이 하나도 그려져 있지 않다. 두만강의 지류로 1번, 2번, 3번의 3개의 지류가 그려져 있다.

　4번 지류(또는 강)는 독립적으로 그려져 있다. [그림 44]의 종성부 고지도의 4-4 좌측에 북행영(北行營)이 나타내어 있다. 4-6 하단 왼쪽에 녹야사(鹿野社)가 보인다.

　[그림 22]는 동녕(東寧) 서남쪽 수분하 근방의 구글 지도이다. 구글 지도에서 수분하(옛 두만강)에는 상당한 크기의 섬이 하나도 없어 [그림 17]의 종성부 고지도와 잘 일치한다. 고지도의 3개의 지류 1번, 2번, 3번과 작은 지류가 있는데 [그림 22]의 두만강(현 수분하)의 3개의 지류 1번, 2번, 3번과 작은 지류가 잘 대응되고 있다. 고지도의 4번 지류도 위상적으로 잘 대응된다.

　위상적으로 판단하여 1번 지류와 2번 지류 사이에 종성 *府衛*가 있었던 자리에는 도시는 안 보이고 밭으로 이루어진 들판만 보인다. 북행영(北行營)이 있었던 자리에도 도시는 안보이고 밭으로 이루어진 들판만 보인다. 답사하여 실제 있었던 위치를 확인해 보고 싶다.

　이들 두 곳은 세종대왕 때 조선의 군사 지역으로 중요한 역할을 한 지역이었지만 20세기 여러 차례의 전란으로 인하여 황폐화된 지역이 되어 인가가 안 보인다.

4-6 하단 왼쪽에 있었던 녹야사 지역에는 조그만 마을이 보인다.

[그림 49] 동녕의 서남쪽 수분하 근방: 조선조 종성부가 있던 곳. 위상적으로 판단한 종성 부위가 있었던 지역으로부터 30리 거리에 분루두촌이 있고 이곳에 옛 방환보 성터의 흔적이 보인다. 종성부위 위치와 북행영의 위치는 답사로 확인해 보아야 한다.

[그림 50] 위상적으로 판단한 종성 부위가 있었던 지역으로부터 30리 거리에 분루두촌이 있고 이곳에 옛 방환보 성터라고 추정되는 흔적이 보인다. 점선 사각형의 노란 선은 방환보의 해자로 활용된 거로 추정되는 개울 모습의 흔적이다. 이 곳이 방환보가 있었던 곳인지는 직접 가서 확인해 보아야 알 수 있다.

## 3. 결론

1절의 조사에 의해 북한의 종성 근방 두만강 내부에는 섬이 4개 있고 종성부 고지도에는 이들 섬에 대응시키는 섬이 하나도 그려져 있지 않다. 따라서 종성부 고지도는 북한 종성 근방 두만강 유역의 위상도가 아니다.

2절의 조사에 [그림 49]의 동녕 서남쪽 수분하(옛 두만강) 근방의 구글 지도에서 수분하(옛 두만강)에는 상당한 크기의 섬이 하나도 없어 [그림 44]의 종성부 고지도와 잘 일치한다. 고지도의 3개의 지류 1번, 2번, 3번, 또 작은 지류가 [그림 49]의 3개의 지류 1번, 2번, 3번, 또 작은 지류와 잘 대응되고 있다. [그림 44]의 지류 4번도 [그림 49]의 지류 4번과 잘 대응된다.

따라서 조선조 종성부 고지도([그림 44])는 동녕의 서남부 분루두촌 근방([그림 49])의 위상도이다.

## VI. 위상수학을 활용한 세종대왕의 회령부 고지도 분석 (참고 [12, 15])

### 1. 북한의 두만강 유역 회령 근방의 구글 위성도와 회령고지도 비교

규장각에는 회령부 고지도가 6종류가 있다. 회령부 고지도 중 구글지도와 비교 조사하기가 가장 좋은 회령부 고지도 중 하나는 는 필사본(방안식)-(조선지도 - 함경도 - 회령부)[그림 51]이다.

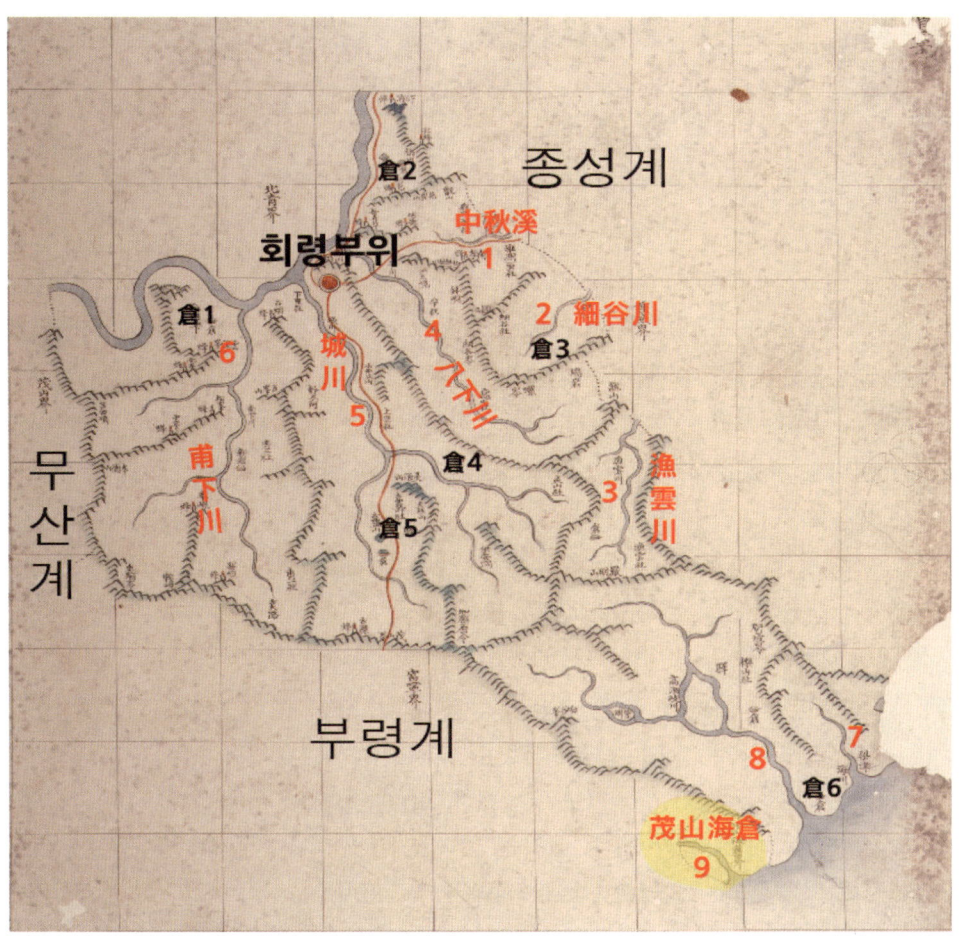

[그림 51] 회령부 고지도: 필사본(회화식) - 조선지도 - 회령부. 두만강에 섬이 없다. 8번 하천 하류에 회령 海倉이 있고 부령과 회령 사이 9번 하천 하류에 茂山 海倉이 있다.

[그림 51]의 회령부 고지도에서 회령부의 영역이 북쪽 두만강으로부터 동해안 바닷가까지 이르는 영역으로 이루어진 영역으로 매우 잘 그려져 있다. [그림 51]의 회령부 고지도에서 지역(영역)의 강과 지류, 군사지역의 독특한 지명들을 살펴보자.

[그림 51]의 회령부 고지도에 있는 두만강에는 섬이 하나도 그려져 있지 않다. 다른 회령부 고지도에 있는 두만강에도 섬은 하나도 그려져 있지 않다. 회령부는 군사 지역이기 때문에 의미 있는 섬이 존재하면 반드시 그려 넣어야 한다. 고지도 모두에 섬이 없다는 것은 유의미한 섬이 존재하지 않는 것이다.

두만강의 작은 지류로 1번(中秋溪), 2번(細谷川), 3번(漁雲川), 4번(八下川), 5번(城川), 6번(甫下川)의 6개의 지류가 그려져 있다.

◆ 회령부 府衛는 4번(八下川)지류와 5번(城川) 지류 사이에 있다. 여러 개의 창고(倉)의 위치가 표시되어 있다.

동해안쪽(그림 아래 쪽)에 7번, 8번 9번의 하천이 그려져 있고 8번 강 하류에 회령부 海倉이 있고 9번의 하천의 하류에 茂山府 海倉이 있다. 8번 강에 고랑기천이 있다. 여기서 9번 하류 지역은 무산부 행정 구역에 속하며 무산부 위가 있는 무산부 부위와는 상당히 멀리 떨어져 있다.

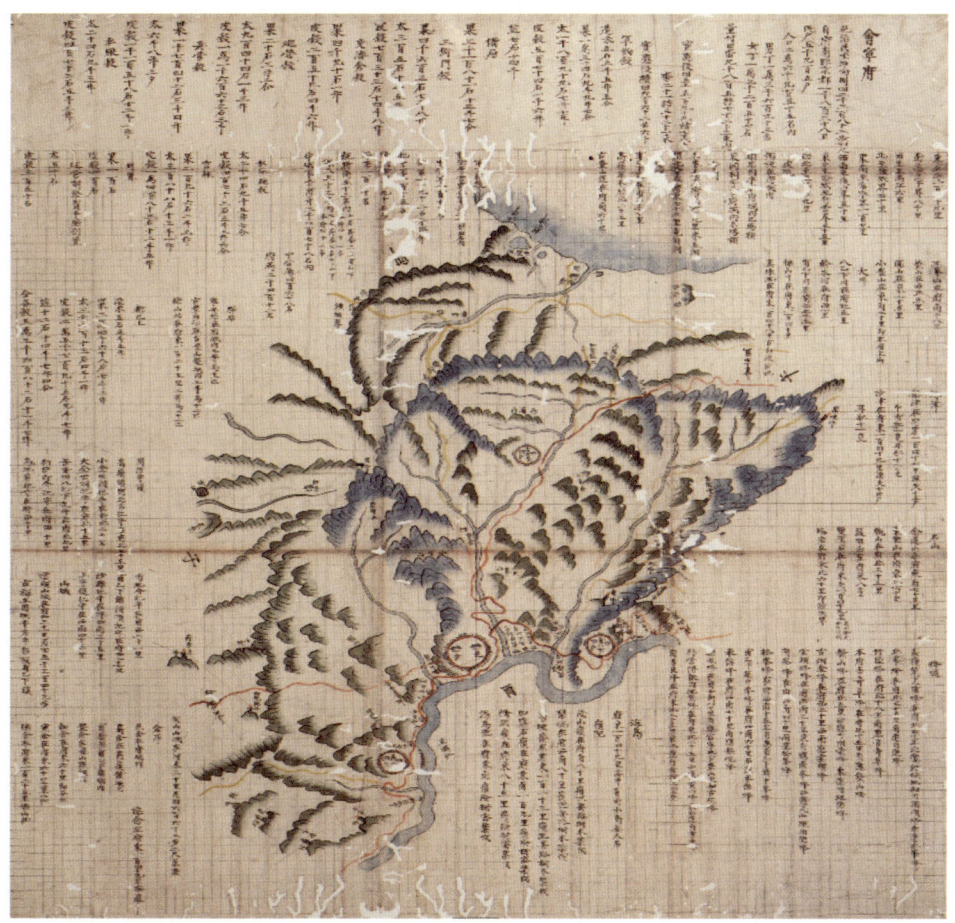

[그림 52] 회령부: 비변사인방안지도 - 회령부. 두만강에 섬이 없다.

[그림 51]의 회령부 고지도의 두만강에도 섬이 그려져 있지 않다. 규장각에는 회령부 고지도가 6 종류가 있는데 이들 회령부 고지도 모두의 두만강에도 섬이 하나도 그려져 있지 않다. 이는 조선조 회령부에 있는 두만강에는 상당히 크다고 간주되는 섬이 하나도 없다는 뜻이다.

[그림 51]에서 두만강의 강물로 이루어진 영역을 평면 영역을 $OO$라 하면, 이 영역 안에는 섬이 하나도 그려져 있지 않다. 따라서 영역 $OO$의 위상 종수(genus)는

$$g(OO) = 0.$$

다음은 북한 회령 지역 구글 지도이다.

[그림 53] 북한 회령 근방 두만강 유역의 구글 지도. 두만강에 여러 개의 섬이 있다.

위 북한 회령 근방 두만강 유역의 구글지도[그림 53]에서 두만강 안에는 A, B, C, D, E, F의 6개의 섬이 있다. 이들 섬들은 상당히 크다. 지도 제작할 때 무시하고 그릴 정도의 작은 섬들이 아니다. 6진은 중요한 군사 지역들이다. 6진 중의 하나인 회령도 매우 중요한 군사 지역이다. 지도 제작에서 강에 있는 섬을 그려 넣는 것은 필수 사항이라 판단한다.

[그림 53]의 북한 화령 근방 두만강 유역의 두만강 물로 이루어진 평면을 NO라 하면 NO 내부에 6개의 섬이 있으므로 NO의 종수(genus)는

$$g(NO) = 6.$$

위식과 앞에서의 두식을 비교하면 우리는 다음을 얻는다.

$$g(OO) = 0 \neq g(NO) = 6.$$

따라서 [그림 51]의 회령부 고지도에 있는 두만강 평면 영역 $OO$와 북한 회령의 구글 지도에 있는 두만강 평면 영역 NO는 동형이 아니다.

[그림 53]의 북한 회령 근방 두만강 유역의 구글 지도에서 두만강의 지류와 고지도의 두만강의 지류와 어떻게 일대일 대응을 시켜야 할 지 모르겠다.

◆ 회령부의 여러 성터에 대한 주기

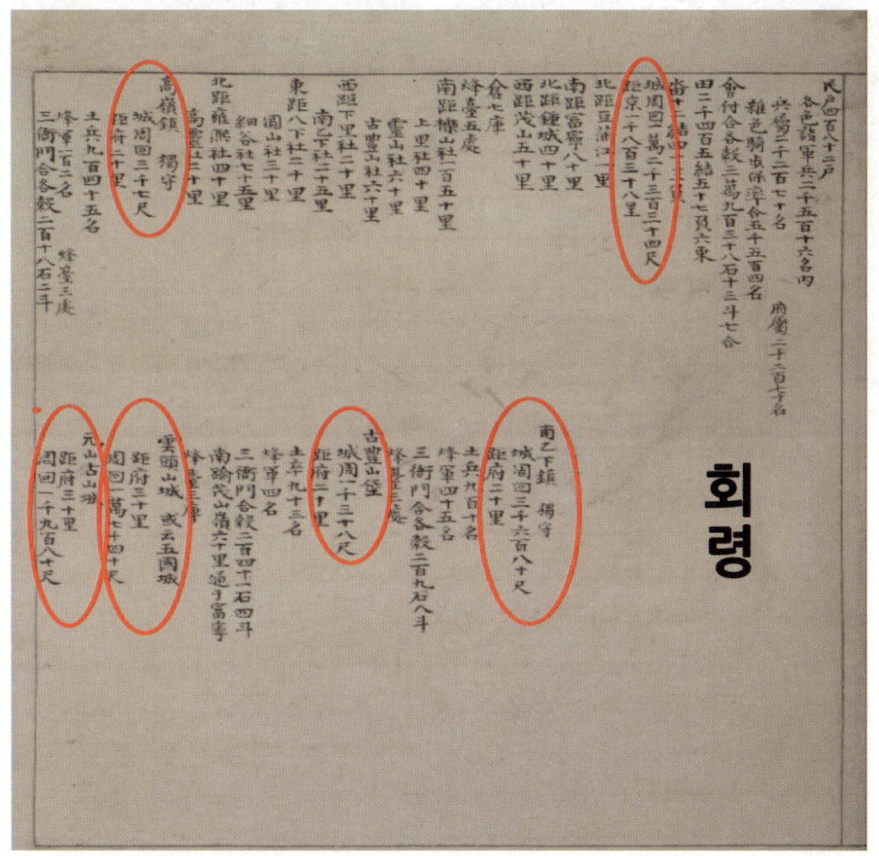

[그림 54] 회령부 주기: 회령부 주기에 회령 부위의 성의 둘레가 12334척(3700m)이다. 고령진 성의 둘레가 3007척, 볼하진 성의 둘레가 3680척, 고령진 성의 둘레가 3007척, 고풍산 보의 둘레가 1038척, 운두산성 성의 둘레가 17040척(5112 m), 원산고산성 성의 둘레가 1980척이다.

회령부에는 회령 부위의 성의 둘레가 12334척(3700m)인 성이 있다. 작은 성으로 고령진 성의 둘레가 3007척, 볼하진 성의 둘레가 3680척, 고령진 성의 둘레가 3007척, 고풍산 보의 둘레가 1038척, 운두산성 성의 둘레가 17040척, 원산고산성 성의 둘레가 1980척이다. 운두산성은 부위에서 서쪽 30리 거리에 있다(참조 [그림 54]).

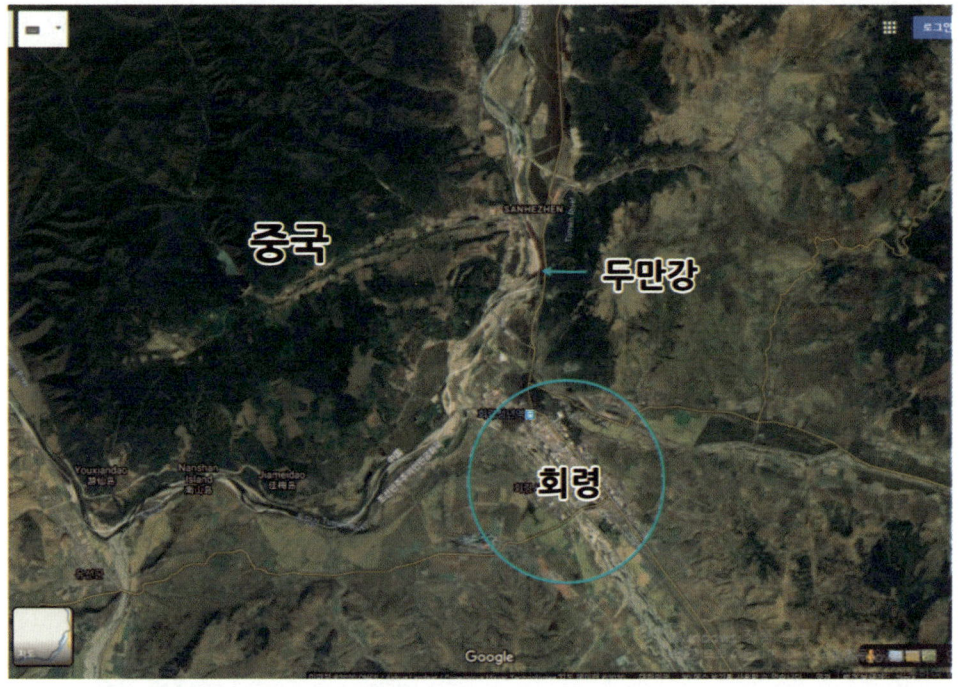

[그림 55] 북한 회령 근방 구글지도

[그림 54]의 조선조 회령부 주기에 회령 부위의 성의 둘레가 12334척(3700m)이다. 고령진 성의 둘레가 3007척, 볼하진 성의 둘레가 3680척, 고령진 성의 둘레가 3007척, 고풍산 보의 둘레가 1038척, 운두산성 성의 둘레가 17040척, 원산고산성 성의 둘레가 1980척이다.

하지만 [그림 55]의 북한 회령 근방 영역을 확대하여 관찰해보아도 옛 성터의 모습은 보이지 않는다. 이 지역의 동쪽, 서쪽, 남쪽 지역을 확대하여 조사해 보아도 옛 성터의 모습은 보이지 않는다. 북한에서 회령 지역에서 옛 고성터를 발견하여 발굴했다는 보고가 있었다는 이야기도 들어본 적이 없다. 북한 회령이 세종대왕 때의 회령이라고 확신할 수가 없다.

이상의 조사 결과에 의하면 [그림 51]의 조선조 회령부 고지도는 북한 회령 근방의 위상도가 아니다.

## 2. 조선조 회령부(북부)는 어디에 존재하는가?

　본 연구는 회령부 고지도의 특이한 특성을 가진 지역을 위상수학적, 기하학적으로 분석하고 이에 대응되는 지역을 구글 위성도에서 일대일 대응시켜 찾는 것이다. 규장각 고지도편에서는 6 종류의 회령부 고지도가 있다. 하지만 특이지역의 특이 사항을 상세하게 설명하지 않은 것이 대부분이다.

　[그림 51]의 회령부 고지도는 회령부의 영역이 두만강으로부터 동해안 바닷가까지 이르는 영역으로 이루어진 영역으로 매우 잘 그려져 있다. 회령부 남북의 거리가 180리가 넘는다.

　[그림 51]의 회령부 고지도에 있는 두만강에는 섬이 하나도 그려져 있지 않다. 다른 회령부 고지도에 있는 두만강에도 섬은 하나도 그려져 있지 않다. 회령부는 군사 지역이기 때문에 의미 있는 섬이 존재하면 반드시 그려 넣어야 한다. 고지도 모두에 섬이 없다는 것은 유의미 있는 섬이 존재하지 않는 것이다.

　두만강의 작은 지류로 1번(中秋溪), 2번(細谷川), 3번(漁雲川), 4번(八下川), 5번(城川), 6번(甫下川 또는 蕈下川)의 6개의 지류가 그려져 있다. 회령부 府衛는 4번(八下川)지류와 5번(城川) 지류 사이에 있다. 여러 개의 창고(倉)의 위치가 표시되어 있다.

　동해안 쪽([그림 51]의 아래)에 7번, 8번 9번의 하천이 그려져 있고 8번 하천 하류에 회령부 海倉이 있고 9번의 하천의 하류에 茂山府 海倉이 있다. 여기서 9번 하류 지역은 무산부 행정 구역에 속하며 무산부위가 있는 무산부 행정 구역과는 상당히 멀리 떨어져 있다.

　[그림 56]는 동녕의 서남쪽 수분하와 이도구촌, 노흑산진 근방의 구글 지도이다. 구글 지도에서 수분하(옛 두만강)에는 상당한 크기의 섬이 하나도 없어 [그림 51]의 회령부 고지도와 잘 일치한다. [그림 51]의 고지도의 6개의 지류 1번(中秋溪), 2번(細谷川), 3번(漁雲川), 4번(八下川), 5번(城川), 6번(甫下川)의 6개의 지류가 있는데 [그림 56]의 수분하와 이도구촌, 노흑산진 근방에 두만강(현 수분하)의 6개의 지류 1번, 2번, 3번의 작은 지류와 4번, 5번, 6번 지류가 잘 대응되고 있다.

4번(八下川)지류와 5번(城川) 지류 사이에 회령 府衛가 있었던 자리에는 二道溝村마을이 보인다. 二道溝村 마을은 조선조 倉(창고)가 있던 자리에 대응된다. 老黑山鎭 마을도 조선조 倉(창고)가 있던 자리에 대응된다.

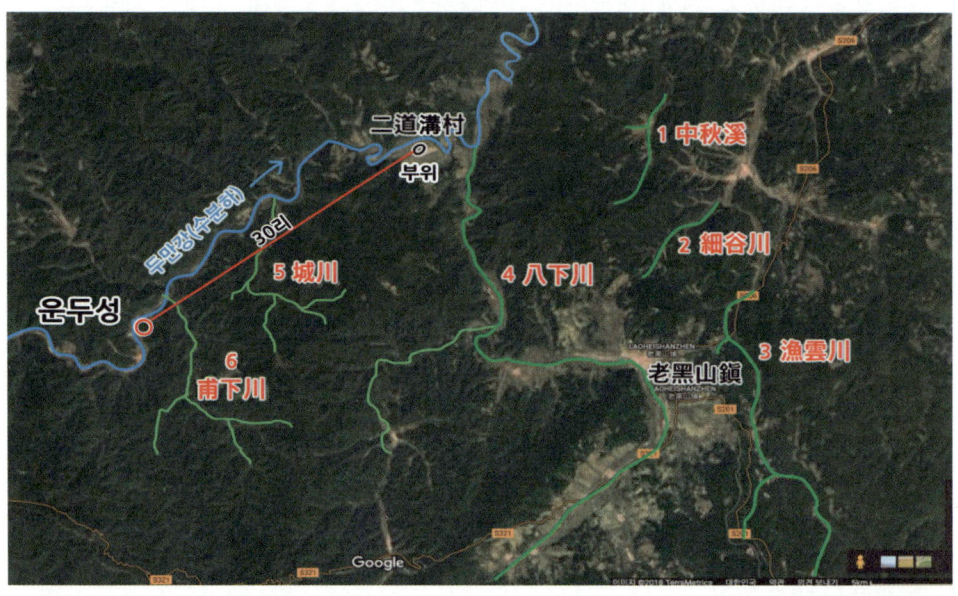

[그림 56] 동녕의 서남쪽 이도구촌과 수분하 근방: 위상적으로 판단한 회령 부위가 있었던 이도구촌 지역. 이도구촌으로부터 서쪽 30리 거리에 운두성이 있었던 곳으로 추정되는 곳이 있다. 이곳에 운두성이 있었다고 판단된다. 이곳에 촌락이 남아 있다.

[그림 57] 옛 회령부 부위 성터 추정지: 이도구촌(二道溝村) 촌락이 다른 옛 성 내부의 마을처럼 되어 있다. 이도구촌에 개울과 가장자리와 도로를 따라 점선을 그려보면 옛 회령부 부위의 성의 길이와 거의 같다.

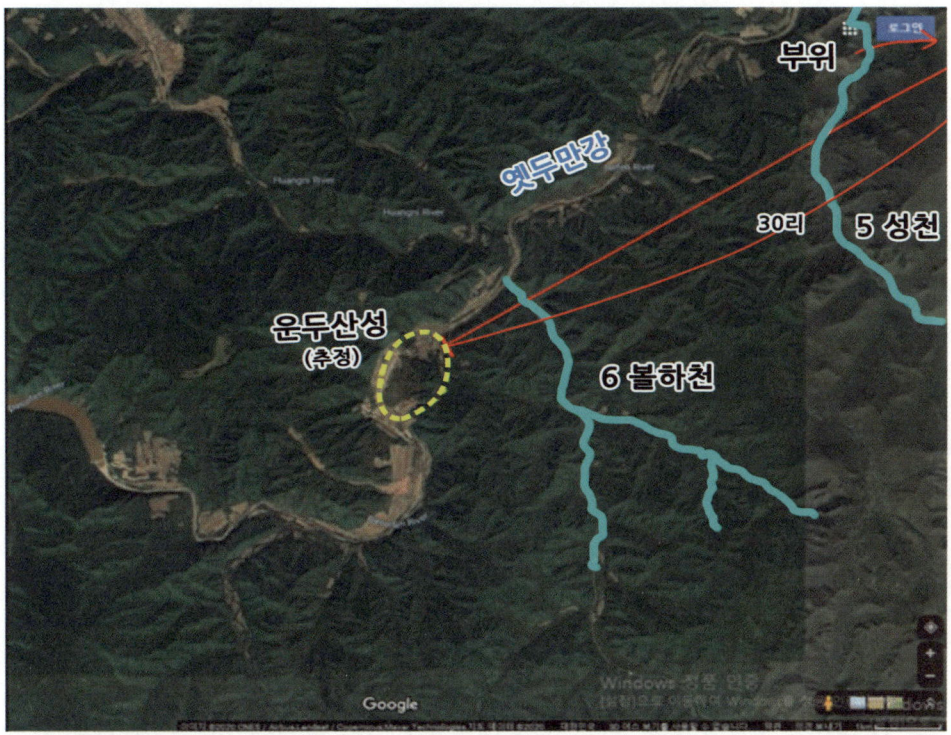

[그림 58] 옛 회령 부위가 있었던 곳이라 판단되는 이도구촌에서 서쪽으로 30리(10리는 5Km) 운두성이 있었던 지역이라고 추정되는 곳이 있다. 그림의 노란 점선 곡선의 길이는 주기에 나타난 운두성의 둘레의 길이 17040척(5112 m)과 거의 같다.

## 3. 회령부 고지도의 남쪽 강들과 북한 두만강 하류

회령부 고지도(필사본(방안식)-조선지도 - 함경도 - 회령부)의 남부지역의 동해바다를 확대하여 조사해보자.

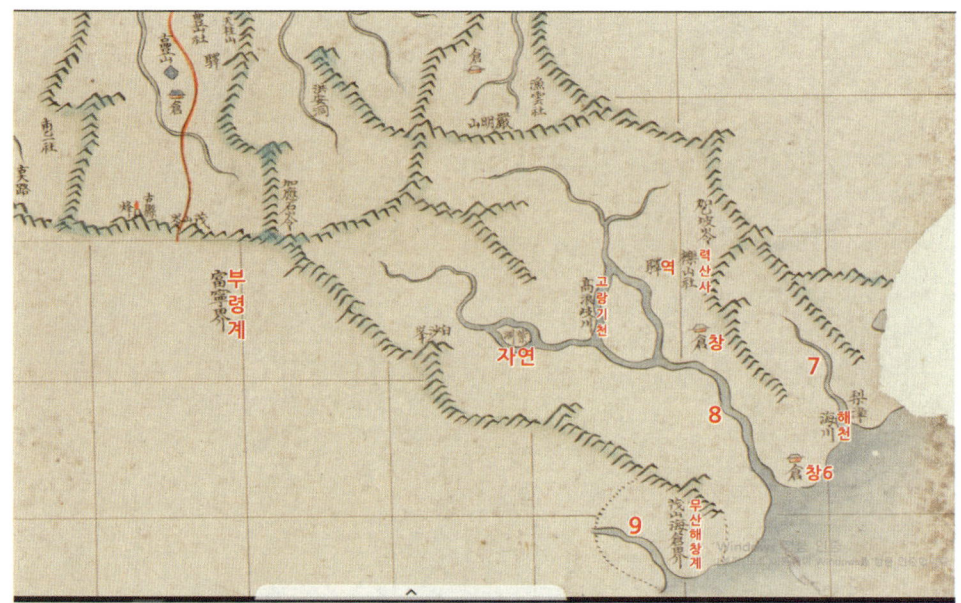

[그림 59] 회령부(필사본(회화식) - 조선지도) 고지도 남부: 회령부 남쪽 동해바다 쪽 지도에 7번(해천), 8번, 9번 강을 그려놓았다. 8번 강 하류에 창고(倉)가 있고 중간쯤에 창고(倉)가 하나 더 있고, 고랑기천 오른쪽에 역(驛)이 있다. 9번 하천 주변에 茂山 海倉이 있다.

위 고지도에서 8번 강 하류에 창고(倉6)가 있고 고랑기천과 원래 강과 만나는 지점 오른쪽에 창고(倉)가 하나 더 있고, 고랑기천 오른쪽에 역(驛)이 있다. 여기서 고랑기천(高浪岐川)은 8번 강의 갈라진 부분을 나타내는 의미로 고랑처럼 갈라진 강(또는 물 흐름의 속도가 빠른 강)이라는 뜻이라고 볼 수 있다. 고랑기천(高浪岐川) 옆에 역이 있어 이 지역에 역로 망 도로가 있다는 뜻이다.

9번 하천 주변에 茂山 海倉이 있다. 원 무산부와 떨어져 있어 무산의 곡식을 바다로 운송하고 관리하기 위한 창고가 있는 지역이라고 볼 수 있다.

회령부 고지도의 남쪽 동해바다 쪽 지도의 7번(해천), 8번, 9번 강이 현재의 어느 강을 그린 것인지를 알아내기 위하여 대동여지도 북부를 관찰해보자.

대동여지도에 경흥부, 경원부, 온성부, 종성부, 회령부, 무산부의 영역들이 어떤 모습으로 그려져 있는지 상세히 관찰하자. 경원 해창은 경흥부 서남쪽 바닷가에 있다. 온성부는 남북으로 있지만 2개의 영역으로 나누어져 있고 남쪽 영역은 바다에 접해 있고 온성 해창에서 부이까지 260리이다(신증동국여지승람 참고). 종성부는 남북으로 길게 있고 남쪽은 바다에 접해 있다. 회령부도 남북으로 길게 있고 남쪽은 바다에 접해 있다. 무산부의 큰 영역은 장백산 북쪽에 있고 무산 해창은 회령과 부령의 경계인 바닷가에 작은 영역으로 그려져 있다.

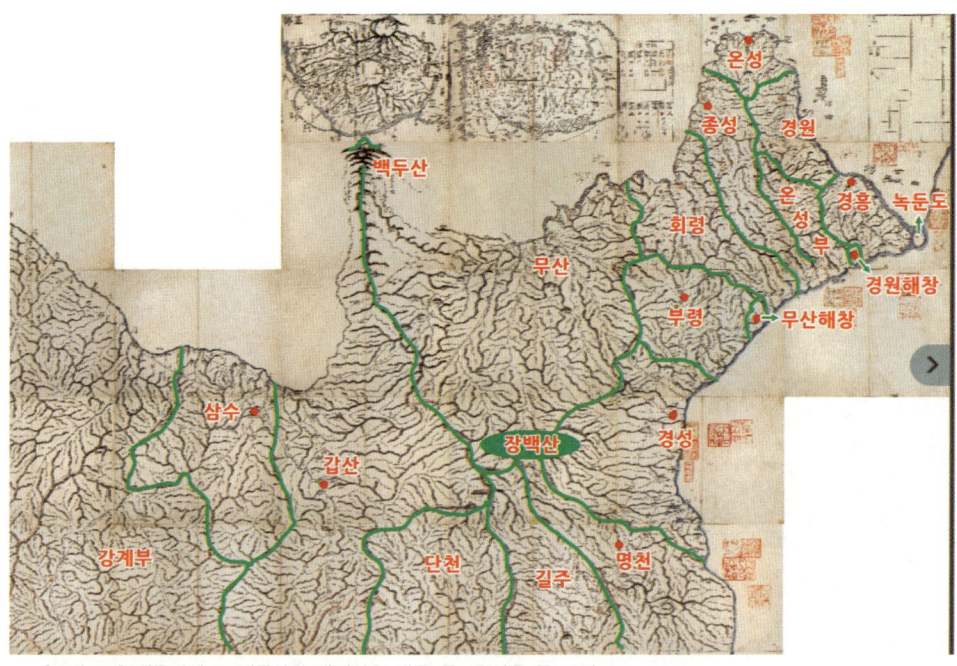

[그림 60] 대동여지도: 백두산과 장백산은 다른 곳. 온성은 두 조각.

◆ 서울에서 육진까지 거리(참고 [4, 5])와 현 두만강 하류까지 거리

신증동국여지승람의 기록에 '서울에서 경흥까지 거리를 2205리(참고 [4])'라 기록하고 '서울에서 부령까지를 1815리'라 기록하고 있다. 이는 부령에서 경흥까지 390리 보다 더 멀다는 것이다. 부령읍에서 현재의 경원 지역 현 두만강까지는 직선거리 140리 정도이다.

|  | 신증동국여지승람 | 광여도 주기 외 |
|---|---|---|
| 경흥 | 2205 리 | 2250 리 |
| 경원 | 2144 리 | 2144 리 |
| 온성 | 2101 리 | 2042 리 |
| 종성 | 2038 리 | 1950 리 |
| 회령 | 1921 리 | 1838 리 |
| 무산 |  | 1950 리 (해동지도) |
| 부령 | 1815 리 | 1830 리 |
| 현재경흥 |  | 1955 리(가계산) |
| 동래 | 962 리 | 960 리 |

[그림 61] 북한 부령강 하구에서 현 경원 지역 두만강까지 거리: 신증동국여지승람에 서울에서 부령부 초경까지 거리를 1815라 한다. 부령에서 현 경원 지역 두만강까지 직선거리는 170 리 정도이다. 대동여지도에서 부령강 하구는 경성부 소속이다.

신증동국여지승람의 기록에 '서울에서 부령까지를 1815리(참고 [4])' 라 기록하고 있다. 부령에서 현 경원 지역 두만강까지 직선거리는 170 리 정도이다. 「서울에서 부령까지 거리 1815리(참고 [4])」가 서울에서 현 부령읍 초입 지점까지이다. 서울에서 현 경원 지역 두만강까지 거리는 1970 리 내외이다. 대동여지도에서 부령강 하류는 경성부에 속하게 그려져 있어 부령부 초입부는 부령강 하류에서 40~50리 지나서 있다.

서울에서 옛 회령 초경(현 나진 선봉 지역 북쪽, 옛 무산 해창 지역)까지는 1921 리이다.

서울에서 현 경원 지역 두만강 지점까지 거리는 1970 리 정도이다.

서울에서 현 경원 지역 두만강 지점까지 거리는 회령 초경 보다 멀고 종성 초경 보다 가깝다.

따라서 다음 식이 성립한다.

### 1921(회령초경) < (서울에서 경원지역 두만강 까지 거리) < 2038리(초성초경)

이는 현 두만강 하류(옛 훈춘강 하류)가 회령부 남쪽 지역에 속하고 있다는 것이다.

[그림 59]의 남쪽의 7번 지류, 8번 지류, 9번 지류에 대응되는 강은 [그림 62]의 7번 지류, 8번 지류, 9번 지류이다. 8번 지류의 하류는 현 두만강 하류이다. 훈춘강과 두만강 하류는 조선 시대 회령부의 행정구역에 속한다.

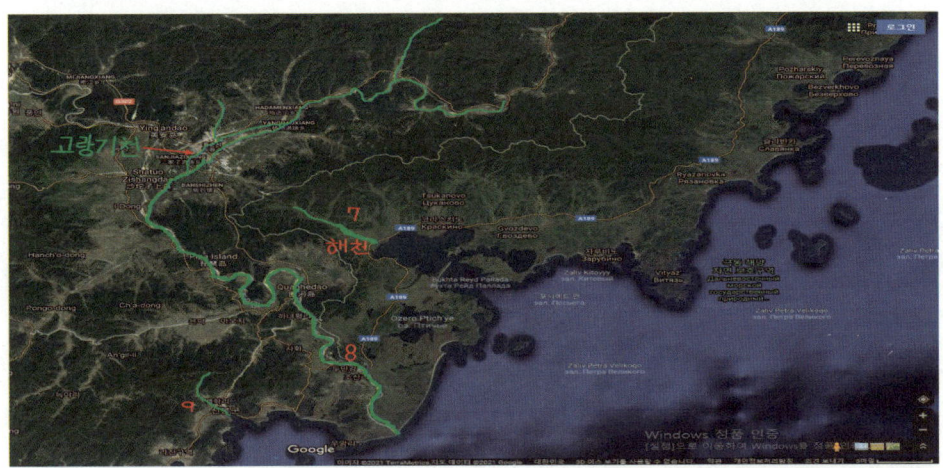

[그림 62] 옛 회령부 남부: 훈춘강의 상류에서 강이 쪼개져서 고랑기천을 만들고 있다. 회령부 고지도 8번 강은 훈춘강이다. 8번은 현 두만강 하류이다.

**다음은 회령부 고지도의 8번지류 상류 지역 훈춘강이다.**

[그림 63] 훈춘 시내 고랑기천 상세: 훈춘강의 상류에서 강이 쪼개져서 고랑기천을 만들고 있다. 회령부 고지도 8번 강은 훈춘강이다. 현 두만강 상류는 石乙水이다.

## 4. 결론

1절의 조사에 의해 북한의 회령 근방 두만강 내부에는 섬이 6개 있고 회령부 고지도에는 이들 섬에 대응시키는 섬이 하나도 그려져 있지 않다. 따라서 회령부 고지도는 북한 회령 근방 두만강 유역의 위상도가 아니다.

2절의 조사에서 동녕의 서남쪽 이도구촌 근방의 구글 지도에서 수분하(두만강)에는 상당한 크기의 섬이 하나도 없어 [그림 51]의 회령부 고지도와 잘 일치한다. 고지도에서 1번(中秋溪), 2번(細谷川), 3번(漁雲川), 4번(八下川), 5번(城川), 6번(甫下川)의 6개의 지류는 [그림 56]의 6개의 지류 1번, 2번, 3번, 4번, 5번, 6번 지류가 잘 대응된다.

회령부 고지도([그림 51])의 북쪽 지역은 동녕의 서남부 이도구촌 근방([그림 53])의 위상도이다.

3절의 조사에서 회령부 고지도([그림 59])의 남쪽 지역은 현 훈춘 지역과 두만강 하류이다. 회령부 북쪽에는 팔하천이 있고 남쪽에는 훈춘강이 있다. 회령부의 개형은 아래 그림과 같다.

회령부 남북을 연결하던 역참로(붉은 곡선)로 추정되는 도로에 현재 포장도로가 있다.

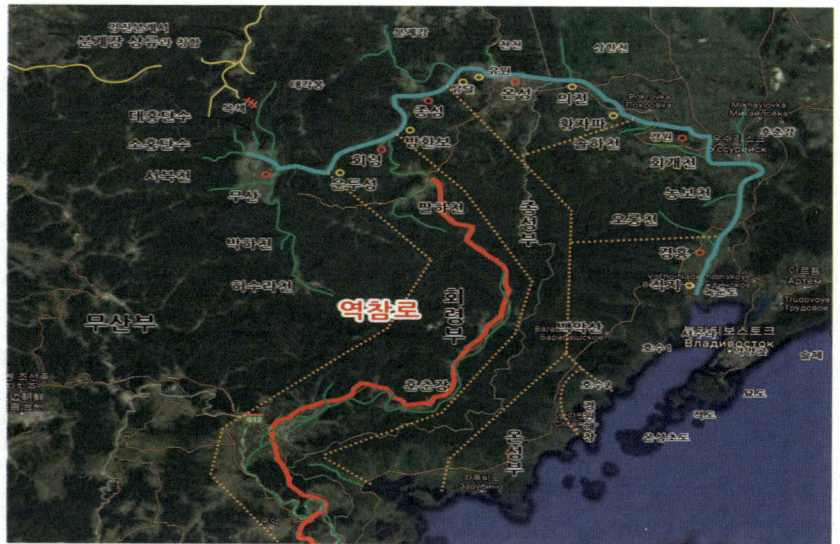

[그림 64] 회령부 고지도에 대응되는 지역. 조선의 회령부 남북을 연결하는 역참로로 추정되는 길에 포장도로가 있다. 이 지도는 육진 위치의 개형이다.

# VII. 위상수학을 활용한 무산부 고지도의 분석(참고 [15])

## 1. 무산부 고지도와 북한 무산 근방 두만강 유역 위성지도 비교

규장각 한국학연구원 고지도편에 무산과 두만강을 그린 고지도가 6가지가 넘는다.

이들 고지도는 현대식 지도가 아니기 때문에 그리고자 하는 각 목표물들 간의 거리 방향 등이 정확히 묘사되지 않아 현대식의 거리와 방위가 정확한 지도라고 판단하면 이해하기가 매우 어렵다. 이고지도들은 묘사하고자 하는 목표물들의 위치 관계를 나타낸 것으로 수학적으로 위상 도라 할 수 있다. 이들 지도에서는 여러 가지의 강, 섬, 부위(府衛), 창(蒼), 진(鎭) 등 그리고자 하는 목표물들의 크기나 방위가 현대적이지 않기 때문에 거리와 방위가 정확한 현대지도를 해석하듯이 고지도를 보고 판단하면 많은 오류를 범한다.

중국도인 한 고지도에는 제주도와 한반도의 크기를 비슷하게 그려놓은 것이 있다. 이 지도를 현대적인 관점에서 해석하려면 틀린 지도이다. 하지만 위상수학적이 관점에서 보면 그 지도는 잘 그려진 위상도이다. 또 다른 한 고지도에는 요양을 심양의 북쪽에 그려놓은 지도도 있다. 이는 방위는 틀렸지만 위상수학적인 관점에서 해석한다면 심양과 요양이 遼寧省에 있는 것을 위상적으로 만 나타낸 것이라고 해석한다면 맞는 이야기가 된다.

규장각에 무산과 두만강을 그린 무산부 고지도가 6가지가 있다. 그 중에서 실제의 지형지세를 가장 상세히 묘사한 茂山府(조선지도)[그림 65] 고지도를 설명해 보자.

지형지세를 설명하기 위해 무산부에 있는 두만강 지류에 1~14번의 번호를 부여했다. [그림 65]의 茂山府 지도에 있는 특징적인 지형지세나 문구를 살펴보자.

1. 白頭山과 長白山은 분명히 다른 곳에 있다. 白頭山과 長白山이 그려진 조선 시대 고지도에는 白頭山과 長白山은 서로 다른 산이다. 두 산은 상당히 멀리 떨어져 있다.
2. 水伏流: [그림 65]의 白頭山 바로 아래 水伏流라는 글자가 있다. 水伏流의 뜻은 물이 땅 속으로 흘러가거나 호수 속으로 흘러간다는 뜻이다. 이는 곧 白頭山 大池 밑을 물이 흘러가고 있다는 뜻이다.
3. 分界江 上流: 12번 지류를 分界江 上流라 표시해 놓고 있다. 임진년(1712년) 국경 분계시 12번 지류를 分界江 上流라 칭한다고 기록해 놓았다(壬辰分界時以此稱分界江上流).
   참고: 12번 지류가 어느 강의 상류인지는 판단하지는 못 했던 것이다.
4. 大角峯: 大角峯은 큰 뿔 모양의 봉우리라는 뜻이다. 11번 지류 옆에 大角峯이라는 글자가 있다. 이는 11번 지류 근방에 大角峯이 있다는 뜻이다.

5. 大紅丹水와 小紅丹水: 紅丹水의 단순한 뜻은 붉은 물 또는 붉은 강이라는 뜻이다. 13번 지류와 14번 지류를 大紅丹水와 小紅丹水라 명명한 것은 두 지류가 붉은 물이 흐르고 있다는 뜻인데 항상 붉은 물이 흐르는지 홍수 때나 붉은 물이 흐르는지 확인해 보고 싶다. 이름과는 상관없는 그저 이름뿐인 것인지 꼭 확인해보고 싶다.

6. 木柵: 11번 지류와 12번 分界江 上流를 木柵으로 연결해 놓고 있다. 고려조나 조선조에는 국경선을 정할 때 강이나 산맥으로 정하는 경우가 많다. 강이나 산맥이 아닌 경우 木柵을 세워 국경을 만들 경우 목책이 없어진 후에 도로가 만들어지던지 공한지가 만들어진다.

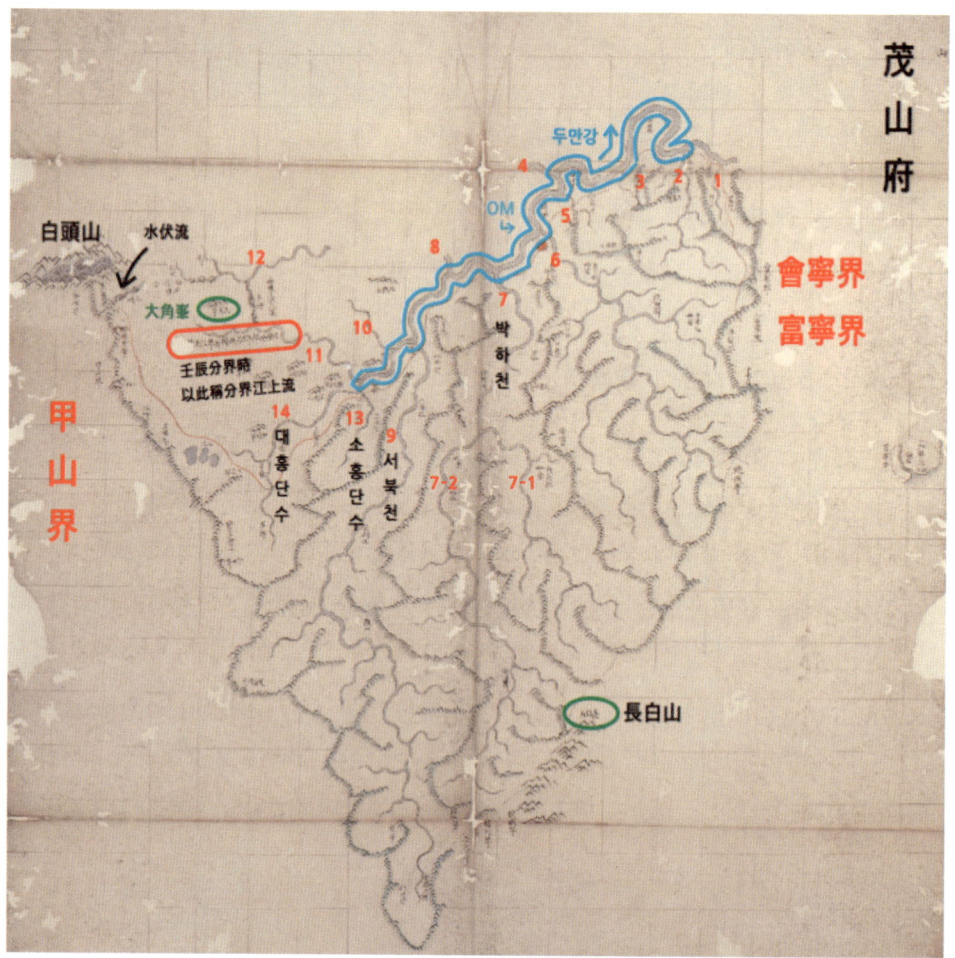

[그림 65] 무산부(조선지도): 두만강에 섬이 없다. 11번 지류는 또 다른 강의 지류 12번과의 사이에 목책을 그려놓고 있다. 대각봉도 있다.

[그림 65]의 茂山府 지도에는 여러 가지 특징적인 지형지세나 특징적인 문구들이 많다.

白頭山과 長白山이 있고 분계강 상류(分界江 上流), 대각봉(大角峯), 대홍단수(大紅丹水)와 소홍단수(小紅丹水), 11번 지류와 12번 지류를 연결하는 목책(木柵)이 그려져 있다. 대각봉은 큰 뿔 모양의 산이라는 뜻으로 해석할 수 있다. 대홍단수(大紅丹水)와 소홍단수(小紅丹水)는 이 강물이 붉은 빛깔을 나타내고 있다는 의미인 것 같다. '水伏流(수복류)'는 백두산 대지(大池)의 호수 물속에서 한 지류가 나온다는 의미이다. 壬辰分界時以此稱分界江上流(임진분계시이차칭분계강상류: 임진년 경계를 나눌 때 이곳을 가지고 분계강 상류라고 칭하자.)'라는 문구도 있는데 이는 이 지류가 두만강의 분계강의 상류라는 것을 확인할 수가 없어서 '분계강 상류라고 칭하자.'라고 기록한 듯하다.

[그림 65]의 무산부 고지도에 있는 두만강에는 섬이 하나도 그려져 있지 않다. 다른 무산부 고지도에 있는 두만강에도 섬은 하나도 그려져 있지 않다. 무산부는 군사 지역이기 때문에 의미 있는 섬이 존재하면 반드시 그려 넣어야 한다. 고지도 모두에 섬이 없다는 것은 유의미한 섬이 존재하지 않는 것이다.

무산부 두만강의 작은 지류로 1번(市川), 2번, 3번(漁雲川), 4번, 5번, 6번, 7번(博下川), 8번, 9번(西北川), 10번, 11번, 12번(分界江 上流), 13번(大紅丹水), 14(小紅丹水)번의 14개의 지류가 그려져 있다. [그림 65]의무산부에는 11번 지류와 12번 지류 사이에 목책이 그려져 있다. 9번 지류는 서북천이라고 명명하여 이 지류는 무산부 서북쪽에 있다는 뜻이다.

7번 지류 박하천은 다른 고지도에 허수라천(虛水羅川)이라고 표기된 것도 있다. 또 박하천(朴下川), 림하천(林下川)이라고도 표기된 지도가 있어 잘못 기록한 것인지 시대마다 이름이 바뀐 건지 확인할 수가 없다.

[그림 66]은 또 다른 무산부 고지도(해동지도)이다. 이지도 보다 [그림 65]의 무산부 고지도가 더 자세하게 그려져 구글 지도와 비교 설명하는데 더 유용하다.

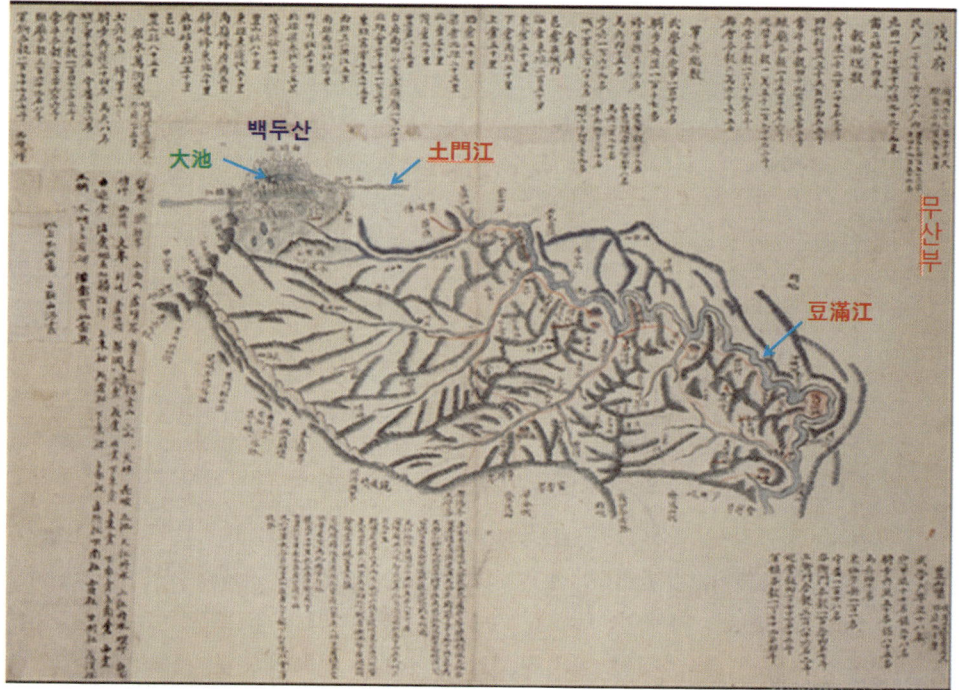

[그림 66] 무산부(해동지도): 두만강에 섬이 없다. 백두산 大池 옆에 三池를 그려 놓았다. 大池의 오른쪽으로 土門江이 흐르고 있다. 토문강은 백두산 대지의 물속에서 흘러나오는 것이다. 토문강과 두만강은 서로 다른 강이다.

[그림 66]의 무산부 고지도의 두만강에도 섬이 그려져 있지 않다. 규장각에 무산부 고지도가 6가지가 있는데 이들 무산부 고지도 모두의 두만강에도 섬이 하나도 그려져 있지 않다. 이는 조선조 무산부에 있는 두만강에는 상당히 크다고 간주되는 섬이 하나도 없다는 뜻이다. **토문강은 백두산 대지와 연결되어 있고 두만강과는 서로 다른 강이다.**

[그림 65]에서 두만강의 강물로 이루어진 평면 영역을 $OM$이라 하면, 이 영역 안에는 섬이 하나도 그려져 있지 않다. 따라서 $OM$의 위상 종수(genus)는

$$g(OM) = 0(섬의 개수).$$

[그림 67] 북한 무산 근방 두만강 유역의 구글 위상도. 북한 무산 근방두만강에 여러 개의 큰 섬이 있다.

[그림 67]은 북한 무산 근방 두만강 유역의 구글 지도이다. 북한 무산 근방 두만강 유역의 구글 지도에서 영역 $MR$두만강 안에는 A, B, C, D, E, F, G, H, I, J의 10개의 섬이 있다. 이들 섬들은 상당히 크다. 지도 제작할 때 무시하고 그릴 정도의 작은 섬들이 아니다. 6진은 중요한 군사 지역들이다. 6진 중의 하나인 무산도 매우 중요한 군사 지역이다. 지도 제작에서 강에 있는 섬을 그려 넣는 것은 필수 사항이라 판단한다.

[그림 67]의 북한 무산 근방 두만강 유역의 두만강 물로 이루어진 평면을 $MR$이라 하면 $MR$ 내부에 10개의 섬이 있으므로 $MR$의 종수(genus)는

$$g(MR) = 10(섬의 개수).$$

위식과 앞에서의 두식을 비교하면 우리는 다음을 얻는다.

$$g(OM) = 0 \neq g(MR) = 10.$$

따라서 [그림 65]의 무산부 고지도에 있는 두만강 평면 영역 $OM$과 북한 회령의 구글 지도에 있는 두만강 평면 영역 $MR$는 동형이 아니다. 즉, [그림 65, 66]의 무산부 고지도에 있는 두만강은 북한의 무산 지역에 있는 두만강이 아니다.

[그림 67]의 북한 무산 근방 두만강 유역(현재의 백두산 쪽)의 구글 지도에서 두만강의 지류와 고지도 무산부의 두만강의 지류와 어떻게 일대일 대응을 시켜야 할지 모르겠다.

[그림 65]의 무산부 고지도의 分界江 上流(12번 지류)를 찾을 수가 없고 13번 지류도 대응이 잘 안된다. 큰 뿔 모양의 大角峯도 찾을 수가 없다.

[그림 68] 북한 무산 근방 두만강 유역(현재의 백두산 쪽)의 구글 위상도이다. 서북천은 없다.

무산부 고지도에 서북천이라는 지류 명이 있는데 [그림 68]의 7, 9, 11, 14 지류는 모두 무산 읍 서남쪽에 있어 서북천이라고 명명하는 것은 자연스럽지 않다. 이들 지류는 서남천은 될 수 있지만 서북천은 아니다.

[그림 69] 북한 무산 읍내의 구글 위상도이다. 읍내에 옛 성터가 보이지 않는다. 무산읍 바로 옆 두만강에는 큰 섬이 있다.

무산읍내에는 옛 성터가 보이지 않는다. 구글 지도를 확대해 보아도 옛 성터는 보이지 않는다. 옛 성터가 있다면 옛날에 군사적으로 중요한 지역이라는 걸 확인할 수도 있는 것이다.

무산읍 바로 옆 두만강에는 큰 섬이 있다. 이 정도 큰 섬이라면 군사지도에는 반드시 그려 넣어야 하는 큰 섬이다. 무산부 고지도 모두에는 섬이 그려져 있지 않다.

◆ 무산부의 여러 성터에 대한 주기

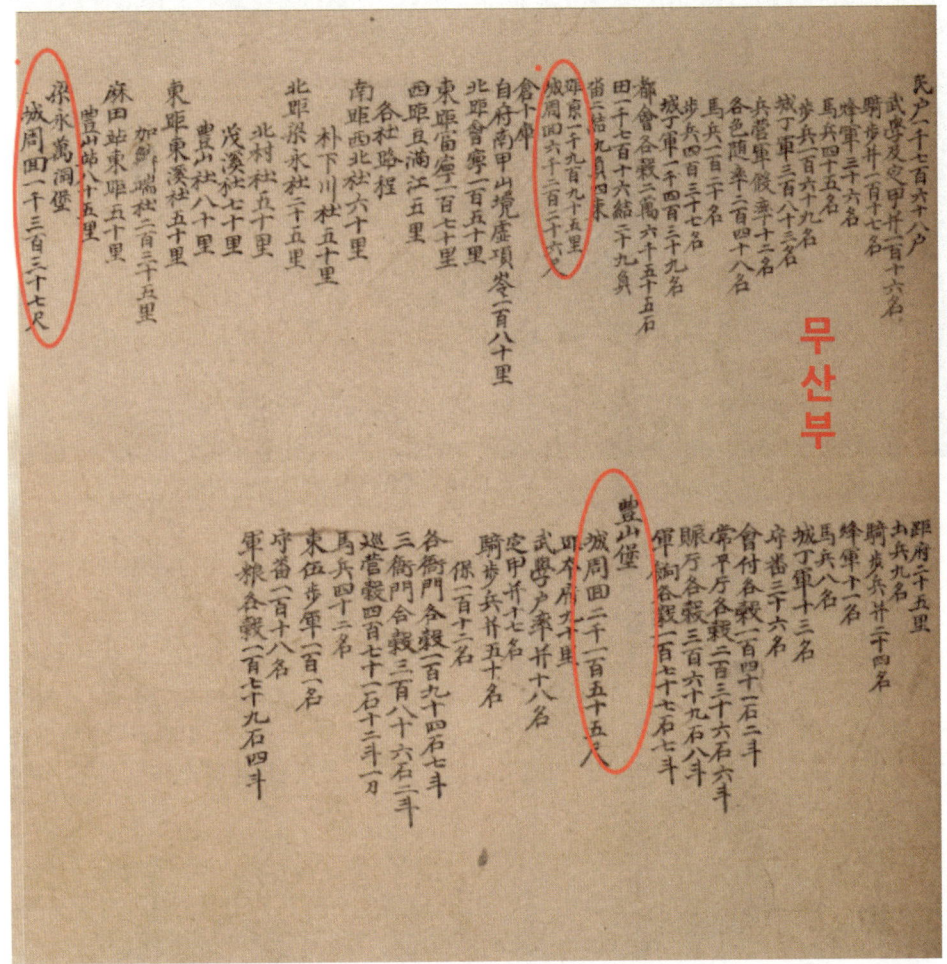

[그림 70] 무산부 주기: 회령부 주기에 무산 부위의 성의 둘레가 6226척(1868m)이다. 양영만동보 성의 둘레가 1337척, 풍산보 성의 둘레가 2155척이다.

무산부에는 무산 부위의 성의 둘레가 6226척(1868m)인 성이 있다. 작은 성으로 양영만동보 성의 둘레가 1337척(401m), 풍산보 성의 둘레가 2155척(647m)이다.

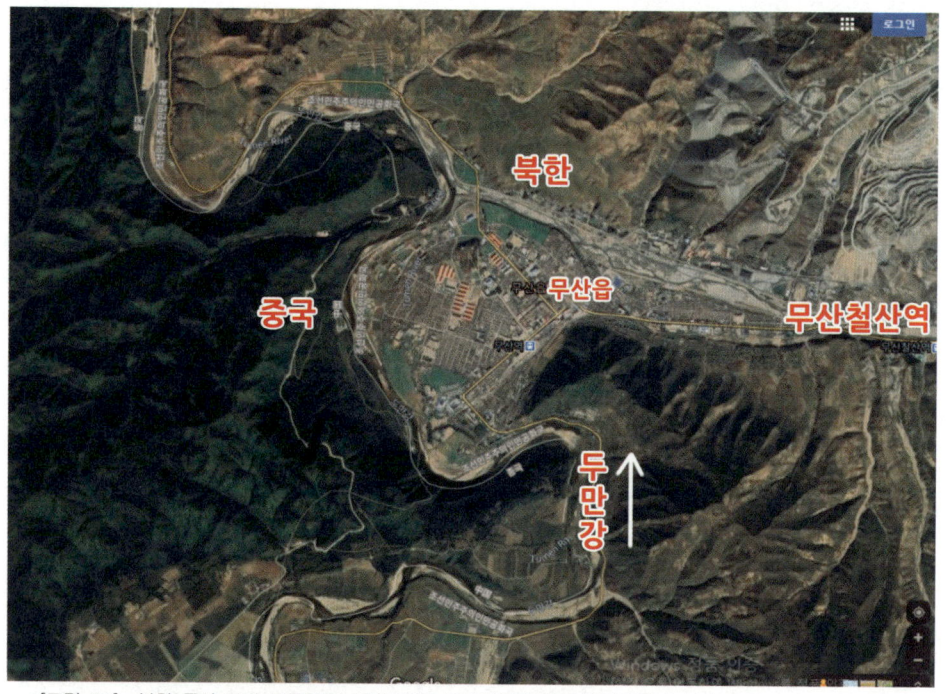

[그림 71] 북한 무산 근방 구글지도: 북한 무산 근방에서 성터를 발견하기가 쉽지 않다.

[그림 70]의 조선조 무산부 주기에 무산부에는 무산 부위의 성의 둘레가 6226척(1868m)인 성이 있다. 작은 성으로 양영만동보 성의 둘레가 1337척, 풍산보 성의 둘레가 2155척이다.

하지만[그림 71]의 북한 무산 근방 영역을 확대하여 관찰해보아도 옛 성터의 모습은 보이지 않는다. 이 지역의 동쪽, 서쪽, 남쪽 지역을 확대하여 조사해 보아도 옛 성터의 모습은 보이지 않는다. 북한에서 무산 지역에서 옛 성터를 발견하여 발굴했다는 보고가 있었다는 이야기도 들어본 적이 없다. 이는 북한 무산이 세종대왕 때의 무산이라고 확신할 수가 없다.

앞에서 무산부 고지도의 두만강의 섬의 개수와 북한 무산의 섬의 개수가 다르고 두만강과 지류의 위상적 동형을 증명할 수도 없다. 북한 무산에는 옛 성터도 발견되지 않는다. 큰 뿔 모양의 대각봉도 어디인지 알 수가 없다. 서북천도 없다.

이상의 여러 가지 조사 결과에 의하면 [그림 65]의 무산부 고지도는 북한 무산 근방의 위상도가 아니다.

## 2. 조선조 무산부는 어디에 존재하는가?

본 연구는 무산부 고지도의 특이한 특성을 가진 지역을 위상수학적, 기하학적으로 분석하고 이에 대응되는 지역을 구글 위성도에서 일대일 대응시켜 찾는 것이다. 규장각 고지도편에서는 여러 종류의 무산부의 고지도가 있다.

[그림 65]의 무산부 고지도에서 무산부의 영역의 두만강과 그 지류들이 상당히 자세히 매우 잘 그려져 있다.

[그림 65]의 무산부 고지도에 있는 두만강에는 섬이 하나도 그려져 있지 않다. 다른 무산부 고지도에 있는 두만강에도 섬은 하나도 그려져 있지 않다. 무산부는 군사 지역이기 때문에 의미 있는 섬이 존재하면 반드시 그려 넣어야 한다. 고지도 모두에 섬이 없다는 것은 유의미 있는 섬이 존재하지 않는 것이다.

무산부 두만강의 작은 지류로 1번(市川), 2번, 3번, 4번, 5번, 6번, 7번(博下川), 8번, 9번(西北川), 10번, 11번, 12번(分界江 上流라 칭함), 13번(大紅丹水), 14(小紅丹水)번의 14개의 지류가 그려져 있다. [그림 65]의 무산부에는 11번 지류와 12번 지류 사이에 목책이 그려져 있다. 몇 개의 창고(倉)도 표시되어 있다.

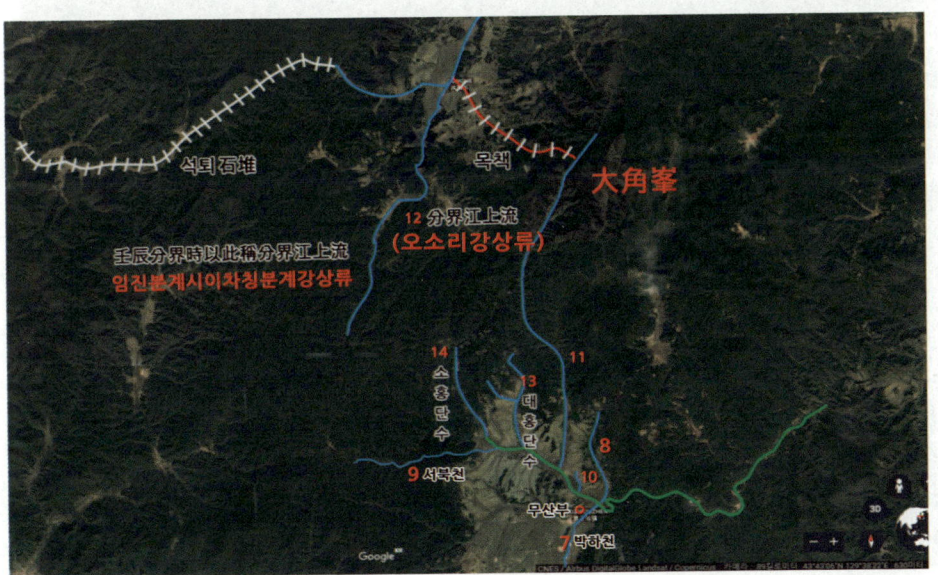

[그림 72] 분루두촌의 서쪽 수분하와 라자구촌(羅子溝村) 근방: 조선조 무산부 서쪽.

[그림 72]은 이도구촌의 서쪽 수분하와 라자구촌(羅子溝村) 근방의 구글 지도이다. 구글 지도에서 수분하(옛 두만강)에는 상당한 크기의 섬이 하나도 없고,

이는 [그림 65]의 무산부 고지도에도 섬이 없어 고지도와 잘 일치한다. 11 번 지류의 최상류 부분에 대각봉이라고 판단되는 봉우리가 있다. 이봉우리는 골짜기에서 봉우리까지 수직 높이가 300m 쯤 된다. 감히 큰 뿔 모양의 대각봉이라 명명함에 이의가 없을 것이다.

 [그림 65]의 고지도의 14개의 지류 중 7번(博下川 또는 虛水羅川), 9번(西北川), 10번, 11번, 12번(分界江 上流), 13번(大紅丹水), 14(小紅丹水)번의 6개의 지류가 있는데 [그림 38]의 7번(博下川 또는 虛水羅川), 9번(西北川), 10번, 11번, 12번(分界江 上流), 13번(大紅丹水), 14(小紅丹水)번과 잘 대응된다. [그림 72, 73]의 11번 지류 끝자락에는 큰 뿔 모양의 봉우리라는 뜻인 大角峯(골짜기에서 수직 높이 300m)이 날카롭게 서 있고 分界江 上流(12번 지류, 실상은 분계강 상류가 아니고 오소리강 상류임)라 칭했던 또 다른 지류가 보인다. [그림 72, 73]의 무산부(라자구촌 근방) 구글지도에서는 11번 지류와 12번 지류의 지류로 연결하여 목책을 그려 넣을 수 있다. 이 목책은 [그림 72, 73]에서의 그림처럼 목책이 있었던 것으로 판단되나 현지에 가서 확인해 보아야 한다.

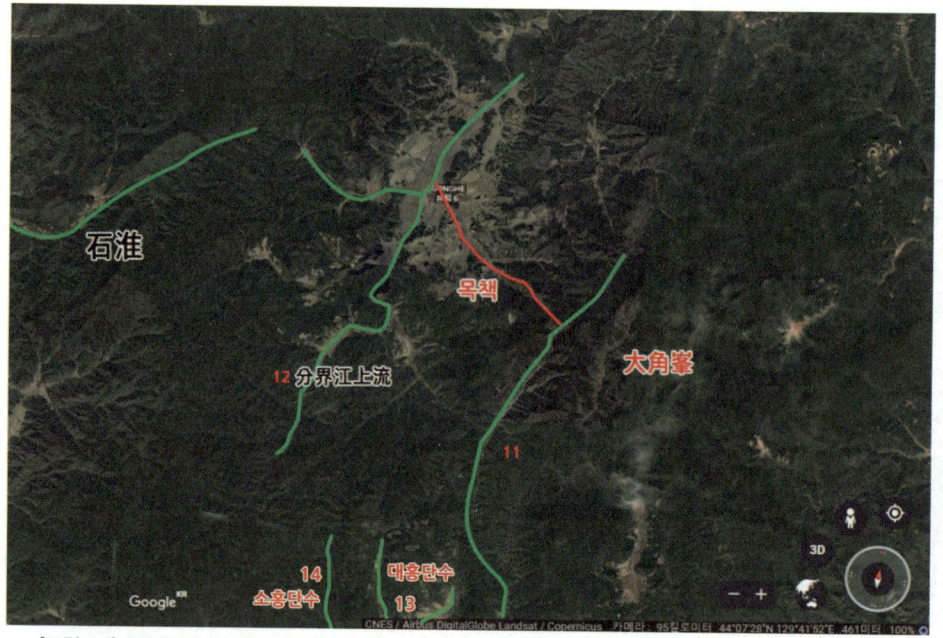

[그림 73] 羅子溝村 (옛 무산부) 북쪽 대각봉과 옛 분계강 상류: 조선조 무산부의 대각봉은 주로 바위로 이루어져 있고 골짜기에서 대각봉 봉우리까지 수직 높이가 300m이다.

[그림 65]의 무산부 지도에는 작은 지류로 1번(市川), 2번, 3번(漁雲川), 4번, 5번, 6번, 7번(博下川), 8번, 9번(西北川), 10번, 11번, 12번(分界江 上流), 13번(大紅丹水), 14(小紅丹水)번의 14개의 지류가 그려져 있다.

[그림 73]의 구글 지도에서는 12번 지류(分界江 上流)를 제외하고 1번(市川), 2번, 3번(漁雲川), 4번, 5번, 6번, 7번(博下川), 8번, 9번(西北川), 10번, 11번, 13번(大紅丹水), 14번(小紅丹水)의 13개의 지류를 잘 대응시킬 수 있다. 9번 지류 서북천은 무산부 부위의 서북쪽에 있는 川(천)이라는 뜻이다.

[그림 74] 이도구촌의 서쪽 수분하와 라자구촌(羅子溝村) 근방: 조선조 무산부 부위가 있었던 곳. 현재 무산 부위 성터가 남아 있다.

[그림 75] 라자구촌(羅子溝村) 내에는 고성촌(固城村)이라는 옛 무산부 부위(府衛)의 고성이 남아 있다.

[그림 65]의 무산부 고지도의 14 개 지류와 [그림 73]의 라자구 구글지도의 14 개 지류는 서로 위상 동형을 이루고 있다.

옛 무산부 중심부였던 라자구촌(羅子溝村) 내에는 무산 부위였던 성터가 아직도 원형 그대로 옛 모습으로 남아 있다. 이 성터는 옛 온성(현재의 東寧)의 성터와 같은 방식으로 직사각형이고 직사각형 밖에 수로를 해자로 건설하여 외적이 성벽을 쉽게 넘어오지 못 하도록 하였다. 여기가 고대 군사지역이라는 걸 증명하고 있다.

## 3. 결론

1절의 조사에 의해 북한의 무산 근방 두만강 내부에는 섬이 10개 있고 무산부 고지도에는 이들 섬에 대응시키는 섬이 하나도 그려져 있지 않다. 이는 고지도의 무산부 두만강은 북한 무산 근방의 두만강이 아니라는 뜻이다. 북한의 무산 근방에서는 대각봉도 찾을 수가 없고 분계강(고지도 12번강)도 대응시킬 수가 없다. 서북천도 없다.

따라서 무산부 고지도는 북한 무산 근방 두만강 유역의 위상도가 아니다.

2 절의 조사에서 라자구촌(羅子溝村) 근방의 구글 지도에서 수분하(옛 두만강)에는 상당한 크기의 섬이 하나도 없어 [그림 65]의 무산부 고지도와 잘 일치한다.

[그림 65]의 무산부 고지도에는 작은 지류로 1번(市川), 2번, 3번, 4번, 5번, 6번, 7번(博下川), 8번, 9번(西北川), 10번, 11번, 12번(分界江 上流), 13번(大紅丹水), 14(小紅丹水)번의 14개의 지류가 그려져 있다. 이들 14개의 지류는 [그림 73]과 [그림 65]의 14개의 1~14번 지류와 잘 대응되고 있다. 라자구촌 근방의 구글 지도에는 대각봉도 있고 分界江 上流(12번 지류)도 잘 대응된다. 무산부 부위였던 성터도 원형 그대로 남아 있다.

이상의 조사에 의해서 [그림 65]의 무산부 지도는 북한 무산 근방 지도가 아니고 라자구촌(羅子溝村) 근방의 위상도이다.

# VIII. 조선조 백두산과 장백산 위치 탐구
## 1. 백두산과 장백산 고지도 설명

[그림 65]의 茂山府 지도에서 白頭山과 長白山은 분명히 다른 곳에 있다. 白頭山과 長白山이 그려진 조선 시대 고지도에는 白頭山과 長白山은 서로 다른 산이다. 두 산은 상당히 멀리 떨어져 있는 것 같다. 이 경우 白頭山에는 大池 또는 大澤이라는 큰 호수와 함께 항상 그려 놓았다. 고지도의 長白山에는 大池 또는 大澤이라는 호수가 그려져 있지 않고 天池라는 이름도 없다. 1872년 조선의 지방 지도를 정리할 때까지도 천지 답사는 이루어지지 않은 듯하다

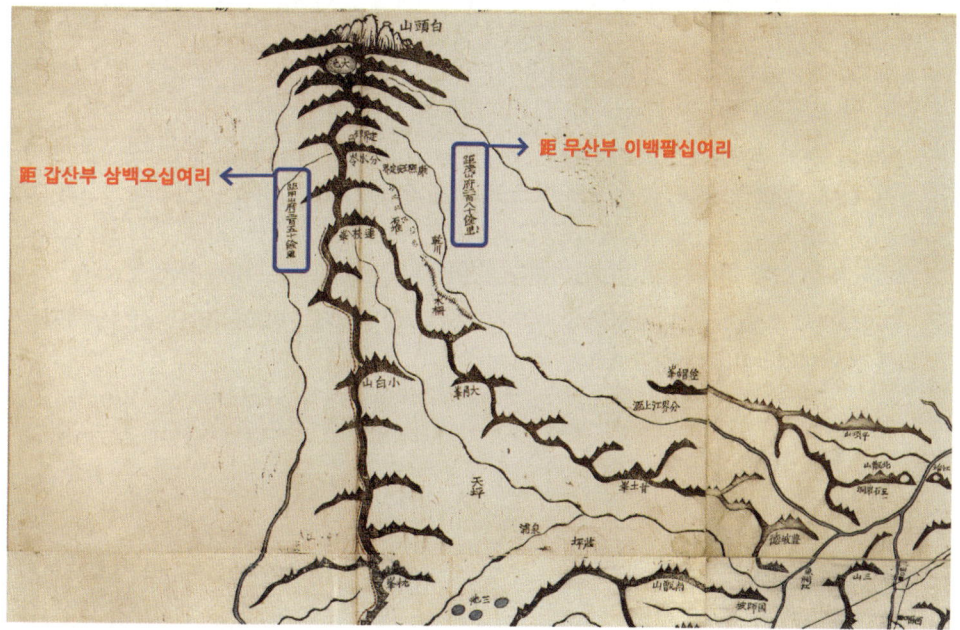

[그림 76] 백두산-대동여지도; 이 지도에서는 백두산에서 무산부까지 280여리이고 갑산부까지 거리를 350여리라고 기록하고 있다. 백두산은 대지(大池) 북쪽(위 쪽)에 그려져 있다. 이것은 산 정상에 있는 천지는 아니다.

조선의 고지도에 있는 특징적인 지형지세나 문구를 다시 살펴보자.

1. [그림 65]에서 白頭山과 長白山은 분명히 다른 곳에 있다. 白頭山과 長白山이 그려진 조선 시대 고지도에는 白頭山과 長白山은 서로 다른 산이다. 관북도, 대동여지도, 해동지도 등 함경북도가 그려진 조선 시대 고지도에는 白頭山과 長白山은 서로 다른 산이다. 두 산은 상당히 멀리 떨어져 있는 것 같다.

2. 수복류(水伏流): [그림 65]의 白頭山 바로 아래 水伏流라는 글자가 있다. 水伏流의 뜻은 물이 땅 속으로 흘러가거나 호수 속으로 흘러간다는 뜻이다. 이는 곧 白頭山 大池 밑을 물이 흘러가고 있다는 뜻이다.

3. 속석포(束石浦)와 삼지(三池): [그림 65]에는 束石浦와 三池라는 글자가 있는데 이 두 곳은 大池 근방에 있는 것을 묘사한 것으로 판단된다. 束石은 돌들의 묶음으로 束石浦는 큰 돌들의 묶음이 여러 개 나열돼 있는 바위 위를 폭포수가 떨어지는 모습이다. 三池는 3개의 연못이라는 뜻이다. 백두산 근방에 상당한 크기(유의미한)의 연못이 3개 있다는 표현이다. 아마도 연못 하나의 길이는 적어도 300m는 넘어야 유의미한 연목이라 생각한다.

4. 대각봉(大角峯): 大角峯은 큰 뿔 모양의 봉우리라는 뜻이다. [그림 65]의 무산부 지도에 大角峯이라는 글자가 있다. 大角峯은 [그림 65]의 무산부 지도의 11번 지류의 근방이며 분계강 상류([그림 65]의 무산부 지도의 12번 지류)의 근방에 있는 것으로 표현되어 있다. [그림 76]과 [그림 77]에도 大角峯을 나타내고 있다.

5. 白頭山 大池 둘레: [그림 77]에는 白頭山 大池 둘레를 40리라고 하고 있는데, 이는 조선 시대 10리를 5Km로 계산하면 大池의 둘레가 20Km쯤이라는 것이다. [그림 78]에서는 白頭山 大池 둘레를 80리라고 하고 있는데, 이는 조선 시대 10리를 5Km로 계산하여 大池의 둘레가 40Km쯤이라는 것이다.

6. 무산부까지 거리: [그림 76]에서 백두산에서 **무산부까지 280여리**이고 갑산부까지 거리를 **350여리**라고 기록하고 있다.

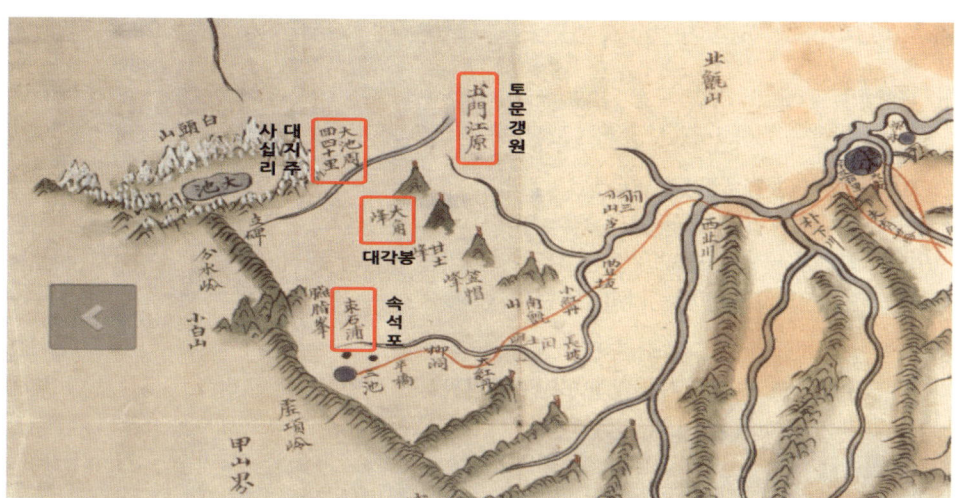

[그림 77] 백두산-해동지도: 이 지도에서 土門江原 끝 부분에 立碑라고 적혀 있어 土門江原 끝 부분이라고 생각되는 곳에 비석을 세운 듯하다. 大角峯도 있다. 大池의 둘레를 40리라고 하고 있다. 속석포(束石浦)와 三池라는 글자가 있는데 이 두 곳은 大池 근방에 있는 것을 묘사한 것으로 판단한다.

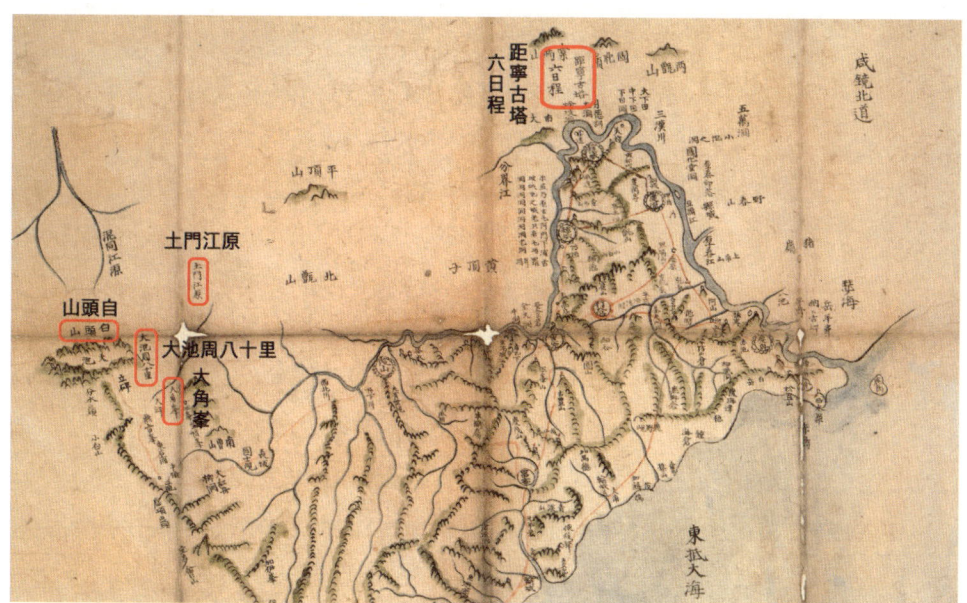

[그림 78] 백두산-팔도지도-함경북도: 이 지도에서 土門江原 끝 부분에 立碑라고 적혀 있어 土門江原 끝 부분이라고 생각되는 곳에 비석을 세운 듯하다. 大角峯도 있다. 大池의 둘레를 80리라고 하고 있다. 三池라는 글자가 있는데 이 곳은 大池 근방에 있는 것을 묘사한 것으로 판단한다.

### ◆ 고지도에서 장백산의 지형지세 기록에 대한 설명을 살펴보자

1. 橫截數百里 山險 路截 程里不能詳(횡절수백리산험노절정리불능상): 동서로 수 백리 끊어져 있고 산은 험하고 길은 끊어져 있어 계량적 거리를 상세히 설명하는 것이 불가능하다.

2. 山勢甚峻 雄盤數百里多窮壑 長谷人不堪居 五月雪始消七月復有雪(산세심준 웅반수백리 다궁학 장곡인불감거 오월설시소 칠월복유설): 산세가 심히 높고 웅장한 쟁반 같은 지형의 수 백리에 끝없는 골짜기가 많고 긴 골짜기에 사람이 감히 살 수가 없다. 오월에 눈이 녹기 시작하고 7월에는 다시 또 눈이 있다.

3. 장백산 주변에는 束石浦와 三池가 표시되어 있지 않다. 천지도 그려져 있지 않다. [그림 58]의 지도 설명으로는 답사하지도 측량하지도 않았다는 설명이다. 사실 조선시대에 등반 훈련을 하지 않고 짚신이나 가죽신 신고 수 백리 일정의 백두산(중국명 장백산) 등반은 거의 불가능한 일이다. 말을 타고 백두산에 오르는 일은 불가능에 가깝다. 남이 장군이 말을 타고 달렸던 백두산 주변은 지금의 백두산 주변이 아니다.

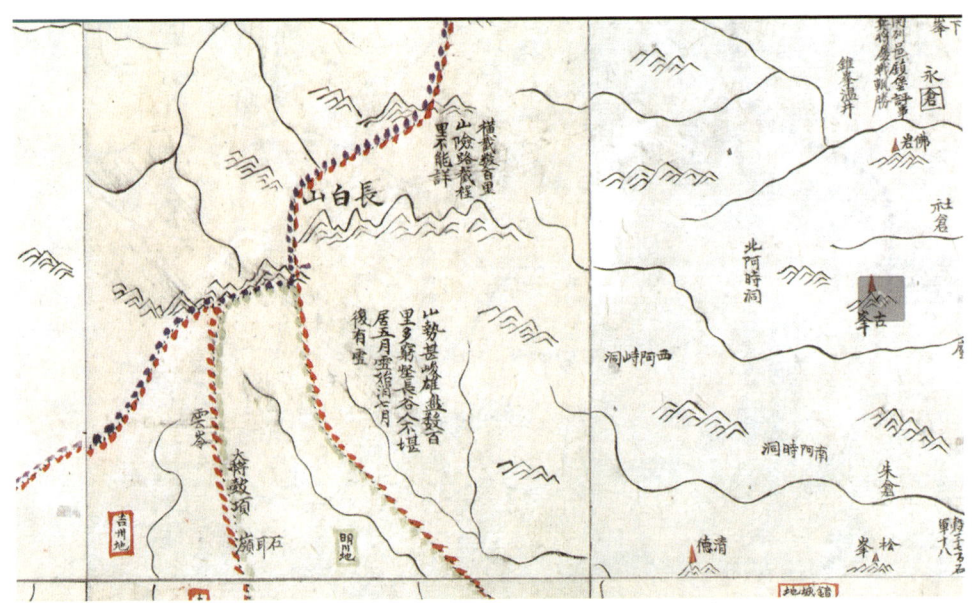

[그림 79] 장백산-청구요람: 장백산에 대하여 橫截數百里山險路截程里不能詳이라고 적고 있다. 백두산 주변이 험란하여 그 주변을 측량하지 못 하였다.

[그림 80] 백두산(중국 명 장백산): 천지의 둘레의 길이는 약 12Km이다. 천지로부터 10Km 이내에 길이가 300m 이상 되는 연못이 안 보인다. 삼지는 없다. 10Km 이내에 속석포도 안 보인다.

   조선의 백두산 고지도에 있는 특징적인 지형지세와 [그림 65]의 백두산(중국 명 장백산)의 상황과 비교해 보자.

   고지도의 白頭山 大池의 둘레를 [그림 77]에서는 40리라고 하고 있고, [그림 78]에서는 白頭山 大池 둘레를 80리라고 하고 있다.

   하지만 [그림 80]의 백두산(중국 명 장백산)의 천지의 둘레의 길이는 12Km 정도이다. 이는 조선 시대 10리를 5Km로 계산하면 天池의 둘레는 24리 정도이다. 40리에도 모자라고 80리에는 더욱더 모자란다.

   천지로부터 10Km이내에 길이가 300m 이상인 연못이 하나도 안 보인다. 10Km이내에 三池가 없다. 속석포(束石浦)라고 연상 되는 폭포도 보이지 않는다. 고지도의 분계강 상류와 대각봉도 대응시킬 곳도 찾을 수가 없다.

   따라서 현재의 백두산(중국 명 장백산)과 천지는 고지도의 白頭山과 大池의 위상도가 아니다.

## 2. 조선조 고지도의 백두산은 어디인가

백두산 고지도에 있는 특징적인 지형지세나 문구를 다시 살펴보자.

1. 수복류(水伏流): [그림 65]의 白頭山 바로 아래 水伏流라는 글자가 있다. 水伏流의 뜻은 물이 땅 속으로 흘러가거나 호수 속으로 흘러간다는 뜻이다. 이는 곧 白頭山 大池 밑을 물이 흘러가고 있다는 뜻이다.

2. 속석포(束石浦)와 삼지(三池) : [그림 65]에 束石浦와 三池라는 글자가 있는데 이 두 곳은 大池 근방에 있는 것을 묘사한 것으로 판단한다. 束石은 돌들의 묶음으로 束石浦는 큰 돌들의 묶음이 여러 개 나열돼 있는 바위 위를 폭포수가 떨어지는 폭포이다. 三池는 3개의 연못이라는 뜻이다. 백두산 근방에 상당한 크기(유의미한)의 연못이 3개 있다는 표현이다. 아마도 연못 하나의 길이는 적어도 300m는 되어야 유의미한 연목이라 생각한다.

3. 대각봉(大角峯): 大角峯은 큰 뿔 모양의 봉우리라는 뜻이다. [그림 65]의 무산부 지도에 大角峯이라는 글자가 있다. 大角峯은 [그림 65]의 무산부 지도의 11번 지류의 근방이며 분계강 상류([그림 44]의 무산부 지도의 12번 지류)의 근방에 있는 것으로 표현되어 있다. [그림 77]과 [그림 78]에도 大角峯을 나타내고 있다.

4. 白頭山 大池 둘레: [그림 77]에는 白頭山 大池 둘레를 40리라고 하고 있는데, 이는 조선 시대 10리를 5Km로 계산하면 大池의 둘레가 20Km쯤이라는 것이다. [그림 78]에서는 白頭山 大池 둘레를 80리라고 하고 있는데, 이는 조선 시대 10리를 5Km로 계산하여 大池의 둘레가 40Km쯤이라는 것이다.

5. 무산부까지 거리: [그림 76]에서 백두산에서 무산부까지 280여리이고 갑산부까지 거리를 350여리라고 기록하고 있다.

◆ 김수홍의 조선팔도고금총람도(1673년)에서 백두산은 흑룡강변에 그려져 있다. 여기서 흑룡강은 흑룡강 본류와 목단강을 그린 것이다.

위 고지도의 내용들을 구글 지도와 비교해보자.

[그림 65]의 白頭山 바로 아래 水伏流라는 글자가 있는데 경박호는 목단강 상류의 물이 경박호로 흘러 들어와서 다시 목단강(옛 토문강)으로 흘러 내려가고 있어 白頭山 바로 아래 水伏流라고 기록하고 있는 것이다.

[그림 77]에는 束石浦와 三池라는 글자가 있는데 이 두 곳은 大池 근방에 있는 것을 묘사한 것으로 판단된다. [그림 81]에서 경박호(옛 백두산 대지) 서남쪽에 삼지가 보이고 경박호 동북쪽에 속석포(경박폭포)가 있다. 경박호에서 무산부(라자구)까지는 약 280리 정도이다.

[그림 65, 76, 77, 78]의 무산부와 백두산 고지도에 大角峯라는 글자가 있다. 구글어스를 보면 옛 두만강 상류 남동쪽 11번 지류 시발점에 해발 930m의 대각봉이 있다. 산 모양이 큰 뿔처럼 바위산이라서 우리 조상들이 대각봉이라 명명한 듯하다.

◆ 김수홍의 조선팔도고금총람도에서 백두산은 흑룡강변에 그려져 있다.

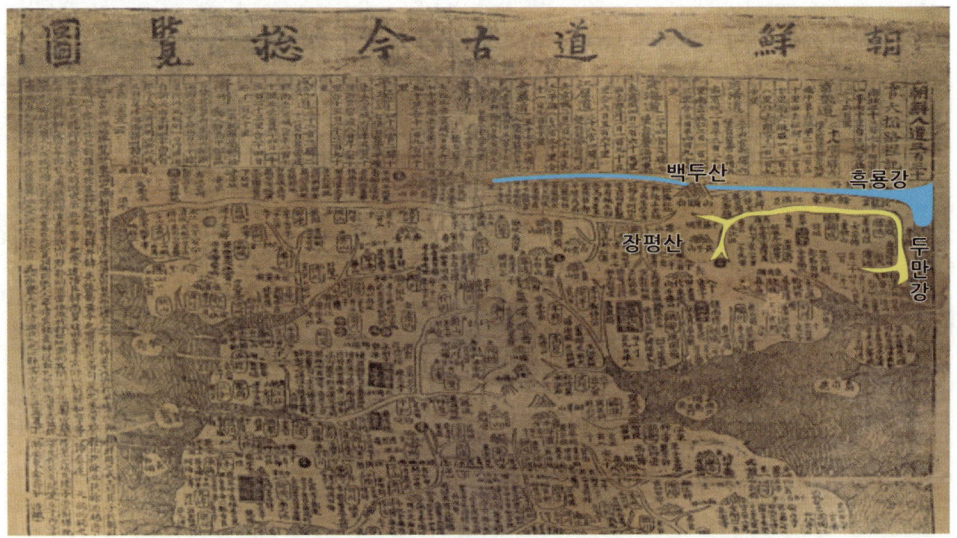

[그림 81] 조선팔도고금총람도: 백두산이 흑룡강 중간에 그려져 있다. 백두산은 흑룡강변에 있다. 흑룡강 아래에 두만강이 있다. 여기 흑룡강은 흑룡강 본류와 목단강을 그린 것이다.

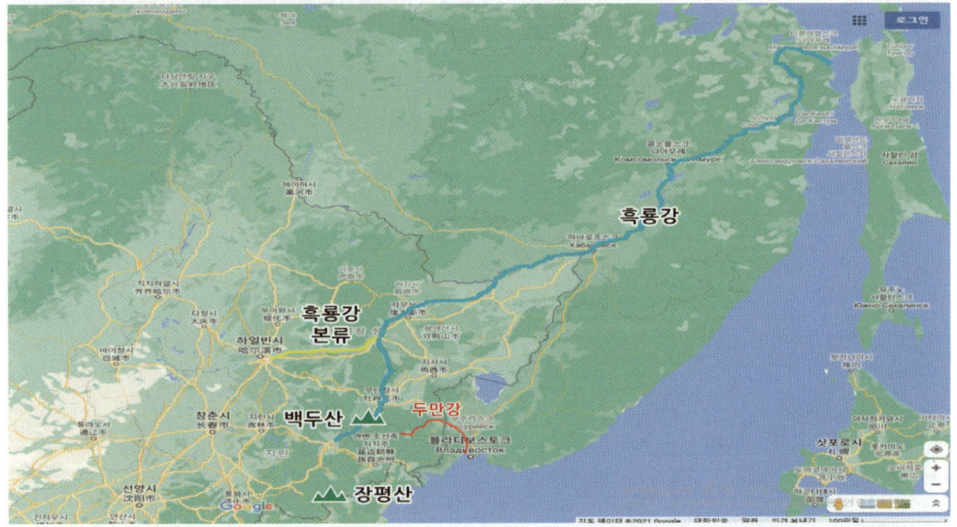

[그림 82] 김수홍의 조선팔도고금총람도에 위상적으로 대응되는 흑룡강과 두만강: 고지도에서 흑룡강의 상류는 목단강을 그린 것이다. 고지도의 두만강은 현재의 중국명 수분하(러시아 명 레카라즈돌라야강)이다.

◆ 김수홍의 조선팔도고금총람도에서 백두산은 흑룡강변에 그려져 있다. 또한 백두산의 대지의 둘레가 80리(40Km) 정도 되고 백두산에서 무산부까지 거리가 280리이고 갑산부까지 거리가 350여리이고 근방에 삼지가 있고 속석포가 있는 대상 후보지는 경박호 뒷산이 유일한 후보지이다. 조선조 백두산은 현재 모공산으로 개명되어 있다.

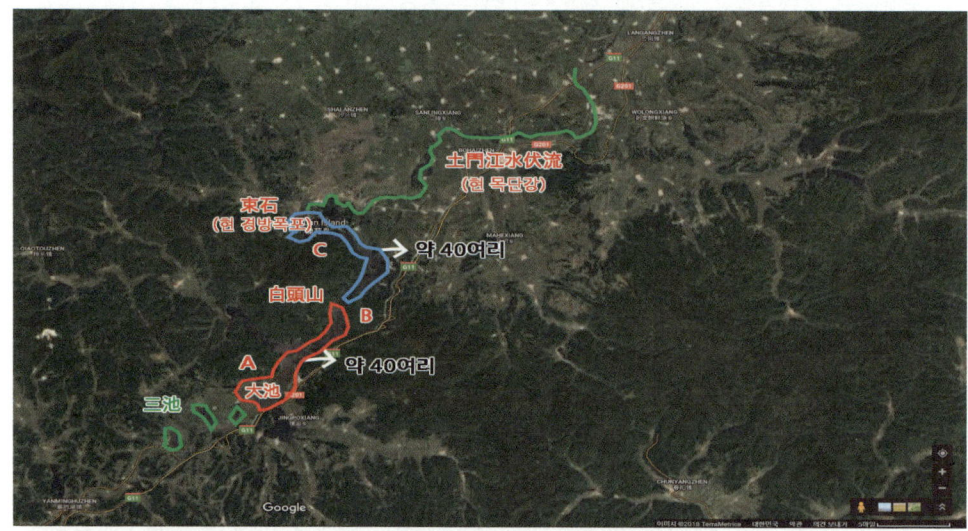

[그림 83] 경박호(옛 백두산 대지) 주변: 삼지가 보이고 경박호 동북쪽에 속석포(경박폭포)가 있다. 그림에서 호수 둘레는 80리다. 호수 하구에 제방 설치로 물이 많아져 둘레가 조선조 때보다 길어짐.

[그림 84] 경박호에서 라자구진까지 거리: 경박호에서 라자구진(옛 무산부)까지 거리는 280여리이다. 경박호에서 라자구진(옛 무산부)까지 가는 역참로가 있었다.

[그림 76]에서 백두산에서 **무산부까지 280여리**라고 기록하고 있는데 경박호(옛 백두산 대지)동쪽에서 대흥구진(옛 폐무산역)을 거쳐 라자구진(옛 무산부)까지 옛 역참로를 따라 가는 경로는 280여리가 된다.

**A코스로 경박호 동쪽에서 라자구진(옛 무산부)까지 280리쯤 된다.**

[그림 85] 경박폭포(옛 束石浦) 여름 모습. 돌 묶음 위로 폭포가 쏟아지고 있다.

◆ 조선조 백두산 위치와 두만강:

(가) 조선조의 두만강은 현재의 수분하(중국 내 옛 두만강 강명) + 레카라즈돌나야강(러시아 내 옛 두만강 강명)이다.

(나) 백두산의 위치 조건: $\lambda$1) 백두산의 위치는 무산부에서 280리이고 갑산부(현재의 갑산이 아님)에서 350 리이다.

($\lambda$2) 백두산은 흑룡강변에 있다.
　참조: 김수홍의 조선팔도고금총람도(1674년)

함경도(비변사인방안지도) 지도

($\lambda$3) 백두산은 토문강변에 있다(참조: 무산부(해동지도) 고지도). 토문강은 목단강임.

($\lambda$4) 백두산 앞에 둘레가 80 리인 대지(大池)가 있고 주변에 삼지와 속석포가 있다. (속석포는 경박호이다)

◆ 목단강의 명칭 변경 연구:

흑룡강(1712년 이전) ⇒ 토문강(1712년 ~ 1910년?) ⇒목단강(1910년 이후)

◆ 함경북도 동해의 주요 섬 명칭: 묘도, 적도, 대초도, 소초도, 작도, 가도, 대비도, 소비도(참조 제 5장)

◆ 다음은 조선조 육진의 지역의 개형이다.

◆ 두만강과 압록강(참조: 제1장)

**[그림 87] 옛 압록강과 옛 두만강:** 현 두만강은 石乙水+훈춘강이었다. 현 압록강은 옛 '압록강 하류 + 독로강'이다. 옛 압록강은 '현 압록강 하류 + 혼강'이다. 옛 두만강은 '수분하 + 레카르즈돌라야 강'이다.

## ⟨참고문헌⟩

[1] 구글지도(2021).

[2] 김수홍, 「조선팔도고금총람도(朝鮮八道古今總攬圖)」(1673).

[3] 명치지위적(明治之偉跡), 일본, 1914년(대정 3년).

[4] 『서울대학교 규장각』- 고지도(2020).

[5] 『신증동국여지승람』 1~6, 규장각 소장, 1530.

[6] 『세종실록지리지(世宗實錄地理志)』, 1454.

[7] 일청한3국명료전도(日淸韓三國明瞭全圖), 저작자 松下鐵之助, 인쇄발행자 依田治右衛, 1894년(명치 27년).

[8] 정택선, 최규흥(2020), 「위상수학을 활용한 慶興府 고지도 분석」, Vol. 7 (1), 167-192, 세계환단학회.

[9] 정택선, 최규흥(2020), 「위상수학을 활용한 慶源府 고지도 분석」, Vol. 7 (2), 93-116, 세계환단학회.

[10] 정택선, 최규흥(2021), 「위상수학을 활용한 온성부와 종성부 고지도 분석」, Vol. 8 (1), 157-186, 세계환단학회.

[11] 정택선, 최규흥(2021), 「위상수학을 활용한 의주부, 삭주부, 창성, 벽동, 이산, 위원 고지도 분석」, Vol. 8 (2),98-140, 세계환단학회.

[12] 정택선(2021), 「위상수학을 활용한 세종대왕의 회령부 고지도 분석」, 367-408, 『한국 북방 국경의 흐름』, 도서출판 대한사랑.

[13] 정택선(2022), 「강계부 고지도 분석과 세종대왕의 사군 위치 연구」, Preprint, 2022 년 논문대회, 대한사랑

[14] 조선명세지도(朝鮮明細地圖, 實地踏查里程人), 인쇄자 日本陸軍省印刷御用, 小林石版印刷所, 1911년(명치 44년).

[15] 최규흥(2022), 「세종대왕의 육진과 일제가 인위적으로 정해 놓은 육진」, 304-366,『한국 북방 국경의 흐름』, 도서출판 대한사랑.

제 3 장

# 제3장 백두산과 장백산 그리고 동해 북부 섬들

## Ⅰ. 서론

우리는 세종대왕 때 사군육진을 설치하여 외적을 막았고 그 중 육진의 위치가 두만강 유역에 있다고 배웠다. 하지만 아무도 지금의 육진이 조선의 육진인지 아닌지 의심하지 않는다. 백두산도 세종대왕 때의 백두산인지 아닌지 의심하지 않는다. 대동여지도나 조선조의 **함경도(비변사인방안지도)** 등 함경도 고지도에는 백두산과 장백산이 서로 다른 곳에 있다.

다음은 대동여지도의 북부 함경북도 지역이다. 이 지도에서 백두산과 장백산이 서로 다른 곳에 있다. 회령부와 종성부 영역은 남북으로 펼쳐진 영역이고 남쪽은 동해바다에 접해 있다. 온성부도 남북으로 펼쳐져 있고 남쪽 영역과 북쪽 영역은 붙어 있지 않다. 온성부 남쪽 바닷가 온성해창에서 북쪽에 있는 온성부위까지는 260리이다([] 신증동국여지승람). 경원해창도 경원부 큰 지역과 연결되어 있지 않다.

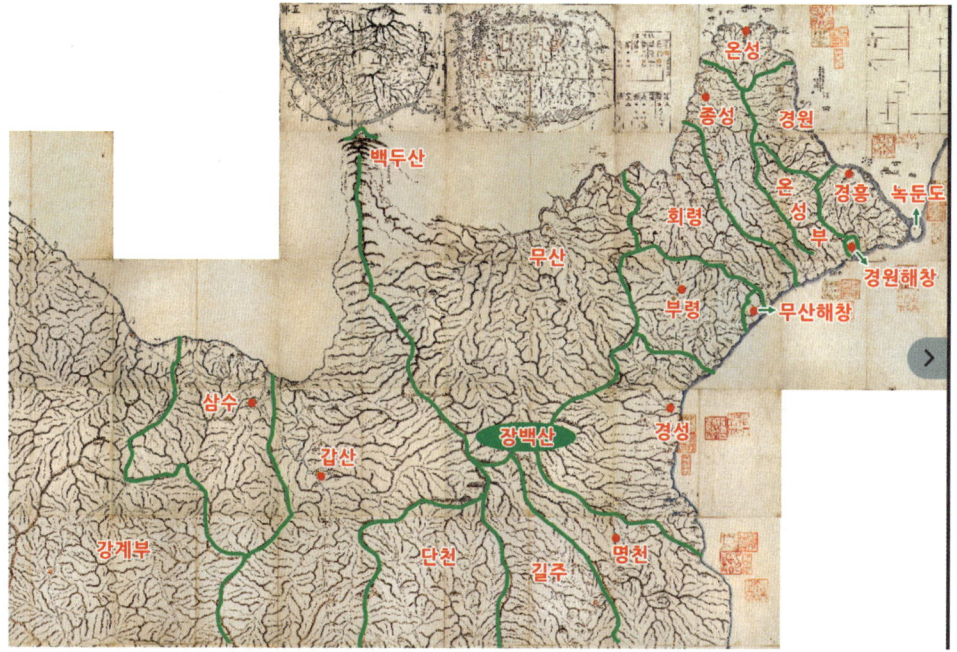

[그림 1] 대동여지도: 백두산과 장백산은 다른 곳이다. 온성은 연결되지 않은 두 개의 영역으로 도어 있다. 종성부와 회령부는 남북으로 길게 펼쳐진 영역이다.

세종대왕 때 사군육진은 현재 한반도에 하나도 없다. 백두산도 한반도에 없다. 육진이 있었던 두만강은 **수분하(중국 내 옛 두만강 명)+레카라즈돌나야(Recka**

Razdolnaya) 강(러시아 내 옛 두만강 명)으로 강이름이 바뀌어 있다. 이 강변에 육진이 있었고 황자파, 안원, 의전 등 18개의 역참(驛站; 보(堡)와 함께 있음)이 있었다. 일제는 현 두만강(옛 石乙水+훈춘강 하류) 유역에 육진의 부위의 위치를 설정해 놓고 18개의 역참 중 아오지, 훈융, 서수라 3개의 역참의 지명을 설정하고 나머지 15개의 역참 지명은 설정하지 못 했다.

**함경도(비변사인방안지도)** 지도에서 백두산과 장백산은 서로 다른 곳에 있다. **백두산은 흑룡강변에 있고 백두산 대택(大澤)은 흑룡강과 연결되어 있다.** 김수홍의 조선팔도고금총람도(그림 3)에서도 백두산은 흑룡강변에 그려져 있다. 이 지도는 두만강뿐만 아니라 흑룡강도 함경도에 포함시키고 있다. 두만강 유역에는 육진; 경흥, 경원, 온성, 종성, 회령, 무산이 그려져 있다. 두만강 유역에는 또 보(堡)가 있는 18개의 역참; 아오지, 서수라(경흥부 아래 있는데 그림에 누락), 무이, 아산, 건원, 안원, 훈융, 황자파, 의전, 유원, 유달, 종관, 방환, 고령, 볼하, 풍산, 양영, 마전참이 그려져 있다. 폐무산과 고풍산은 두만강 유역에서 좀 멀리 있다.

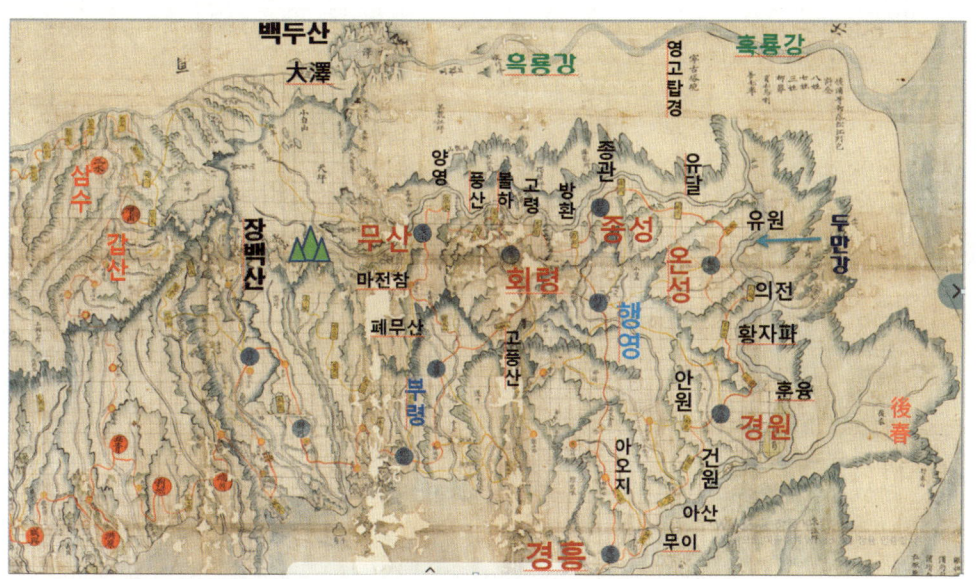

[그림 2] 함경도(비변사인방안지도); 백두산은 흑룡강 강변에 있다. 두만강 주변에는 역참이 부위(府衛) 역(驛) 6개와 작은 성 보(堡)가 있는 역은 황자파 역 등 18개 역이 있다.

대동여지도 등 함경도를 그린 고지도에는 백두산에서 갑산부까지를 350여리라 기록했는데 갑산부(무송진)에서 **옛 한덕입지당 - 강남진 - 관지진**을 거쳐 역참로를 따라 옛 백두산 근방의 삼지 중 가장 서쪽에 있는 안명호진(雁鳴湖鎭)까지 350리이다. 또 대동여지도 등 함경도를 그린 고지도에는 백두산에서 무산부까지를 280리라 기록했는데 무산부위(라자구진)에서 대흥구진(조선의 역참 명 모름)을 거쳐 역참로를 따라 옛 백두산 동쪽 끝 지점(경박호 동쪽 끝 지역)까지 280리이다. 대동여지도 등 함경도를 그린 고지도에 백두산 대지의 둘레가 80리라 기록되었는데 경박호(옛 백두산 대지) 둘레는 80리가 넘는다. 경박호 제방을 높여 호수 둘레가 더 길어진 것이다. 참고로 현 백두산(옛 장백산) 천지의 둘레는 23리 정도이다.

◆◆ **세종대왕의 육진과 두만강의 위치 연구 내용**
 조선의 육진의 고지도들은 현재의 두만강 유역의 육진을 그린 것이 아니다. 경흥, 경원, 온성, 종성, 회령, 무산과 **현 두만강(옛 石乙水 + 훈춘강)** 과의 대역적 위상관계는 조선의 고지도와 잘 맞게 인위적으로 매우 잘 배치되어 있다. 이러한 인위적 조작이 언제 누구에 의해서 이루어 졌는지를 정확하게 아는 학자는 한국에는 없다. 1894년(명치 27년)일본이 제작한 동아시아지도 일청한3국명료전도(日淸韓三國明瞭全圖)(참고[7])에서 현 두만강에 경흥, 경원, 온성, 종성, 회령, 무산의 위치를 배치하고 현 백두산을 장백산으로 표기하였다.
 현 두만강(**옛 石乙水 + 훈춘강 하류**)과 육진의 위치는 조선의 고지도와 대역적 위상으로 매우 잘 맞지만 경흥, 경원, 온성, 종성, 회령, 무산의 고지도를 각 지역별로 위상적 분석을 하면 북한의 경흥, 경원, 온성, 종성, 회령, 무산의 위상도와는 맞지 않는다. 육진의 고지도의 각 주기나 함경도(비변사인방안지도) 고지도를 보면 육진에는 6개의 부위 성과 18개의 작은 성인 보(堡)가 있다. 하지만 북한의 경흥, 경원, 온성, 종성, 회령, 무산 지역에는 크고 작은 성터는 없다. 구글지도에서 전혀 보이지 않는다. 북한에서 옛 성터들이 이들 지역에서 발견되었다는 기록도 없다.조선의 온성부의 남북의 길이는 260리이나 북한 온성은 작은 지역이다.

 많은 사람들은 조선 시대 고지도에 나타난 경흥, 경원, 온성, 종성, 회령, 무산이 현재 북한 두만강 유역에 위치한 것이라고 믿고 있고 의심조차 하고 있지 않는다. 일제가 바꾸어 놓았으리라 생각조차 하지 않는다.

◆ 김수홍의 조선팔도고금총람도(1673년)에서 백두산은 흑룡강변에 그려져 있다. 여기서 흑룡강은 흑룡강 하류와 목단강을 그린 것이다.

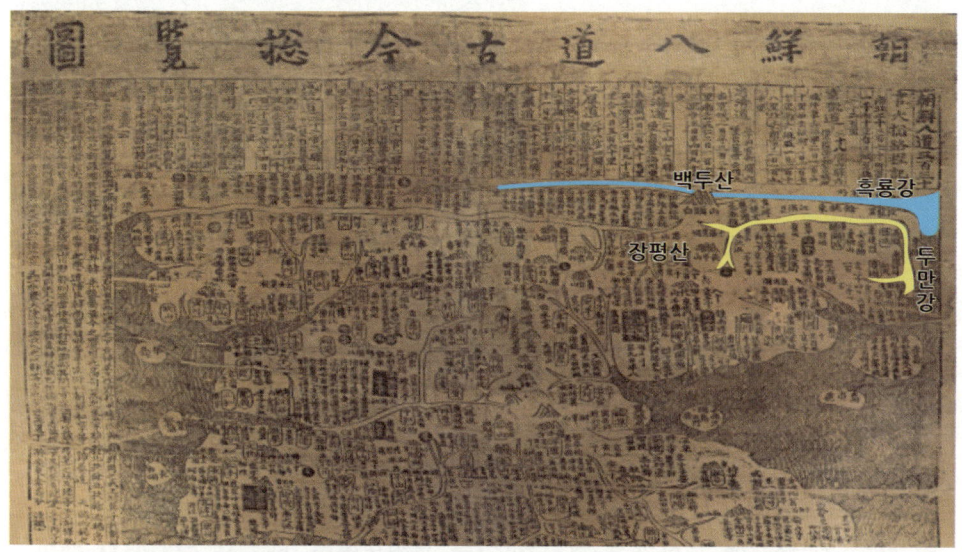

[그림 3] 조선팔도고금총람도: 백두산이 흑룡강 중간에 그려져 있다. 백두산은 흑룡강변에 있다. 흑룡강 아래에 두만강이 있다. 여기 흑룡강은 흑룡강 본류와 목단강을 그린 것이다.

김수홍의 **조선팔도고금총람도(1673년)**에서 백두산은 흑룡강변에 그려져 있고 흑룡강과 두만강이 가까이 그려져 있는데 여기서 거리는 무시되고 위상적 위치 관계만 표현 한 것이다. 이 때 조선의 동북의 국경은 흑룡강이다. 여기서 흑룡강은 현재의 흑룡강 하류와 목단강을 그린 것이다. 흑룡강 상류를 목단강으로 정한 것이다. 현재의 목단강 명칭은 일제가 정한 것이다.

김수홍의 조선팔도고금총람도(1673년)가 가리키는 조선의 동북 국경은 아래와 같다. 흑룡강 이남 연해주는 함경북도 소속이다.

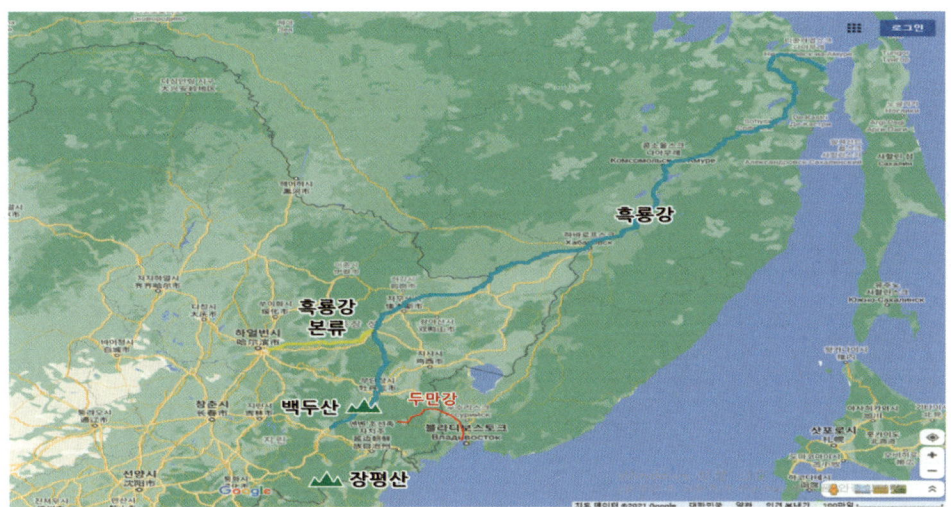

[그림 4] 김수홍의 조선팔도고금총람도에 위상적으로 대응되는 흑룡강과 두만강: 고지도에서 흑룡강의 상류는 목단강을 그린 것이다. 고지도의 두만강은 현재의 수분하(중국 내 옛 두만강의 명칭) + 레카라즈돌라야강(러시아 내 옛 두만강의 명칭) 이다.

다음 지도에 옛 두만강과 현 두만강을 그려놓았다. 백두산 대지에서 대흥구진(폐 무산)을 지나 무산까지 역참로를 따라 280리이다.

[그림 5] 수분하(중국 내 옛 두만강 명)+레카라즈돌나야(Recka Razdolnaya) 강(러시아 내 옛 두만강 명) 근방과 현 두만강(옛 石乙水+훈춘강 하류) 주변 구글지도

◆ 두만강의 최상류 지역 무산부 고지도의 분석

 규장각 한국학연구원 고지도편에 무산과 두만강을 그린 고지도가 6가지가 있다. 이들 고지도는 현대식 지도가 아니기 때문에 그리고자 하는 각 목표물들 간의 거리 방향 등이 정확히 묘사되지 않아 현대식의 거리와 방위가 정확한 지도라고 판단하면 이해하기가 매우 어렵다. 이고지도들은 묘사하고자 하는 목표물들의 위치 관계를 나타낸 것으로 수학적으로 위상도라 할 수 있다. 이들 지도에서는 여러 가지의 강, 섬, 부위(府衛), 창(蒼), 진(鎭) 등 그리고자 하는 목표물들의 크기나 방위가 현대적이지 않기 때문에 거리와 방위가 정확한 현대지도를 해석하듯이 고지도를 보고 판단하면 많은 오류를 범한다.

 중국도인 한 고지도에는 제주도와 한반도의 크기를 비슷하게 그려놓은 것이 있다. 이 지도를 현대적인 관점에서 해석하려하면 틀린 지도이다. 하지만 위상수학적이 관점에서 보면 그 지도는 잘 그려진 지도이다. 또 다른 한 고지도에는 요양을 심양의 북쪽에 그려놓은 지도도 있다. 이는 방위는 틀렸지만 위상수학적이 관점에서 해석한다면 심양과 요양이 요령성(遼寧省)에 있는 것을 위상적으로 만 나타낸 것이라고 해석한다면 맞는 이야기가 된다.

 [그림 6]의 무산부(茂山府) 지도에 있는 특징적인 지형지세나 문구를 살펴보자.

1. 백두산과 장백산(長白山)은 분명히 다른 곳에 있다. 백두산과 長白山이 그려진 조선 시대 고지도에는 백두산(白頭山)과 長白山은 서로 다른 산이다. 두 산은 상당히 멀리 떨어져 있다.

2. 수복류(水伏流): [그림 6]의 백두산 바로 아래 수복류(水伏流)라는 글자가 있다. 水伏流의 뜻은 물이 땅 속으로 흘러가거나 호수 속으로 흘러간다는 뜻이다. 이는 곧 백두산 대지(大池) 밑을 물이 흘러가고 있다는 뜻이다.

3. 분계강 상류(分界江 上流): 12번 지류를 分界江 上流라 표시해 놓고 있다. 임진년 (1712년) 국경 분계시 12번 지류를 分界江 上流라 칭한다고 기록해 놓았다(壬辰分界時以此稱分界江上流).
   참고: 12번 지류가 어느 강의 상류인지는 판단하지는 못 했던 것이다. 사실은 이 강은 오소리 강 상류이다.

4. 대각봉(大角峯): 대각봉은 큰 뿔 모양의 봉우리라는 뜻이다. 11번 지류 옆에 대각봉(大角峯)이라는 글자가 있다. 11번 지류 근방에 큰 뿔 모양의 대각봉이 있다는 뜻이다.

5. 대홍단수(大紅丹水)와 소홍단수(小紅丹水): 紅丹水의 단순한 뜻은 붉은 물 또는 붉은 강이라는 뜻이다. 13번 지류와 14번 지류를 大紅丹水와 小紅丹水라 명명한 것은 두 지류가 붉은 물이 흐르고 있다는 뜻인데 항상 붉은 물이 흐르는지 홍수 때나 붉은 물이 흐르는지 확인해 보고 싶다. 이름과는 상관없는 그저 이름뿐인 것인지 꼭 확인해보고 싶다.

6. 목책(木柵): 11번 지류와 12번 분계강 상류(分界江 上流)(1712년 임진년 명명)를 木柵으로 연결해 놓고 있다. 고려조나 조선조에는 국경선을 정할 때 강이나 산맥으로 정하는 것이 상례이다. 하지만 이 지역은 목책으로 국경선을 표시한 곳이다.

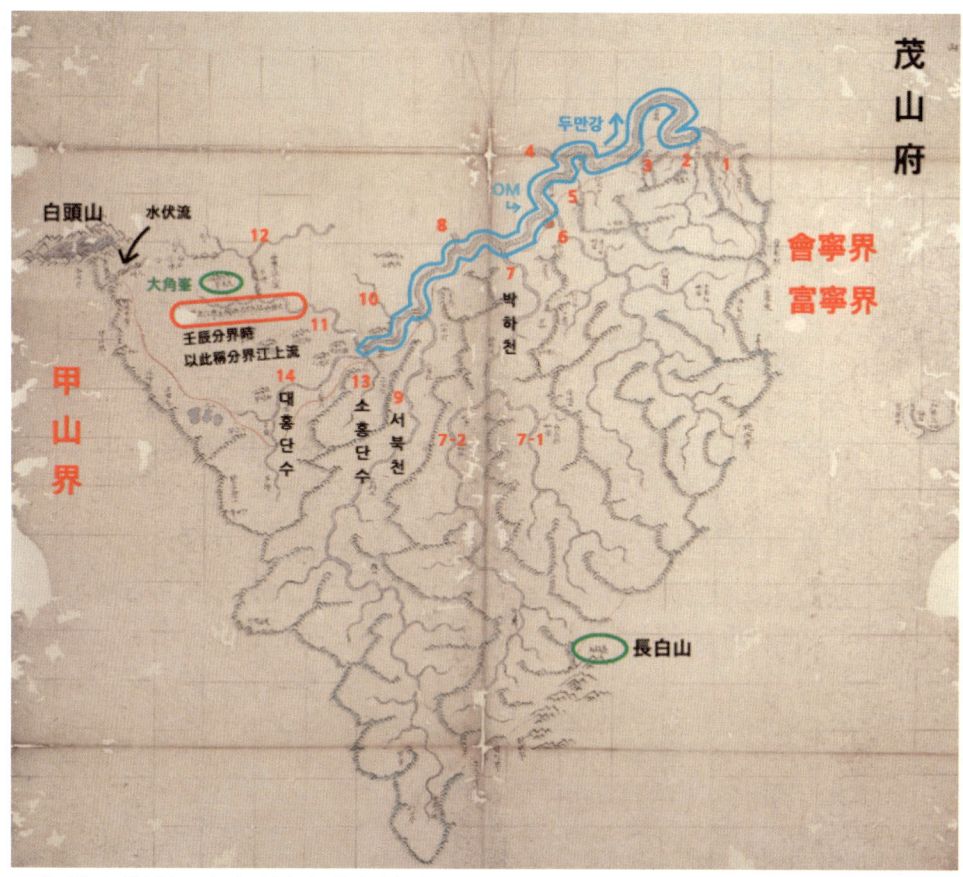

[그림 6] 무산부 고지도(조선지도): 두만강에 섬이 없다. 11번 지류는 또 다른 강의 지류 12번과의 사이에 목책을 그려놓고 있다. 11 번 지류와 12 번 지류 사이에 목책이 있다. 백두산과 장백산은 서로 다른 곳이다.

[그림 6]의 무산부 고지도에 있는 두만강에는 섬이 하나도 그려져 있지 않다. 다른 무산부 고지도에 있는 두만강에도 섬은 하나도 그려져 있지 않다. [그림 6]의 무산부 고지도에서 백두산과 장백산이 서로 다른 산이다. 두산의 거리는 알 수가 없다.

무산부 두만강의 작은 지류로 1번(市川), 2번, 3번(漁雲川), 4번, 5번, 6번, 7번(博下川), 8번, 9번(西北川), 10번, 11번, 12번(分界江 上流), 13번(大紅丹水), 14(小紅丹水)번의 14개의 지류가 그려져 있다. [그림 6]의무산부에는 11번 지류와 12번 지류 사이에 목책이 그려져 있다. 9번 지류는 서북천이라고 명명하여 이 지류는 무산부 서북쪽에 있다는 뜻이다.

7번 지류 박하천은 다른 고지도에 허수라천(虛水羅川)이라고 표기된 것도 있다. 또 박하천(朴下川), 림하천(林下川)이라고도 표기된 지도가 있어 잘못 기록한 것인지 시대마다 이름이 바뀐 건지 확인할 수가 없다.

다음 [그림 7]은 또 다른 무산부 고지도(해동지도)이다. 이 지도 보다[그림 6]의 무산부 고지도가 더 자세하게 그려져 현대 지도와 위상적으로 비교 설명하는데 더 유용하다.

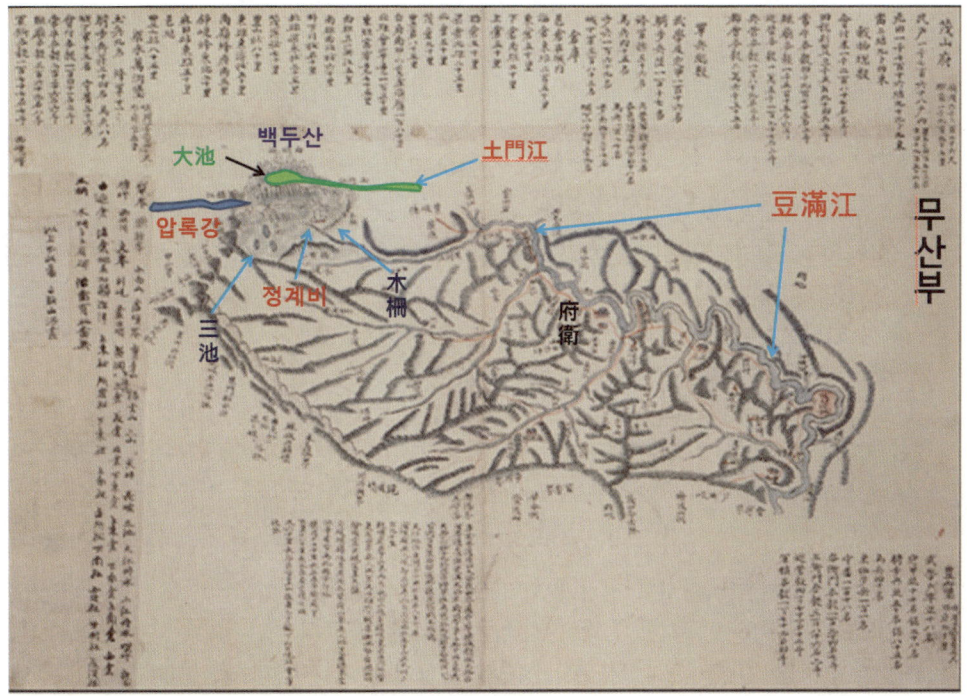

[그림 7] 무산부(해동지도): 두만강에 섬이 없다. 백두산 大池 옆에 三池를 그려 놓았다. 大池의 오른쪽으로 土門江이 흐르고 있다. 토문강은 백두산 대지의 물속에서 흘러나오는 것이다.

무산부 고지도(해동지도)에서 다음을 알 수 있다.

(가) 토문강과 두만강은 서로 다른 강이다.
(나) 압록강과 두만강은 大池와 연결되어 있지 않다, 土門江 만이 大池와 연결되어 있다.
(다) 백두산 대지 가까이에 삼지, 정께비(定界碑), 목책이 그려져 있다.

함경도(비변사인방안지도) 지도에서 백두산과 장백산은 서로 다른 곳에 있다.

김수홍의 조선팔도고금총람도(1673년)에서 백두산은 흑룡강변에 그려져 있다. 여기서 흑룡강은 목단강을 흑룡강 상류를 정하여 흑룡강을 그린 것이다. 이

지도에서 장백산(현 백두산)을 장평산(長平山)으로 표시했다. 김수홍이 조선팔도고금총람도(1673년)를 그릴 때 조선은 현 백두산을 장평산이라 부른 것이다.

◆ 목단강의 명칭 변화
흑룡강(1673년 김구홍 조선팔도) →토문강(1712년 임진 분계시) →목단강(1910년 이후)

◆ 두만강과 압록강 유역의 부위와 역참들(참조 제 1, 2장)
1) 세종대왕 때 육진이 있었던 두만강은 현재의 북한 두만강이 아니고 **수분하(중국 내 옛 두만강 명)+레카라즈돌나야(Recka Razdolnaya) 강(러시아 내 옛 두만강 명)이다**. 이 강변에 육진이 있었고 황자파, 안원, 의전 등 18개의 역참(驛站; 보(堡)와 함께 있음)이 있었다. 일제는 현 두만강(옛 石乙水+훈춘강) 유역에 육진의 부위의 위치를 설정해 놓고 18개의 역참 중 아오지, 훈융, 서수라 3개의 역참의 위치를 설정하고 나머지 15개의 역참 위치는 정하지 않았다.

◯ 옛 두만강 유역에 있었던 역참과 지류 중 현 두만강 유역에 없는 것: **무이, 아산, 건원, 안원, 황자파, 의전, 유원, 유달, 종관, 방환, 고령, 볼하, 풍산, 양영, 마전참, 오롱천, 농보천, 후춘강, 회개천, 솔하천, 삼한천, 천천, 분계강, 팔하천, 성천, 볼하, 박하천(허수라천), 서북천, 대홍단수, 소홍단수**
조선시대의 고지도의 압록강에는 **의주, 삭주, 창성, 벽동, 이산(초산), 위원, 강계, 삼수, 갑산** 9개의 부(府)와 군(郡) 만이 그려져 있다. 우시군은 조선 시대에 압록강 유역에 있는 부(府)나 군(郡)의 명칭이 아니다.

2) 조선시대의 고지도의 압록강에 있는 **의주, 삭주, 창성, 벽동**의 위치는 불변이다.
3) 이산(초산) 고지도는 우시군 정거리 지역을 그린 위상도이다.
4) 이산(초산) 고지도는 우시군 정거리 지역을 그린 위상도이다.
5) 사군은 강계부 안에 있었고 강계부는 남북의 길이가 300리가 넘는 넓은 지역이었는데 강계부를 현 한반도 안으로 축소하여 설정하고 사군의 위치 중 자성 만 하나 정하고 나머지 3개의 군은 정하지 안했다. 후주의 위치도 정하지 않았다.

강계부(해동지도) 고지도에는 큰 강으로 압록강과 독로강이 그려져 있다. 강계부의 압록강은 현 혼강이고 독로강은 현 압록강이다.

강계부 고지도에 **자성, 우예, 여연, 무창**이 있다. 고지도 **자성**에 대응하는 지역은 마제촌(**馬蹄村**)이다. 마제촌은 말발굽 동네라는 뜻이다. 고지도 **우예**에 대응하는 지역은 **후강연**(后江沿)이다. 후강연은 임금의 강이 흘러가는 곳이라는 뜻으로 보인다. **여연**에 대응하는 지역은 만만천여유도가촌(灣灣川旅遊度假村)이다. **무창**에 대응하는 지역은 통화시 동북 지역이다.

우리는 조선조 강계부의 고지도가 나타내는 지역이 현재의 강계 근방의 위상도가 아닌 현재의 압록강과 혼강 사이에 강계부가 있었다. 강계부 고지도에서 만포진은 부위에서 240리라고 기록되어 있는데 북한 강계시에서 만포시까지는 80리 정도로 고지도에 기록된 것과는 너무 차이가 난다. 이는 북한 강계시와 만포시는 조선의 강계부위와 만포진이 아니라는 뜻이다.

조선의 강계부위에 대응지역은 집안시 서부지역이고 만포진에 대응되는 지역은 환인만족자치현이다. 놀랍게도 구글지도의 집안시 서부지역(강계부)에서 역참로(현재의 국도)를 따라 상토진(현 大路鎭)을 거쳐 환인만족자치현(만포진)까지의 거리가 약 240리라는 걸 확인할 수 있어 조선시대 두 지점간의 거리를 매우 정확하게 측정했다는 걸 알 수 있다.

◯ **옛 강계부에 있었던 역참과 지류 중 현 압록강 이남에 없는 것:** 우예, 여연, 무창, 벌등진, 고산리진, 상토진, 외괴진, 종포진, 추파진, 마마해보, 평남진, 신광진, 호예천, 죽전천, 북천, 남천, 시시천, 외질괴천, 라신천, (후주강), (오국성), (황제묘)

6) 조선조 삼수부의 고지도는 현재의 북한 삼수 지역 근방의 위상도가 아니다. 삼수부 고지도는 중국 백산시 주변을 그린 위상도이다.

◯ **옛 삼수부에 있었으나 일제가 현 압록강 이남에 위치를 설정하지 않은 보(堡)나 진(鎭):** 인차외보, 라난보, 소농보, 신가을파지, 어면보, 구가을파지, 자작보, 강구보, 신방보, 묘파보, 별해진, 장진책.

7) 조선조 갑산부의 고지도는 현재의 갑산이나 혜산 지역 주변의 위상도가 아니다. 갑산부의 고지도는 무송진(撫松鎭), 유수진(楡樹鎭), 흥삼진(興參鎭), 抽水鄕, 북강진(北岡鎭), 유수천향(楡樹川鄕), 만량진(萬良鎭), 선인교진(仙人橋鎭), 화수진(樺樹鎭), 만강진(漫江鎭), 동강진(東岡鎭) 등의 근방을 그린 위상도이다.

놀랍게도 갑산부 고지도에 그려진 강들은 옛 압록강(현 혼강)과 연결되어 있지 않다. 갑산부 고지도는 현 백두산(옛 장백산) 북쪽 지역 송화강 상류지역을 그려놓고 이 갑산부 지역의 강물이 옛 압록강으로 흘러들어간다고 판단한 것이다.

이러한 착각은 몰라서 일어난 것인지 국경을 정하기 위해 편의상 정한 것인지 아는 바가 없다. 이는 국경을 정하기 위해 옛 압록강 상류와 갑산부 강을 연결해서 그린 것으로 판단된다.

일제는 갑산부위와 혜산의 위치를 현재 북한 압록강 이남에 설정했지만 다른 역참이나 강의 지류 이름을 정하거나 설정하지 못 하였다.

◯ 옛 갑산부에 있었으나 일제가 현 압록강 이남에 위치를 설정하지 않은 보(堡), 진(鎭), 지류, 중요 지명: 운파관, 운룡, 진동, 허린, 동인, 호린, 웅이, 종포, 천봉사, 오씨천, 신대신수, 검천수, 비비포(飛非浦), 서수라덕(西水羅德), 자개수, 임연수(臨淵水), 치부수, 한덕입지당(갑산부에서 백두산 갈 때 마지막 쉼 터).

8) 백두산은 한반도에 없다. 백두산 대지도 한반도에 없다. 대지의 둘레는 80리라 기록되었고 현 백두산 천지는 1872년 지방 지도를 정비할 때까지 탐사기록이 없다.

　　대동여지도 등 함경도를 그린 고지도에는 백두산에서 갑산부까지를 350여리라 기록했는데 갑산부의 동인보(만량진)에서 옛 **한덕입지당**을 거쳐 역참로를 따라 옛 **백두산 근방 삼지(경박호 서쪽 끝 지역)까지 350리이다**. 또 대동여지도 등 함경도를 그린 고지도에는 백두산에서 무산부까지를 280리라 기록했는데 무산부위(라자구진)에서 **대흥구진**(조선의 역참 명 모름)을 거쳐 역참로를 따라 옛 백두산 동쪽 끝 지점(경박호 동쪽 끝 지역)까지 280리이다. 대동여지도 등 함경도를 그린 고지도에 백두산 대지의 둘레가 80리라 기록되었는데 경박호(옛 백두산 대지) 둘레는 80리가 넘는다. 경박호 제방을 높여 호수 둘레가 더 길어진 것 같다. 참고로 현 백두산(옛 장백산) 천지의 둘레는 23리 정도이다.

## II. 조선조 백두산과 장백산 위치 탐구

### 1. 백두산 위치 탐구

　　대동여지도[그림 1], **함경도 지도(비변사인방안지도)[그림 2]**, 무산부(茂山府) 지도(조선지도)[그림 6] 등 함경도를 그린 조선조 고지도에 백두산과 장백산은 분명히 다른 곳에 있다. 두 산은 상당히 멀리 떨어져 있는 것 같다. 이 경우 백두산에는 대지(大池) 또는 대택(大澤)이라는 큰 호수와 함께 항상 그려 놓았다. 고지도의 장백산에는 대지(大池) 또는 대택(大澤)이라는 호수가 그려져 있지 않고 천지(天池)라는 이름도 없다. **天池는 하늘 꼭대기에 있는 연못**이라는 의미인데 1872년 조선의 지방 지도를 정리할 때까지도 천지 답사는 이루어지지 않은 듯하다.

　　**조선의 고지도에서 백두산의 위치에 대한 특징적인 지형지세나 백두산 주변 상황들을 정리해보자.**

**(Ω1) 백두산은 흑룡강변에 있고 백두산 대택(大澤)은 흑룡강과 연결되어 있다:**
함경도(비변사인방안지도) 지도에서 백두산과 장백산은 서로 다른 곳에 있다.

　　김수홍의 조선팔도고금총람도(1673년)에서 백두산은 흑룡강변에 그려져 있다. 여기서 흑룡강은 목단강을 흑룡강 상류를 정하여 흑룡강을 그린 것이다.

이 지도에서 장백산(현 백두산)을 장평산으로 표시했다. 김수홍이 조선팔도고금총람도(1673년)를 그릴 때 조선은 현 백두산을 장평산이라 부른 것이다.

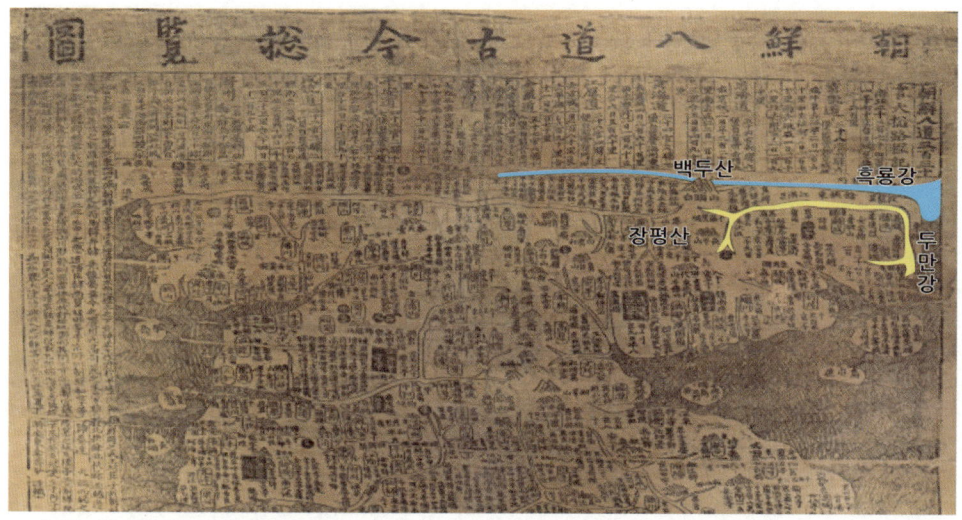

[그림 8] 조선팔도고금총람도(1673년): 백두산이 흑룡강 중간에 그려져 있다. 백두산은 흑룡강변에 있다. 흑룡강 아래에 두만강이 있다. 여기 흑룡강은 흑룡강 하류에서 목단강을 흑룡강 상류로 하여 그린 것이다.

아래 그림은 조선팔도고금총람도(1673년)가 가리키는 1673년 당시 조선의 동북 지역 국경이다. 흑룡강이 조선의 동북 국경이다.

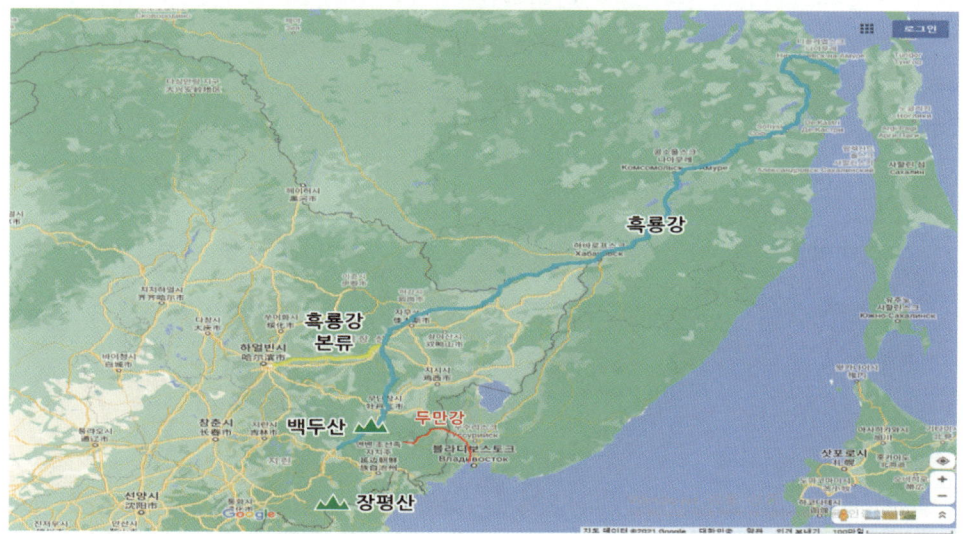

[그림 9] 김수홍의 조선팔도고금총람도에 위상적으로 대응되는 흑룡강과 두만강: 고지도에서 흑룡강의 상류는 목단강을 그린 것이다. 고지도의 두만강은 현재의 수분하(중국 내 옛 두만강의 강명) +레카라즈돌라야강(러시아 내 옛 두만강의 강명)이다. 백두산이 흑룡강변에 있다.

(Ω2) 대동여지도에서 백두산에서 무산부까지 280여리이고 갑산부까지 거리를 350여리라고 기록하고 있다([그림 10]):

[그림 10] 백두산-대동여지도; 이 지도에서는 백두산에서 무산부까지 280여리이고 갑산부까지 거리를 350여리라고 기록하고 있다. 백두산은 대지(大池) 북쪽(위 쪽)에 그려져 있다. 대지 근방에 정계비와 분수령이 있다. 목책, 대각봉, 삼지도 있다.

(Ω3) **白頭山 大池 둘레는 80 리이다**:

다음의 **해동지도**[그림 11]**의 백두산 근방**에는 백두산 대지(大池) 둘레를 40리라고 하고 있는데, 이는 조선 시대 10리를 5Km로 계산하면 大池 둘레가 20Km 정도이다.

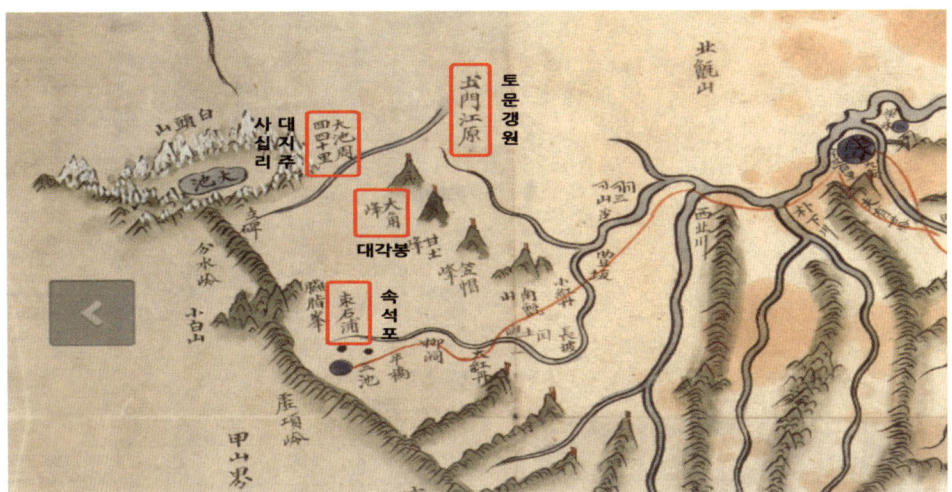

[그림 11] 백두산-해동지도: 이 지도에서 토문강원(土門江原) 끝 부분에 입비(立碑)라고 적혀 있어 토문강원 끝 근방에 비석을 세운 듯하다. 대각봉도 있다. 대지의 둘레를 40리라고 하고 있다. 속석포(束石浦)와 삼지(三池)라는 글자가 있는데 이 두 곳은 대지(大池) 근방에 있는 것을 묘사한 것으로 판단한다.

**팔도지도-함경북도**[그림 12]에서는 백두산 **대지(大池) 둘레를 80리**라고 하고 있는데, 이는 大池의 둘레가 40Km쯤이라는 것이다.

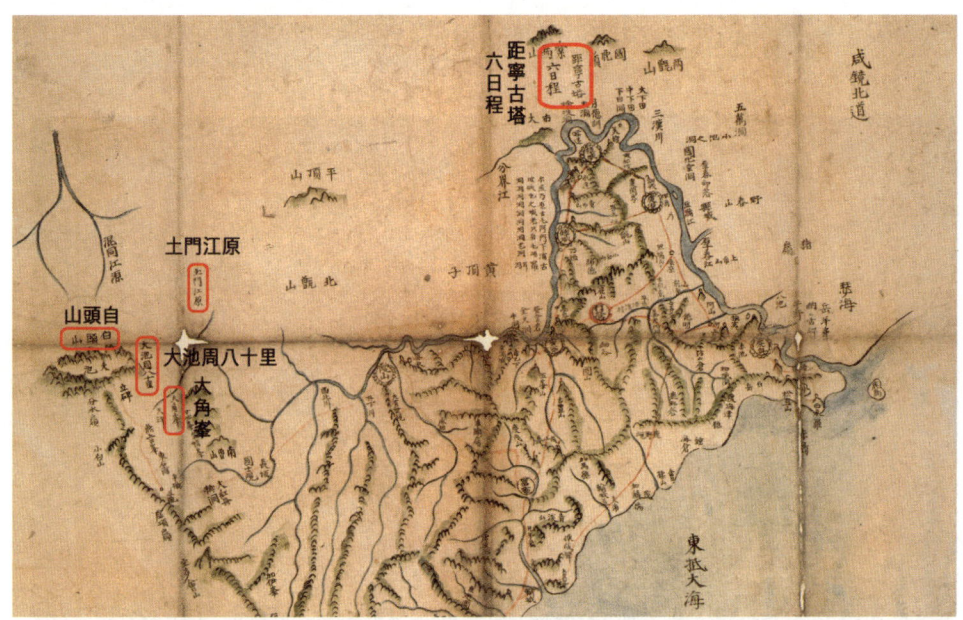

[그림 12] 백두산-팔도지도-함경북도: 이 지도에서 토문강원(土門江原) 끝 부분에 입비(立碑)라고 적혀 있어 土門江原 끝 근방에 비석을 세운 듯하다. 대각봉(大角峯)도 있다. 大池의 둘레를 80리라고 하고 있다. 三池라는 글자가 있는데 이 곳은 大池 근방에 있는 것을 묘사한 것으로 판단한다.

[그림 12]에서는 大池의 둘레를 40리라고 하고 [그림 12]에서는 大池의 둘레를 80리라 하고 있다. [그림 12]의 지도를 제작할 때는 댐의 둑을 높여 호수(대지)의 면적이 더 커진 것으로 판단된다.

(Ω4) 수복류(水伏流): 무산부 고지도([그림 7])의 白頭山 바로 아래 水伏流라는 글자가 있다. 水伏流의 뜻은 물이 땅 속으로 흘러가거나 호수 속으로 흘러간다는 뜻이다. 여기서는 白頭山 大池 밑을 물이 흘러가고 있다는 의미로 보아야 한다.

(Ω5) 속석포(束石浦)와 삼지(三池): 무산부 고지도[그림 7]에는 束石浦와 三池라는 글자가 있는데 이 두 곳은 大池 근방에 있는 것을 묘사한 것으로 판단된다.

束石은 돌들의 묶음으로 束石浦는 큰 돌들의 묶음이 여러 개 나열돼 있는 바위 위를 폭포수가 떨어지는 모습이다. 삼지(三池)는 3개의 연못이라는 뜻이다. 백두산 근방에 상당한 크기(유의미한)의 연못이 3개 있다는 표현이다. 아마도 연못 하나의 길이는 100m는 넘어야 유의미한 연못이라 생각한다.

위에서 백두산 위치와 다른 지명과의 위치관계 중 중요한 상황으로 (Ω1), (Ω2), (Ω3), (Ω4), (Ω5)이 있는데 백두산 대지가 흑룡강과 연결되어 있고, 대지의 둘레가 80리이고, 백두산 대지에서 무산부(라자구진)까지 280리이며 갑산부(무송현 무송진)까지 350여리인 흑룡강(현 목단강)과 연결된 호수는 경박호가 유일하다. 경박호가 백두산 대지이고 백두산 북쪽 모공산이 조선의 백두산이다.

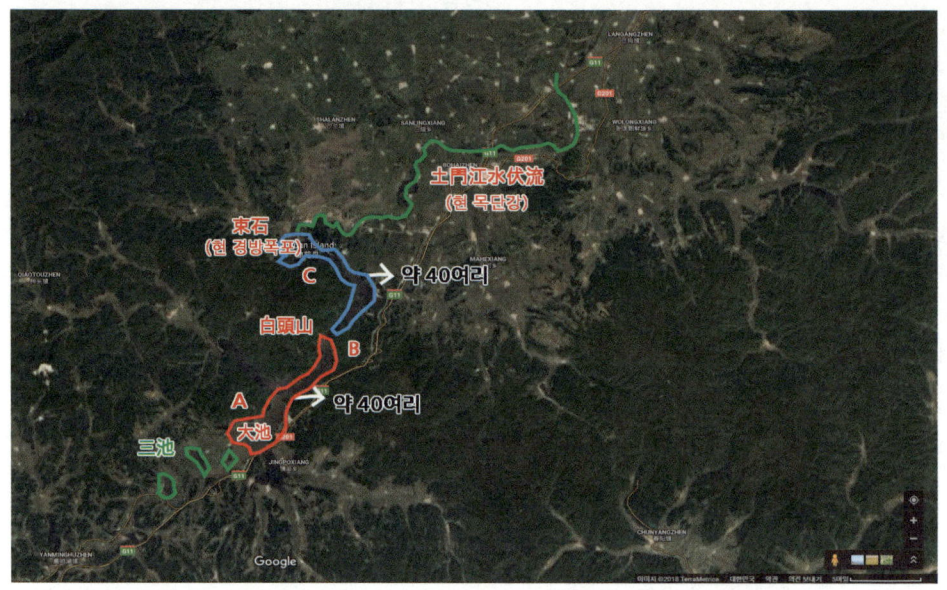

[그림 13] 경박호(옛 백두산 대지) 주변: 삼지가 보이고 경박호 동북쪽에 속석포(경박폭포)가 있다. 그림에서 호수 둘레는 80리다. 호수 하구에 제방 설치로 물이 많아져 둘레가 조선조 때보다 길어짐.

[참고] 현재 흑룡강 상류는 하얼빈으로 올라가는 강으로 정해 있다. 흑룡강 상류를 하얼빈으로 올라가는 상류로 판단하면 무산부(라자구진)에서 280리이며 갑산부(무송현 무송진)에서 350여리인 흑룡강과 연결된 호수는 없다. 흑룡강 상류를 하얼빈으로 올라가는 상류로 판단하면 무산부(라자구진)에서 흑룡강까지 최소 거리는 600리가 넘는다.

대동여지도에서 백두산에서 무산부까지 280여리이고 갑산부까지 거리를 350여리라고 기록하고 있는데 이는 차마도로(車馬道路)를 따라 잰 거리이다.

백두산에서 무산부까지 거리는 경박호(옛 백두산 대지) 동북쪽 끝 지점부터 대흥구진(大興溝鎭)을 경유하여 라자구진(羅子溝鎭: 옛 무산부)까지 차마도로(車馬道路)를 따라 재면 280 리이다. 백두산에서 갑산부까지 거리는 경박호(옛 백두산 대지) 서쪽 삼지중 하나인 안명호(雁鳴湖)부터 관지진 - 강남진 - 옛 한덕입지당(韓德立支堂)을 경유하여 갑산부(撫松鎭)까지 차마도로(車馬道路)를 따라 재면 350 리이다.

[그림 14] 경박호, 라자구진, 만량진, 연길 주변: 삼지가 보이고 경박호 동북쪽에 속석포(경박폭포)가 있다. 옛 삼지에서 동인(만량진)까지 350 여리이다. 경박호 상류에 삼지가 있다.

**다음은 경박호(옛 백두산 대지) 주변 지도이다.**

[그림 15] 경박호 동북쪽에 속석포(경박폭포)가 있다. 옛 백두산은 현재 모공산으로 바뀌어 있다. 현재 경박호는 뱃놀이를 하는 관광지이다.

다음은 조선조 백두산 부근 고지도에서 속석포라고 명명했던 경박폭포이다.

[그림 16] 경박폭포(옛 束石浦) 여름 모습. 돌 묶음 위로 폭포가 쏟아지고 있다.

## 2. 임진 정계비 위치와 조선의 북방 역참로

다음은 인터넷 다음 백과사전의 백두산정계비에 대한 설명 내용 중 하나이다.

### 〈백두산정계비〉

백두산은 고구려나 발해의 시기에는 우리나라 땅이었으나, 그후 우리나라의 판도가 반도로 위축되었다.

그러다가 1437년(세종 19)에 설치했던 6진(六鎭)으로 백두산과 그 동서의 두만강·압록강이 우리나라의 국경선이 되었다. 그때 두만강 상류의 무산지방(茂山地方)은 미개척지역으로 남아 있었는데, 1674년(현종 15)에 이곳에 무산진을 설치하여 두만강 내 지역 전부를 조선의 영역으로 확정했다. 이리하여 조선과 청과의 국경은 압록·두만의 두 강으로써 이루어졌으나, 그 원류인 백두산 근처의 경계는 명확하지 않았고 두 강 상류의 북안은 일종의 공백 완충지대를 이루고 있었다.

그런데 만주에서도 특히 동부의 장백산(長白山 : 백두산) 일대 삼림지대는 인삼·모피·진주 등 특산의 보고(寶庫)였으며 지린[吉林]의 영고탑(寧古塔)은 이러한 특산물 집산지의 하나였다. 이에 날로 융성해지는 청나라는 이 지역을 한인(漢人)·몽골인 등 주변 민족의 침범에서 보호하기 위하여 제방을 만들고 그 위에 양유를 심어놓았으며 요소마다 변문(邊門)을 만들어 출입자를 감시했다. 이와 같은 사정은 조선과의 접경에도 해당되었다. 그러는 사이 조선인은 국경을 넘어 산삼을 채취하거나 토지를 개간하는 일이 있었다.

이러한 월경사건(越境事件)은 자주 발생하여 문제시되었고, 청이 칙사(勅使)를 보내어 국왕과 동석하여 죄인을 심리한 일도 3번이나 있었다. 한편 청나라도 우리나라의 국경을 넘는 월경침입이 자주 있었으며, 때로는 수십 명이 작당하여 우리측의 관원과 군병을 납치한 일도 있었다.

1677년(숙종 3)에는 청 강희제(康熙帝)가 장백산, 즉 백두산을 그 조상의 발상지로서 관심을 갖고, 내대신(內大臣) 무묵납(武默納)에게 명하여 장백산 지방을 답사시키고 다음해에 신하를 보내어 치제(致祭)하게 하고 6년 후에 다시 치제했다.

1691년 조선의 조정은 청대신 5명이 영고탑을 경유하여 장백산에 가서 그곳을 관찰하려고 한다는 소식을 전해듣고 크게 놀랐다.

그뒤 1710년에는 위원(渭原)의 이만기(李萬技)가 국경을 넘어 삼을 캐며 그 도중에 만주인 5명을 타살한 사건이 일어났는데, 이는 백두산을 귀속하려는 청에게 좋은 구실을 주었다. 따라서 2년 후인 1712년에 청은 오라총관(烏喇摠管) 목극등(穆克登)을 파견해 국경을 실지 답사시켰는데, 조선은 그 소식을 그해 2월 24일 청 예부(禮部)에서 통고받았다.

이에 조선에서는 청의 요구에 불응하자는 측도 있었으나, 결국 응하기로 하고 접반사를 임명해 파견했다. 목극등은 싱징[興京] 방면으로부터 압록강에 이르러 10일간 강을 따라 올라가 후주(厚州)에서 조선의 사신과 만났고, 다시 4일 후 혜산진에 이르러 여기서부터 육로를 택했다. 이때 목극등은 조선의 접반사인 박권(朴權)과 함경감사 이선부(李善傅)는 늙고 허약해 험한 길을 갈 수 없다며 무산에 가 있게 했다.

그리고 조선접반사군관·차사관(差使官)·통관(通官) 등과 더불어 백두산의 꼭대기에 이르러 그해 5월 15일에 정계비를 세운 후에 무산으로 갔다. 그리하여 조선의 접반사는 산정에 오르지도 못하고 목극등의 일방적 조처로 정계비가 세워졌다.

**따라서 백두산 정상을 경계로 세우기로 했던 정계비를 백두산에서 동남쪽 십리 지점 사람인(人)자 모양 분수령의 한 바위(일명 호박 바위)를 비석의 귀부(龜趺)로 삼아 그 자리에 비를 세웠다.**

비석의 크기는 높이 2.55척, 너비 1.83척이며 비면에 '大淸'이라 행서하고, 그 아래에 "烏喇摠官穆克登奉旨査邊至比審視西爲鴨綠東爲土門故於分水嶺上勒石爲記"라고 종서(縱書)하고 청의 필첩식(筆帖式), 조선의 군관·차사관·통관의 성명을 각서(刻書)했다.

이와 같이 정계비는 청의 일방적 건립이었으므로, 조선 말기에는 청이 토문강과 두만강을 임의로 유리하게 해석함으로써 경계문제가 양국간의 문제로 재연되어 간도(間島)의 귀속문제에 연결되었다. 1881년(고종 18) 청나라가 간도를 개척하려 하자 1883년 조선은 어윤중(魚允中) 등으로 하여금 정계비를 조사케 하여, 정계비문 가운데 "서쪽은 압록으로, 동쪽은 토문으로"(西爲鴨綠 東爲土門)를 근거로 해서 간도는 조선의 땅임을 주장했다.

[그림 17] 후주에서 백두산 가는 경로: 후주(압원진) - 신가파지 - 소농 - 삼수 - 혜산진 - 한덕입지당 - 강남진 - 관지진 - 안명호진(三池 중 가장 서쪽 호수)

그러나 청측은 토문을 두만강이라 하며 간도일대를 청나라의 땅이라 했다. **이에 조선에서는 두만강은 정계비에서 수십 리 밖의 지점에서 발원한 것이므로 비에 표시되기에는 너무 먼 강이며, 정계비 근처의 물 한줄기가 토문강으로 이어지는 것으로 보아 토문강이 확실하다고 했다.**

이러한 분쟁은 해결되지 않았고, 청일전쟁 후 일본이 남만주철도부설권을 얻는 대신 간도를 청에 넘겨버렸다.

백두산정계비는 1931년 만주사변 직후 없어졌다. (끝)

위에서 백두산정계비 설치 지역을 "백두산 정상을 경계로 세우기로 했던 정계비를 백두산에서 동남쪽 십리 지점 사람인(人)자 모양 분수령의 한 바위(일명 호박 바위)를 비석의 귀부(龜趺)로 삼아 그 자리에 비를 세웠다."

여기서 사람인(人)자 모양 분수령이란 이 분수령에서 3개의 개울물(강물)이 출발하는 령(嶺)이라는 의미이다. 일반적으로 분수령에서는 2개의 개울물이 출발하는데 사람인(人)자 모양 분수령은 드문 경우이다. 옛 백두산(현 모공산) 동남쪽 십리 지역에 사람인(人)자 모양 분수령이 있다.

[그림 18] 경박호 북쪽에 백두산이 있고 백두산 동남쪽에 사람인(人)자 모양 분수령(廟嶺)이 있다. 묘령에서 옛 백두산 하단 끝자락까지 십리(5 Km)이다.

조선에서 한 산으로부터 십리라는 설명은 그 산자락 끝으로부터 십리라는 설명이 통례이다. 산 정상에서부터 거리를 재는 것이 어렵기 때문에 산자락부터 거리를 기록한 것으로 판단된다.

다음은 백두산(현 모공산) 동남쪽 십리 지역에 있는 사람인(人)자 모양 분수령 지역이다.

[그림 19] 옛 백두산 동남쪽에 사람인(人)자 모양 분수령(廟嶺)이 있는 묘령. 묘령에서 1번, 2번, 3번 3개의 개울이 출발하여 사람인(人)자 모양 분수령을 만들고 있다.

우리는 백두산정계비는 처음부터 현재의 백두산(옛 장백산) 동남쪽 십리 지점에 설치되어졌다고 배우고 그렇게 알아왔다. 하지만 현재의 백두산(옛 장백산) 동남쪽 십리 지점에 설치된 정계비는 간도협약 얼마 전에 만든 것이다. 현재의 백두산(옛 장백산) 동남쪽 십리 지점에 사람인(人)자 모양 분수령(廟嶺)이 보이지 않는다.

다음은 2개의 백두산정계비의 사진이다 (출처: 인터넷 백과).

[그림 20] 2개의 백두산정계비 사진: 두 정계비는 서로 다른 것이다.

위 사진에서 왼쪽의 오래된 것의 사진은 임진년(1712년)에 목극등이 묘령에 만든 것이고 오른쪽의 선명한 정계비는 간도협약 직전 1908~1909년에 일제가 현재의 백두산 동남쪽 십리 지점에 설치했던 정계비로 판단된다.

## 3. 고지도에 기록된 장백산의 지형지세 기록

청구요람 고지도의 장백산 주변 산세에 대한 기록을 보자[그림 17]:

1. **橫截數百里 山險 路截 程里不能詳(횡절수백리산험노절정리불능상)**: 동서로 수 백리 끊어져 있고 산은 험하고 길은 끊어져 있어 계량적 거리를 상세히 설명하는 것이 불가능하다.

2. **山勢甚峻 雄盤數百里多窮壑 長谷人不堪居 五月雪始消七月復有雪(산세심준 웅반수백리다궁학 장곡인불감거 오월설시소 칠월복유설)**: 산세가 심히 높고 웅장한 쟁반 같은 지형의 수 백리에 끝없는 골짜기가 많고 긴 골짜기에 사람이 감히 살 수가 없다. 오월에 눈이 녹기 시작하고 7월에는 다시 또 눈이 있다.

3. 장백산 주변에는 束石浦와 三池가 표시되어 있지 않다. 천지도 그려져 있지 않다. [그림 18]의 지도 설명으로는 답사하지도 측량하지도 않았다는 설명이다. 사실 조선시대에 등반 훈련을 하지 않고 짚신이나 가죽신 신고 수 백리 일정의 백두산(중국명 장백산) 등반은 거의 불가능한 일이다. 말을 타고 백두산에 오르는 일은 불가능에 가깝다. 남이장군이 말을 타고 갔던 백두산 주변은 지금의 백두산 주변이 아니라고 보는게 상식이다.

[그림 21] 장백산-청구요람: 장백산에 대하여 橫截數百里山險路截程里不能詳이라고 적고 있다. 백두산 주변이 험란하여 그 주변을 측량하지 못 하였다.

다음은 현재의 백두산(옛 장백산) 부근 위성지도이다.

[그림 22] 백두산(중국 명 장백산): 천지의 둘레의 길이는 약 12Km이다. 천지로부터 10Km 이내에 길이가 300m 이상 되는 연못이 안 보인다. 삼지는 없다. 10Km 이내에 속석포도 안 보인다.

조선의 백두산 고지도에 있는 특징적인 지형지세와 **[그림 22]의 백두산(중국 명 장백산)의 상황과 비교해 보자.**

(가) 고지도의 白頭山 大池의 둘레를 [그림 11]에서는 40리라고 하고 있고, [그림 12](백두산-팔도지도-함경북도)에서는 白頭山 大池 둘레를 80리라고 하고 있다. 하지만 **[그림 22]의 현 백두산(중국 명 장백산)의 천지의 둘레의 길이는 12Km 정도이다.** 이는 조선 시대 10리를 5Km로 계산하면 天池의 둘레는 24리 정도이다. 40리에도 모자라고 80리에는 더욱더 모자란다.

따라서 현 백두산의 천지는 고지도의 백두산 대택(大澤)이 아니다.

(나) 현 백두산 천지로부터 10Km이내에 길이가 300m 이상인 연못이 하나도 안 보인다. 10Km이내에 三池가 없다. 속석포(束石浦)라고 **연상 되는 폭포도 보이지 않는다.** 따라서 현 백두산은 조선의 백두산이 아니다.

(다) 함경도(비변사인방안지도) 지도와 김수홍의 조선팔도고금총람도(1673년) 등에서 **백두산은 흑룡강변에 있고 백두산 대택(大澤)은 흑룡강과 연결되어 있다. 하지만 현 백두산 천지는 흑룡강과 연결되어 있지 않다.** 따라서 현 백두산은 조선의 백두산이 아니다.

(라) 대동여지도 등에서 **백두산에서 무산부까지 280여리이고 갑산부까지 거리를 350여리라고 기록하고 있다. 하지만 현 백두산에서 현재의 무산까지 거리가 280여리가 아니고 현 백두산에서 현재의 무산까지 연결하는 역참로의 흔적도 찾을 수가 없다. 현 백두산에서 현재의 갑산까지 거리도 350여리가 아니고 현 백두산에서 현재의 갑산까지 연결하는 역참로의 흔적도 찾을 수가 없다.** 따라서 현 백두산은 조선의 백두산이 아니다.

[그림 23] 북한 혜산, 갑산, 무산, 백두산(옛 장백산) 주변 지역: 현 백두산에서 갑산까지는 210 리이고 무사까지는 220 리인데 조선시대 역참로는 안보임.

(가), (나), (다), (라)에서 살펴본 것과 같이 현 백두산은 조선의 백두산이 아니고 천지는 조선의 백두산 대지가 아니다. 현재의 백두산은 조선의 장백산이다. [그림 17]의 설명으로 보아 **1872년 조선의 지방 지도를 정비할 때까지 장백산(현 백두산)은 아무도 답사하지 않은 것이다.**

## III. 조선조 함경북도 동해바다 주요 섬들

대동여지도에 경흥부, 경원부, 온성부, 종성부, 회령부, 무산부가 어떤 모습으로 그려졌는지 관찰해 보자. 경원 해창은 경흥부 남서쪽 바닷가에 있다. 온성부는 남북으로 있지만 2개의 영역으로 쪼개져 있고 남쪽 영역은 바다에 접해 있다. 종성부는 남북으로 길게 있고 남쪽은 바다에 접해 있다. 회령부도 남북으로 길게 있고 남쪽은 바다에 접해 있다. 무산부의 큰 영역은 장백산 북쪽에 있고 무산 해창은 회령과 부령의 경계인 바닷가에 작은 영역으로 그려져 있다.

온성부의 남쪽 해창에서 온성부위까지는 260리(온성부 고지도 참고)이고 종성부는 남쪽 해창에서 부위까지 210리이다(종성부 고지도 참고). 회령부는 남쪽 해창에서 부위까지 170리가 넘는다(회령부 고지도 참고).

[그림 24] 대동여지도: 백두산과 장백산은 다른 곳. 온성은 두 조각.

대동여지도에서 동해바다와 접해 있는 행정영역들 중 가장 북쪽에 있는 행정영역들 순으로 보면 다음과 같다.

**경흥부 -- 경원해창 -- 온성부 -- 종성부 -- 회령부 -- 무산해창 -- 부령부 -- 경성부 -- 명천부**

동해바다의 가장 북쪽에 있는 주요 섬들부터 알아보자.

경흥부(지승) 고지도에는 슬해, 악양곶, 녹둔도, 서수라, 2개의 호수, 묘도, 적도, 온성초도, 백악산 등이 있다.

묘도의 섬 둘레는 43리(경흥부 논문 참조)라고 기록되어 상당히 큰 섬이다. 온성초도는 온성부에 소속된 영역이다. 묘도와 적도는 경흥부 소속이다.

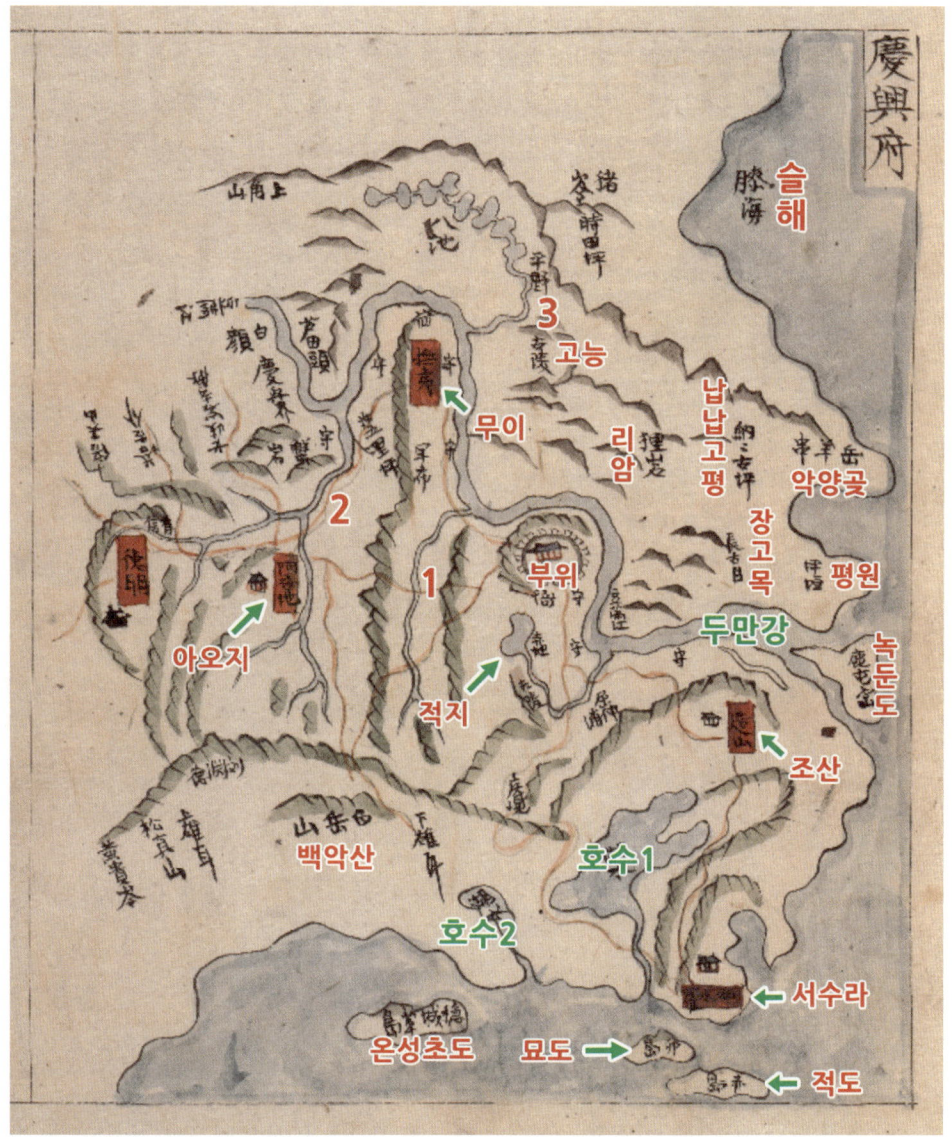

[그림 25] 경흥부-지승: 슬해, 악양곶, 녹둔도, 서수라, 2개의 호수, 묘도, 적도, 온성초도, 백악산이 보인다.

두만강 위쪽(동쪽)에 악양곶, 평원, 장고목, 리암, 고능, 시전평(時田坪), 납납고평 등이 그려져 있다.

**악양곶**은 양뿔처럼 뾰족하게 생긴 블라디보스톡 반도를 의미하는 것으로 판단된다.

**납납고평**은 예물이나 상품을 수없이 여러 번 바치는 곳으로 현재의 블라디보스톡에 예물들을 바치는 무역항이었던 것이다. 평원, 장고목, 리암을 찾는 것은 쉽지 않다. 고능은 이태조의 조상 능을 의미하는 것 같지만 이 지역을 답사하여 찾을 수 있을지 모르겠다.

다음은 경흥부 남부 바다 지역이다.

[그림 26] 경흥부(지승) 고지도 묘사된 슬해, 악양곶, 녹둔도, 서수라, 2개의 호수, 묘도, 적도, 온성초도, 백악산의 위치. 호수1 지역부터 A지역 해안지대는 경원 해창으로 추정됨.

**슬해(瑟海)**는 큰 거문고 모양의 바다이다. **온성초도**는 경원 해창과 접해 있지만 온성부에 소속시킨 듯하다.

온성부 남부는 동해바다와 접해 있다. 온성부 남쪽 해창에서 온성부위까지는 260리이다(온성부 고지도 분석 참조).

[그림 27] 온성부(1872년 지방지도): 온성부 남쪽 동해 바다에 대초도(大草島)와 소(초)도(小草島)가 있다. 안화사(安和社)는 부위에서 250리라 기록됨. 이 지도는 온성부 남쪽 동해 바다에 움푹 들어간 만(灣)이 존재함을 그린 것으로 보인다.

온성부 남쪽 동해바다 지역의 섬들을 위성지도에서 살펴보자.

[그림 28] 온성부(1872년 지방지도) 동해 섬들: 온성부 남쪽 동해 바다에 대초도(大草島)와 소(초)도(小草島)가 있다. 경원해창은 온성부 남쪽 바닷가 60여리에 펼쳐 있다. 서수라 옆 호수1은 경흥부 소속으로 판단된다.

종성부 남부는 동해바다와 접해 있다. 종성부 남쪽 동해바다에 있는 섬은 무언가.

[그림 29] 종성부(조선지도) 남부: 종성부 남쪽은 동해바다와 접한다. 동해안에 강(목동천)이 있고 해진과 창(倉)이 그려져 있다. 섬은 가도(椵島) 한 개만 그려놓았다.

## 다음은 종성부(**1872년 지방지도**) 고지도이다. 종성부위에서 해창까지 210리이다.

[그림 30] 종성부(1872년 지방지도): 종성부 남쪽에 목동천이 있고 동해 바다에 작도(鵲島)와 가도(椵島)가 있다.

위 종성부 고지도에 목동천이 있고 **해창에서 종성부위까지 210리(邑距二百十里)**라 기록되어 있다. 종성부 고지도의 동해바다에는 작도와 가도 2개의 섬이 있다.

신증동국여지승람에 서울에 회령 초경이 1921 리이다(이 거리는 역참로를 따라 측정한 거리이다). 서울에서 1921 지점은 아래 구글지도의 C 지점 근방이다(현 나진, 선봉 지역). 조선조 고지도의 무산 해창은 부령 동남쪽 동해 바닷가에 있다. 무산 해창은 회령부 서남쪽 끝 부분에 있어 현재의 나진 지역은 무사 해창 지역으로 판단된다.

서울에서 2038 지점은 아래 구글지도의 A 지점 근방이다. 서울에서 2101 지점은 아래 구글지도의 B 지점 근방이다. 종성 초경이 2038리, 온성 초경이 2101리라 기록되어 있어 종성 초경 지점부터 온성 초경 지점까지 63리 정도이다.

A 지점과 B 지점 사이에 일명 목동천이 보인다. 이 목동천은 종성부에 속해야 된다. 종성부 소속 작도(鵲島)와 가도(椵島)가 보인다.

[그림 31] 종성부의 동해바다 접소 지역: 종성부의 목동천이 있고 동해 바다에 작도(鵲島)와 가도(椵島)가 있다. 회령부 소속 대비도(大枇島)와 소비도(小枇島) 섬에 해당되는 섬이 보인다.

다음 회령부**(1872년 지방지도) 고지도 바다** 지역에 대비도(大枇島)와 소비도(小枇島)가 있다.

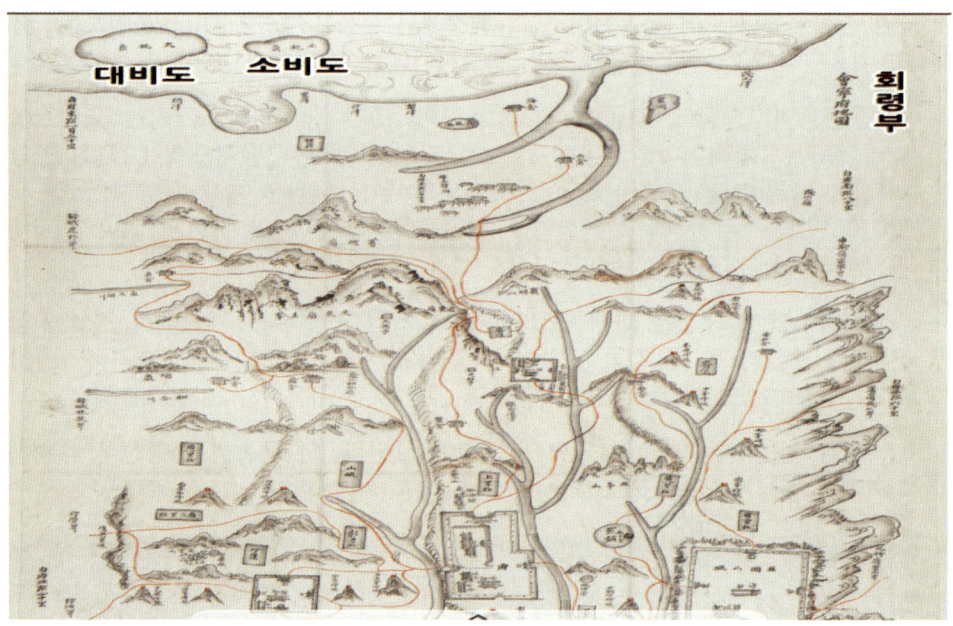

[그림 32] 1872년 지방지도 - 회령부 : 회령부 남쪽 동해 바다에 대비도(大枇島)와 소비도(小枇島)가 있다. 동해의 훈춘강이 그려져 있다.

1872년 지방지도 - 회령부 고지도 남쪽 동해 바다에 대비도(大枇島)와 소비도(小枇島)가 있다. 구글지도에서 현 두만강 하구 동북쪽에 대비도(大枇島)로 판단되는 섬이 있고 남서쪽에 소비도(小枇島)로 판단되는 섬이 있다(참고 [그림 52]).

◆ 부령부 고지도 분석과 함경도 동해안 주요 행정영역에서 서울까지 거리

신증동국여지승람에 서울에 회령 초경이 1921 리이다(이 거리는 역참로를 따라 측정한 거리이다). 대동여지도 등 고지도에서 동해바다에서 부령과 회령과의 경계 지역에 무산 해창(海倉)이 있다. 무산 해창의 위치를 찾으면 회령 초경을 찾는 것이다.

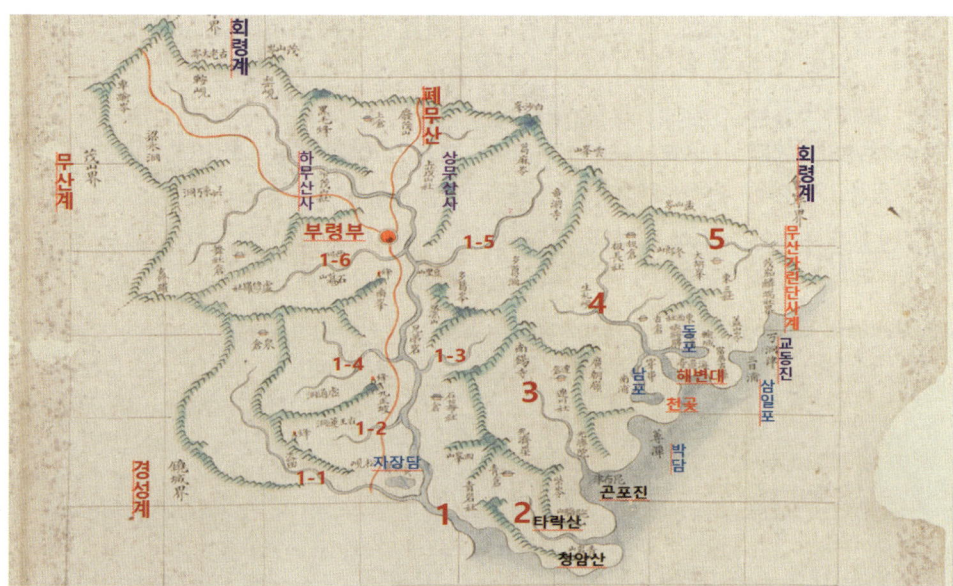

[그림 33] 부령부(조선지도) : 부령부 동남쪽 동해 바다 쪽에 무산가린단사가 있다. 무산가린단사는 무산해창 지역에 있는 것이다.

경성부 고지도에서 부령강 하류와 그 지류 1-1은 경성부에 속해 있다(참고 경성부 고지도).

[그림 34] 부령부(조선지도)에 대응되는 부령 근방 : 부령부 동남쪽 동해 바다 쪽에 무산가린단사 지역은 나진지역으로 판단된다. 이 지역이 무산 해창 지역이다.

신증동국여지승람에 기록된 함경도 동해안 지역 주요 행정지역에서 서울까지 거리는 다음과 같다.

함흥: 868리, 홍원: 975리, 북청: 1032리,
단천: 1278리, 길주: 1464리, 명천: 1556리, 경성: 1704리, 부령: 1815리. 회령: 1921리,
종성: 2038리, 온성: 2101리, 경원: 2144리, 경흥: 2205리.

신증동국여지승람)에 기록된 함경도 동해안 지역 주요 행정지역에서 서울까지 거리를 실제 구글지도에서 확인할 수 있다.

[그림 35] 길주, 경성, 부령 근방 : 서울에서 역참로를 따라 1921리를 함경도 동해안 지역에 가면 현재의 나진 지역을 지나간다. 이 나진 지역이 조선의 무산 해창 지역이다.

현재의 부령강 하구 지역은 경성부 행정영역 지역에 속한다. 현재의 나진 지역은 무산 해창 지역이고 그 북쪽 지역은 부령부 소속이다. 현재의 온성, 종성, 회령, 무산 지역은 조선의 부령부 소속이다.

현재의 경흥, 경원 지역은 조선의 회령부 소속이다.

◆ 지금까지의 연구내용들을 바탕으로 조선조 육진의 개형과 동해의 섬들, 그리고 백두산 위치를 그려보자.

(가) 조선조의 두만강은 현재의 수분하(중국 내에 있는 옛 두만강의 명칭) + 레카라즈돌나 야강(러시아 내에 있는 옛 두만강의 명칭)이다.

(나) 백두산의 위치:

($\lambda$1) 백두산의 위치는 무산부에서 280리이고 갑산부(현재의 갑산이 아님)에서 350 리이다.

($\lambda$2) 백두산은 흑룡강변에 있다.
참조: 김수홍의 조선팔도고금총람도(1674년) [그림 35]
　　　함경도(비변사인방안지도) 지도[그림 1]

($\lambda$3) 백두산은 토문강변에 있다(참조: 무산부(해동지도) 고지도).

($\lambda$4) 백두산 앞에 둘레가 80 리인 대지(大池)가 있고 주변에 삼지와 속석포가 있다. (속석포는 경박폭포이다)

목단강의 명칭 변경 연구:

흑룡강(1712년 이전) $\Longrightarrow$ 토문강(1712년 ~ 1909년) $\Longrightarrow$ 목단강(1909년 이후)

(다) 함경북도 동해의 주요 섬 명칭:
녹둔도, 묘도, 적도(경흥부 소속), 온성 대초도, 온성 소초도(온성부 소속), 작도, 가도(종성부 소속), 대비도. 소비도(회령부 소속)

옛 압록강 상류는 혼강이고 조선조의 두만강은 현재의 수분하(중국 내 옛 두만강 강명) + 레카라즈돌나야강(러시아 내 옛 두만강 강명)이다. 갑산부의 혜산강과 허천강은 압록강과 연결되어 있지 않다.

[그림 36] 옛 압록강과 옛 두만강: 현 두만강은 石乙水+훈춘강이었다.

## 〈참고문헌〉

[1] 구글지도(2021).

[2] 김수홍, 「조선팔도고금총람도(朝鮮八道古今總攬圖)」(1673).

[3] 명치지위적(明治之偉跡), 일본, 1914년(대정 3년).

[4] 『서울대학교 규장각』 - 고지도(2020).

[5] 『신증동국여지승람』 1~6, 규장각 소장, 1530.

[6] 『세종실록지리지(世宗實錄地理志)』, 1454.

[7] 일청한3국명료전도(日淸韓三國明瞭全圖), 저작자 松下鐵之助, 인쇄발행자 依田治右衛, 1894년(명치 27년).

[8] 정택선, 최규흥(2020), 「위상수학을 활용한 慶興府 고지도 분석」, Vol. 7 (1), 167-192, 세계환단학회.

[9] 정택선, 최규흥(2020), 「위상수학을 활용한 慶源府 고지도 분석」, Vol. 7 (2), 93-116, 세계환단학회.

[10] 정택선, 최규흥(2021), 「위상수학을 활용한 온성부와 종성부 고지도 분석」, Vol. 8 (1), 157-186, 세계환단학회.

[11] 정택선, 최규흥(2021), 「위상수학을 활용한 의주부, 삭주부, 창성, 벽동, 이산, 위원 고지도 분석」, Vol. 8 (2),98-140, 세계환단학회.

[12] 정택선(2021), 「위상수학을 활용한 세종대왕의 회령부 고지도 분석」, 367-408, 『한국 북방 국경의 흐름』, 도서출판 대한사랑.

[13] 정택선(2022), 「강계부 고지도 분석과 세종대왕의 사군 위치 연구」, 2022 년 논문대회, 대한사랑

[14] 조선명세지도(朝鮮明細地圖, 實地踏査里程人), 인쇄자 日本陸軍省印刷御用, 小林石版印刷所, 1911년(명치 44년).

[15] 최규흥(2022), 「세종대왕의 육진과 일제가 인위적으로 정해 놓은 육진」, 304-366,『한국 북방 국경의 흐름』, 도서출판 대한사랑.

제 4 장

# 제4장 조선왕조 북방 국경 흐름

## I. 서론

조선의 영토를 지도로 그려놓은 대표적인 지도는 다음과 같다.

(1) 피아양계지도(彼我兩界地圖)(1392~1450년 사이로 추정, 규장각 소장)
(2) 조선여진양국경계도(朝鮮女眞兩國境界圖)(1400~1500년 사이로 추정, 규장각 소장)
(3) 조선팔도총람도(1673년, 김수홍)
(4) 대동여지도(1861년, 김정호, 규장각 소장)

조선의 고지도가 나타내는 조선의 영토의 영역은 피아양계지도가 나타내는 영역이 가장 넓고 시대가 흘러가면서 영역이 작아지고 있다.

영역의 넓이의 순서는 다음과 같다.

(1) 피아양계지도 - (2) 조선여진양국경계도 - (3) 조선팔도총람도 - (4) 대동여지도

일제는 조선의 반도사관을 만들기 위해 이들 고지도 중 영역의 넓이가 가장 작은 조선말의 김정호의 대동여지도(1861년)를 기본으로 조선의 영토로 설정하고 이 영역 안에서 조선의 역사가 주로 형성되었다고 만들어 간다. 이 지도가 조선의 영토를 매우 잘 그린 지도라고도 극찬한다. 서울대학교 아시아 연구소 박선영 박사는 일제는 1870년대부터 1910년대까지 42차례에 걸쳐 조선 영토 측량을 실시했다고 한다[5].

일제는 조선의 고지도로 (1) 피아양계지도 (2) 조선여진양국경계도 (3) 조선팔도총람도 등이 존재함을 알면서도 조선의 고지도들 중 그 영역이 가장 작은 대동여지도를 조선의 영토로 설정하였다고 확신한다.

두만강과 압록강도 바꾸어서 1905년의 조선의 실제 통치 영역보다도 더 작게 조선의 영토를 만들어 놓았고 조선왕조 500년 동안 영토가 불변인 것처럼 식민사관의 조선 영토를 만들어 주입시켰다.

조선의 원래의 두만강은 수분하(중국령) + 레카라즈돌나야(Recka Razdolnaya)(러시아령) 강이다.

동북쪽의 원래의 두만강은 수 분하(중국 내에 있는 옛 두만강) + 레카라즈돌나야(Recka Razdolnaya) 강(러시아 내에 있는 옛 두만강)이다. 조선의 고지도들을 분석함으로서 일제가 "石乙水 + 훈춘강 하류"를 두만강으로 바꾸었음

---

[5] 박선영, 「근대 지도에 표현된 평양 지역」, 평양 옛 지도 학술 심포지엄, 인천광역시립박물관 1층 석남홀, 2022. 11. 24.

을 확인할 수 있다. 서북쪽의 원래의 압록강은 압록강 하류 + 혼강이다. 갑산부의 압록강(허천강과 혜산강)은 옛 압록강과 연결되어 있지 않다.

우리는 조선의 고지도

(1) 피아양계지도 (2) 조선여진양국경계도 (3) 조선팔도총람도 (4) 대동여지도를 위상적으로 분석하여 이 지도들이 나타내는 북방 국경 지역의 주요 지역들의 실제 위치를 찾았다.

피아양계지도의 북방 국경 지역의 몽고(북원)와의 국경 책문의 위치를 찾아내고 국경지역의 역참의 위치를 찾는다. 서북 국경 지역의 명과의 국경 책문의 위치를 찾아내고 국경지역의 역참의 위치를 찾는다. 피아양계지도의 조선과 명(明) 사이에 국경 목책의 위치를 찾을 수 있고 책문의 위치의 지명은 아래와 같이 변해 있다.

봉황성변문 →변문진(邊門鎭), 조명책문1(책문의 명칭 없음) →대흥진(大興鎭), 호합과문 → 감장진, 기년탑문 → 영릉진, 토정문 → 청원진, 영액과문 →서봉진

조선 초 장춘시와 길림시 북쪽 지역에 조선과 몽고와의 국경인 목책이 있었다. 길림에서 오라성을 지나 조선에서 몽고로 가는 책문 악불락과문(현 백기진)이 있고 장춘에서 몽고로 가는 책문 의둔문(현 카륜진)이 있었다.

오라에서 몽고로 들어가는 역참들의 명칭은 모두 바뀌어 있다.

객합성: 부둔촌, 악불락역 : 대구흠만족진, 악불락과문: 백기진, 몽고역: 법특진, 택공희역: 대파진.

오라의 서남쪽 수등역은 명칭이 그대로 있다.

수등역 → 수등참진(搜登站鎭) 피아양계지도의 동북쪽에 야라가 그려져 있다.
야라(野羅) 섬의 설명으로 "도광수삼십사읍설치상유여지(島廣雖三四邑設置尙有餘地)"라 하여 "섬은 넓으나 34개 읍(邑)만 설치되어 남는 땅이 오히려 많다"라 하고 있다.

고을(邑) 이름으로 우지미(友之尾), 강거우자(江居于子), 고고등자(高高登子) 3개 고을만 기록하고 그 위치도 파악하기 어렵게 기록해 놓았다. 나머지 31개의 고을은 무엇인지 알 수가 없다. 섬이 너무 넓고 겨울엔 너무 추워 섬 전체를 측량하거나 파악하기가 매우 어려웠을 것이다. 파수(把守)라는 글자가 기록된 것으로 보아 군대가 있었음을 나타내고 있다. 야라(野羅) 섬의 설명으로 '도광수삼사읍설치상유여지(島廣雖三四邑設置尙有餘地)'라 하였다.

**朝鮮女眞兩國境界圖의** 북방 국경 지역의 여진과의 국경 책문의 위치를 찾아내고 국경지역의 역참의 위치를 찾는다. 서북 국경 지역의 명과의 국경 책문의 위치를 찾아내고 국경지역의 역참의 위치도 찾을 수 있다. 이 지도는 흑룡강 하류 동북 지역이 조선 영토임을 보여주고 있다.

조선팔도총람도(1673년)의 북방 국경 지역의 청과의 국경을 잘 나타내고 있다. 조선과 청의 동북 국경은 흑룡강이다. 연해주가 조선의 함경도이다. 옛 연해주에 공험진이 있다.

공험진 위치도 찾을 수 있다: 쌍압산시 시내에 공험진으로 판단되는 복리진이 있다. 아직도 해자를 만들었던 도랑이 직선으로 남아 있다. 쌍압산시 중심 지역은 집현현이다. 소하강도 보인다. 집현전 연구소가 중앙정부에만 있었던 것이 아니고 지방에도 있었던 것이다.

## II. 조선말의 두만강과 압록강 유역의 府郡

### 1. 두만강과 육진

대동여지도(1861년, 김정호)는 1860년대부터 조선이 망할 때까지 백두산을 북방 중심으로 하고 "조선과 청의 국경을 압록강과 두만강을 경계" 로 하여 이루어진 조선의 영토를 그린 것이다.

무산부는 장백산 이북에 그려져 있다. 무산 해창(海倉)은 부령부 동남쪽 회령부 서남쪽 동해 바다에 접해 있다.

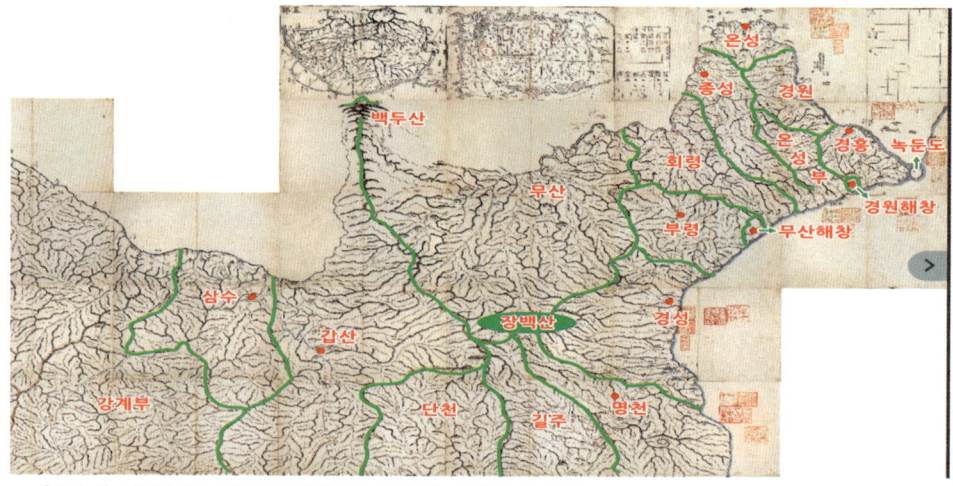

[그림 1] 대동여지도: 백두산과 장백산은 다른 곳. 온성은 두 조각.

대동여지도의 두만강과 압록강 유역의 부(府)와 군(郡)의 고지도들은 강과 지류, 부위와 역참들을 위상적으로 상세히 그려놓아 이들 고지도들을 위상적 방법을 사용하여 대응 영역들을 찾았다.

대동여지도에서 온성, 종성, 회령의 영역은 남북으로 길게 그려져 있다. 한양에서 부령 초경은 1815 리이고 경흥 초경은 2205 리이다. 최규흥 연구6) 논문에서 두만강과 육진의 위치를 찾았다.

[그림 2] 대동여지도: 회령부는 훈춘강과 팔하천을 포함하고 있다. 온성은 연결되지 않은 두 조각의 영역으로 나뉘어져 있다.

최규흥 교수의 논문7)과 위 지도를 보면 다음을 알 수 있다.

(가) 경흥부에는 아오지보, 이산보, 아산보, 서수라보, 적지(赤池), 녹둔도(두만강 河中島) 등이 있다. 경흥부 고지도에는 두만강 너머 악양곶(岳羊串), 납납고평(納納古坪), 슬해(瑟海)가 있다. 경흥부 고지도의 동해에는 슬해(瑟海)가 있고 묘도(卯島), 적도(赤島)가 있다.

(나) 경원부에는 솔하천, 회개천, 농보천, 오룡천과 후춘강이 있다. 후춘강은 후춘부락(형 우스리스크)을 통과하는 지류이다. 세종지리지8)에는 '공험진은 경원부 북쪽 700리에

---

6) 최규흥(2022), 「세종대왕의 육진과 일제가 인위적으로 정해 놓은 육진」, 287-350, 대한사랑 학술지, 『한국 북방 국경의 흐름』.
7) 최규흥(2022), 「세종대왕의 육진과 일제가 인위적으로 정해 놓은 육진」, 287-350, 대한사랑 학술지, 『한국 북방 국경의 흐름』.
8) 『세종실록지리지(世宗實錄地理志)』, 1454.

있다'라고 하고 있다. 이는 세종 시기에는 공험진은 경원부 소속이라는 의미로 보아야 한다. 경원부에는 귀 모양의 하중도(河中島) 이도(耳島), 고이도(古耳島), 이도(珥島)가 있다. 경원 해창 지역은 경원 부위 지역과 연결되어 있지 않다.

(다) 온성부에는 천천, 삼한천, 분계강이 있다. 온성부에는 작은 성인 황자파보, 의전보, 유원보, 유달보가 있다. 온성부 남쪽 해창에서 북쪽 부위까지는 260리이다. 온성부 동해 바다 섬으로 대초도와 소초도가 있다.

(라) 종성부에는 방환보가 있다. 종성부 남쪽 해창 근방에는 목동천이 있다. 목동천 유역에서 목화가 많이 재배되어서 목동천(木洞川) 강명이 지어진 것 같다. 종성부 동해 바다 섬으로 가도와 작도가 있다.

(마) 회령부에는 운두산성이 있다. 운두산성의 성 둘레는 약 5Km로 부위 성의 둘레 길이보다 길다. 회령부 북쪽 지역에는 팔하천, 성천, 불하가 있고 남쪽에는 훈춘강이 있다. 훈춘강에는 강이 갈라졌다 합쳐지는 고랑기천이 있는데 이 고랑기천은 현재의 훈춘 시내를 관통하고 있다.

(바) 무산부에는 대홍단수, 소홍단수, 서북천, 박하천(허수라천)이 있다. 무산부에는 대각봉이 있고 대각봉 근방에 목책이 있다. 무산 해창은 무산 부위 지역과 연결되어 있지 않고 회령부 남쪽 지역 현재의 라진 선봉 지역이다.

현재의 용정, 도문, 연길, 왕청 지역은 함경도 무산 지역 소속이다. 돈화, 안도는 갑산부 소속이다.

[참고] 현재의 경흥, 경원 지역은 회령부 소속이고, 온성, 종성, 회령, 무산은 조선의 부령부 소속이다.

## 2. 조선조 함경북도 동해바다 주요 섬들

대동여지도에 경흥부, 경원해창, 온성부, 종성부, 회령부, 무산해창 그리고 부령, 경성, 명천은 동해바다에 접해 있다. 경원 해창은 경흥부 남서쪽 바닷가에 있다. 온성부는 남북으로 있지만 2개의 영역으로 쪼개져 있고 남쪽 영역은 바다에 접해 있다. 종성부는 남북으로 길게 있고 남쪽은 바다에 접해 있다. 회령부도 남북으로 길게 있고 남쪽은 바다에 접해 있다. 무산부의 큰 영역은 장백산 북쪽에 있고 무산 해창은 회령과 부령의 경계인 바닷가에 작은 영역으로 그려져 있다(참조 [그림 1]).

대동여지도에서 동해바다와 접해 있는 행정영역들 중 가장 북쪽에 있는 행정영역들 순으로 보면 다음과 같다.

**경흥부 -- 경원해창 -- 온성부 -- 종성부 -- 회령부 -- 무산해창 -- 부령부 -- 경성부 — 명천부**

동해바다의 가장 북쪽에 있는 주요 섬들부터 알아보자.

경흥부(지승) 고지도에는 슬해, 악양곶, 녹둔도, 서수라, 2개의 호수, 묘도, 적도, 온성초도, 백악산 등이 있다.

묘도의 섬 둘레는 43리(경흥부 논문 참조)라고 기록되어 상당히 큰 섬이다. 온성초도는 온성부에 소속된 영역이다. 묘도와 적도는 경흥부 소속이다.

두만강 위쪽(동쪽)에 악양곶, 평원, 장고목, 리암, 고능, 시전평(時田平), 납납고평 등이 그려져 있다.

악양곶은 양뿔처럼 뾰족하게 생긴 블라디보스톡 반도를 의미하는 것으로 판단된다. 납납고평은 예물이나 상품을 수없이 여러 번 바치는 곳으로 현재의 블라디보스톡에 예물들을 바치는 무역항이었던 것이다. 평원, 장고목, 리암을 찾는 것은 쉽지 않다. 고능은 이태조의 조상 능을 의미하는 것 같지만 이 지역을 답사하여 찾을 수 있을지 모르겠다. 다음은 경흥부 동해바다이다. 현재의 블라디버스톡은 조선의 납납고평(納納古坪)이다.

[그림 3] 경흥부(지승) 고지도 묘사된 슬해, 악양곶, 녹둔도, 서수라, 2개의 호수, 묘도, 적도, 온성초도, 백악산의 위치. 호수1 지역부터 호수2 지역까지 해안지대는 경원해창으로 추정됨.

슬해(瑟海)는 큰 거문고 모양의 바다이다. 온성초도는 경원 해창과 접해 있지만 온성부에 소속시킨 듯하다. 온성부 남부는 동해바다와 접해 있다. 온성부 남쪽 해창에서 온성부위까지는 260리(온성부 고지도 분석 참조)이다.

온성부 남쪽 동해 바다에 대초도(大草島)와 소초도(小草島)가 있다(참조: 온성부 (1872년 지방지도)). 안화사(安和社)는 부위에서 250리라 기록되어 있다. 이 지도는 온성부 남쪽 동해 바다에 움푹 들어간 만(灣)이 존재함을 그린 것으로 보인다.

온성부 남쪽 동해바다 지역의 섬들을 위성지도에서 대초도(大草島)와 소초도(小草島)를 찾을 수 있다. 호수 2 남쪽에 움푹 들어간 곳이 온성부 만(灣)이다 온성부 만에 안화사가 있었고 안화사로부터 온성부(동녕 시내)까지 250리 이다.

[그림 4] 온성부(1872년 지방지도) 동해 섬들: 온성부 남쪽 동해 바다에 대초도(大草島)와 소(초)도(小(草)島)가 있다. 경원해창은 온성부 남쪽 바닷가 60여리에 펼쳐 있다. 서수라 옆 호수1은 경흥부 소속으로 판단된다.

종성부 남부는 동해바다와 접해 있다(참조 규장각 종성부(조선지도) 고지도). 종성부 남쪽 동해바다에 작도와 가도가 있다(종성부(1872년 지방지도) 고지도).

종성부 남쪽은 동해바다와 접한 동해안에 목동천이 있고 해진과 창(倉)이 있다. 종성부위에서 해창까지 210리이다.

다음은 종성부(1872년 지방지도) 고지도이다.

[그림 5] 종성부(1872년 지방지도): 종성부 남쪽에 목동천이 있고 동해 바다에 작도(鵲島)와 가도(椵島)가 있다.

위 종성부 고지도에 목동천이 있고 해창에서 종성부위까지 210리(邑距二百十里)라 기록되어 있다. 종성부 고지도의 동해바다에는 작도와 가도 2개의 섬이 있다.

신증동국여지승람에 서울에 회령 초경이 1921 리이다(이 거리는 역참로를 따라 측정한 거리이다). 서울에서 1921 지점은 아래 구글지도의 C 지점 근방이다. 조선조 고지도의 무산 해창은 부령 동남쪽 동해 바닷가에 있다. 무산 해창은 회령부 서남쪽 끝 부분에 있어 현재의 나진 지역은 무사 해창 지역으로 판단된다.

서울에서 2038 지점은 아래 구글지도의 A 지점 근방이다. 서울에서 2101 지점은 아래 구글지도의 B 지점 근방이다. 종성 초경이 2038리, 온성 초경이 2101리라 기록되어 있어 종성 초경 지점부터 온성 초경 지점까지 63리 정도이다.

A 지점과 B 지점 사이에 일명 목동천이 보인다. 이 목동천은 종성부에 속해야 된다. 종성부 소속 작도(鵲島)와 가도(椵島)가 보인다.

[그림 6] 종성부의 동해바다 접소 지역: 종성부의 목동천이 있고 동해 바다에 작도(鵲島)와 가도(椵島)가 있다. 회령부 소속 대비도(大枇島)와 소비도(小枇島) 섬에 해당되는 섬이 보인다.

다음 회령부(1872년 지방지도) 고지도 바다 지역에 대비도(大枇島)와 소비도(小枇島)가 있다. 동해의 훈춘강이 그려져 있다. 훈춘강 하류가 현재의 두만강 하류이다.

## 3. 부령부 고지도 분석과 함경도 동해안 주요 행정영역에서 서울까지 거리

신증동국여지승람에 서울에 회령 초경이 1921 리이다(이 거리는 역참로를 따라 측정한 거리이다). 대동여지도 등 고지도에서 동해바다에서 부령과 회령과의 경계 지역에 무산 해창(海倉)이 있다. 무산 해창의 위치를 찾으면 회령 초경을 찾는 것이다.

[그림 7] 부령부(조선지도) : 부령부 동남쪽 동해 바다 쪽에 무산가린단사가 있다. 무산가린단사는 회령 서남쪽 끝 부분에 접해 있는 무산해창 지역에 있는 것이다

경성부 고지도에서 부령강 하류와 그 지류 1-1은 경성부에 속해 있다(규장각[9]) 경성부 고지도 참조).

[그림 8] 부령부(조선지도)에 대응되는 부령 근방 : 부령부 동남쪽 동해 바다 쪽에 무산가린단사 지역은 나진지역으로 판단된다. 이 지역이 무산 해창 지역이다.

---

9) 『고지도』서울대학교 규장각 소장, 1800년대 정리.

신증동국여지승람10)에 기록된 함경도 동해안 지역 경흥, 경원(해창), 온성 등 주요 행정지역 에서 서울까지 거리는 다음과 같다.
함흥: 868리,  홍원: 975리, 북청: 1032리, 단천: 1278리, 길주: 1464리,명천: 1556리, 경성: 1704리, 부령: 1815리. 회령: 1921리, 종성: 2038리, 온성: 2101리, 경원: 2144리, 경흥: 2205리.

　　신증동국여지승람에 기록된 함경도 동해안 지역 주요 행정지역에서 서울까지 거리를 실제 구글지도에서 확인할 수 있다.

[그림 9] 길주, 경성, 부령 근방 : 서울에서 역참로를 따라 1921리를 함경도 동해안 지역에 가면 현재의 나진 지역을 지나간다. 이 나진 지역이 조선의 무산 해창(海倉) 지역이다.

현재의 부령강 하구 지역은 경성부 행정영역 지역에 속한다. 현재의 나진 지역은 무산 해창 지역이고 그 북쪽 지역은 부령부 소속이다. 현재의 온성, 종성, 회령, 무산 지역은 조선의 부령부 소속이다.

　현재의 경흥, 경원 지역은 조선의 회령부 소속이다.

---

10) 『신증동국여지승람』 서울대학교 규장각 소장, 1530.

## 4. 백두산의 위치

대동여지도에서 백두산과 장백산(長白山)이 그려진 조선 시대 고지도에는 백두산과 장백산은 서로 다른 산이다. 두 산은 상당히 멀리 떨어져 있는 것 같다. 이 경우 백두산에는 대지(大池) 또는 대택(大澤)이라는 큰 호수와 함께 항상 그려 놓았다. 대동여지도 등에는 장백산에는 大池 또는 大澤이라는 호수가 그려져 있지 않고 천지(天池)라는 호수도 없다.

(가) 「백두산에서 무산부는 280리이고 갑산부는 350여리」라 기록하고 있다. 아래 대동여지도에는 백두산 대지(大池) 바로 밑에 '정계비(定界碑)와 분수령(分水領)'이 있는데

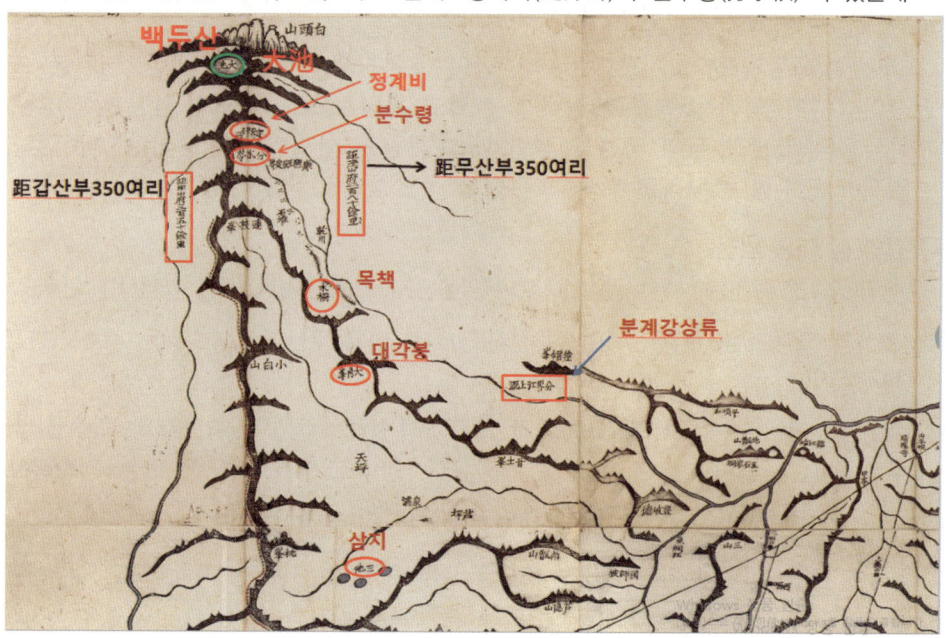

[그림 10] 백두산-대동여지도; 이 지도에서는 백두산에서 무산부까지 280여리이고 갑산부까지 거리를 350여리라고 기록하고 있다.

경박호 동쪽 끝 지역에서 大興溝鎭(조선의 폐무산역 추정 지역)을 거쳐 역참로를 따라 무산부(현 라자구진)까지 280 리이다. 경박호 서쪽 지역 雁鳴湖鎭(옛 백두산 서쪽 조선의 국경 도로의 첫 역참 추정 驛)에서 江南鎭(돈화시에 있는), 옛 韓德立地堂, 동인(萬良鎭)을 거쳐 역참로를 따라 무산부(현 무송현 撫松鎭)까지 350여리이다.

백두산이 그려지고 백두산 대지의 둘레를 기록한 함경도나 무산부 고지도에는 대지의 둘레를 다음과 같이 기록하고 있다.

(나) 백두산 대지의 둘레가 80리(또는 40리)이다.

　　현재의 경박호의 둘레는 80리가 넘는다. 백두산 대지의 둘레의 길이가 80리와 40리 두 가지가 있는데, 조선 초 경박호의 둘레가 40 리 정도였는데 후에 제방을 막아 호수가 커져 둘레가 80 리 정도로 된 것으로 추정된다.

　　참고로 조선의 고지도에는 '天池'라는 호수는 어디에도 없다. 현재의 백두산(옛 장백산) 천지의 둘레는 23 리이다.

　　김수홍의 조선팔도고금총람도(1673년)에는

(다) 백두산은 흑룡강 강변에 있다.

　　무산부(해동지도) 고지도에는 백두산이 토문강과 연결되어 있다. 이것은 조선이 1673년쯤에는 흑룡강 상류를 현재의 목단강으로 정하고 임진년(1712년) 목극등이 조선과 청이 국경을 정할 때 토문강은 현재의 목단강이라는 뜻이다. 일제가 만주를 통치하면서 이 토문강은 목단강으로 바뀐 것이다.

**목단강의 강 이름 변천:**

　　흑룡강(상류)(1673년) → 토문강(1712년 임진년) → 목단강(1910년 일제시대 이후)

(라) 조선의 고지도에는 백두산 근방에 삼지(三池)가 있고 무산부 고지도에는 속석포(束石浦)가 있다.

　　경박호 서남쪽에 안명호(雁鳴湖)와 2개의 호수가 더 있어 이 3개의 호수를 백두산 근방의 삼지로 그린 것으로 판단된다. 경박호 동북 지역에 있는 경박폭포는 돌 묶음 위로 폭포가 쏟아져 내리고 있어 속석포로 명명한 것으로 판단된다.

(가), (나), (다), (라) 네 가지 지리적 조건을 모두 만족하는 대지는 경박호이고 백두산은 경박호 북쪽 산 모공산이다. 삼지는 안명호와 그 근방 2개의 호수이다.

[그림 11] 경박호(옛 백두산 대지) 주변: 삼지가 보이고 경박호 동북쪽에 속석포(경박폭포)가 있다. 경박호의 본 호수 지역은 둘레가 80여리이다. 경박호 상류에 삼지가 있다.

우리는 경흥, 경원, 온성, 종성, 회령, 무산의 고지도를 분석하여 각 고지도에 대응하는 영역을 수분하+레카라즈돌라야강 유역에서 찾았다. 일제는 석을수+훈춘강을 두만강으로 바꾸고 그 강 유역에 육진의 행정 수도 위치를 설정했다.

대동여지도에서 "백두산에서 무산부까지 280여리이고 갑산부까지 거리를 350여리" 라고 기록하고 있는데 이는 차마도로(車馬道路)를 따라 잰 거리라고 생각할 수 있다.

백두산에서 무산부까지 거리는 경박호(옛 백두산 대지) 동북쪽 끝 지점부터 대흥구진(大興溝鎭)을 경유하여 라자구진(羅子溝鎭: 옛 무산부)까지 차마도로(車馬道路)를 따라 재면 280 리이다.

백두산에서 갑산부까지 거리는 경박호(옛 백두산 대지) 서쪽 삼지의 하나인 안명호진부터 옛 한덕입지당(韓德立支堂)을 경유하여 갑산부(현 撫松鎭)까지 차마도로(車馬道路)를 따라 재면 350 리이다[11].

---

11) 최규흥, 「세종대왕의 사군육진과 삼수부 · 갑산부」, 2022 대한국제학술문화제, 대한사랑, 2022년 6월.

[그림 12] 백두산 대지(현 경박호) 동북에서 대흥구진(大興溝鎭)을 경유하여 라자구진(羅子溝鎭: 옛 무산부)까지 280 리이다. 경박호(옛 백두산 대지) 서쪽 삼지 중 안명호진부터 갑산부(현 撫松鎭)까지 350 리이다.

## 5. 강계부, 삼수부, 갑산부 고지도 분석[12]

조선조에 압록강 유역에는 9개의 부와 군 의주, 삭주, 창성, 벽동, 초산, 위원, 강계, 삼수, 갑산이 있었다. 이들 중 의주, 삭주, 창성, 벽동은 조선의 위치와 현재 위치가 동일하다.

하지만 일제는 초산, 위원, 강계, 삼수, 갑산의 위치를 바꾸어 놓았다. 이는 조선의 북방 국경을 대동여지도의 북방 국경 지역의 두만강, 압록강과 대역적 위상으로 잘 맞게 설정하기 위함이다. 일제는 조선의 초산과 위원 지역을 우시군으로 바꾸고 조선의 초산과 위원을 동쪽으로 옮겼다.

두만강은 원래 "수분하(중국 내에 있는 옛 두만강 명) + 레카라즈돌나야(Recka Razdolnaya) 강(러시아 내에 있는 옛 두만강 명)"인데 "石乙水 + 훈춘

---

[12] 최규흥, 「세종대왕의 사군육진과 삼수부·갑산부」, 2022 대한국제학술문화제, 대한사랑, 2022년 6월.

강 하류"를 두만강으로 바꾸었다. 압록강은 원래 "압록강 하류 + 혼강"인데 "압록강 하류 + 독로강"을 압록강으로 바꾸었다.

### (가) 강계부 고지도 분석과 사군(四郡)[13]

강계부의 고지도 중에서 이지역의 강과 지류를 그린 위상도 중 구글지도의 강과 지류로 이루어진 지도와 비교 조사하기가 가장 좋은 강계부 고지도는 해동지도(강계부)가 있다.

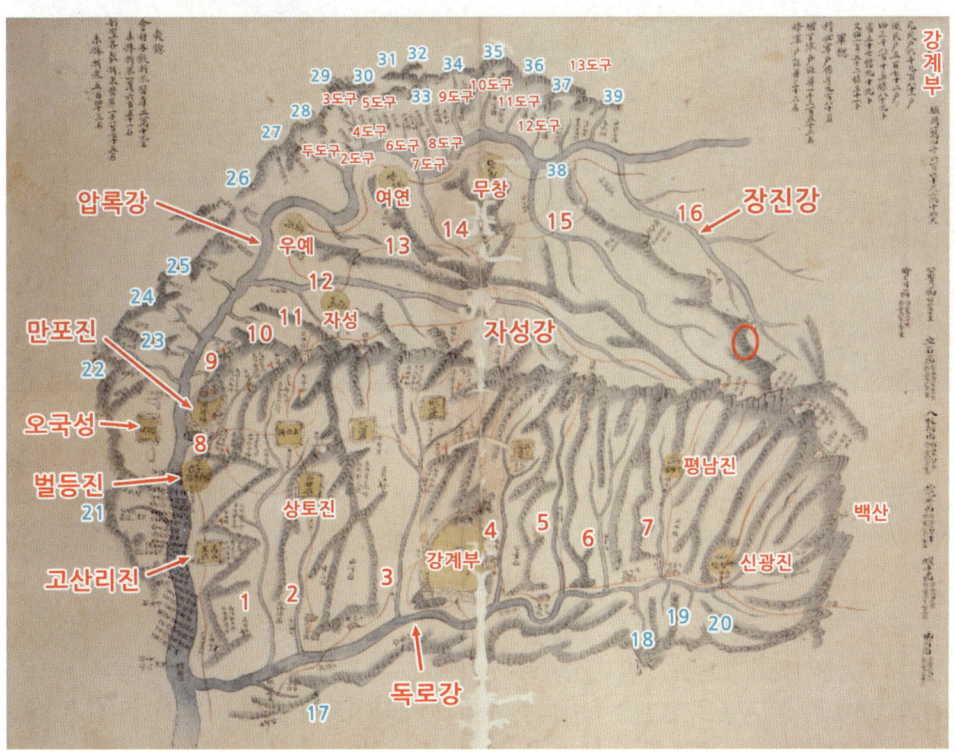

[그림 13] 강계부 고지도(해동지도): 큰 강으로 압록강과 독로강이 그려져 있다. 자성, 우예, 여연, 무창이 있다. 두 도구, 2도구, ..., 13도구가 있다. 만포진은 강계부에서 240리.

강계부 고지도[그림 3]에 나타난 압록강과 독로강 그리고 그 지류 39개를 위상적으로 비교하여 대응시키고, 만포진, 오국성, 벌등진, 고산리진, 상토진, 외괴진, 종포진, 추파진등의 부위에서 거리(현재의 국도를 따라 거리를 잼)를 고려하고 세종대왕의 사군의 위상적 위치를 정하여 그 형태를 구글지도에서 찾으면 다음과 같다.

---

[13] 최규흥,「세종대왕의 사군육진과 삼수부·갑산부」, 2022 대한국제학술문화제, 대한사랑, 2022년 6월.

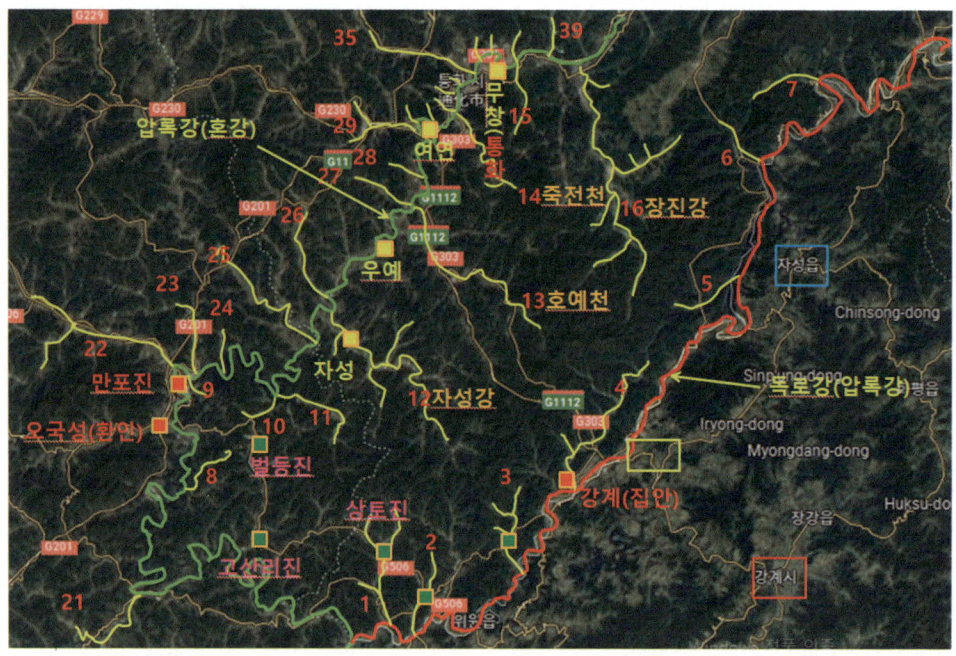

[그림 14] 옛 강계부에 대응되는 집안시, 환인, 통화시 근방 구글지도.

강계부 고지도(해동지도)만 보고 15번 지류(후주강)을 대응시켜 찾는 것은 매우 어려운 일이다. 왜냐하면 무창(통화 동부)과 16번 지류(장진강) 사이에 2개의 지류가 있어 어느 것이 후주강인지를 결정하는 것이 매우 어려운 일이다. 하지만 또 다른 강계부 고지도(광여도)를 보면 무창(통화 동부)과 장진강 사이에 2개의 라신천과 후주강이 있어 후주강을 쉽게 찾을 수 있다.

◯자성은 압록강의 12번 지류(자성강)의 첫 번째 지류 근방인데 현재의 지명은 마제촌(馬蹄村)이다. 마제촌은 말발굽 동네라는 뜻이다. 군대가 주둔하였던 곳이라 말발굽 소리가 늘 나던 곳이다.

◯우예는 압록강 12번 지류(자성강)와 13번 지류(호예천) 사이에 있었는데 대응되는 지역은 후강연(后江沿)이다. 후강연(后江沿)은 임금의 강이 흘러가는 곳이라는 뜻으로 보인다.

◯여연은 압록강 13번 지류(호예천)와 14번 지류(죽전천) 사이에 있는데 대응하는 지역은 만만천여유도가촌(灣灣川旅遊度假村)인데 굽이쳐 흘러가는 개울가에 군사들이 놀던 마을이라는 뜻이다.

◯무창은 압록강 14번 지류(죽전천)와 15번 지류(후주강) 사이에 있는데 대응하는 지역은 통화시 동북 지역이다.

(나) 삼수부 고지도 분석14)

다음은 삼수부의 고지도 중에서 구글지도와 비교 조사하기가 가장 좋은 삼수부(해동지도) 고지도이다. 삼수부(해동지도) 고지도에는 백산령이 있어 백산이 있었던 것이다.

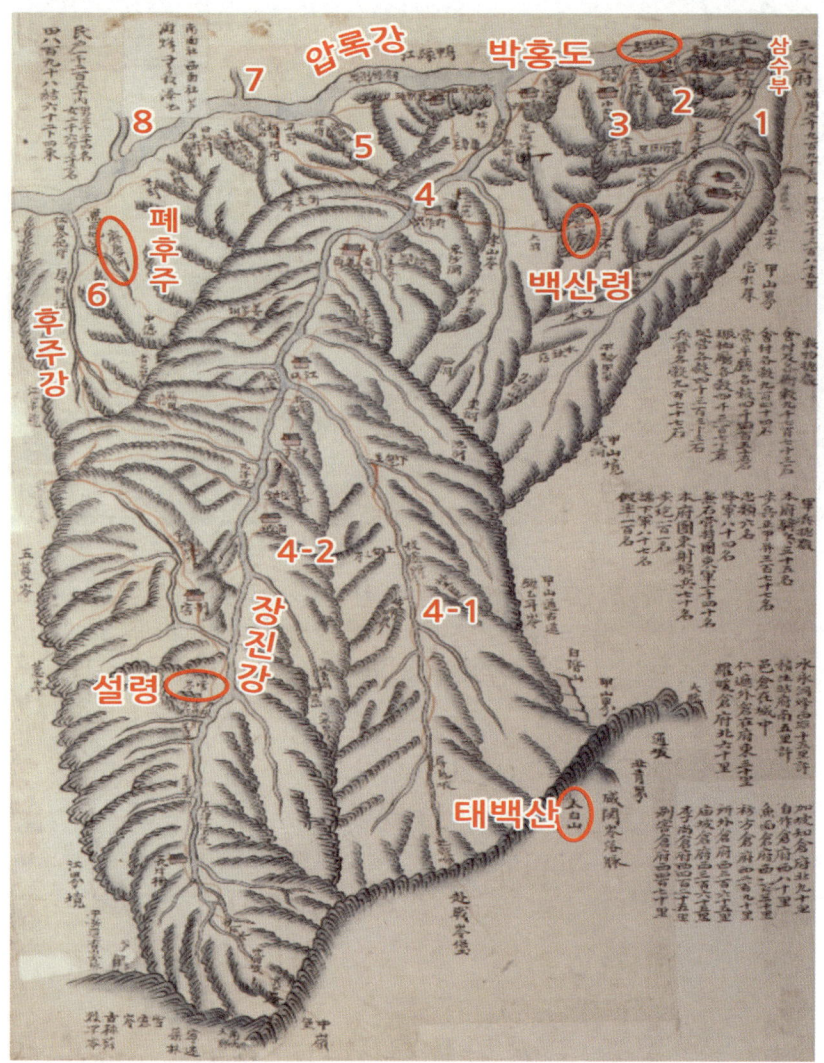

[그림 15] 삼수부(해동지도): 가장 큰 지류는 장진강이다. 1번 지류의 두 지류 사이에 삼수 부위를 그려놓았다. 6번 지류를 후주강이라 하였다.

---

14) 최규흥, 「세종대왕의 사군육진과 삼수부·갑산부」, 2022 대한국제학술문화제, 대한사랑, 2022년 6월.

삼수부(해동지도) 고지도의 위 부분에 위상적으로 대응되는 구글지도의 현황은 아래와 같다.

[그림 16] 삼수부(해동지도) 고지도의 위 부분에 위상적으로 대응되는 백산시와 통화시 동쪽 지역.

삼수부위는 석인진 지역에 있었다. 인차외는 백산시 동쪽에, 라난보는 백산시 서쪽 2번 지류 하구에, 소농은 6도강진에, 신가파지는 5도강진에, 가파지는 서북천에, 자작지는 철광진에, 후주진은 압원진(鴨圓鎭)에 있었던 것을 위상적으로 대응시킬 수 있다.

### (다) 갑산부 고지도 분석15)

갑산부(해동지도) 고지도는 규장각에 있는 갑산부 고지도 중에서 강과 지류들이 가장 자세히 그려져 구글지도와 비교 조사하기가 가장 좋은 갑산부의 위상 고지도이다.

---

15) 최규흥, 「세종대왕의 사군육진과 삼수부・갑산부」, 2022 대한국제학술문화제, 대한사랑, 2022년 6월.

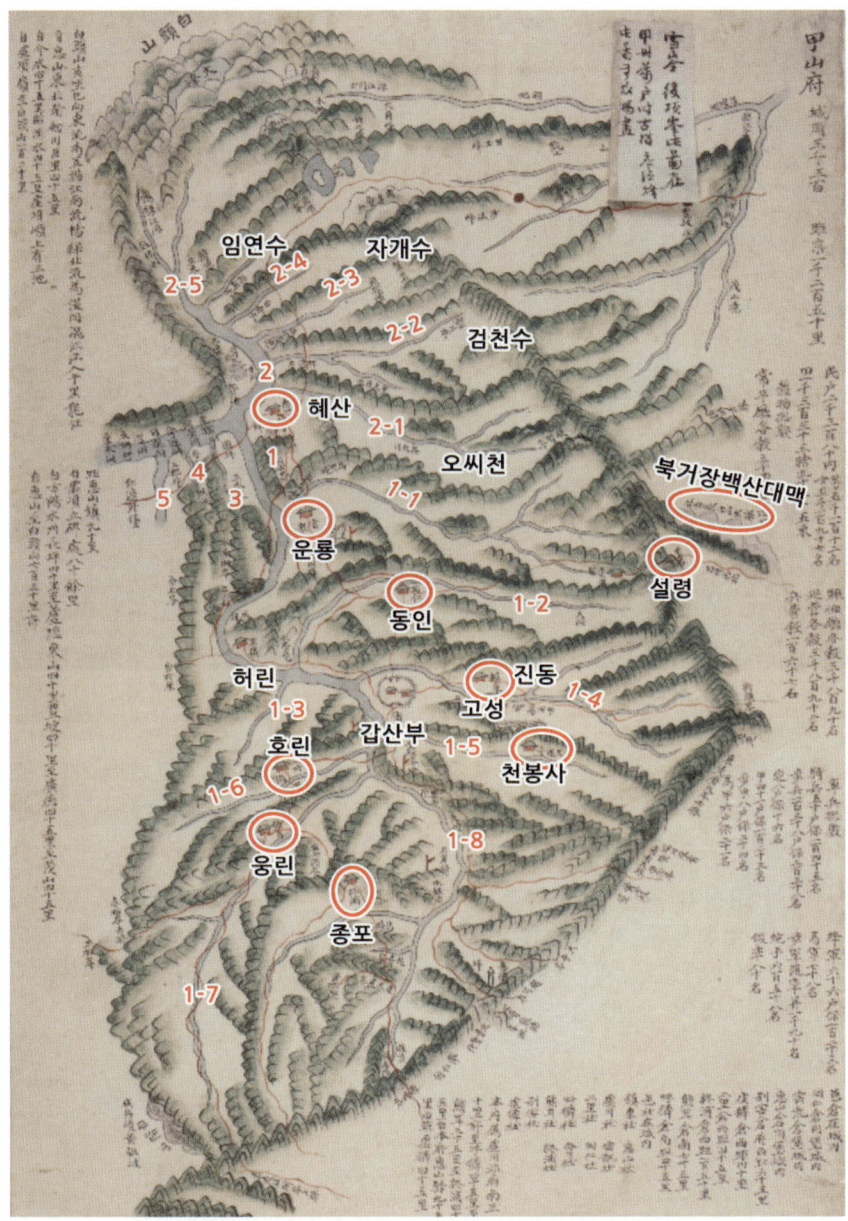

[그림 17] 갑산부(해동지도): 혜산강(2번강)과 허천강(1번강)이 합류하는 지점 근방에 혜산진이 있고 허천강과 1-4 지류가 만나는 지점 근방에 갑산부 부위가 있다. 동인, 호린 등 9개의 堡(보)가 있다.

갑산부(해동지도) 고지도가 가리키고 있는 지역은 백두산(옛 장백산) 북쪽 지역이다. 갑산부위는 무송현 무송진에 있었다.

[그림 18] 갑산부 고지도에 대응되는 백두산(옛 장백산) 북쪽 지역: 갑산부위는 무송현 무송진에 있었다. 허천강은 유수천으로 바뀌었다.

갑산부(해동지도) 고지도에 위상적으로 대응되는 지역을 찾게 되면 놀랍게도 옛 압록강(현 혼강)의 상류 지역을 그린 것이 아니고 현재의 백두산(조선 시대의 장백산)에서 길림시로 흘러가는 송화강의 상류 지역을 위상적으로 그린 것이다.

조선 시대의 갑산부 중요 지명으로 운룡, 동인, 호린, 천봉사, 웅린, 종포 등이 [그림 23]에서 보이는데 아직도 옛 이름을 그대로 사용하는 지명이 남아 있는 곳이 있는지 확인해 보았지만 모두 바뀌었다. 갑산부위와 진(鎭), 보(堡)의 지명에는 진(鎭)이 많이 남아 있다.

갑산부위 ⟶ 무송진(撫松鎭), 혜산진 ⟶ 유수진(榆樹鎭),

운파관 ⟶ 흥삼진(興參鎭), 운룡 ⟶ 抽水鄉,

진동 ⟶ 북강진(北岡鎭), 허린 ⟶ 유수천향(榆樹川鄉),

동인 ⟶ 만량진(萬良鎭), 호린 ⟶ 선인교진(仙人橋鎭),

웅이 ⟶ 화수진(樺樹鎭), 종포 ⟶ 만강진(漫江鎭),

천불사 ⟶ 동강진(東岡鎭).

　장백산(현 백두산)에서 이도촌을 가기 전에 갑산촌을 만난다. 이는 이곳이 갑산부의 한 마을을 의미한다고 볼 수 있다. 위 구글지도 지역에 갑산촌이라는 마을을 더 찾을 수 있으리라 생각된다. 飛非浦는 이도촌(二道村)에 있다. 이비비포에는 아직도 옛날처럼 텃새 오리들이 호수에서 놀고 있다.

　2번 강(혜산강)의 지류들로 2-1(오씨천), 2-2(검천수), 2-3, 2-4(자개수), 2-5(임연수)가 있는데 아직도 옛 이름을 그대로 사용하는 지명이 남아 있는 곳이 있는지 확인했지만 옛 지명이 남아 있는 곳을 발견하기가 쉽지 않다. 오씨천 상류에는 오씨들이 살고 있었던 마을이 있었으리라고 본다.

　압록강과 두만강 유역의 부(府)와 군(郡)의 고지도를 분석하고 백두산에서 갑산부 가는 경로, 백두산에서 무산부 가는 경로를 파악하고 함경도의 동해바다의 주요 섬들의 위치를 파악하여 조선말의 북방 국경 흐름을 알 수 있다[16][17].

---

16) 최규흥, 「세종대왕의 사군육진과 삼수부·갑산부」, 2022 대한국제학술문화제, 대한사랑, 2022년 6월.
17) 최규흥, 「세종대왕의 육진과 일제가 인위적으로 정해 놓은 육진」, 『한국 북방 국경의 흐름』 대한사랑 학술지, 대한사랑(서울), (2022).

[그림 19] 옛 두만강은 수분하+레카라즈돌라야강이다. 옛 압록강은 압록강 하류 + 혼강이다. 경박호는 옛 백두산 대지이고 경박호 상류에 삼지가 있다. 경박호 북쪽 강변에 있는 모공산이 백두산이다.

다음의 간도협약[18]의 요지를 살펴보자.

첫째, 두만강을 양국의 국경으로 하고, 상류는 정계비를 지점으로 하여 석을수(石乙水)로 국경을 삼는다.

둘째, 용정촌·국자가(局子街)·두도구(頭道溝)·면초구(面草溝) 등 네 곳에 영사관이나 영사관 분관을 설치한다.

    참고: 용정촌·국자가(局子街)·두도구(頭道溝)·면초구(面草溝) 등 네 곳은 조선의 관할 영토 안에 있는 지역이다. 용정촌·국자가(局子街)는 무산부 소속으로 용정촌은 현재의 용정시이고 국자가는 연길시에 있는 한 지역이다. 두도구는 강계부 소속이고 현재의 통화시에 있다. 면초구의 위치는 알 수 없으나 조선의 갑산부(무송진) 남쪽 근방으로 추정된다.

셋째, 청나라는 간도 지방에 한민족의 거주를 승준(承准)한다.

    참고: 간도 협약 시까지 간도는 조선인 만 거주했고 조선이 통치해 왔던 영역이다.

넷째, 간도 지방에 거주하는 한민족은 청나라의 법권(法權) 관할 하에 두며, 납세와 행정상 처분도 청국인과 같이 취급한다.

다섯째, 간도 거주 한국인의 재산은 청국인과 같이 보호되며, 선정된 장소를 통해 두만강을 출입할 수 있다.

여섯째, 일본은 길회선(吉會線: 延吉에서 會寧間 철도)의 부설권을 가진다.

일곱째, 가급적 속히 통감부 간도 파출소와 관계 관원을 철수하고 영사관을 설치한다.

---

[18] 『간도협약』일본과 청국이 간도에 관해 체결한 협약, 인터넷 백과사전, 1909년 9월 4일.

참고: 대한제국의 외교권을 강탈한 일본은 간도에 통감부를 설치하여 간도지역이 대한제국의 영토임을 인정하였었다. 그러나 간도협약을 통해 일본은 불과 2년 사이에 자국의 전략적 이해에 따라 간도의 영유권 인식을 한국에서 청국으로 뒤바꾼 셈이자, 대한제국 정부의 의사와 무관하게 간도지역을 청국에 넘겨버린 셈이다. 이로써 1881년부터 다시 재개된 청·한 양측의 간도 영유권 문제는 일본의 군사외교 책략과 청국의 타협으로 미봉되어 미래 한·중의 갈등 요소로 남게 되었다.

## III. 조선팔도고금총람도 분석을 통한 조선의 중후기 북방 국경과 공험진 위치

대동여지도는 1800년대 후반(1861년)부터 조선이 망할 때까지 백두산을 북방 국경의 중심으로 하고 "조선과 청의 국경을 압록강과 두만강을 경계"로 하여 이루어진 조선의 영토를 그린 것이다.

조선팔도고금총람도(1673년, 김수홍)는 대동여지도 보다 188년 앞선 1673년에 제작한 것으로 기록되어 있다. "조선과 청의 국경을 압록강과 흑룡강을 경계"로 하여 이루어진 조선의 영토를 그리고 있다. 이 지도에는 두만강과 흑룡강 사이에 주목할 만한 지명, 산, 강 등이 표시되어 있지 않다.

하지만 세종지리지에 "경원소다로에서 공험진 가는 경로"가 잘 설명이 되어 있어 공험진과 경원소다로에서 공험진 가는 도중의 역참의 위치를 찾을 수 있을 것이다. 임진년(1712년) 목극등이 정계비를 설치할 때 두도구에서 백두산까지 간 이동경로를 찾아봄으로서 두도구(頭道溝)에서 백두산 대지(大池)로 가는 도중의 실제의 역참의 위치도 찾을 수 있을 것이다.

### 1. 임진(1712년) 정계비 설치와 목극등의 이동경로(참조: 인테넷 사전)

임진(1712년) 정계비 설치는 임진년 당시 청나라의 오라총관(烏喇摠管) 목극등(穆克登) 등과 조선 관원들의 현지답사로 세워졌다.

이보다 앞서 압록강·두만강을 사이에 두고 조선과 청나라 두 나라 사이에 자주 분쟁 사건이 일어났다. 거의 빈 땅으로 되어 있던 이 지역에 인삼을 캐는 사람, 사냥하는 사람들이 자주 내왕하며 때로 충돌을 일으켜서 말썽이 되었다.

1685년(숙종 11)에는 백두산 부근을 답사하던 청나라 관원들이 압록강 건너 삼도구(三道溝)에서 조선 채삼인(採蔘人)들의 습격을 받아 크게 외교 문제가 발생하였다. 1690년과 1704년, 1710년에도 두만강·압록강 건너에서 중국인들이 우리나라 사람들에게 살해된 일이 생겨 청나라 정부의 항의가 있었다.

이에 1711년에는 목극등이 압록강 대안 현지에 와서 조선의 참핵사(參覈使)와 함께 범법 월경 현장을 검핵(檢覈)한 일도 있었다.

그런데 이듬해에는 청나라에서 이러한 범법 월경 사건들을 문제삼아, 백두산에 올라가 국경을 정하려는 계획이 진행되었다. 거기에는 청나라 왕실의 발상지로 인정하는 백두산을 청나라의 영역 안에 넣으려는 저의도 있었던 것이다.

청나라에서는 그 해 2월, 목극등을 장백산(長白山: 백두산)에 보내 변경을 사정(査定)하려 하니 협조해 달라는 공문을 조선 정부에 보냈다. 이어 4월에는 목극등 일행이 두도구(頭道溝)에서 압록강을 거슬러 올라와 후주(厚州)에 도착하였다.

청국의 공문을 받은 조선 정부에서는 접반사(接伴使) 박권(朴權)을 보내 함경감사 이선부(李善溥)와 함께 가서 맞이하도록 하였다. 혜산진에서부터 산간 험지를 10일간이나 강행군해 5월 15일 백두산 대지(大池)가에 이르게 되었다. 일행은 거기서 내려와 동남쪽으로 십리 지점인 분수령에 정계비를 세웠다.

애초 국경 사정(査定) 문제가 일어날 때, 조선 정부의 의견은 백두산 정상을 경계로 하여 남북으로 갈라 정한다는 것이었다. 그러나 국경을 사정하는 임무를 띠고 나아갔던 접반사 박권과 함경감사 이선부는 늙고 허약한 몸으로 험한 길을 갈 수 없다고 하여 중간에서 뒤떨어졌다.

조선 관원으로는 접반사 군관 이의복(李義復), 순찰사 군관 조태상(趙台相), 거산찰방(居山察訪) 허량(許樑), 나난만호(羅暖萬戶) 박도상(朴道常), 역관(譯官) 김응헌(金應濾)·김경문(金慶門) 등 6인만이 동행하였다. 따라서 모든 것은 청나라의 파견관 대표인 목극등의 의사대로 진행되었다.

결국 목극등이 애초 의도한 대로, 백두산 정상에서, 동남쪽으로 내려와서 두 물이 '人'자 모양으로 흐르는 분수령 위의 호랑이가 엎드린 모양 같은 바위를 그대로 비석의 귀부(龜趺)로 삼고 높이 약67㎝, 폭 약45㎝ 정도의 정계비를 세우게 되었다.

그 비에는 '대청(大淸)'이라는 두 글자를 머리에 크게 쓰고, 그 아래에 "오라 총관 목극등이 황제의 뜻을 받들어 변경을 답사해 이곳에 와서 살펴보니 서쪽은 압록이 되고 동쪽은 토문(土門)이 되므로 분수령 위에 돌에 새겨 기록한다. 강희 51년 5월 15일

**(烏喇摠管穆克登 奉旨查邊 至此審視 西爲鴨綠 東爲土門 故於分水嶺上 勒石爲記 康熙五十一年五月十五日)."**

라는 사실을 기록하였다.

이어 청국인 수행원으로 필첩식(筆貼式) 소이창(蘇爾昌), 통관(通官) 이가(二哥)를 적고 아래에 조선 관원 6인의 이름도 함께 새겼다.

비를 세운 후 일행은 다시 지세를 살피며 무산으로 내려가서 각기 헤어졌다. 이때 목극등은 다시 조선관원들에게 "토문강의 수원이 되는 물길이 중간에 땅속으로 들어가서 경계를 확인할 수 없는 곳에는 여기저기에 돌 또는 흙으로 돈대(墩臺)를 쌓아 아래쪽 강물까지 연결해 범법 월경하는 일이 없도록 할 것"을 부탁하였다. 한·중 두 나라의 경계선이 비로소 그어진 셈이다.

그 뒤 1881년(고종 18) 청나라에서 길림장군(吉林將軍) 명안(銘安), 흠차대신(欽差大臣) 오대징(吳大徵)을 보내어 간도의 개척에 착수하였다. 그러자 1883년 조선 측은 어윤중(魚允中)·김우식(金禹軾)을 보내어 정계비를 조사하게 하고 9월에 안변부사 이중하(李重夏), 종사관 조창식(趙昌植)을 보내어 조선의 영토임을 주장했으나 아무런 해결을 보지 못하였다.

그 뒤 1909년 일제는 남만철도의 안봉선(安奉線) 개축 문제로 청나라와 흥정해 남만주의 철도부설권을 얻는 대가로 간도 지방을 넘겨주고 말았다. 그런데 이 백두산정계비는 1931년 9월 만주사변이 일어난 직후에 없어지고 말았다.

임진년 목극등이 정계비를 설치할 때 두도구에서 백두산까지 간 이동경로는 다음과 같다.

**두도구(頭道溝) - 압록강을 거슬러 올라 - 후주(厚州) - 혜산진 - 10일간 - 5월 15일 백두산 대지(大池)**

[그림 20] 임진년(1712년) 목극등의 이동 경로: 목극등은 '두도구 - 후주 - 신가파지 - 소농 - 삼수 - 혜산진 - 한덕입지당 - 강남진 - 관지진 - 안명호진 - 백두산 대지'의 경로로 움직였다. 이 도로는 조선의 북방 국경 도로이다.

목극등이 두도구에서 백두산까지 국경지역 탐사 경로는

"두도구(頭道溝)(1712년4월XX일) – 압록강을 거슬러 올라 – 후주(厚州)(압원진)(1712년4월XX일) – 신가파지 – 소농 – 삼수 – 혜산진(류수진)(1712년 5월 5일) – 한덕입지당 – 江南鎭 – 官地鎭 – 雁鳴湖鎭 – 백두산 大池(1712년5월15일)"

이다. 이 도로는 조선의 북방 국경 도로이다.

혜산진(류수진)에서 백두산 大池(경박호) 동쪽까지의 거리는 약 350 리인데 이 거리를 10일 간 국경 탐사하며 갔다는 것은 하루 평균 35리 간 것이다.

북한 혜산에서 현 백두산까지는 90 리(10리: 5Km)이다. 하루 평균 30리 가면 3일 걸린다. 목극등이 혜산진에서 백두산 대지까지 국경 탐사한 경로는 북한 혜산에서 현 백두산까지 가는 경로가 아니다. 조선 시대 북한 혜산에서 현 백두산까지 가는 역참로는 없다. 현 백두산에서 북한 무산까지 가는 역참로도 없다.

## 2. 공험진 위치 탐구

세종지리지에서 공험진은 경원부 북쪽 700리에 있고 공험진 가는 길은

"경원 소다로 – 북 30리 – 어두하현 – 북 60리 – 동건리 – 북 3리 – 두만강탄 – 북 90리 – 오동사오리참 – 북 60리 – 하이두은 – 북 100리 – 영가사오리참 – 선춘령 – 공험진"이다.

선춘현을 지나 소하강을 건너면 바로 공헌진이 있다고 하였다.

공험진 가는 길의 역참과 차마도로를 찾고 공험진의 현재의 도시 실태를 확인한다. 소하강도 확인한다.

[그림 21] 조선국회도(소장 박물관 모름)에서 공험진의 위치 표시: 공험진은 두만강 북쪽에 있는 것으로 그려져 있다.

조선국회도를 분석하여 공험진의 위치를 확인하는 것은 불가능한 일이다. 공험진 주변의 강과 주변 지명들이 그려진 것들이 너무 빈약하여 분석할 기본 소재가 너무 없다. 다만 이 지도를 통해 공험진은 두만강 북쪽에 있고 흑룡강 남쪽에 있음을 알 수 있다. 세종지리지에 '경원소다로에서 공험진 가는 경로와 역참간 거리'가 자세히 설명되어 있어 이들을 확인하면 공험진 위치를 찾을 수 있을 것이다.

경원부 고지도 분석을 통해서 보리소부카 지역이 경원부위가 있었던 지역이고 우수리스크 지역이 경원의 후춘 부락임을 확인했다. 후춘 부락의 북쪽에서 남쪽으로 후춘강이 흘러 두만강으로 들어간다(그림 참조).

[그림 22] 조선시대 경원부 두만강 유역의 구글 지도: 경원부 두만강 유역에 고이도(古耳島 또는 古憨耳島), 이도(耳島)가 있다. 경원부 고지도의 후춘 부락에 대응하는 지역은 우스리스크이다.

경원부위가 있었던 보리소부카와 우수리스크 지역에서 북쪽으로 비교적 곧게 설치되어 있는 도로 A와 동북쪽으로 비교적 곧게 개설되어 도로 B가 있다. 두 도로는 고려 시대나 조선시대에 역참로가 있었을 가능성이 높다(그림 참조).

경원부위 소속 후춘 부락이 있었던 우수리스크 지역에서 북쪽으로 비교적 곧게 설치되어 있는 도로가 공험진으로 가는 도로인가를 살펴보자.

### (1) 세종지리지[19](경원부) 기록:

공험진으로 가는 경로는

"경원 소다로 - 북 30리 - 어두하현 - 북 60리 - 동건리 - 북 3리 - 豆滿江灘 - 북 90리 - 오동사오리참 - 북 60리 - 하이두은 - 북 100리 - 영가사오리참 - 선춘령 - 공험진" 이다.

이공험진 가는 경로 상의 중 豆滿江灘은 두만강 쪽에서 흘러내려오는 여울이라 판단된다.

### (2) 고려사[20](권 제58) 기록:

공험진(公嶮鎭)에는 예종(睿宗) 3년에 성을 쌓았다. 여기에 진을 두어 방어사로 하였으며 6년에는 산성을 쌓았다. 孔州, 匡州 등이라고도 한다. 先春嶺 동남쪽에 있다. 백두산 동북쪽에 있고 蘇下江(소하강) 강변에 있다.

우수리스크 지역에서 정북으로 방향으로 올라가다 보면 두만강탄이라고 판단되는 여울이 있다. 두만강탄에서 남쪽 3리 지역에 조선 시대 동건리가 있었는데 현재는 이 부락이 작아져 있어 두만강탄에서 남쪽 3리 보다 더 멀리 있다. 조선 시대에 이 동건리에 역참이 있었던 곳이라 생각한다. 1937년 소련은 연해주에 거주하는 조선인 17만명 전체를 중앙아시아로 이주시켰다. 조선인들이 이주된 후에 동건리에는 작은 촌락으로 줄어든 것 같다. 두만강탄 남쪽 63리 지점에 어두하현이라고 판단되는 작은 고개(峴)가 있다.

두만강탄에서 북쪽 이린카(오동사오리참)까지 90리 가는 동안에는 큰 도시나 마을이 없다.

이린카(오동사오리참)에서 북쪽 당벽진(하이두은)까지 60 리 가는 동안에도 큰 도시나 마을이 없다. 당벽진(하이두은)에서 북쪽 까지 100 리 가면 흥개진(영가사오리참)이 나온다. 흥개진(영가사오리참)에서 300리 쯤 가면 공험지(복리진)이 나온다. 경원소다로에서 공험진까지는 645리 쯤 된다. 보리소부카(옛 경원 부위)에서 쌍압산시 복리진(공험진)까지는 약 700리이며 세종지리지의 기록과 잘 맞는다. 백두산(경박호 북쪽 모공산) 동북쪽에 있다는 기록과도 잘 맞는다.

---

19) 『세종실록지리지(世宗實錄地理志)』, 1454.
20) 『高麗史』집현전, 정인지 외 29명, 1451년.

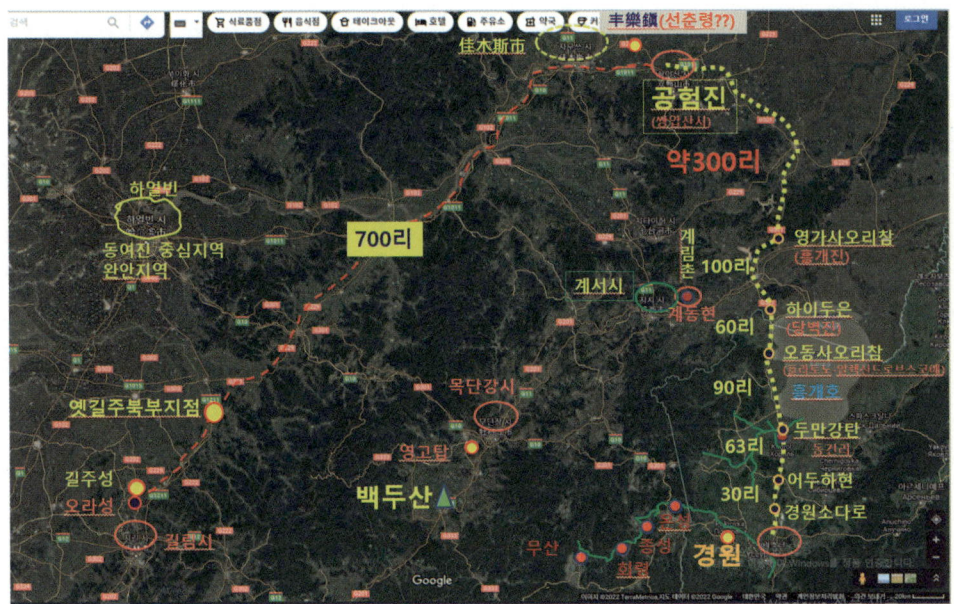

[그림 23] 세종지리지에 경원소다로에서 공험진 가는 경로: 경원 소다로 - 북 30리 - 어두하현 - 북 60리 - 동건리 - 북 3리 - 豆滿江灘 - 북 90리 - 오동사오리참 - 북 60리 - 하이두은 - 북 100리 - 영가사오리참 - 선춘령 - 공험진.

보리소부카(옛 경원부위 지역)에서 쌍압산시 복리진(双鴨山市 福利鎭)까지는 약 700리이다. 쌍압산시(옛 공험진) 서북쪽에 있는 가목사시(佳木斯市) 가는 중에 봉락진(丰樂鎭)이 있다. 이 지역이 옛날에 군대가 주둔했던 곳이다. 이곳에서 쌍압산시는 동남쪽에 있어 고려사 기록으로 보면 이곳이 선춘령이 되어야 한다.

다음은 쌍압산시 복리진(공험진)의 현재의 모습이다.

[그림 24] 공험진으로 판단되는 쌍압산시 시내. 옛 소하강은 공험진(쌍압산시)에서 북으로 흘러 흑룡강으로 간다.

　쌍압산시 시내에 공험진으로 판단되는 복리진이 있다. 아직도 해자를 만들었던 도랑이 직선으로 남아 있다. 쌍압산시 중심지역은 집현현이다. 집현전 연구소가 중앙정부에만 있었던 것이 아니고 지방에도 있었던 것이다.

　공험진에는 조선말까지 집현전(集賢殿) 지방 학문 연구센터가 존재했던 것이라 추정된다. 언제까지 집현전 연구소가 운영되었는지는 아는 사람은 쌍압시 당국일 것 같다.

　고려사 기록에 의하면 소하강(蘇下江) 강변에 있다고 하니 쌍압산 시내를 관통하는 강은 소하강이다. 이 소하강은 북쪽으로 흘러 흑룡강으로 들어간다. 흑룡강의 작은 지류이다.

　다음은 조선팔도고금총람도(1673년, 김수홍)이다.

[그림 25] 조선팔도고금총람도(1673년, 김수홍): 북쪽 국경을 흑룡강으로 하고 있다. 하지만 흑룡강의 상류를 목단강으로 하고 있다.

다음은 조선팔도고금총람도(1673년, 김수홍)의 위 부분이다.

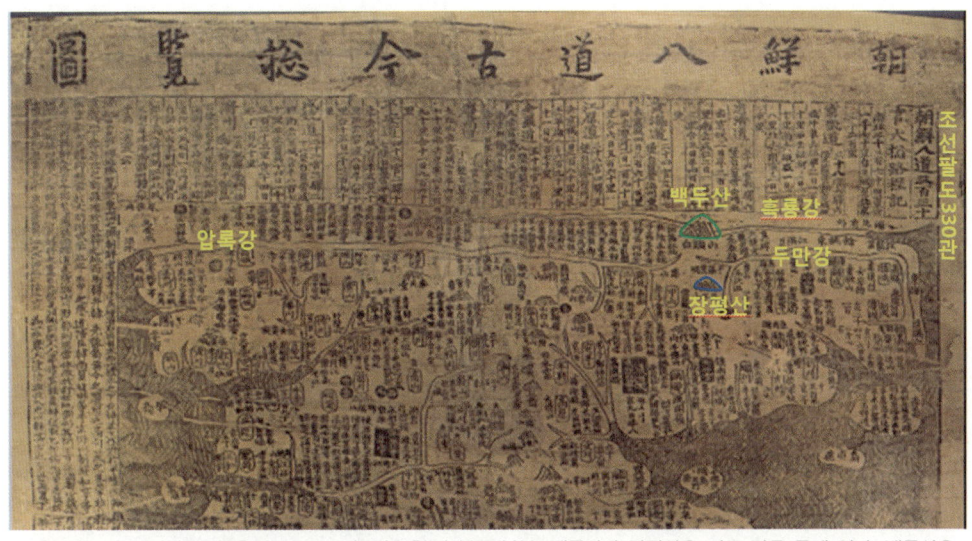

[그림 26] 조선팔도고금총람도(1673년, 김수홍)의 북쪽 부분: 백두산과 장평산은 서로 다른 곳에 있다. 백두산은 흑룡강변에 있고 장평산은 1800년대 장백산으로 바뀌고 1905년 일제에 의해 백두산으로 바뀐다.

조선팔도고금총람도(1673년, 김수홍)에 대응되는 북방지역은 다음과 같다. 1673년까지 공험진(쌍압산시)은 조선의 영토 안에 있다.

[그림 27] 조선팔도고금총람도(1673년, 김수홍)에 대응되는 조선의 북방 지역. 흑룡강 상류를 하얼빈으로 가는 상류가 아니고 목단강이다.

## IV. 피아양계지도(해동지도)

피아양계지도(彼我兩界地圖)는 북쪽이 몽고 영역으로 표시되고 요령성이 또 다른 국가의 영역으로 표시되어 있어 흑룡강 이북과 요령성 북쪽 지역은 북원(몽고)의 영토이고 요령성은 명나라 영토를 그린 것으로 판단되어 이 피아양계지도는 1392~1500년 기간에 제작된 것으로 판단되고 정확한 제작 년도는 미상이고 제작자도 미상이다.

다음은 서울대학교 규장각에 있는 피아양계지도(『海東地圖』 0000권, 古大 4709-41-v.)이다.

[그림 28] 피아양계지도(해동지도): 영고탑과 오라성이 조선영토에 있다. 흑룡강 하류와 야라(사할린섬)가 조선 영토이다. 압록강 이북 상당 부분이 조선영토이다.

압록강 이북에 조선과 명 사이에 목책이 그려져 있고 봉황성변문(鳳凰城邊門) 등 6개의 책문이 있다. 조선과 몽고(북원) 사이에도 요령성 동쪽 지역부터 오라성(악불락과문 책문 약간 동쪽) 지역까지 목책이 그려져 있고 의둔문(義屯門) 등 5개의 책문이 있다. 몽고와 명 사이에도 산해관부터 요령성 동쪽 지역까지 법고문 등 4개의 책문이 있다. 오라성 동쪽 지역은 조선과 몽고 사이에 목책이 없어 오라성 동쪽은 고려의 영토를 이어받아 조선이 통치한 것이다.

다음은 규장각에 있는 피아양계지도에 대한 해설인데 이 지도의 내용들을 잘 이해하지 못 하고 있다. 해설자는 지도 제작 시기를 전혀 모르고 있다. 청나라 시기와는 전혀 무관한 시기의 지도이다.

## [규장각 해설]

"≪해동지도≫의 제4책에 수록된 대형의 채색지도로 크기는 세로 181, 가로 29cm이다. 우리나라의 북부 지방과 중국의 만주 등 접경지역을 중심으로 그린 關防地圖다. 지도 제목의 '彼我'는 중국 청나라와 조선을 의미한다. 청나라의 침입에 대한 방비를 목적으로 제작된 일종의 군사지도로 유사한 사본이 현재 여러 본 남아있다. 지도는 白頭山을 중심으로 만주의 흑룡강으로부터 서쪽 山海關에 이르는 지역을 포괄하고 있는데, 길게 세워진 城柵과 도로를 따라 설치된 驛站, 군사기지의 성격을 지닌 鎭堡 등을 자세히 표시하였다. 녹색으로 산지를 그렸는데 봉우리를 서로 이어 그려서 줄기를 강조하여 표현하였다. 도로는 대로를 굵게 그려 위계를 나타냈으며 山海關에 이르는 燕行路를 강조하였다. 또한 사신들이 중국으로 가던 해로를 솔가지처럼 독특하게 표현한 것도 눈길을 끈다. 무엇보다 방위의 배치가 독특한데 남북 방향으로 배치하지 않고 국토의 坐向인 亥坐巳向(북서북-남동남)을 상하의 축으로 삼았다. 만주에는 청나라의 발상지인 烏喇와 寧古塔이 홍색으로 강조되어 있다. 지도의 여백에는 설명문이 들어갈 위치가 그려져 있는데 설명문은 수록되어 있지 않다."

위 피아양계지도의 해설은 이지도가 어느 시대에 그려졌는지를 해설서는 밝히지 못 하고 있다. 해설서에서 "'彼我'는 중국 청나라와 조선을 의미한다."고 설명하고 있으나 이 지도에는 청나라 영역 표시 글자가 없다. 흑룡강 북쪽과 요령성 북쪽에 몽고라는 글자가 있어 이 지역이 몽고(북원)의 영토라는 표시이다. 여진족이 나타나지 않은 시기의 요령성 지역은 어느 나라 영토인지 표시가 안 되어 있지만 흑룡강 북쪽이 몽고 영토라는 표시가 있어 북원이 아직 멸망하지 않은 시기인 조선 초의 지도이므로 요령성 지역은 명나라 영토이다.

명나라는 1388년 현재의 요령성에 철령위(심양 동남쪽 사오십리 지역 봉집보(참고: 중국역사지도집))를 설치하면서 원나라가 차치하고 있었던 자비령(岊嶺) 이북을 명나라 영토라고 일방적으로 선포했다(참고: 고려사).

여기서 자비령은 평양성 동쪽 160리 지역에 있다(참고: 대명일통지). 고려의 평양과 장수왕의 평양은 요양시 궁장령구(弓長嶺區)이고(참고: 대제국고려) 자비령은 연산관 남쪽 오십여리에 있는 분수령(分水嶺)이다. 이 분수령에는 왕도구가 있고 기가보(祁家堡)가 있다. 이분수령에서남쪽으로 흐르는 물은 현 압록강으로 들어가고 북쪽으로 흐르는 물은 태자하(옛 대동강)로 흘러간다.

이상으로 목책(책문: 토청문, 기년탑문 등)의 서쪽 지역의 현 요령성은 명나라 영토를 표시하고 있음을 알 수 있다.

따라서 피아양계지도의 '彼我'는 몽고・명과 조선을 의미한다.

## 1. 피아양계지도의 북서 지역 분석

다음은 피아양계지도의 북서 지역인 요령성 지역을 확대한 것이다.

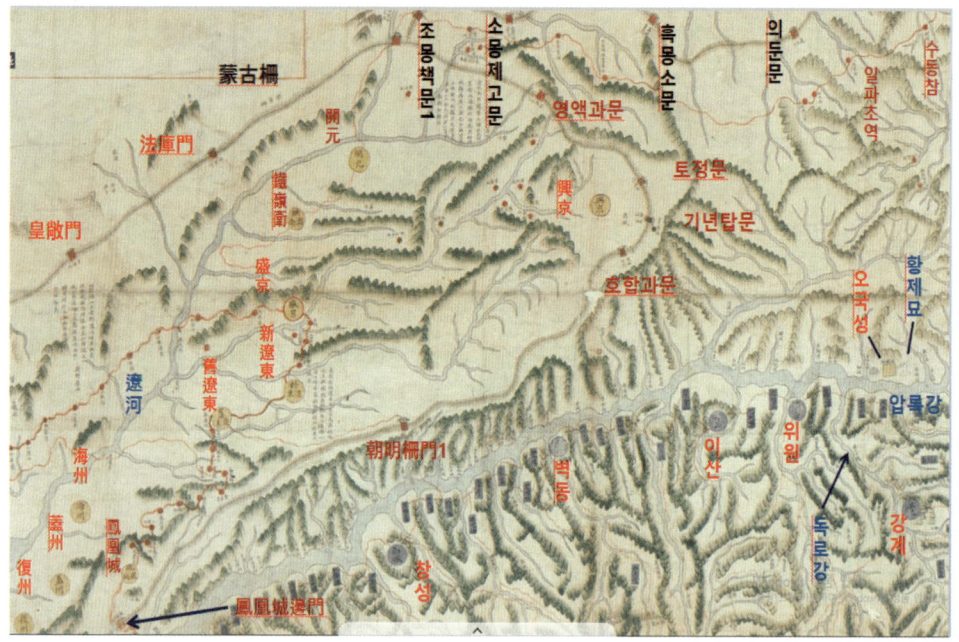

[그림 29] 피아양계지도(해동지도)의 서북 지역: 조선, 명, 몽고와의 사이에 목책이 있다. 봉황성변문 등 6개의 변문이 있다.

위 지도는 대제국 원나라가 망하고 북원 정부가 존재하고 아직 여진족이 등장하기 전의 조선, 명, 몽고와의 사이에 목책을 그린 것이다.

(가) 조선과 명과의 국경선 목책이 잘 그려져 있고 6개의 책문이 있다:
봉황성변문, 조명책문1(책문의 명칭 없음), 호합과문, 기념탑문, 토정문, 영액과문
봉황성(현 봉성시)은 명나라 영토에 속하고 압록강 북쪽 상당 부분이 조선 땅이다. 봉황성(현 봉성시) 중심지역은 명나라 영토이다. 개원, 철령위, 성경(심양)이 명나라 영토로 그려져 있다.

(나) 몽고(북원)와 명과의 국경선 목책이 잘 그려져 있고 책문들이 있다:
법고문, 황창문 등

(다) 몽고(북원)와 조선의 국경선에 목책이 잘 그려져 있고 책문들이 있다:
악불락과문, 의둔문, 흑몽소문, 소몽제고문, 조몽책문(소몽제고문 서쪽에 있는 책문, 피아양계지도에는 책문 명이 없음). 악불락과문 동쪽에는 몽고(북원)와 조선 사이에 국경선 목책이 없다. 악불락과문 동쪽 책문이 없는 흑룡강 남쪽은 조선의 영토로 인정된 것으로 판단된다.

조선과 몽고(북원)와의 사이의 목책이 있고 소몽제고문, 흑몽소문, 의둔문, 악불락과문 4개의 책문을 두고 있다. 등자촌(말안장 만드는 지역)은 몽고(북원) 영토이고 오라(길림시 북쪽 50여리 지역)는 조선 영토이다.

조선과 명과의 국경선 목책이 잘 그려져 있고 6개의 책문이 있다:
봉황성변문, 조명책문1(책문의 명칭 없음), 호합과문, 기념탑문, 토정문, 영액과문

조선과 명 사이에 있었던 목책의 위치와 책문의 위치를 찾을 수 있다. 다음은 목책이 그려진 피아양계지도의 서북 지역에 대응하는 현 구글 지도상의 목책과 책문의 위치이다.

[그림 30] 피아양계지도(해동지도)의 서북 지역에 대응되는 조선과 명과의 국경

　피아양계지도의 조선과 명 사이에 국경 목책의 위치를 찾을 수 있고 책문의 위치도 찾을 수 있다.

봉황성변문: 봉황성(봉성시), 조명책문1(책문의 명칭 없음): 대흥진, 호합과문: 감장진, 기년탑문: 영릉진, 토정문: 청원진, 영액과문: 서봉진

　봉황성(현 봉성시)은 명나라 영토에 속하고 압록강 북쪽 상당 부분이 조선 땅이다. 현 길림성 대부분이 조선 영토이다. 통화시, 백산시(옛 압록강 유역)는 국경에서 한참 후방인 조선의 영토이다. 개원, 철령위, 성경(심양)이 명나라 영토로 그려져 있다.

　다음에 피아양계지도(해동지도)의 북쪽 지역에 대응되는 조선과 몽고와의 국경의 목책과 책문의 위치가 그려져 있다.

[그림 31] 피아양계지도(해동지도)의 북쪽 지역에 대응되는 조선과 몽고와의 국경

　피아양계 지도에는 몽고(북원)와 조선과의 국경선 목책이 잘 그려져 있고 책문들이 있다:

　악불락과문, 의둔문, 흑몽소문, 소몽제고문, 조몽책문(소몽제고문 서쪽에 있는 책문, 피아양계지도에는 책문 명이 없음).

　피아양계지도의 조선과 몽고 사이에 국경 목책의 위치를 찾을 수 있고 책문의 위치도 찾을 수 있다:

　악불락과문: 백기진, 의둔문(카륜진, 장춘 북쪽), 흑몽소문: 손가둔, 소몽제고문: 사평시 중심지, 조몽책문: 천두진 흑몽소몽과 접해 있는 지역이 등자촌인데 등자촌은 현 공주령시이다. 이 지역에서 원나라가 말안장을 많이 만들었던 지역이다. 악불락과문 동쪽에는 몽고(북원)와 조선 사이에 국경선 목책이 없다. 악불락과문 동쪽 책문이 없는 흑룡강 남쪽은 조선의 영토로 인정된 것으로 판단된다.

　조선과 몽고(북원)와의 사이의 목책이 있고 조몽책문(책무이름이 없음), 소몽제고문, 흑몽소문, 의둔문, 약불락과문 5개의 책문을 두고 있다. 등자촌(말안장 만드는 지역)은 몽고(북원) 영토이고 오라(길림시 북쪽 50여리 지역)는 조선 영토이다.

## 2. 조선과 몽고(북원) 사이의 목책과 오라성(烏喇城) 지역 역참

다음은 조선과 몽고와의 사이의 오라, 의둔문 등의 목책과 책문이다.

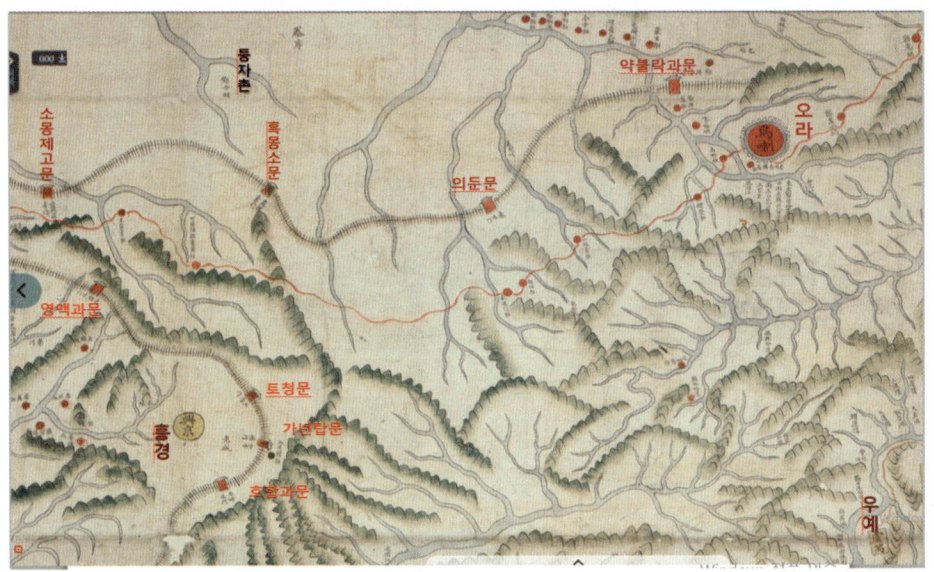

[그림 32] 피아양계지도(해동지도)의 서북 지역: 조선과 몽고와의 사이의 목책에는 소몽제고문, 흑몽소문, 의둔문, 약불락과문 4개의 책문이 보인다. 서북쪽 명과의 책문에는 영액과문, 토청문, 기년탑문, 호합과문 등의 책문을 두고 있다.

[그림 33] 피아양계지도(해동지도)의 현 길림 오라 지역: 조선과 몽고와의 사이의 목책에는 의둔문, 약불락과문 등 책문을 두고 있고 오라에서 약불락과문을 통과해 탕둔하로 가는 역참로가 있다.

위 고지도 피아양계지도의 오라성 주변의 현재의 상황을 구글지도에서 찾을 수 있다.

[그림 34] 피아양계지도(해동지도)의 오라 지역에 대응하는 현 길림 오라 지역: 조선과 몽고와의 사이의 목책에는 의둔문(카륜진), 악불락과문(백기진) 등 책문을 두고 있고 오라에서 악불락과문을 통과해 탕둔하(흑룡강)로 가는 역참과 의둔하(4번 지류).

선 초 장춘시와 길림시 북쪽 지역에 조선과 몽고와의 국경인 목책이 있었다. 길림에서 오라성을 지나 조선에서 몽고로 가는 책문 악불락과문(현 백기진)이 있고 장춘에서 몽고로 가는 책문 의둔문(현 카륜진)이 있었다.

오라에서 몽고로 들어가는 역참들의 명칭은 모두 바뀌어 있다.

객합성 →부둔촌, 악불락역 → 대구흠만족진, 악불락과문 →백기진,
몽고역 → 법특진, 택공희역 → 대파진.
오라의 서남쪽 수등역은 명칭이 그대로 남아 있다.
수등역 →수등참진(搜登站鎭)

오라성 지역을 살펴보자.

[그림 35] 피아양계지도(해동지도)의 오라성 지역: 오라 지역에는 임진년(1712년) 조선과 청과의 국경을 정하는 임진정계비를 세운 목극등이 근무했던 오라총관 건물이 있는 관통촌이 있다. 원나라의 검은 나팔부대가 주둔했던 곳으로 추정되는 오라가촌이 있다. 궁통촌이 있다. 옛 성터인 오라고성유지가 있다.

길림시 북쪽 지역에서 송화강이 갈라졌다가 다시 합쳐진 내부지역을 오라성이라 한다.

길림시 오라 지역에는 임진년(1712년) 조선과 청과의 국경을 정하는 임진정계비를 세운 목극등이 근무했던 오라총관 건물이 있는 관통촌이 있다. 원나라의 검은 나팔부대가 주둔했던 곳으로 추정되는 오라가촌이 있다. 궁통촌이 있는데 동명왕(弓)이 잠시로 살았었던 지역이라는 의미라 보인다. 옛 성터인 오라고성유지가 있는데 이성터는 윤관의 길주 성터로 추정된다.

다음은 오라고성유지근방이다.

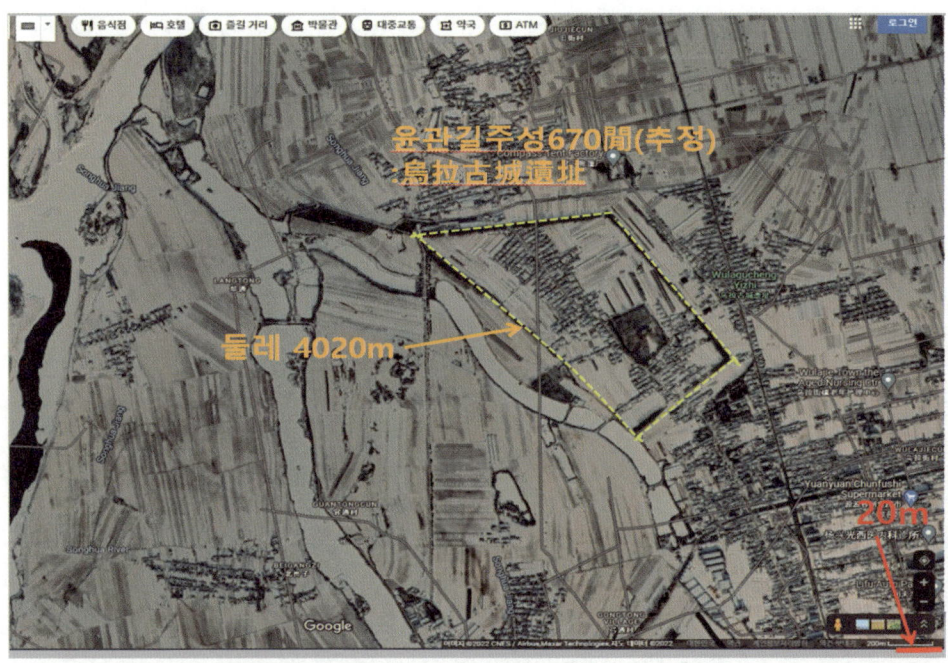

[그림 36] 피아양계지도(해동지도)의 오라성 지역에 있는 오라고성유지: 현 길림시 오라 지역에 오라고성유지가 있는데 이 고성은 윤관의 길주성 성터로 추정된다.

윤관 9성 중 길주성의 둘레는 670간으로 기록되어 있는데 한간의 길이는 20척(약 6m)으로 보면 4020m로 역사 기록과 일치한다.

공험진(쌍압산시)은 吉州 북쪽 700리에 있다고 하는데 고려의 길주의북쪽 경계를 오라에서 동북쪽으로 50리 정도로 보면 거기에서 쌍압산시(옛 공험진)까지 700리쯤 된다(십리는 5Km).

## 3. 야라(野羅)의 위치

　　피아양계지도(해동지도)의 동북쪽 두만강 동북쪽, 흑룡강 남쪽 동해바다에 야라(野羅)라는 섬을 그려놓았다. 야라(野羅)는 황량한 들판이 펼쳐진 땅이라는 의미로 보인다.

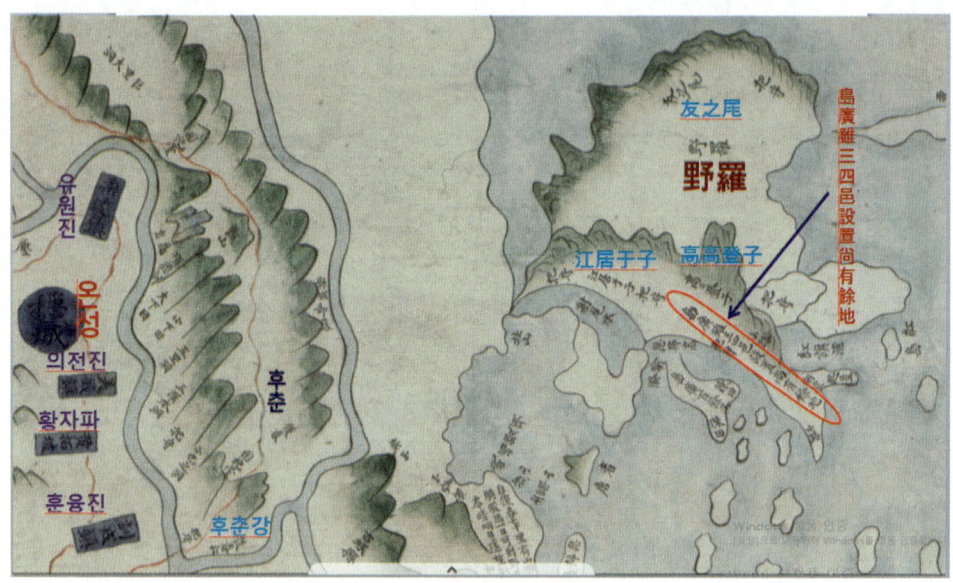

[그림 37] 피아양계지도(해동지도)의 동북 동해바다에 야라섬이 있다: 이 섬에 34개 읍을 설치하고 군대가 있음을 나타내고 있다(把守).

　　야라(野羅) 섬의 설명으로 '도광수삼사읍설치상유여지(島廣雖三四邑設置尙有餘地)'라 하여 '섬은 넓으나 34개 읍(邑)만 설치되어 남는 땅이 오히려 많다'는 의미다. 고을(邑) 이름으로 우지미(友之尾), 강거우자(江居于子), 고고등자(高高登子) 3개 고을만 기록하고 그 위치도 파악하기 어렵게 기록해 놓았다. 나머지 31개의 고을은 무엇인지 알 수가 없다. 섬이 너무 넓고 겨울엔 너무 추워 섬 전체를 측량하거나 파악하기가 매우 어려웠을 것이다. 파수(把守)라는 글자가 기록된 것으로 보아 군대가 있었음을 나타내고 있다.

　　섬의 한쪽 끝 부분을 육지와 연결해서 그려놓았는데 이는 얼음이 어는 동절기에는 이 섬을 걸어서 들어갈 수 있는 섬이라는 표현으로 해석된다. 상당한 크기의 섬으로 겨울에는 걸어서 섬에 들어갈 수 있는 섬은 사할린 섬을 표현한 것이다. 사할린 섬 북쪽 부분은 동절기에 바다가 얼어서 걸어서 섬에 들어갈 수 있다.

피아양계지도(해동지도)의 조선과 명 사이에 국경 목책의 위치를 찾을 수 있고 책문의 위치도 찾을 수 있다.

봉황성변문:, 조명책문1(책문의 명칭 없음): 대흥진, 호합과문: 감장진, 기년탑문: 영릉진,

토정문청원진, 영액과문: 서봉진 피아양계지도의 조선과 몽고 사이에 국경 목책의 위치를 찾을 수 있고 책문의 위치도 찾을 수 있다:

악불락과문: 백기진, 의둔문(카륜진, 장춘 북쪽), 흑몽소문: 손가둔, 소몽제고문: 사평시 중심지, 조몽책문: 천두진

피아양계지도의 조선과 몽고 사이에 목책이 있고 5개의 책문을 두었다. 조선과 몽고 사이에 목책은 악불락과문(백기진) 동쪽 20리 쯤에서 끝나고 있다.

악불락과문(백기진) 동쪽 지역 흑룡강 남부와 야라 섬은 조선이 통치한 것이다. 윤관의 동북9성 중 공험진은 쌍압산시이고 우스리스크(조선의 경원부 후춘 부락) 북쪽 650리 쯤에 있다. 보리소브카(경원부)에서 정확히 북쪽 700리에 공험진이 있다.

"세종지리지에 경원소다로에서 공험진 가는 경로: 경원 소다로 - 북 30리 - 어두하현 - 북 60리 - 동건리 - 북 3리 - 豆滿江灘 - 북 90리 - 오동사오리참 - 북 60리 - 하이두은 - 북 100리 - 영가사오리참 - 선춘령 - 공험진".

보리소부카(경원부)에서 双鴨山市 福利鎭(공험진)까지는 약 700리이다. 공험진까지 가는 경로에 있는 역참들과 두만강탄을 정확히 찾을 수 있다.

피아양계지도(해동지도)의 동북 지역에 대응되는 지역과 야라는 다음과 같다.

[그림 38] 피아양계지도(해동지도)의 동북 동해바다에 야라섬이 있다. 피아양계지도에서 야라(野羅) 섬의 설명으로 '도광수삼사읍설치상유여지(島廣雖三四邑設置尚有餘地)'라 하여 '섬은 넓으나 34개 읍(邑)만 설치되어 남는 땅이 오히려 많다'는 의미다.

이 설명에 부합하는 동해바다 북쪽의 섬은 현 사할린 섬이다. 고을(邑) 이름으로 우지미(友之尾), 강거우자(江居于子), 고고등자(高高登子) 3개 고을만 기록하고 그 위치도 파악하기 어렵게 기록해 놓았다. 나머지 31개의 고을은 무엇인지 알 수가 없다. 우지미(友之尾)의 위치는 사할린 섬(야라)의 최남단 지명으로 유추되고 강거우자(江居于子)의 위치는 사할린 섬(야라)의 중앙에 있는 강 하구의 도시로 유추할 수 있다. 고고등자의 위치는 높이 올라가서 있는 지역이라는 의미로는 이 지역을 유추할 수 없다. 나머지 31개의 고을 이름은 알 수가 없다.

섬이 너무 넓고 겨울엔 너무 추워 섬 전체를 측량하거나 파악하기가 매우 어려웠을 것이다. 파수(把守)라는 글자가 기록된 것으로 보아 군대가 있었음을 나타내고 있다.

섬의 한쪽 끝 부분을 육지와 연결해서 그려놓았는데 이는 얼음이 어는 동절기에는 이 섬을 걸어서 들어갈 수 있는 섬이라는 표현으로 해석된다. 상당한 크기의 섬으로 겨울에는 걸어서 섬에 들어갈 수 있는 섬은 사할린 섬을 표현한 것이다. 사할린 섬 북쪽 부분은 동절기에 바다가 얼어서 걸어서 섬에 들어갈 수 있다.

[그림 39] 피아양계지도(해동지도)의 동북 동해바다에 야라섬이 있다. 악불락과문 동쪽은 몽고와 조선 사이에 목책이 없고 공험진과 야라는 조선이 관할한 것이다. 동북쪽의 흑룡강 이북은 북원(몽고)로부터 너무 멀리 있어 조선이 관리한 것으로 보인다.

피아양계지도의 북방 지역의 상황을 살펴보자.

(1) 조선과 명과의 국경에 목책을 만들어 놓고 책문을 두어 두국가간에 출입을 관리하였다: 봉황성변문: 봉황성(봉성시), 조명책문1(책문의 명칭 없음): 대흥진, 호합과문: 감장진, 기년탑문: 영릉진, 토정문청원진, 영액과문: 서봉진
(2) 조선과 몽고(북원)의 국경에 목책을 만들어 놓고 책문을 두어 두국가간에 출입을 관리하였다: 악불락과문: 백기진, 의둔문(카륜진, 장춘 북쪽), 흑몽소문: 손가둔, 소몽제고문: 사평시 중심지, 조몽책문: 천두진

흑몽소몽과 접해 있는 지역이 등자촌인데 등자촌은 현 공주령시이다. 이 지역에서 원나라가 말안장을 많이 만들었던 지역이다. 악불락과문 동쪽에는 몽고(북원)와 조선 사이에 국경선 목책이 없다. 악불락과문 동쪽 책문이 없는 흑룡강 남쪽은 조선의 영토로 관리된 것으로 판단된다.

오라성이 조선 영토이다. 이 지역에 오라총관 목극등이 집무했던 관통촌이 있다. 원나라(몽고) 시절 검은 나팔부대가 주둔했던 곳으로 추정되는 오라가(烏喇街)가 있다. 한 때 동명왕이 살았거나 동명왕(弓)과 통하는 곳으로 추정되는 弓通村이 있다.

윤관 9성 중 길주성의 둘레는 670간으로 기록되어 있는데 한간의 길이는 20척(약 6m)으로 보면 4020m로 역사 기록과 일치한다. 오라성을 중심으로 오십리 내외가 길주라면 길주 북쪽 지역에서 공험진(쌍압산시)까지 700 리이다.

(3) 윤관 9성 중 공험진이 피아양계지도의 조선영역에 있다. 세종지리지에 경원소다로에서 공험진 가는 경로는 "경원 소다로 - 북 30리 - 어두하현 - 북 60리 - 동건리 - 북 3리 - 豆滿江灘 - 북 90리 - 오동사오리참 - 북 60리 - 하이두은 - 북 100리 - 영가사오리참 - 선춘령 - 공험진"이다.

보리소부카(경원부)에서 쌍압시 복리진(双鴨山市 福利鎭)까지는 약 700리이다. 이는 세종지리지에 기록된 "공험진은 경원부 700리에 있다"는 기록과 거리와 방향이 매우 잘 맞고 있다. 길주(오라성 북쪽 50여리)에서 북쪽 700리에 있다는 기록과도 잘 맞는다. 백두산 동북쪽에 있다는 기록과도 잘 맞는다.

(4) 야라(野羅: 사할린섬)을 조선이 통치했고 34개읍을 설치하여 주민을 강제로 이주시킨 것이다. 군대도 주둔시켰다(把守).

## V. 조선여진양국경계도(광여도)

彼我양계지도(해동지도)는 북쪽이 몽고 영역으로 표시되고 요령성이 또 다른 국가의 영역으로 표시되어 있어 흑룡강 이북과 요령성 북쪽 지역은 북원(몽고)의 영토이고 요령성은 명나라 영토를 그린 것으로 판단되어 이 피아야계지도는 1392~1500년 기간에 제작된 것으로 판단되고 정확한 제작 년도는 미상이고 제작자도 미상이다.

조선여진양국경계도(광여도)는 조선과 여진과의 국경을 그린 지도이므로 만주 북쪽에는 여진족들이 점유하고 있는 것이다. 고려가 멸망하고 조선 초에는 만주 북쪽은 몽고(북원)가 점유하고 있었으나 몽고(북원)의 만주 북쪽 지배력이 약화되어 여진 새력이 만주 북쪽 지역을 장악한 것이다.

따라서 조선여진양국경계도(광여도)는 彼我양계지도(해동지도) 보다 나중에 그려진 조선의 북방 국경 지도이다. 조선여진양국경계도는 1450~1600년 기간에 제작된 것으로 판단되고 정확한 제작 년도는 미상이고 제작자도 미상이다. 1600년 이후 청나라가 태동하기 전의 조선의 국경도이다.

다음은 서울대학교 규장각에 있는 조선여진양국경계도(광여도)이다.

[그림 40] 조선여진양국경계도(광여도): 영고탑과 오라성이 조선영토에 있다. 흑룡강 하류가 조선 영토이다.

야라(사할린섬)가 조선 영토이나 조선과 여진의 국경을 묘사하는 게 주안점이므로 이 지도에 안 그린 것으로 보인다. 북쪽 동해바다에 여러 섬들이 있는데 이들 섬들을 그려놓지 않았다.

다음은 규장각에 있는 조선여진양국경계도에 대한 해설인데 이 지도의 내용들을 잘 이해하지 못 하고 있다. 해설자는 지도 제작 시기를 전혀 모르고 있다. 오라성(길림시 북쪽 50여리)과 영고탑이 조선땅으로 표기되어 있어 청나라가 태동하기 전의 조선과 여진과의 국경지도이다. 피아양계지도에서는 영액과문이 조선과 명나라 사이의 책문 중의 하나인데 조선여진양국경계도에도 영액과문이 명과 여진과의 책문중의 하나이다.

## 《《규장각해설》》

"조선초기적 유형의 조선전도. 지명만으로 본다면 16세기 말에서 17세기 중반 이전의 지명들이 실려 있다. 1682년(숙종 8)에 설치된 경상도 英陽縣, 1684년(숙종 12)에 설치된 함경도 茂山府가 실려 있어서 최소한 1684년(숙종 12)년 이후의 상황이 반영되어 있다. 반면 1712년(숙종 38)에 세워진 백두산 정계비가 표시되어 있지 않은 점, 1767년(영조 43)에 안의와 산청으로 바뀐 안음과 산음이 원래의 이름으로 적혀 있는 것, 1776년(정조 즉위)에 尼城으로 바뀐 충청도 尼山이 원래의 이름으로 적혀 있는 것, 등은 지명으로 보는 상한선이 된다. 국토의 등뼈에 해당하는 백두대간 흐름이 가장 강조되고 있다. 대관령과 태백산을 지나 곧장 뻗어내린 백두대간은 지리산 자락에 가서 닿는다. 태백산 자락에서 갈라져 경상도 동래에 이르는 낙동정맥의 흐름도 선명한 편이다. 서울과 평양을 향해 이어진 듯 보이는 산줄기들도 확인된다. 대부분의 산들은 이어진 맥으로 표현되었으나, 삼각산(서울), 송악산(개성) 등 일부는 독립된 형태로 그려져 있다. 압록강과 두만강의 남류 사실은 거의 반영되어있지 않으며, 평안도 청천강 이북지역, 함경도 장백정간 이북지역은극도로 축약되어 있다. 이는 국경지대인 강변에 야인이 거주하던 조선전기적 관점이 투영된 결과이다. 우산도가 울릉도 안쪽에 그려진 것 역시 <동람도>적인 전통을 따르는 것으로 조선전기적인 인식의 일종이다. (배우성)"

규장각에 있는 조선여진양국경계도에 대한 해설은 조선의 북방 국경에 대한 이해가 전혀 없는 해설이다. 이 지도에 영고탑과 오라성이 조선 영토 안에 있으니 식민 역사에 익숙한 역사 인식으로 도저히 이해 불능이다.

[그림 41] 조선여진양국경계도(광여도)에 대응되는 조선의 북방 지역. 영고탑과 오라성이 조선영토에 있다. 흑룡강 하류가 조선 영토이다. 심양 북쪽 사평시 남쪽에 작은 영역이 피아양계지도에서 조선 초 조선 영토이었으나 여진족 영토로 바뀜.

심양 북쪽 사평시 남쪽에 작은 영역이 피아양계지도에서 조선 초 조선 영토 이었으나 여진족 영토로 바뀐 지역을 좀 더 자세히 그려보면 다음과 같다.

[그림 42] 조선여진양국경계도(광여도)에 대응되는 조선의 북서 지역. 심양 북쪽 사평시 남쪽에 작은 영역이 피아양계지도 에서 조선 초 조선 영토이었으나 여진족 영토로 바뀐 지역. 개원 북쪽 사평시 남쪽. 서봉진은 조선 영토가 아님.

다음은 조선의 서북 국경 지역이다.

[그림 43] 평안도(해동지도) 서북 지역에 대응되는 실제 영역

조선여진양국경계도(광여도)와 피아양계지도가 가리키는 국경은 거의 불변이고 조선의 북서 지역이 조금 줄어들었다. 심양 북동쪽 사평시 남쪽 천두진 동쪽 작은 영역이 피아양계지도에서 조선 초 조선 영토이었으나 여진족 영토로 바뀌었다. 사평시 동쪽 지역은 국경이 변함이 없다.

明과의 국경 목책 책문(wooden fence) 영액과문(서봉진), 토정문(청원진), 기년탑문(영릉진), 호합과문(감장진), 조명책문(대흥진), 봉황성변문(봉성시)의 위치는 그대로이다.

## VI. 결론

조선의 영토를 지도로 그려놓은 대표적인 지도는 다음과 같다.

(1) 彼我양계지도(1392~1500년 사이로 추정, 제작자 미상, 규장각 소장)
(2) 朝鮮女眞兩國境界圖(1450~1592년 사이로 추정, 제작자 미상, 규장각 소장)
(3) 조선팔도총람도(1673년, 김수홍)
(4) 대동여지도(1861년, 김정호, 규장각 소장)

조선의 고지도가 나타내는 조선의 영토의 영역은 피아양계지도가 나타내는 영역이 가장 넓고 시대가 흘러가면서 영역이 작아지고 있다.

대동여지도에 그려진 조선의 원래의 두만강은 수분하(중국령) + 레카라즈돌나야강(Recka Razdolnaya river)이다.

동북쪽의 원래의 두만강은 수분하(중국 내에 있는 옛 두만강) + 레카라즈돌나야(Recka Razdolnaya) 강(러시아 내에 있는 옛 두만강)이다. 조선의 고지도들을 분석함으로서 일제가 "石乙水 + 훈춘강 하류"를 두만강으로 바꾸었음을 확인할 수 있다. 서북쪽의 원래의 압록강은 압록강 하류 + 혼강이다. 갑산부의 압록강(허천강과 혜산강)은 옛 압록강과 연결되어 있지 않다.

彼我양계지도의 북방 국경 지역의 몽고(북원)와의 국경 책문의 위치를 찾아내고 국경지역의 역참의 위치를 찾는다. 서북 국경 지역의 명과의 국경 책문의 위치를 찾아내고 국경지역의 역참의 위치를 찾는다. 피아양계지도의 조선과 명(明) 사이에 국경 목책의 위치를 찾을 수 있고 책문의 위치도 찾을 수 있다.

봉황성변문: 봉황성(봉성시), 조명책문1(책문의 명칭 없음): 대흥진, 호합과문: 감장진, 기년탑문: 영릉진,

**토정문청원진, 영액과문: 서봉진**

조선 초 장춘시와 길림시 북쪽 지역에 조선과 몽고와의 국경인 목책이 있었다. 길림에서 오라성을 지나 조선에서 몽고로 가는 책문 악불락과문(현 백기진)이 있고 장춘에서 몽고로 가는 책문 의둔문(현 카륜진)이 있었다.

**오라에서 몽고로 들어가는 역참들의 명칭은 모두 바뀌어 있다.**

객합성: 부둔촌, 악불락역 : 대구흠만족진, 악불락과문: 백기진, 몽고역: 법특진, 택공희역: 대파진.

오라의 서남쪽 수등역은 명칭이 그대로 남아있다.

**수등역 - 搜登站鎭**

피아양계지도의 동북쪽에 야라가 그려져 있다. **야라(野羅)** 섬의 설명으로 '도광수삼사읍설치상유여지(島廣雖三四邑設置尙有餘地)'라 하여 '섬은 넓으나 34개 읍(邑)만 설치되어 남는 땅이 오히려 많다'는 의미다. 고을(邑) 이름으로 우지미(友之尾), 강거우자(江居于子), 고고등자(高高登子) 3개 고을만 기록하고 그 위치도 파악하기 어렵게 기록해 놓았다. 나머지 31개의 고을은 무엇인지 알 수가 없다. 섬이 너무 넓고 겨울엔 너무 추워 섬 전체를 측량하거나 파악하기가 매우 어려웠을 것이다. 파수(把守)라는 글자가 기록된 것으로 보아 군대가 있었음을 나타내고 있다. **야라(野羅)** 섬의 설명으로 '도광수삼사읍설치상유여지(島廣雖三四邑設置尙有餘地)'라 하여 '섬은 넓으나 34개 읍(邑)만 설치되어 남는 땅이 오히려 많다'는 의미다. 고을(邑) 이름으로 우지미(友之尾), 강거우자(江居于子), 고고등자(高高登子) 3개 고을만 기록하고 그 위치도 파악하기 어렵게 기록해 놓았다. 나머지 31개의 고을은 무엇인지 알 수가 없다. 섬이 너무 넓고 겨울엔 너무 추워 섬 전체를 측량하거나 파악하기가 매우 어려웠을 것이다. 파수(把守)라는 글자가 기록된 것으로 보아 군대가 있었음을 나타내고 있다.

**朝鮮女眞兩國境界圖의** 북방 국경 지역의 여진과의 국경 책문의 위치를 찾아내고 국경지역의 역참의 위치를 찾는다. 서북 국경 지역의 명과의 국경 책문의 위치를 찾아내고 국경지역의 역참의 위치를 찾는 것을 목표로 한다.

**조선팔도총람도의** 북방 국경 지역의 청과의 국경을 나타내는 강을 확인한다. 함경도의 영역도 찾는 것을 목표로 한다. 공험진 위치도 찾는다.

**쌍압산시 시내에 공험진으로 판단되는 복리진이 있다. 아직도 해자를 만들었던 도랑이 직선으로 남아 있다. 쌍압산시 중심지역은 집현현이다.** 집현전 연구소가 중앙정부에만 있었던 것이 아니고 지방에도 있었던 것이다.

〈참고문헌〉

(원전)

[1] 『간도협약』일본과 청국이 간도에 관해 체결한 협약, 인터넷 백과사전, 1909년 9월 4일.

[1] 『高麗史』집현전, 정인지 외 29명, 1451년.

[2] 『고지도』서울대학교 규장각 소장, 1800년대 정리.

[3] 『구글지도』(2022)

[4] 『大明一統志』이현 외, 1461.

[5] 『명치지위적(明治之偉跡)』일본, 1914년(대정 3년).

[6] 『세종실록지리지(世宗實錄地理志)』, 1454.

[7] 『신증동국여지승람』서울대학교 규장각 소장, 1530.

[8] 『일청한3국명료전도(日淸韓三國明瞭全圖)』 저작자 松下鐵之助, 인쇄발행자 依田治右衛, 1894년(명치 27년).

[9] 『조선명세지도(朝鮮明細地圖, 實地踏査里程人)』 인쇄자 日本陸軍省印刷御用, 小林石版印刷所, 1911년(명치 44년).

[10] 『조선팔도강역도』김수홍, 1673.

[11] 『피아양계지도』서울대학교 규장각 소장, 제작년도 미상.

**(단행본)**

[12] 남의현,「고구려 7차 천도와 도읍지 연구」,『한국 북방 경계의 흐름』대한사랑(서울), (2021),

[13] 복기대,『고구려의 평양과 그 여운』주류성출판사, (2017).

[14] 정택선,「위상수학을 활용한 세종대왕의 회령부 고지도 분석」,『한국 북방 국경의 흐름』대한사랑(서울), (2021).

[15] 최규흥,「세종대왕의 육진과 일제가 인위적으로 정해 놓은 육진」,『한국 북방 국경의 흐름』대한사랑 학술지, 대한사랑(서울), (2022).

〈논문〉

[16] 박선영,「근대 지도에 표현된 평양 지역」, 평양 옛 지도 학술 심포지엄, 인천광역시립박물관 1층 석남홀, 2022. 11. 24.

[17] 정택선, 최규흥,「위상수학을 활용한 의주부, 삭주부, 창성, 벽동, 이산, 위원 고지도 분석」, Vol. 8 (2), 98-140, 세계환단학회, (2021).

[18] 정택선,「강계부 고지도 분석과 세종대왕의 사군」, 2022 대한국제학술문화제, 대한사랑, 2022년 6월.

[19] 최규흥,「세종대왕의 사군육진과 삼수부·갑산부」, 2022 대한국제학술문화제, 대한사랑, 2022년 6월.

# 조선 왕조 국경 영역

| | |
|---|---|
| 지은이 | 최규홍·정택선 |
| **펴낸이** | 백현관 |
| **펴낸곳** | 도서출판 인해 |
| 편집 | 오나경 |
| 디자인 | 오나경 |

| | |
|---|---|
| 주소 | 서울특별시 관악구 복은길 12 태경 |
| Tel | 02) 878-3988 |
| Fax | 02) 889-7402 |
| ISBN | 979-11-5577-907-1 |
| **초판발행** | |

\*이 책의 무단 전재 또는 복제행위는 저작권법 제97조에 의거 5년 이하의 징역 또는 5천만 원 이하의 벌금에 처하게 됩니다.
\*파본은 교환하여 드립니다.